梁方仲 著作集

明代一条鞭法

中华书局

图书在版编目(CIP)数据

明代一条鞭法/梁方仲著. —北京:中华书局,2025. 2. (梁方
仲著作集). —ISBN 978-7-101-16980-5

Ⅰ. F812. 948-53

中国国家版本馆 CIP 数据核字第 2025LZ4364 号

书　　名	明代一条鞭法	
著　　者	梁方仲	
丛 书 名	梁方仲著作集	
责任编辑	王传龙	
装帧设计	毛　淳	
责任印制	陈丽娜	
出版发行	中华书局	
	(北京市丰台区太平桥西里 38 号　100073)	
	http://www.zhbc.com.cn	
	E-mail:zhbc@ zhbc. com. cn	
印　　刷	北京盛通印刷股份有限公司	
版　　次	2025 年 2 月第 1 版	
	2025 年 2 月第 1 次印刷	
规　　格	开本/920×1250 毫米　1/32	
	印张 14¾　插页 2　字数 360 千字	
印　　数	1-5000 册	
国际书号	ISBN 978-7-101-16980-5	
定　　价	78. 00 元	

出版说明

　　梁方仲先生（1908—1970），广东广州人，原中山大学教授，是我国当代著名的经济史学家，在中国古代社会经济史研究领域作出了开拓性和奠基性的贡献，尤以明代经济史的研究成就而闻名。1989年，中华书局曾出版《梁方仲经济史论文集》，2008年，又出版了八卷本的《梁方仲文集》，受到学界的欢迎。为了满足新时代学者的需要，我们从后者中选出一批论题集中、美誉度高的佳作，分为四卷出版，即：《明代一条鞭法》《明代粮长制度》《明代赋役与白银》《中国历代户口、田地、田赋统计》，总名之曰《梁方仲著作集》。我们在旧版基础上做了一些核订，希望能有益于读者朋友们的阅读体验。此次出版，得到中山大学刘志伟先生的热情学术指导，和梁方仲先生后人的大力支持，在此一并致谢。

中华书局编辑部

2024年11月

目　录

一条鞭法的名称

我们说到一条鞭法,便应略略追述明代在一条鞭法以前的田赋制度。明代的田赋,是按田地的面积征税的。田地的分类,最普通的是根据于地形而分为田地山塘四种。四种以下,又根据占有的关系而各分为官有、民有两大类。官民之下,又按照土地的沃瘠,各分为上中下三等九则。再按这些等则,以定每一种田地山塘的税率的高低。一年分两期交纳,在夏季开始征收者叫做夏税,在秋季开始征收者叫做秋粮。夏税以小麦为主,但得以丝、绢、绵、钱钞等物折纳;秋粮以米为主,亦得以同上各种物品折纳。名色甚繁,往往一州县以内不下二三十种。以上各项钱粮都分开两部分:其一,存留,即存留于本地的部分;其二,起运,即解运于中央政府或本地以外其他地方政府的部分。各项钱粮皆有其指定的输送的仓库,又大概都有了指定的用途。凡距离起解所在地愈远,及输送上愈困难的仓库,名叫重仓口;距离愈近及输送愈易的仓库,名叫轻仓口。用途较急的,为急项钱粮;较缓的为缓项钱粮。因款项的缓急,以定起解的先后。急项尽先起解,缓项依次起运。

上节说的是赋法的大要。但我们不能不附带地说到役法,因为役有一部分的负担是由田地承受的。赋与役的关系,原本很密切;而讨论到一条鞭法,尤不能舍去役法不谈。明代役法,对一般民户所课的,主要的分为以下三种类：一、里甲，二、均徭，三、杂役。里甲，是乡村自治的行政组织，和供应赋役的地方单位，这是一切徭役中最主要的躯干，其他诸役都是直接间接地根据它而定的。其法：一百一十户为"里"，一里之中，推丁粮多者十户为首领，名曰"里长"。其余一百户分为十"甲"，每甲十户。每十户之内，有首领一人，名曰"甲首"。每年由里长一名，甲首一名，率领一甲十户应役。这样，每十年之中，每个里长，每个甲首，与每一甲人户皆轮流应役一次。十年以后，又复查算各户的丁粮的消长，重新编定里甲次序，仍以丁粮多寡为先后，如前循环挨次应役。里长、甲首的职务，在管办一里或一甲内的公共事宜，最主要的为催征收解税粮，及应办朝会、燕享诸项典礼一切公事。"均徭"是服务于官府有经常性的各项役的通称，被佥派的对象，是以丁为单位，而非以户，故与里甲不同。均徭可以分为两大类：一类是"力差"；一类是"银差"。亲身充当的叫做"力差"；出银给官府，由官府代募他人应役的叫做"银差"。银差、力差内项目极多，按项按款征派，备极繁琐。均徭以外，一切在官府或在民间非经常性的公共服务，都叫做"杂泛"，或"杂役"。这些多半属于临时的性质——因事随时编派的。以上里甲、均徭、杂泛三大类，其负担的轻重，都是根据人户的丁粮的多寡而定的，丁粮愈多的户编愈重的役，愈少的户编愈轻的役。丁指人丁，粮指应纳的钱粮。每户役的轻重不单视人丁多寡而定，兼视钱粮的多寡，亦即视财产的贫富而定。赋与役的征收及解运期间是不同的，而赋内各项与役内各项其征收及解运期间亦多不一致。主持征收及解运的人员往往亦不是同一的人员，而由各种名义的人员去分别地负责。所以这种赋役制度，确是异常复杂的；因为过于复杂了，于是产生了一条鞭法的改革。

　　一条鞭法的内容，在这里一时说不完。作者在《中国近代经济史研究集刊》最近一期中将有详细的阐述。简单言之：一条鞭法是一种历史的与地域的发展,各时各地的办法都不完全一样。今专就它发生的初期历史分析,可有以下各种不同的方式:第一,役内各项的合并;第二,赋内各项的合并;第三,役与赋的合并。以上三种合并,都可分为部分的或完全的。所谓"合并",或指编派的方法而言,或指征收与解运的期限及手续而言,或笼统以上各方面而言。上述第一及第二两种合并,因役或赋内各项,皆系性质相同的东西,故合并不生若何困难,惟第三种,因役与赋的征收对象不同,性质迥异,其依何比例将役的负担分派于丁、田两项,以达到合并的目的则成一问题。这种比例大略言之,有以下四种不同方式:其一,以丁为主,以田为助;其二,以田为主,以丁为助;其三,丁、田平均分担徭役;其四,徭役完全由田地担承。又从以田赋承办徭役的方法言之,则有以下三种:其一,随面积摊派(如每田一亩派役银若干);其二,随粮额摊派(如每米一石派役银若干);其三,随粮银摊派(如每亩赋银一两派役银若干)。以上为一条鞭内最主要的办法。今专就"一条鞭"这一个名称,去发挥一下。

　　从字面上的意义说来,一条鞭就是将赋役内各项正杂条款合并地编起来,使其化繁为简,以便于征收。所以"鞭"字在当时亦多写作"编"字。我以为编字才是正字,鞭字乃是俗写。赋役内的各项目,在当时称为条款,如嘉靖初霍韬《应诏陈言以裨圣政以回天变疏》云:"贪污官吏通令里胥多开条款,条款愈多,奸利愈甚。"[①]一条鞭法便是将这些不同的条款合并起来,用同一的方法编派,如《会稽县志》内所载:"将概县各项钱粮名色,会计总作一条",查照阖县田地人丁编派[②]。往日役法,并无按亩出办;今则改为按丁按亩编派,即凡每田一亩除出赋银以

①《渭厓文集》卷九《吏部公行》。
②万历《会稽县志》卷七《户书三·徭赋下》。

外尚须出役银若干,故曰合为一条编派。除了一条编派以外,在征收及解运上的合并划一,亦名曰一条鞭。比如往日赋役各项是分别征收及分别解运的,今则合为一起征收,亦合在一起解运,这固然是十足的一条鞭;但只合一征收而不合一起解,亦得称为一条鞭,此即所谓"总收条解"之法[1]。甚至只将收解的期限整齐划一起来,亦得称为一条鞭,如浙江《常山县志》所谓"条征条解"之法是[2]。无论从编派,或征收,或起解上观察,一条鞭法只是一种化繁为简的办法,但它不一定化而为"一",并作数条编派收解,亦得称为一条鞭。所以当时有许多人将一条鞭的"一"字省去,简称"条鞭"或"条编"或"条边",其实这是较近实际的称呼。

　　当时政府的文移册籍,又常将"鞭"字省去,称作"一条法"。为了这一个"鞭"字,还有人提议要重新更定。《帝乡纪略》云:

> 隆庆六年,漕抚都御史、临海王公宗沐,照依江南役法,除夏秋税粮并京库等税为田地常赋,其余赋役杂项不等,合田地户口,或主于粮而以人丁协助;或主于丁而以田亩协助,通融均派编银。凡里甲、均徭、驿传、民壮四差银,以此支解,另立科条,五年一审,谓之一条鞭。下其法于州县遵行,将及十年。今按奏议等文字,皆谓之一条鞭法。而文移册籍乃皆谓之一条法。鞭字甚为不典,似当更钉(按应作"订"字)为宜。[3]

鞭字除写作"编"字之外,亦有写作"边"字的,如湖广布政使司《归州》

---

[1] 参看万历《常州府志》卷六《钱谷》。
[2] 万历《常山县志》卷八《赋役表》。
[3] 明刻《帝乡纪略》卷五《政治志·条鞭》。按上文亦载《天下郡国利病书》卷三四《江南二十二·泗州志·条鞭》,但经节略。

及《永州府》等志,北直隶《保定府志》皆作"一条边法"或"条边法"①。
所应注意,这些写法即在同一书中亦是互用的,如《永州府志》虽用一
条"边"的名称,但间亦写作一条"编"。至于"鞭"、"编"两字在同一
书中互见,例更不少。

此外一条鞭法还有种种稍异的名字,如《武进县志》所说的"总
编",实际上就是指条鞭法而言②。又如《汶上县志》所载的"明编
法"——嘉靖末隆庆初年本县知县赵可怀"始以丁权地,立明编法,民得
据历(按即赤历,令百姓自登纳数,以上之于布政司年终磨对者)以出
役钱……计岁会之需,赋入地亩,征其直于官,而代之以吏……"③,也就
是一条鞭法。又,万历《南阳府志》卷五《田赋》说:役法"以一条鞭征
焉,谓……不均在分年甲,乃类计而年征之"。又在凡例中说:"今以汝
宁秦参军、南阳姚太守议行类编法,数年来公私颇便,然视令甲殊矣。"
可见"类编法"亦即"条鞭法"④。

我们说《武进县志》所说的"总编"就是"条鞭",因为从县志的记
载看来,总编的办法与条编的办法是完全一样的(可惜原文太长,不便
转录下来)。但又有所谓"总赋法",其法与条编法稍异。明季鄞县林
时对云:

> 国家……里甲十年而一充……其后有司或为总赋之法,或为
> 条编之法。总赋者,岁统计其所入而总赋之,户颁以所赋之数,而
> 人人知其宜入,当数而止。约法画一,吏胥大损,豪猾不得规其轻

①万历《归州志》卷三《典赋志》;隆庆《永州府志》卷九《食货志》;嘉靖《湘潭县志》卷上
　《食货》及万历《保定府志》卷一九《户役志》。
②万历《武进县志》卷三《里徭》,第66页。
③万历《汶上县志》卷五《宦绩志》。
④关于类编一名称,可参见万历《会稽县志》卷七。

重,而公家催征易起,人称便矣。然而诸供亿悉在官,官率取之市,或给之值不当;又百姓已罢归,官有私役之者,此其弊也。条编者,计口授庸,缘役定值,悉籍其一岁之费而输之官,官为召募,民无扰焉,人亦称便矣。然费益繁而用益不给,则有那(挪)借,有预征。那借而官困矣,预征而民困矣,此其弊也。[1]

这里总赋与条鞭,都是先将每户所应输纳的赋役之额制定,然后通知人民,使各户如数输纳,免去胥吏得从中阴为轻重。以上的规定,是总赋与条鞭所相同。但总赋是统计一切供亿总输之于官,而条鞭则缘役定值,由官府代为召募,这是两法不同之点。

我们必须注意,有时册籍上所载,已经明明是一条鞭的办法,但它们并不给这些办法以任何的专称,亦有已经给了专称的,但另给一名字,而不名以"一条鞭"。第一种的例子很多,举不胜举,第二种则可以嘉靖四十五年(1566)巡按浙江监察御史庞尚鹏所奏行的均徭法为例,这个均徭法尚鹏自己亦明明说是仿余姚、平湖二县行一条鞭之法[2]。后人亦多称他为推行一条鞭法甚有力的人。但《绍兴府志》则名其法曰"均平法",而以隆庆元年(1567)正月十九日余姚知县邓材乔所奏行的才叫做"一条鞭"[3]。《温州府志》所载,府总条下谓庞尚鹏行"均平需鞭"法。又在永嘉县条下则云:

> 岁征,嘉靖四十五年巡按庞条议行"均平",……隆庆六年知县伍士望奉文议将一应均平等项钱粮,均为"十段条鞭",派各里甲逐年出办。……

① 林时对:《荷闸丛谈》卷一《本朝格令》。
② 参看万历《南海县志》卷一二《艺文志·庞尚鹏〈均徭役一条鞭疏〉》。
③ 万历《绍兴府志》卷一五《田赋志二·赋下》。

又瑞安县一条下云：

> 岁征，嘉靖四十五年巡按庞议行"均平"。……隆庆末年知具周悠清查，万历元年（1573）始行条鞭。①

可见庞尚鹏所行的一条鞭法，两志都名之曰"均平法"或"均平需鞭法"，而与"一条鞭"或"十段条鞭"是截然分开的。尚鹏所行的法是怎样的呢？据万历《绍兴府志》说：

> 通行会计各府州县每年合用一应起（运）存（留）额（办）、坐（办）、杂（办）三办（即以上三项的合称）钱粮数目，仍量编备用银两，以给不虞之费，俱于丁田内一体派征，名曰均平银……

我们由此可知"均平法"名称的由来，但尚鹏所行的法，事实上就是一条鞭法。

此外又有所谓"小条鞭"，即指定额以外的加派，如泰昌元年（1620）九月庚辰光宗即帝位，大赦天下，诏曰："……有于条鞭之外，立小条鞭；火耗之外，复加秤头。……"②此即所谓"条鞭之外，更有条鞭"③，或"条外有条，鞭外有鞭"之意④。又有"两条鞭"，即指总分为两条编派的意思⑤。

与一条鞭约在同时施行的尚有：征一法、十段锦、纲银、一串铃诸法。这些办法与一条鞭法是大同小异的。故清傅维麟《明书》云：

---

① 见万历《温州府志》卷五《食货志·贡赋差役》。
② 《熹宗实录》卷一。
③ 艾南英：《天佣子集》卷六《书六·与郑三尊论南城马役书》。
④ 万元吉：《墨山草堂初集》卷一《收支疏》。
⑤ 万历《会稽县志》卷七。

征一法、一条鞭、十段锦、纲银诸法（原作"于"字，误）在所异名而同实。①

征一法是嘉靖中应天巡抚欧阳铎所行的，其法：计亩均输。十段锦初行于正德间（1506—1521），嘉靖（1522—1566）、隆庆（1567—1572）时又有修改。其法的大概：审计阖县人户丁田数目，均分为十段，每年以一段编金应役。此即为革去昔日里甲的"十甲输差"的制度，与一条鞭法正相同。庞尚鹏在《题为厘宿弊以均赋役事》一疏内，他又称自己所行的法为"十段锦法"②。可见在尚鹏的观念中，一条鞭法与十段锦法是没有什么分别的。但《钦定续通考》说：

嘉靖四十四年二月议准江南行十段锦册法……行之未几，里下骚然，莫必其命，浙江尤甚，庞尚鹏巡抚（按："抚"字为"按"字之误）浙江时，乃奏请行一条鞭法。③

总之，一条鞭与十段锦是差不了多少的。纲银法始于正德十五年（1520），是御史沈灼所建议的，其法将通县里甲费用，分为正杂二"纲"，以丁四粮六的比例分派。以丁粮分承徭役的负担，条鞭法与纲银法是一样的；但纲银丁粮的分配有一定的比例，条鞭法却不一定——但间或亦有一定的。由此又可见两法亦甚相近。一串铃法行于隆庆万历年间，其收解方法："夥收分解"，与条鞭的收解办法正相同。但一串铃只指收解上的方法而言，而一条鞭则兼包赋役的编派而言，故条鞭的范围

①《明书》卷六八《赋役志》，又明朱健《古今治平略·国朝田赋》所载略同，但少"十段锦"三字。

②《皇明经世文编》卷三五七。

③《钦定续文献通考》卷一六《职役考》；又孙承泽《春明梦余录》卷三五所载略同。

比一串铃广得多了。

由上可知征一法、十段锦法、纲银法、一串铃法等,其立法的精神,皆与一条鞭法相同,但所包括的范围大概都比条鞭狭些,所谓"具体而微"罢了。然这些办法在细则上亦有与条鞭法相异之处,且各个名称沿用已久,故不宜与条鞭混而为一。

除去在田赋上用一条鞭法以外,整理盐务亦有人提议用一条鞭法者。如天启元年(1621)八月戊戌总督蓟辽尚书王象乾题请"如征粮条鞭例",以修盐引①。由此我们可以知道《兖州府志·户役论》所说的话,一点也不错:

> 条编者,一切之名,而非一定之名也。粮不分厫口,总收类解,亦谓之条编;差不分上下,以地为准,亦谓之条编;粮差合而为一,亦谓之条编。其目夥矣……岂必胶柱而谈哉! ②

结束以上所说,一条鞭的名称甚繁:有已具备一条鞭的内容,而无"一条鞭"的名称者;而"一条鞭"亦有种种不同的写法或称呼:如"鞭"字可写作"编"或"边";以上三种的写法又皆可省去"一"字,名"条鞭"或"条编"或"条边"法;亦有将"鞭"字省去,名"一条法"的。此外"总编"、"明编"、"类编"等亦皆为条鞭的别称。又如"十段需鞭"、"十段条鞭"亦为条鞭法的一种。至若"均平法"、"十段锦法"等,虽皆与条编法内容相同,但因人们所注意之点不同,故另给以完全不相同的名称,故不应与条鞭的名称相混。

日人清水泰次教授在其所著《一条鞭法》论文中③,谓一条鞭法亦

---

① 《熹宗实录》卷一三。
② 《天下郡国利病书》卷三八《山东四》。
③ 《桑原博士还历纪念东洋史论丛》。

名"单条鞭",他引万历《政和县志》卷三为证,但该书原载:"比征单条鞭则例",意思是说比征单(即催征单,如易知由单之类)上所开载的条鞭则例。清水教授以为"单"与"一"的意义相同,故亦有"单条鞭"的名称,恐怕是误解罢?

(原载《中央日报》1936年4月23日,"史学"第7期)

一条鞭法

1.役与赋合并编派的实例

2.合并编派的方法

    a.随田地面积摊派役银

    b.随粮额摊派役银

    c.随粮银摊派役银

3.合并编派的程度

    a.役部分的摊入赋内

    （1）先以丁承受一部分固定的役额,余额由田承受

    （2）丁田依一定的比率分配役额

        （一）以丁为主,以田助之

        （二）以田为主,以丁助之

        （三）丁田平均分配

    b.役全部的摊入赋内

    （1）某一项役全部的摊入赋内

    （2）一切的役全部摊入赋内

4.一条鞭的会计方法

Ⅱ.合并征收

  一、征收期限的合并

  1.役的合并征收

  2.赋的合并征收

  3.役与赋的合并征收

    a.合并征收的原因及其实例

    b.一条鞭法所立的征收期限

  二、征收上管理的合并

Ⅲ.用银缴纳（实施状况及其对征收期限的影响）

从公元十六世纪,我国明代嘉靖万历间开始施行的一条鞭法,为田赋史上一绝大枢纽。它的设立,可以说是现代田赋制度的开始。自从一条鞭法施行以后,田赋的缴纳才以银子为主体,打破二三千年来的实物田赋制度。这里包含的意义,不仅限于田赋制度的本身,其实乃代表一般社会经济状况的各方面。明代自十六世纪初年正德以后,国内的农工业的生产方法及生产关系,虽然没有重大的变化,但因历史上的机缘,如西洋航海术的进步等,使中国与外国的贸易却逐渐兴盛起来,国内的社会经济情形亦逐渐从自然经济时代发展到货币经济阶段上去。一条鞭法用银缴纳不过是当时大潮流中的一条旁支。但除去用银一点足令我们注意以外,一条鞭法还有种种在赋法与役法上的变迁,与一向的田赋制度不同。从此便形成了近代以至现代田赋制度上主要的结构。但一条鞭法实际只是一个笼统的名称,它是一种发展,它在各地施行,时间先后不一,所以内容也有精粗深浅的不同。本文的主旨,即在探求一条鞭法最主要的内容,并阐明其制度所以成立的直接原因。至于一条鞭法在各地推行的历史,将另为文发表。

甲　导论

I．一条鞭法以前明代的赋法与役法①

所谓赋役：赋为对田地的税,役为对人口或人户之税。明代在一条鞭法前的田赋制度,是沿袭唐宋以来两税法之旧。明代所谓两税,就是夏税与秋粮。凡在夏季开始征收的叫做夏税,在秋季开征的叫做秋粮。夏秋两税的征收,各地各有详细的定期,违限者有罚。两税的课税方法,是根据土地的面积,再参以土地的等级为标准。土地的分类,除了田地山塘等的自然区分外,普通主要的分类是依于土地占有关系而分为官、民两大类。官田,是公家占有的田地。起初的来源,为自宋元时已经没入于官的田地。其后又有还官田(即拨赐公侯宗室诸项田地之因事故归还于官者),没官田(民间及公侯宗室犯法没收归公的田地),断入官田(因争讼不明或户口断绝而归官的田地),及屯田、皇庄、庄田、牧马草场、百官职田等,名目甚多,皆属于公家,通称曰官田。屯田及庄田的额数甚巨,但皆为特殊的官田,与一般的官田不同。其管理方法及税法与后者亦异,故应另述。一般的官田,是指直接属于官,而分佃于民人耕种的田地。民田,则为人民私有的田地,得自由买卖者。普通说来,官田比民田的税率为重。官田和民田,通常又各按地土的肥瘠,有等则(如五等、九等或三等九则)之分。税率亦随之高低。往往

_____

① 本节及以下第二第三两节系由拙著《明代田赋制度》第一部各章撮要而成,故不详注出处及其论据。

一县的田地的税率,有多至百数十则者。缴纳的物品,夏税以小麦为主体,秋粮以米为主体,米麦通称"本色"。但得行"改折",即得以他物如丝、绢、钱、钞或银等物替代米麦,谓之"折色"。以上本折各项的名称,亦颇为纷歧繁杂。如米一项,有白熟粳米、白熟糯米、本色米种种的分别;绢一项有农桑丝折绢、丝绵折绢、税丝折绢、人丁丝折绢、本色绢的分别;布一项有苎布、绵布、阔白绵布种种的区别。在一条鞭法通行以前,缴纳田赋是以米麦为标准物品,其他物品多半是折合米麦的价值而缴纳的。及一条鞭法通行以后,银子逐渐取得米麦的地位,变为最主要的支付的手段。但不是在一条鞭法以前,以银子缴纳的事例并没有过,其实以银折纳米麦的事件已发生过不少次数,但只限于某一时间及某几处地方,尚未十分普遍罢了。田赋正项是与各杂项钱粮一同解运的。各项钱粮,皆有其指定的输送地点,又大概皆有指定的用途。明代仓库,遍设于南北两直隶及十三布政使司(即现今的"省")以至边镇卫所诸处。某项税粮应送某仓库,皆有规定。这些仓库有所谓轻重之分:送纳轻仓口的税粮,多为距离较近者,实际所出(正项加耗合计)较少;送纳重仓口的税粮,多为距离较远者,所出较重。又因用途的缓急,以定田赋起解的先后。大约急项税粮尽先起运,缓项依次起解。征收解运事宜皆由民间自行办理,如粮长、里长即为管理此项事务的人。以上为赋法的主要的规定。但我们讨论赋法,不能撇去役法不谈。

对户口所课的役,大约可分为三种:一、里甲;二、均徭;三、杂泛。明代的户,按照它们的职业的区分,主要的计有三种,即:民户、军户、匠户是。军户应兵役,匠户应工役,以上两者皆为特殊的役。至于一般的役,即里甲、均徭等,则以民户为主体去应当。户通常分为三等(上中下)九则(上上,上中,上下,中上,中中,中下,下上,下中,下下),亦有分三则或五则者。因户则的高下,以定役的轻重。丁,按照年龄可分为两种:男子初生时即登记其姓名于户口册籍内,曰不成丁;年十六曰成丁。成丁始有役,至六十岁便免役。丁亦分等则,随户则而定,如上上户的丁为上上丁,余类推。从应役的客体观察,以户计的名曰"里甲";以丁计的名曰"均徭"①;其他一切公家差遣不以时者,统叫作"杂泛"或"杂役"。所谓"里甲",是半官式的人民自治的行政组织,和供应赋役的单位,这是一切役法中的主干。其法以地域相邻接的一百一十户为一"里",一里之中,推丁及资产(资产多亦简称为"粮",粮即指所纳的钱粮)最多者十户为长,名曰"里长"。其余一百户分为十甲,每甲十户,每十户之内,各有长一人,名曰"甲首"。每年由里长一名、甲首一名率领一甲应役。这样,每十年之中每里长、甲首与每甲皆轮流应役一次,当年者名曰现役,轮当者名曰排年。十年以后,查算各户的丁粮的消长重新编审里甲,仍各以丁粮多寡为先后,如前循环挨次应役。此所谓"十年一周,周而复始"是也。里甲之役,在管领和应办一里一甲的事务,如督催税粮,追摄公事(其后凡朝会、燕享、养贤、畜孤诸项大典大礼之费用亦皆出于此)。凡里甲人户,皆开载于赋役黄册内(详后),每里编为一册。遇有差役,凭册佥定。但鳏寡孤独,及无田产不任役者带管于一百一十户之外,而列于册后,名曰畸零。由此可见里甲之役,并非纯粹对户所课的役,因为凡无田产不任役的人是不必应此役的。"均徭"为服务于官府的有经常性的杂役的统称。凡自里甲粮长②等正役之外,其他执役于官府者,通通叫作均徭。如自京师以下至省府州县衙门里的皂隶等杂色差役或其代价,均是从均徭项下支应。故均徭大别可分为两类:一、力差;二、银差。凡以身亲充役者,叫做力差(但其后亦

---

①按夏税秋粮相当于唐代的租,均徭相当于丁代的庸,里甲相当于唐代的调。所以有人说明代的赋役制度,寓租庸调于两税,甚为有见。

②关于粮长一役,请参看拙著《明代粮长制度》(天津《益世报》"史学双周刊"第3期)。

得由人户自行雇募，以代亲当）；入银于官，由官招募他人应役者，叫做银差。力差多输于近地，银差则多输远地。银力两差内的项目，名称繁多，各地不同。最常见的力差项目，如皂隶、狱卒、书手、库子、门子、斗级、长夫、殷实、祗候、马夫、巡拦、铺司兵、驿馆夫等，俱用人应役。银差内常见的名目，如牌坊、岁贡、盘缠、马匹、草料、工食、富户、柴薪、表笺、日历及富户、斋夫、膳夫等项的代价，俱征银解给公家。以上银力各差，皆按项按款派征，丝分缕析，后来发生流弊，遂大为民扰。各差负担的轻重，亦不一致。普通说来，力差较银差为重。而力差中如库子、斗级两役，在各州县里都颇重，巡拦、狱卒等役则较轻。均徭的编佥，以人户的丁田为根据；大都依照在里甲里所编定的户则，通融佥派。户则高者派重差，低者派轻差。故力差多派归富户，银差则多派下户。例如力差中的库子、斗级，其职务在掌管税粮，故必以殷实大户充之，所以防在税粮短少亏空时，易于追究；若银差则不必定以大户充当。均徭编审的期间，各地不同，在许多地方（如浙江、福建等地），都是十年编审一次，与里甲同时编定。人户每十年内，应役均徭一次，于里甲正役歇后五年充当，所以如此规定者，其用意在使民力得稍有休息。此外五年编审一次的亦甚多，亦有每年每二年或三年或若干年一编的。均徭以外，一切非经常的杂役，均名杂泛。这些都是因事临时编佥的，每年有损益，其范围与重要均远不如里甲与均徭两项。杂泛的名目，例如斫薪、抬柴、修河、修仓、运料、接递、站铺、闸浅夫之类是。

　　除了上述的对于户口所课的一般的役以外，还有两种特殊的役，应当附带说明：其一为驿传，其二为民壮。驿传的职务，在备办各驿站的舟车夫马，专司传递军机重务以至大小公文诸项事宜。此外又迎送过境有关符的使客，及供办使客与其仆从人等的食宿等项。明代自京师达于四方，设有驿传。在京曰会同馆，在外曰水驿、马驿并递运所。马驿设置马驴不等,以马驿夫领之;水驿设船不等,以水夫领之;递运所设置船只或车辆不等,以水夫、人夫等领之。皆所以便公差人员之往来。其间有军情重务,必给符验以防诈伪。至于公文递送,又置铺舍,以免稽迟。驿传佥编的方法,各时各地微有不同,然皆以丁粮多的户充之。初制,各地或随粮佥充夫役(如选民户纳粮数及百石者为马户,出夫应役);或随田编派马匹、车辆、船只(如令占田四十顷以上者出上马一匹)。

明代兵制,于州县设有民壮,亦名曰"民兵",各有定额,所以补卫所官军之不足。民壮的组成,系以乡民为之。其初洪武时是由官府简选,其后正统时改为招募,弘治时又改为按里佥点,随一州县内所包括之里数之多寡,以定每里各出若干名,州县之里数愈多者,所出人数愈多;里数愈少者,出人愈少。十年编审一次。例皆由一里内丁多田多家道殷实之户内佥选,或由此种人户负责总其出办之事宜。

以上里甲、均徭、驿传、民壮四者,合名曰"四差"[1]。除里甲为"正役"外,其他三者,亦皆叫做"杂役"。

我们应当注意:各种差役的佥编,皆以一户内之丁及资产的总数为根据;纯粹以丁或户为课税的对象者是绝少见的。但在当时农业经济社会的时期里,田地一项当然占去了资产中最重要的部分。所以各役中实际上有一部分是田地之赋。

由上所述,可知明代赋役之法,甚为复杂繁重。施行起来,非有详尽正确的纪录作根据不可。是的,明代这方面的设置,确是完备得很。我们说到明代的赋役制度,定不会忘记那最著名的黄册与鱼鳞图册。黄册亦名赋役册,这是一种最重要的册籍,人民以此定其籍贯,官

---

[1] 关于四差的名称的来源,请参看崇祯《江西清江县志》卷四《赋役志四·差说》。

府按此科派赋役的。其编制以一里为单位,每里一百一十户编为一册,凡一里内各户的丁(男)口(女)老幼及其所有资产(如田地、山塘、房屋、车船、牲畜等)之数,皆详载无遗。每户赋役的等则与额数,即附载于上开人丁资产各项之下。因为里甲之役,十年一周,故黄册亦每十年一大造。有司根据十年内各户的丁口资产的增耗,而为户口赋役等则上之升降,重新造报。一呈户部,其余省、府、州县各存一本。故黄册除里册以外,尚有四本。鱼鳞图册就是土地的登记图册,凡田形之方圆形状,均绘图以表出之,至于丈尺四至及业户之姓名与其或官或民,以及土地之性质如山荡、原陂、下隰、沃瘠、沙碱种种的分别,亦一一登记下来。黄册所重在户,以人为经,以田(即资产的一部分)为纬,田各归其领业之户,一切户口内的新旧变迁,离居析爨的情形,皆具载册内,遇赋役之征,则取以稽考。故黄册所载,是与人为转移的。鱼鳞图所重在田,以田为经,以人为纬,田各归其本区(鱼鳞册以“都”或“鄙”为区的单位),区内田土的形状各项,各以邻界挨次造成图册,遇有土地上的争讼,以是为据。故鱼鳞图册所载是不与人为转移的[1]。明代开国之初,对于以上两种的图籍,便已经过一番努力的擘画,规制甚为详尽。所以明代的田赋制度亦比较前代为详备。

Ⅱ.赋役制度的崩溃

但其后因为种种原因,特别是因为攒造图册的里长、甲首、粮长,与州县衙门里誊写图册的书手、算手,及督造图册的官吏人等串同作弊,将黄册与鱼鳞图册洗抹涂改,甚至故意毁灭,以致与人户田地的实际情形毫不相符,于是百弊丛生,或则诡寄田地而飞洒税粮,或则隐瞒丁口

---

[1] 参看拙著《明代鱼鳞图册考》(《地政月刊》第1卷第8期)。

而脱免差役,或者改变户籍而挪移人户应役的次序,亦有于开写过割田产时索取赃物者。黄册至此,只成具文,有司征税编役,往往自为一册,名曰"白册",赋役情形便不可问了。

里甲吏胥变乱图籍的行为,又多半是受了仕宦豪强之家的贿赂与请托而发生的。强家剥削农民最酷烈的方式,为侵夺田地,及直接榨取劳动力,如虐使农民工作等等。至关于对国家赋役的负担,他们又得转移于农民的身上。他们向里胥行使贿赂,以求逃免或减轻赋役的负担,所缺的赋役之额,即由增加贫民下户的负担以补足之。此外他们又常滥用享有的特权,如优免赋役的权利,去破坏赋役制度的完整,以致旧日赋役制度,一败而不可收拾。总起来说,豪强大族的暴虐奸诈,里甲吏胥的贪婪舞弊,是败坏赋役制度的最直接的因子。这两种恶势力的勾结,更加速破坏的进程。除此以外,如社会经济上的变迁,使里甲十年一编的制度根本无法维持,又如国际贸易的发达种种,以及整个政治的黑暗,以致人民经济上的破产,财政上负担的加重,则为一条鞭法发生的远因。

当时赋役混乱的情形,先说赋一方面:例如关于田土的分类,官田与民田,起初是划然区分,不相混乱的。但在后来,一方面因为宗室、王公、大臣、内官、军士与豪强等对于民田的侵占,一方面因为田土的买卖,如贵族及军士等因事故(如贵族不愿自己经营耕种,军士生计困苦,无法营种等等)自动的将田土转让与民户,或民田卖与官军等户,更加以里甲、书算手、官吏人等,与豪强宦族互相勾结,变乱图册,以致官田与民田的区分,后来竟弄至无可究诘。或则民田亦得享受官田的特别待遇(如优免赋役等),或则官田的佃户亦得将田地转相典卖,与民田无异。兼以"投献"、"花分"、"诡寄"和"寄庄"诸弊盛行[1]，使田籍更无法清理，田额亦亏耗不堪，税率当亦更为不均了。

故如官田税率，本比民田税率为重，但或则以官田而出民田较轻的税；或则以民田而出官田较重的税。甚至有有田而无赋的，有无田而有赋的。赋的负担既不公平，赋额亦亏耗不堪。又如田产买卖之际，卖者欲求卖价之高，往往卖田而留税，于是产去税存；买者亦利于赋额不由自己负担，于是宁愿多出较高的代价，以求有田而无税。凡此种种，使田赋的科则更加淆乱。加以各地科则繁多，有一县多至千则以上者。又如税物的缴纳，在用米麦时则多收耗折，在用折色时则任意提高折价，如在平时法定以银一两折纳米二石五斗，但遇米的市价昂贵时，则又规定仍收米本色，可是又限定还以银折算去缴纳。此外管守仓库的吏役与负责征收解运的粮长里甲人等又复上下其手，额外多索馈赠等

---

[1] 明代仕宦及有科名之家，是享有优免赋役（至少一部分）的权利的。但最初规定只免役不免赋，而且免役亦只限于杂役的部分，里甲正役例无优免。但这个特权，到了后来日被滥用，以致田粮里甲，皆得优免。并且豪宦又得招揽贫户，使后者的田地寄于自己的名下，在贫民则由此可以减免赋役一部分的负担，故亦时常请托绅衿豪宦冒认为他们名下的产业，这种行为，在贫民方面说来，叫做"投献"；在宦室方面说，就叫做"受献"。所谓"诡寄"，就是以自己的产业寄于他人的名下。它与投献的不同之点：投献是下层阶级对上层阶级的请托的行为，诡寄则为上层阶级对下层阶级侵欺的行为。投献是双方面都知得道的，诡寄则往往为被损害的人所不知。如果诡寄的行为得到了对方的谅解，则被诡寄者即称为"受寄"之家。诡寄的目的，是在企图避免或减轻本人赋役上的负担。例如明明是自己的田地，却暗中寄于他人名下，使代出这田地之赋；或暗系于逃绝户内，使官府无法向其征收赋役；或则捏开造户名，以管领逾限之田地，使得出较轻之赋役。"花分"，其实就是诡寄之一种。即将田产零星附于亲邻佃仆之户，以避免重税及徭役。"寄庄"是指不属于本地户籍之户，在本地占有田土。在当时有很多人利用这种名义企图私脱赋役之担负。又有所谓"移丘换段"，即将自己的田地中的某丘某段，冒作他人的丘段，或则以熟地报荒地，或则以上田报下田。种种非法行为，无非欲避免或减轻赋役的负担。以上种种弊病，皆指明代已流行的而言。到了今日，这些名称所包括的内容，又有些改变了。

项或手续耗折搬运等费。且折色物品太繁,有时多至数十种。彼此间折纳的比率,更极复杂之能事,即问吏胥等辈亦不知之,但由彼辈任意索取。小民无知,一任其欺。至于各项税粮之为缓为急,及其应输仓口之或远或近或重或轻,在初年本皆有详尽的规定,但因豪富与官吏粮里人等的交结,或则缓急轻重移置,急者怠愆不前,而缓者反先收解。或则贫民之应派近仓轻粮者,今则派以远仓重粮,而富者反得近仓轻粮之利,使贫人的负担反重于富人[①]。再则征收期限纷出,小民迄无宁日,又或趱前挪后,移新补旧。或行带征的办法,并追旧欠于新粮;或立预借的名义,今年就预征了明年的税(以上偏重于官方征收上的弊病而言,至于负责直接向粮户征收,以解运之于官府的粮里长的弊害,我们留在后面详细的说)。所以到了嘉靖年间,田赋不但是负担不均,弊窦诸多,而且每年积逋之数,动以百数十万计,连财政的目的都达不到。至于农民租税负担的苦痛,那又是问题的另一面。我们但观于农民户口逃亡之惨,便可知了。

关于役法方面:其淆乱的情形比之赋法有过而无不及。其实一条鞭法之产生,它的最直接的原因还是因为要改革役法。一条鞭法施行后的结果,变动最剧者是役法而不是赋法。役法比赋法更易混乱,原因有二:赋法是对田地科征的,田地位置有定,荒熟可稽,吏胥作弊,尚有所顾忌。至役之轻重,则纯视户则的高下而定,户则的高下虽说以财产为根据,但编派某户为某则之权,则完全操之于官吏里胥辈手中。各人户间的负担公平与否,彼此谁都不甚相知。故自易于作弊。再则每县的赋额有定数,税率亦不能任意提高,官吏里胥辈只能借耗折转运或手

[①] 参看拙著《田赋输纳的方式与道路远近的关系》(天津《益世报》民国二十五年一月二十一日"史学双周刊")。

续等项名目多收,但终竟有些限制。非若差役的人数及其工食费用等项,都可多可少。况且役法往往因事编派,临时可以增加,限制既不容易,侵吞剥削的机会与程度,当亦要来得比较深广得多了。例如,里甲之役,我们在前面已说过,是由黄册编定。户则的高下,与应役的次序,皆以每户丁口资产的多寡为根据。但在后来,弊端百出,如黄册的书算手人等,多系里长的户丁并奸民豪户营充,通同官吏里长作弊。其间有隐瞒丁口而脱免差徭的,有将里甲挪前移后应当的,有遗放大户而勾取贫难下户以应役的,更有擅改户籍,揑甲作乙,以有为无,以无为有,以军户作民户,以民户作军户的,其结果贫者负担愈重,富者反轻。贫户支持不住,乃举家逃窜,以避徭役。但役额是有一定的(指经常额而言)。贫户逃亡之后,甲虽不及十户,但役额仍由剩余之三四五六或七八九户分摊,或则由里长甲首代为补足。差役愈重,贫民愈不能堪,则整个甲的逃亡,其在里中空下的役额便由剩余的九甲均摊补足。九甲益不支,则又相率逃亡,只由剩余之四五六七八甲摊认。到后来一里之中,十甲人户与甲首以至里长无不逃亡净尽。演成了空前的"逃亡"历史。再则里甲之役,其初本古人"庶民往役"之意,自催办粮差及勾摄公事之外,本无他事。其后官府不加体恤,凡祭祀、宴飨、造作、馈送、夫马一切公私所须,及各种供应,如岁办物料等,皆责令里长营办,虽或给值,亦仅为里长所出的百之一二,甚至毫无所给。里长坐派于甲首,甲首又坐派人户,于是里甲人户都疲累不堪。其间里长、甲首亦有从中取利,以一科十者,人户受害更大。

又如均徭,止凭州县旧册任意审编,官无定例,吏缘为奸。有应编差役而故行遗漏者;有不应编而妄行增添者;故如银差力差各项,有合用银数多而编少,又从银色加征者;有合用银少而编多,任从官吏浪费者;有同一事而银数有加减者;有同一差而名数有多寡者;有擅加编派银两者;有冒金差役者;有差役本已革去,但其工食费用仍然存在者;又有假借文移,虚称互换,以重役换轻役者。官吏里胥肆为侵渔,但无法防范,贫难下户阴受祸害,亦不自知。故均徭亦败坏不堪。至于杂泛,乃是临时编金,完全由于官府的意旨为增减,既无定制,亦无定额,弊窦之多,那更是不用说的了。

关于驿传与民壮之弊:驿传之设,本以报军机重务,及供命使之往来。但兵部滥发勘合,致有有发出而无缴入之叹。又士绅递相假借,一纸而洗补再四。兼以中官人等,每以常事泛滥给驿,又妄作威福,鱼肉驿夫。以致驿传疲累不能支。又如民壮之设,初意本在征守。但后来民壮与守御全无关系,只在官府供迎送小差遣,及勾摄公事与投递文移等。老吏黠胥,相缘为奸,乃或派之私褊,以为领薪水之役,亦有一人而包当数役者,无非志在中饱。甚至如军户随田附籍者,亦复编为民壮,是既当军役,又充民壮,即为服两重的兵役了。总之驿传与民壮,至后来都已失去设立的本意,且又征收繁重,民不能堪。

Ⅲ.赋役的改革

上节里所说的赋役制度的混乱情形,到了明代中叶正德年间(1506—1521)愈发来得严重。原来的赋役制度的致命伤,就是过于复杂琐碎。因为执行不得其人,同时纳赋役的小民的监督权力过于微弱,所以法律愈定得细密,舞弊的机会亦愈多。因此进行改革的人们,多从赋役制度的简单化下手。

比如关于田地的分类及其税率,在起初或者尚与实际的情形相符——如官田所出确是比民田为重,上则田又确是比下则田重。但经过种种的破坏,原定的田地分类与税则便与实际毫不发生关系了——如以民田而反出官田之赋,上则田暗改为下则田。要整顿这些积弊,最善的方法,莫过于彻底清查,如举行清丈,重新攒造赋役册与鱼鳞图册等。但这些措置,所需费用甚大,时间亦长,兼以议行清丈,则有豪强世族的反对与阻挠,及至履亩踏勘,编造图册,县官又势难亲与其役,即使亲与其役,亦往往为吏胥里书人等所欺骗而不知。谈到中国过去的政治,我们不能忽视这两种恶势力:地方上的豪强和衙门里的胥吏。这两种势力的联合,即使有贤明的行政长官,欲行任何改革,亦无能为力的。所以谋改革者势不能不迁就事实,承认现象。一条鞭法以前的改革,甚至一条鞭法,莫不是在这样的状态下产生的。它们并不要求去改正一向造下来的赋役的不平均,它们只要求从现在起赋役的状况不要更坏下去。所以都趋向于制度的简单化,从防止舞弊的办法上设置。

由于这种简单化的要求,在各地普遍地发生了两种一致的现象。其一,赋役内各项的合并运动;其二,赋役各项皆用银折纳。先说田赋内的合并趋势:第一,就是田地的种类及科则上的区分,逐渐合并,化繁为简。如当时各州县所行的“均粮”或“均则”运动,便是最好的例证。所谓“均粮”,就是将田地的种类及其科则简单化,换言之,即合并起来。如往日一县内的田地,既有官民肥劣等等种类上之分,复有税粮科则上之别。今乃将这些的分别或弛缓或取销之,或将科则减少,由百数十则减为两三则;或简直了当的将所有各种田地总归为一类,即所有税率通均为一则,但按同一的面积征收同一的税率。这样一来,但凭册籍上所载,向现存的田地,按亩均摊额赋,则向来官吏里书之抑贫右富,以官田作民田,以上则作下则,以有作无,以少报多等等弊病,皆可为之少减。比较的公平,亦可达到。更有实行一次清丈,然后均粮者,其法更精,流弊亦更少。均粮运动,在正德间便风行各地,直至万历年间仍继续的在进行之中,与一条鞭法为共同的发展。事实上行一条鞭法的无不先行均粮,均粮就是条鞭法中的主要办法的一种。关于各地的均粮的历史,这里为篇幅所限,不能细述。

第二,田赋内各税项的合并。如在有些地方,夏税起初是混入秋粮内带征;其后便只存秋粮一项名目,连夏税的名目亦根本取销。此外还有田赋以外的正杂课税亦归并到田赋里去,如各地的农桑丝、绵、绢、马草等项,本来都是独立的税项,与田赋无关,但至正德嘉靖年间,它们亦多数随田额或随粮数摊派,归入于夏税与秋粮中,变成田赋的一部分。且亦与田赋同时征收。

关于合并的趋势,在役法上亦是如此。例如里甲、均徭等役,大体上虽皆以人户的丁及资产为编役的根据,可是它们的性质与编佥的方法及其期间都各有不同。但至嘉庆万历间有好些地方,里甲亦并入均徭内编派。又如杂役是与均徭有分别的,但在后来它们亦多编入均徭。再如均徭项下原分为银差力差两大类。银差与力差的分别,我们在前面已说过,是根据种种原则而定的。如力差以殷实大户充之,银差则可以不必。又力差是输于当地或近地的役,银差则输于远地。但嘉靖以后,银力差的区别已逐渐消灭,力差内各项纷纷归并于银差之内,一律改为银差,两差于是不分。由上可见役法亦是在化繁为简之中。

不但如此,役与赋在一条鞭法前亦已有合并为一的趋势。比如驿传、民壮本皆为对里甲人户的特殊课役,但正德嘉靖以后,各地多将它们改为随粮带征。如驿传一役,有些地方定为凡缴纳民米一石,即抽四斗五升以入驿站支应。民壮在正嘉以后,多亦派入粮中。其他如均徭、杂役等项亦是这样。

除了赋役的合并的趋势,我们还应当指出赋役各项都用银缴纳的趋势。我们在前面已说过,折纳上最困难的问题:第一,各项折纳的物品过于繁杂;第二,折纳的比率变动无定。但至后来,各项税物差不多都规定了以银折纳,且又有了法定的折合的银价(如每农桑折绢一匹,以银一两折纳）。于是折纳的问题亦简单得多。而且银的折价，经过了法律的制定，在长期间内变动亦甚少。所以经过了一段相当的时间，政府和纳税者都很逻辑地将折纳的本意容易地忘掉，于是但照依法定的银数征收或缴纳，此时银价也许与实际的交换比率根本不发生关系，于是纳税者事实上是以银子去缴纳而非折纳了。除去田赋内各项正杂税粮普遍地用银缴纳或折纳以外，在役一方面大势所趋亦是如此。在前面已说过，力差各项，逐渐一一变为银差。此外如里甲、驿传、民壮等正杂役，至嘉靖以后，亦皆先后编银。劳动力的提供，至是最大部分是以货币的方式出之。至若其他赋税收入，如盐课、茶课、鱼课、商税种种，以及一般支出如官俸、兵饷、宗藩禄米等等，以至民间的买卖，自宣德（1426—1435）、正统（1436—1449）以来亦莫不先后征银或折银。总之，自正德嘉靖以后，无论政府或社会上的用银事例都甚普遍了。

以上所述的两种的趋势，——即各项赋役的合并与用银折纳，皆以简单化为出发点，互相维系的在同时进展。在一条鞭法以前的各种赋役改革，差不多都是带有这两种趋势的，虽然有程度上深浅的不同——如有些是赋役合并了，但尚未折银；又有些只合并了一部分，但未全部合并。这些改革虽不以一条鞭的名称出现，事实上就是一条鞭的办法。我们或者可以这样的说，一条鞭就是要集合这些趋势的大成，将它们更为深刻化与普遍化。

乙　一条鞭法本论

在讨论一条鞭法的内容以前，我们要先简单的讨论一条鞭法与以前赋役制度不同之点。关于役法方面，我们发现最重要的是条鞭法以

"丁"为编审徭役的根据,与昔日以户为根据的制度不同。关于赋法方面,我们发现了自条鞭法后,田赋的内容更为复杂,掺进了许多与田赋原本不相干的因素。原来在一条鞭法以前,旧日的役法,以里甲制度为主体,均徭等项杂役皆以里甲为根据。而里甲的制度,又以审编户则为先决条件。编户成甲,积甲成里。按照户的等则,以定役的轻重。这是里甲的制度。户则的高低,定于两个重要的因子:一为人丁,一为资产①。但这两个因子所占的分量,并不相等。在北方以人丁为重,在南方则以田产为重。一般地说来,资产比人丁所占的分量重些。比如丁少产多的户,例得编入上则,但丁多产少的户,则多数编入下则。由此我们可知丁与户则的关系:即丁的本身,不能决定户则,它必须在与资产联合的关系上才能决定户则的高下。所以丁多的户并不一定是上户;但上户的丁必为上丁(如丁亦分等则)。这是以前审户的方法。但因里甲十年一编,时间太长,与实际社会经济情形的变动,无法适合。除此内在的缺点以外,再加以外来的种种直接的恶势力,如豪强与官府的勾结,里长与胥役的串通,以致户则的编审,无法得实。种种弊窦,我们在前面已为详尽的阐明。一条鞭法为避免编审上的弊端,故多索性不编户则,只以丁田两项去定差役。因为这两项比较难以隐匿②。从此"丁"取了昔日"户"的地位而代之。户反觉得不重要了。

　　再就"资产"一项去分析,旧日"资产"并不专限于田地一项,凡

---

① 这是最简单的说法。在北方是分为门丁事产四项。
② 如万历二十二年鸡泽知县白起旦传云:"先是户口编征,用三等九则例,富影贫差,产废徭存,丛害滋甚,⋯⋯乃革除当事者,丁止征银一钱,余尽摊入地亩。⋯⋯至今称便"云云,可作一个恰当的例证。又在这个例了里,我们应当注意丁地分摊役银的方法,是丁所出的有定,地所出的无定(清光绪《北直隶广平府志》卷四四《宦绩录中》引《鸡泽志稿》)。又参看万历《舒城县志》卷三《食货志》。

一家内的一般财产,如资财、房屋及其他产业如牲畜、车船之类,都计算在内。所以富商巨贾的人家,即无田地,亦编入上等人户。自行条鞭法后,各处通常都以田地为唯一的资产,役的轻重大半以田为准,无田者得不出役,田地在法律上的赋役负担,亦随之加重。再则以前的编审制度,所注重的在户,以田随户,依户以定赋役的多寡;自行条鞭法后,所注重的在田,以丁随田,赋役皆从田起。从这一点看来,田赋似乎是从对人税(personal tax)改为对物税(real tax)①。但从另一方面说,往日的制度,以赋定役,赋多则出役亦多,赋与役还不过是维持一种间接的关系,自行条鞭法后,以役定赋,用一州县内额定的役摊之于赋中,役重则赋亦重,役转居于积极的及决定的地位。所以以前的田赋还是纯粹的独立的;自条鞭后,田赋中必然的包括各项差徭在内,它的内容亦为之复杂得多了。

现在我们可以进行分析一条鞭法的内容了。

从字面上的意义说来,"一条鞭"便是将赋役内各条款总编为一条,故"鞭"字亦多写作"编"字。我以为"编"字才是正字,"鞭"字乃俗写。亦有写作"边"字者,当亦系俗写无疑。当时人又常常将"一"字省去,简称"条编"或"条鞭"或"条边"。在文移册籍内,又常将"鞭"字省去,简称"一条法"。此外还有种种稍为不同的称呼,如"总编"、"类编"、"明编"等。又有"小条鞭"指条鞭以外的加派,即所谓"条鞭之外,更有条鞭"或"条外有条,鞭外有鞭"之意。"两条鞭"指两种不同的编派方法。此外更有"均平需鞭"、"十段条鞭",亦是条鞭法一类的东西。总之条鞭法并不限于编为一条,赋役各项合编为数条者亦名条鞭。

① 田赋从对人税改到为对物税,又可从另一方面去证明。如昔日寄庄的地亩(即外籍人户在本地所置的地亩),是由田主在原籍充应徭役;自行条鞭法后,便于田土所在地出役银充当了。

又应注意,往往有了条鞭法的内容,而不称作条鞭者。亦有在当时并不称为条鞭,至后人才给以条鞭的名称者①。

再从内容上探讨,一条鞭法定必包括赋内或役内的各款项的合并,或役与赋的合并。合并的程度,或为部分的,或为全部的。合并的范围,或只限于编派的方法上,或只限于科则上,或只限于征收的手续及其期限上,或总括以上各方面而言。又赋役各项一律征收银两,亦名一条鞭。今将一条鞭法在各地实施的状况作详细具体的说明,并加以分析如下。

Ⅰ.合并编派

一、各项差役的合并

1.合并编派的方法（及其实例与原则）

我们先研究一条编法对于役的合并,因为一条鞭的名称,最先是由于改革里甲、均徭而得来的。第一我们先讨论役的合并编派的方法。所谓一条编派者,即往日不是根据同一原则或同一客体所编派的各项差役,今用同一的原则或同一的客体去编派之。如里甲本来是对户所课的役,均徭则本意是对丁所课的役。又均徭中的力差在最初是劳动力的提取,多派于大户;银差则用银缴纳,甚富货币的意味,且多金派于下户。今将这些区别取销了,用同一的方法课税。

举山东东昌府为例,以作一般的说明。东昌府自万历间（1573—1619）行条编法后,其役法上的主要变迁如下:其一,里甲合并于均徭。旧日里甲旧制,十年一轮,管催办税粮、勾摄公文诸事,但至嘉靖间（1522—1566）一切供应取给,都责之里甲,百姓苦累,后奉文改为征银。

---

① 关于条鞭的名称,请参看拙著《一条鞭的名称》一文（《中央日报》"史学"第7期）。

及行条编后，又改十年轮差制为每年编派，并入均徭银两项内支应。其二，均徭内的力差各项，合并于银差。按府属在正德（1506—1521）以前，力差每年编铺兵、闸溜、捞浅、门禁、皂壮等役。佥派的方法，是以某户坐派某项名目。至万历初又加编仓夫、监夫、灯夫、解夫、阴阳生等。自行条编后，俱征银入官，由官支给，变为银差。其三，银差从按户征银之制，改为丁地兼派。府属在天顺（1457—1464）以前，银差每年征收解部料价、京班皂隶、柴薪、祭祀、斋膳夫等项。正德嘉靖间，加编蓟镇民兵、分巡道马步兵工食，本府各衙门兵、夫、快、壮、巡拦工食。万历二十年（1592）加编临清守备马步兵工食。以上各项，一向按户则征银，自行条编后，不再审编户则，但以丁地兼派①。

　　以上的转变，有种种值得注意之点：其一，里甲由十年一编，改为每年一编，证明了编役期限的缩短；其二，里甲编银，力差亦用银，表明用银的普遍化；其三，原本是对户所课的里甲，今并入本意课于人丁的均徭，又均徭中必须论户佥编的力差，改为不必论户佥编的银差；又旧日银差是按户征银，今改为丁地兼派，都证明了役法的编佥，以"丁"替代了昔日"户"地位②。关于前两点，我们它日将另撰专文讨论，今先专就末一点发挥；因为从役法的构造上看来，末一点尤为重要。我们在前面已详细的说过，一条鞭法不编户则，只以丁、田两项去定差役，为的是要免去编审上的弊病。但是更准确的说法，不是以丁田去定差役，而是以有定额的差役摊征于有记载的丁田。摊役于丁田的办法，可举嘉靖十

---

① 万历《东昌府志》卷一二《户役志》。

② 又如北直隶顺天府霸州文安县自万历十二年已初行一条鞭法。但编派力差，仍分为由丁银与门银两项共同出办。至崇祯初年又推广一条鞭法，将门银并入丁银。如原额下下门则，即定为一丁；下中门则，分为二丁；下上分为三丁。每年每丁出力差经费银二钱五分（崇祯《文安县志》卷四《贡赋志》）。

六年南直隶常州知府应槚所立的"通编里甲均徭法"作说明。其详细的办法:里甲与均徭一体编派,丁额以黄册所载为定,田粮以嘉靖十六年实征数为定。通计一县丁、田,除优免外,又因官田地的粮太重,滩荡的利太微,俱免派差徭,故只论民田地与丁,计银数摊派。例如得丁万丁、民田地万顷,里徭岁用共银万两,每丁一律编银五分,每亩分则编银不等①。从上例我们应当注意两事:一为就黄册原载的丁额编派,一为人丁不分等则地编派。头一点不过是权宜的办法。后一点尤值得注意,因为其用意亦在杜塞编则上的等级纷歧的弊端。均丁则的措置,在其他各地,亦甚普遍地采用。如山东青州府莒州自万历二十一二年行条鞭法以后,徭役以丁地兼编,省去旧日九则之名,并为一则②。又如北直隶河间府交河县自万历十八年遵行条鞭法后,原额人丁通折下下丁,每丁一律征银若干③。这种均则的趋势,是值得我们留意的。

关于各项差役合并编派的方法,再举隆庆四年(1570)题准在江西省所属府州县以力差归入银差的条编法作说明。其法先将州县内银、力各项差役,逐一较量轻重:凡系力差者,则计其应出雇募银及工食费用若干,因各差之劳逸,而量为增减;系银差者,则计其扛解交纳之费用若干,因各项之难易,而加以增损。通计一年内银、力两差共该用银若干。然后总计一州县内除优免以外,实在的丁额、田额各若干,即将上

_____

① 万历《常州府志》卷六《钱谷》。
② 见万历《青州府志》卷五《徭役》。《府志》又云:"小民畏则,甚于畏差;畏则之虚名,尤甚于畏差之实祸。虽差由则迁,有差无则,计一了差则帖然;若有则无差,以为重则之压身,不知何日可去,而寝食有不安者。择患宁轻,故条鞭为便也。"可说是将小民畏则的心理剖视得十分透彻。又如山东沂州于万历二十四年申准条编,人丁不分等则,每丁派银一钱二分(万历《沂州志》卷三《田赋》)。
③ 万历《交河县志》卷三《赋役志》。

述一年内合用的银数,均派于丁田之中①。至于以丁田分派差银的办法,留待下面再为详述。

　　银、力两差合并以后,原来所编的各项名目,在官厅的纪录上仍然保留着,但向民间征收时,则不再细分名目,皆合称银差②。如在嘉靖四十五年(1566)闰十月十五日批准在湖广布政司永州府施行的总会粮差的办法将力差中皂隶、门子、禁子、库子、支应库子、铺夫、铺陈库子、弓兵、铺兵、渡夫等项,俱照原定数目,编入银差项下,然后与银差中柴薪、马夫、斋膳、祭祀、乡饮等各项银两,查算总数,摊入本府州县内应编人户的实在丁粮中。俱以一条编征收银两,再不许如前分派某户编定某项差银名色。因为"既无编定名目可寻,即募役虽欲多索而不可得"云。以上各项银两由州县掌印官先将其通融编定,勒为期限,总追完足在官,然后碎分某衙门某役该银若干,及某项银若干,俱各散分,在包封上写明白。应起解者起解,应存留者存留。各项差役,俱官为支给雇募。此即所谓"总收分解"之法③。

　　我们还要附带的说及,赋役各项的编入条鞭与否,是根据一种原则而定的。凡有经常性的赋役,即每年派征有定额而不常变动的赋役,才可以编入条鞭;否则是不编入的④。如浙江绍兴府会稽县隆庆初年将税

---

① 参看《万历会典》卷二〇《赋役》。

② 征收时不细分役名,即如海瑞《兴国县八议》所云"银止总数,役无指名"(见《皇明经世文编》卷三〇四)。至于官府仍保留原目各项名称的原因,万历《原武县志》卷上《田赋》所言,可为参考:"里甲……我明列圣之旧制,海内遵行久矣,近年议革科扰之弊,变而为条鞭,徭赋总征其银,而官自雇役,法良便矣。然非里甲名号,则户口钱粮无以提絜纲维,故仅存其名耳。"

③ 隆庆《永州府志》卷九元字册《食货志》。

④ 万历《北直隶沧州志》卷三《田赋志》云:"如条鞭类经久可遵守者,著令甲为定例,不朝改而夕更;如均徭类随时为高下者,按登耗为低昂。"

粮本折各项派入条编,但均平、均差、兵饷等三项另为一则,不入条编之内。这因为均平、均差两项每年有官吏生监优免的不同,兵饷银两每年派征亦有增减之不一,故不能与有固定性的税粮各项一同征派。由此我们又可知条鞭各项是有经常性的①。

2.合并的程度

役的合并情形,又可依其程度分为两种:其一,部分的合并;其二,全体的合并。部分的合并如均徭项内的力差一部分的归入于银差之中。例如刚刚说过在湖广布政司永州府施行的总会粮差的办法,是力差中所有皂隶、门子、禁子……渡夫等项俱编入银差项内。但各仓斗级仍照旧编入力差②。又北直隶河间府景州故城县的预备仓斗级一名,原在上则人丁编金,免本身均徭,亦不编入条鞭③。又如南直隶凤阳府泗州,其里甲、均徭、驿传、民兵四差银两,向系人丁均派,自万历二十七年行条鞭法以后,改为由丁粮分派。但差马、灯夫等项,因未议妥,故不入条鞭④。又如浙江衢州府常山县在万历三年(1575)奉命在本府其他各县之先,将里甲归入条鞭,但当时均徭并未编入,至万历十一年始并以均徭入鞭,于是诸县亦概行之,可见条鞭的范围是与时间逐渐推展的⑤。

所谓全部合并,如陕西西安府华州华阴县自万历二十年始,总里甲、银差、力差各项一切通派输银在官⑥。又如南直隶徽州府祁门县万历十一年阖县里甲各项改行条编派征,共分为三大类:一、物料,二、徭费

①万历《会稽县志》卷七《户书三·徭赋下》。
②隆庆《永州府志》卷九元字册《食货志》。
③万历《故城县志》卷一《贡赋·户口类五》。
④万历《帝乡纪略》卷五《政治志·条鞭》。
⑤万历《常山县志》卷八《赋役表》。
⑥万历《华阴县志》卷四《食货·条鞭规》。

岁用，三、岁役①，皆为全部的合并。

二、各项税粮（即"赋"一方面）的合并

可分以下两方面去讨论：第一，将税粮所引为根据的田地的种类及其科则，化繁为简，一律均派。第二，税粮本身的合并。今分别述之：

1.田地种类及其科则的合并

田粮上的均则运动，比人丁的均则运动更为普遍。且其发生的历史，一般的说来，亦较后者为早。田粮均则，在条鞭法以前，已颇流行，人丁均则，则在条鞭以后才盛行的。所以特以一节叙述条鞭法内关于田粮均则的处置。例如浙江绍兴府会稽县在未行条鞭以前，县内的土地，共分三十三"都"。其中由第一都起至二十都止，及在城两隅的土地，皆名曰水都；由第二十一都起至第三十三都止，名曰山都、海都、乡都不等。各都以内又有民田、患田（即被灾的田）、灶田（即产盐地方的灶户的田）种种的分别。田地的科则，在名义上是一律的，但有本色与折色、优免与不优免的差别待遇，实际上税率并不平均。比如以秋粮而论，本来是不论山、海、水、乡各都，阖县一则均派，每亩科米一斗一升七合九勺。但至派征本折时，则因田地的上下，而有轻重之分。水都地土肥些，故凡本色粮米及南存（留）、改备（折）等项"重折"②，尽派于水都分内；但其中第七、第八、第十二、第十三、第十四等共五都，则因边海荒丘田土，每亩派以北折（色）二三四五七升不等。至于山、海、乡等都，地土较瘠，故每亩止纳"轻赍"北折米九升七合九勺，及备折米二升，全不派征本色。又第二十四都民户患田六千六百余亩，水、乡水夫马价三项，俱免不派。以上的规定，是根据田土的肥瘠，以定折纳的轻重，尚无

① 万历《祁门县志》卷四《赋税》。
② 即重则的折色。

可非议。其流弊最大者，乃是灶田与民田的差别待遇。例如南本（色）一项，每石征银七钱，在绍兴府内其他各县是不分民田或灶田，一概派征的[①]。但会稽县的灶户毫不必承纳，且又田无加耗。此外关于优免方面，更不公平。如水乡荡价一项，内外职官及各灶户俱有优免，止派于民户。又如随田地出办的水夫工食、驿站马价等项，原来止限于京省职官查照钦例品级优免，灶户本应与民间一体派征；但第七、第八、第十三、第十四、第十七、第三十一、第三十二等共七都内的灶田，每亩免银四厘，比之各都灶田又异。以致冒籍诡寄之弊盛行，灶田日增，民田日少。至隆庆初年知县傅良谏议行一条鞭法，将民田与灶田的差别待遇取销，不分民田、灶田，但照亩数科派夏秋各项税粮。但仍保留往日以本色粮米及南存、改备等折分派于水都，以北折备折等项分派于山、海、乡等都的办法。其法查出山、海、乡等都内的田地若干，照旧派以轻赍北折及备折等项的原额，然后将税率算出，凡每田一亩，该银若干；每地一亩，该银若干。关于水都田地，亦照旧派以本色粮米及南存、改备等折的原额，再计算每田一亩，该银若干，该米若干；每地一亩，该银若干，该米若干。各揭一总数。至于水、乡水夫马价三项，共计每田一亩，该出银七厘，不分官、民、灶户及减免灶田，俱按亩征收，并无优免。然后再将上述三项价银，与前揭税粮内科银之数，合为一则，总计每田一亩，该出银若干。以上银米之数，皆制为定额。银入条鞭，依照限期投柜，米照常规，派运各处[②]。

---

① 起运用折色。如南北折输于南北两京。扣折、备折、海折等输于军门。存留为本色，输于本府州县的仓。其存折、备折等项，以供官吏军伍的俸饷，及饥年赈济之用（参看万历《绍兴府志》卷一五《田赋志二》）。

② 万历《会稽县志》卷七《户书三·徭赋下》。关于田地条编则例，又可参看崇祯《江浦县志·田赋》。

　　上述的办法,只合并民田与灶田为一,但仍旧保留水都与山、海等都的区分,故仅为各种田地一部分的合并,而非全体合并。但在别处亦多有将各种的田地,全体合并为一者。再则田地合并了以后,往日各种不同的名称往往亦随之合并为一,或消失去一部分的名称。如北直隶广平府广平县在先有官、民、马站等地的名称,又有大地、小地的分别(即以小地若干亩折大地一亩);至其秋夏杂征,期间先后亦不一致。到万历间一切变为条编,于是不论大地、小地、官地、民地、马地、站地、草场、屯地,凡一切夏税秋粮、马草、驿传、盐课均照亩数起派。各种田地,于是根本毫无区别[①]。

　　2.税粮的合并编派

　　第二,一条鞭法将各项税粮总为一条或数条编派。这又可分两方面去说,第一,是每一项税粮内各条款的合并编派。如北直隶顺天府固安县在未行条鞭法前,夏税秋粮与马草等项下各分起运与存留两部,两者折银则例,各不相同:起运折重,存留折轻。但自行条鞭法后,各项下不分起运存留,通融一条鞭派,每项每石各折银若干[②]。其次,是各项税粮的合并编派,今举浙江绍兴府余姚县的情形为例。余姚县在隆庆元年以前,因早日赋制趋于紊乱,夏税秋粮及"三办"内纤悉名色不下三四十项。所谓三办,是指供应户、礼、工三部的物科,及备边粮银,与协济他州县等项而言。其第一类为额办,是每年派有定额的;第二类为坐

---

①康熙《广平县志》土地卷之一《地亩》。又如清同治《重修北直隶真定府灵寿县志》卷四《田赋志上》云:"又按府志有夏田秋田之别,自定条鞭后,俱不复分别,但黄册犹存其名(按以上言明制)。查康熙初年黄册每户下有夏税地若干,折征麦若干;秋粮地若干,折征粟若干,草若干;农桑地若干,折征丝若干,花绒若干。考其额,则俱是一钱二分有奇。盖特以此等名色,计亩均派于各户,而民间之地,实无此分别。自停造黄册,则并不复知有此种名色矣。"可与上引相证明。

②崇祯《固安县志》卷三《食货志·田赋》。

办,乃额外的坐派;第三类为杂办,乃指不时的坐派。三办皆由里甲供应,与田粮一同征解。以上三四十项的税粮,每项由官府给一条示,载明某件一石,抽银几钱几分;某件一亩,派银几厘几毫。名目纷繁,在官者或能抄记,至乡落小民则无由识其要领,以致奸猾设计巧算,以小呼大,以无捏有,倚项数之多,逐件科敛,增耗一入手,则浪费无存。至隆庆元年知县邓材乔(县志作邓林乔,今从万历《绍兴府志》)始议行一条鞭法,将各色额税,并为一条征之。派征的方法:将该征夏税秋粮盐米等攒为一总数,内除去本色米麦某项某价照旧上纳以外,其折色某项某项各若干,每石该折银若干,通计折色银若干,然后查算全县田地若干,即将以上总数摊派于全县田地内,求得每亩的税率,该实征银若干。编派已定,每户填给由帖,开载承办额数及交纳期限等,人户依照由帖所载,交纳税粮[1]。

税粮的并归条鞭,往往仅为一部分的。如北直隶河间府景州故城县的钱粮项下,其中一项给爵子粒银,存于本爵官地内征解;一项牧地子粒,并新增牧地子粒银,系于牧地草场内征解;一项河道银,在于临河淤地内征解;一项班匠价银,在于各匠名下办纳。以上各项,均为不入条鞭钱粮[2]。

税粮经过了合并编派或混合征收以后,旧日各项名称亦随而陆续归并与统一。如万历山西省山西府泽州,夏税秋粮项下原有桑、钞两项名目,自行条鞭法后,桑派于粮,钞派于丁,二项名目遂不复存[3]。又如南直隶常州府《无锡县志》所载:"桑、丝、绵、绢,后俱并入秋粮、夏麦内

---

[1] 康熙《新修余姚县志》卷六《食货志》。
[2] 万历《故城县志》卷一《贡赋·户口类五》。
[3] 万历《泽州志》卷七《籍赋志》。

征收,最后则惟存秋粮平米一项,而不复有夏麦名色矣。"[1]广东广州府《顺德县志》亦说到秋租钞的名称的消失的经过:

> 秋租钞出于地田,惟官租有之(意即谓惟官租田有秋租钞),粤无此。岂初折米带秋粮以征,后遂泯其名乎?如夏税米,初尚二石四斗有奇,至弘治仅存三升,粮(指秋粮)岁增亦不觉其(指夏税)亡矣。[2]

由上可知有许多税项在初时不过是与秋粮一同征收,但到后来便归入秋粮项下里去,与秋粮一同编派,甚至连本来的名目亦失掉了[3]。

三、役与赋的合并

1.役与赋合并编派的实例

关于赋役合并编派的情形,我们先举浙江绍兴府一府八县作例。我们在前面说到在隆庆元年余姚县所议行的税粮条编法,是将该征夏税、秋粮、盐、米等攒为一总,内除去本色米麦某项某价照旧上纳以外,其各项折色各若干,每石该折银若干,通计银若干,再计算阖县田地若干,每亩实该摊派银若干,随亩编派。至其对于役的方面,亦是将所有均徭、里甲等攒为一总,先计算每项各该银若干,再通计各项共该银若干,然后通查阖县田地及山若干,人丁除例该应免外,现在实有丁数若干,即将役额分摊于丁田等项之内,计每田、地、山一亩该出银若干,每丁该出银若干,丁田共该出银若干。最后将赋役两总数应征银两,相加起来,再计算每田、地、山一亩该银若干,每丁该银若干。这种派征的方法,就是以全县的田、地仍出办全县的赋额,又以全县的丁与田、地,承

---

① 万历《无锡县志》卷七《食货志一·田赋》。
② 万历《顺德县志》卷三《赋役志第三》。
③ 参看拙著《明代两税税目》(《中国近代经济史研究集刊》第3卷第1期)。

办全县的役额。总之,每田地一亩,必有役的担任。这个办法,在隆庆元年正月十九日余姚知县邓材乔初议行的。因行之有成效,其后诸暨、会稽、山阴、萧山、上虞、新昌、嵊县等七县纷纷请求一体遵行,亦得到抚院的批准①。

2.合并编派的方法

以役摊入赋内承办,其结果无异于在田赋项内增加了一种或一种以上的附加税。摊派的办法,分为以下数种:

a.随田地面积摊派役银

即每一个单位的田派役银若干。这是在各州县一种通用的方法。摊派的单位,多以亩计算,有时亦以顷计算②。这是根据于州县内一般地土的沃瘠而定的,如州县地土肥美,则摊派的单位,可以用亩计算;如地土瘠劣,则以用较大的单位为便。但有时用较大的面积起役,与土地的沃度并无关系,而仅为租税政策的一种,如万历间应天巡抚朱鸿谟,以吴中苏州等府徭役不均,令一以田为准,不及百亩者无役③。这种办法的目的,无非在稍优待贫民。即以田一顷为起税点,有田一顷或一顷以上的人家,才有徭役的负担。至于一顷以上按亩或按顷分摊,我们不得而知。其后本省巡抚徐民式又改定为民田十亩二十亩以下,不得编金差役④。再则瘦瘠及新垦的田地,往往不派差役。如广东罗定州西宁县万历十年通县清丈以后,上中下三则田各每百亩科粮若干,每粮一石编银若干,每石连丁纳银若干。但狼獞开垦深山僻谷田每百亩止纳粮银若

---

① 万历《绍兴府志》卷一五《田赋志二》,万历《会稽县志》卷七《户书三·徭赋下》,及清康熙《余姚县志》卷六《食货志》。

② 以顷计算的,例如河南开封府杞县(清乾隆《杞县志》卷七《田赋志》)。

③《明史》卷二二七本传。

④《皇明经世文编》卷五〇三《黄廷鹄〈役法原疏〉(松江赋役)》。

干,不派人丁①。此外又有"折亩"及"以丁准田"的办法。"折亩"的办法,在条鞭法以前已有行之者,即将较低级的土地若干亩折作较高级的土地一亩计算,按亩起科同一的税率。如福建汀州府宁化县于万历六年清丈,实行条鞭法,将全县田地塘三项中"官"与"民"的区别取销,官民均为一体科粮。但因丈出亩数比原额溢出甚多,故于田地塘三项中各酌分上中下三则,以求折合原额之数。在田,上则以一亩为亩,中则以一亩四分,下则以二亩五分;在地,上则以二亩一分,中则以六亩,下则以八亩;在塘,上则以二亩五分,中则以三亩四分,下则以六亩,各为一亩,抵足旧日亩额②。以丁准田的办法自行条编法后,甚为普遍。如南直隶池州府旧日田地山塘原有官、民二则,自遵应天巡抚海瑞条编事例,于万历九年丈量之后,人丁田地山塘定为一则,原额人丁三万一百二十丁,每丁准田五亩算派条编③。万历年间常州府武进县则以每丁准田二亩④。但亦有以田若干亩折人一丁者,如浙江宁波府是⑤。以上以丁准田或以田折丁的办法,无非要免去科则繁琐,以求计算上的便利⑥。

b.随粮额摊派役银

这亦是一种通行的方法。或随粮每一石派银若干。例如万历初年福建福宁府宁德县所行条鞭新法,总计本县一年内额征纲银均徭之数,撒之于通县丁粮内分摊:除每人一丁各派以纲银若干,均徭银若干外,又凡每米一石,各派"纲银"五分五厘五毫有奇,"均徭"银一钱五分九

① 道光《西宁县志》卷六《经政上·田赋》引万历十年丁粮碑。
② 万历《宁化县志》(崇祯重修本)卷二《田粮》,参看《日知录》卷一〇《地亩大小》。
③ 万历《池州府志》卷三《食货》。
④ 万历《武进县志》卷三《钱谷一·户口》。
⑤ 嘉靖《宁波府志》卷一三《徭役》。
⑥ 有时又因户口逃绝,故以田若干亩准一丁,以补足原定的役额。

厘五毫有奇[1]。又或随粮每若干石派银若干,如陕西西安府同州韩城县因邑人以役银编累人丁为言,故以粮石协助丁役。凡民户粮每二石输一丁的役银,军户粮每三石输一丁的役银[2]。

随粮或随亩摊派孰为较便,由两个原则决定,即:一、如该州县的地土肥美,亩的对租税的负担能力亦较大,则随亩起派为便;否则以随粮为便。二、如该州县的地籍不清,地亩数无法调查,则以随粮额起派为便[3]。

我们在前一节里说到有以丁准田的办法,那就当然亦有以丁准粮米的办法。是的,例如浙江衢州府常山县以二丁当田米一石[4]。隆庆间江西巡抚刘光济奏行的条鞭法,是以里甲一丁当粮一石,均徭三丁,驿传或民壮四丁当粮一石[5]。以丁折米,固然是便于计算,但亦必须在差役已从力差改为雇役时才可行此法。

以粮石派银,亦有关于优待贫民的办法,如万历间湖广省长沙府攸县知县董志毅定每粮五石兼出一丁之银这个办法虽然因有阻力未得实行,但该县丁银一项却从此废去了[6]。

c.随粮银摊派役银

---

① 万历《宁德县志》卷二《食货志·年例》。

② 万历《韩城县志》卷二《赋役》。

③ 明陈继儒《白石樵真稿》卷一二《查加派从粮不从亩之故》云:“隆庆二年……丈得松江三县上乡算平米一石,准共田二亩七分三厘九毫;中乡平米一石,准共田三亩一分二厘五毫;下乡平米一石,准共田三亩六分三厘。凡有不时钱粮加派……无分上中下三乡,一概论粮加耗……若从平米上每石加派,则所派轻,从田上每亩加派,则所派重。……盖粮额之轻重易见,而田数之多寡难明耳……”可以为证。

④ 万历《常山县志》卷八《赋役表》。

⑤ 清王原:《学庵类稿·明食货志·赋役》。

⑥ 光绪《湘潭县志·赋役》。

因为在后来大部分的税粮都已改折银两,所以从随粮摊派转到为随粮两摊派,那是一件最自然不过的事。从历史上的发展看来,亦是随粮摊派的方法在先,随银摊派的方法在后。如浙江衢州府解运钱粮的盘费,在万历十八年(1590)知府易仿之创立十段册法时,是随粮出办的:每米一石出银若干。至天启二年(1622)兵道张邦翼乃改为随银出办,每条鞭银一两,出银若干①。又如万历末年的辽饷,是按亩加派的。天启元年给事中甄淑上疏言其只加派于田亩上,易致不均。因为"天下户口有户口之银,人丁有人丁之银,田土有田土之银,有司征收,总曰银额,按银加派,则其数不漏",所以应以所加饷额,按银数分派。到了崇祯八年(1635)因军兴饷绌,总督卢象昇等议加兵饷,乃于赋银每两加征一钱名曰助饷②。可说是甄淑的意见被采用了。

应当注意的,以上所说的随面积、随粮或随银摊派的方法,有时颇不易分别清楚的。即如前所引广东罗定州西宁县的编役方法,原本是规定上中下三则田每百亩各编人丁若干丁,又各科税粮若干石。但人丁与税粮皆折银缴纳,即每丁编银若干,每石编银若干,丁银粮银一同缴纳,每石共纳银若干③。由此可知在立法的原则上,丁银是随面积科派的,但在缴纳的形式上便为随粮石科派了。

3. 合并编派的程度

今再就各地役摊于赋的情形考察,得按照其摊入赋内的程度,分为以下两项去叙述:其一,役的负担完全摊派于赋内;其二,役的负担,分别摊派于丁田两项。——换言之,即役的负担仅有一部分摊入赋内承办。今先从后一种情形说起。

① 天启《衢州府志》卷八《国计》。
②《明史》卷七八《食货志》,及《明史》卷二六五《王家彦传》。
③ 道光《西宁县志》卷六《经政上·田赋》引万历十年丁粮碑。

a.役部分的摊入赋内

在这里又有两种不同会计的方法：其一，在固定的役额内，先以丁承受其一部分固定的负担，其余不足的数，再于田地摊派。其二，丁田同时依一定的比率，以分配役额。关于第一种的例子，如万历二十二年北直隶鸡泽知县白起旦定编征徭役，每丁止征银一钱，余尽摊入地亩[①]。又如南直隶霍丘县先于万历元年将里甲、均徭、驿传、民壮四差，分派银两，并作一条鞭法。至万历二十二年又议将夏秋税粮马草马价折色等银一总改入条鞭，逐分款目，悉照通县丁田均派，共审条鞭银18,797两余。以上四差及两税马草等项银两分派于丁田的方法：人丁除优免外，实在人丁每丁一例编派五分，共银1,721.2两外，余银17,075.9两余，尽派于民亩之上。

第二种会计的方法是以丁田两项同时去分配役的负担。因为丁田在摊派上的分配，是同时制定的，所以他们在最初便有一定的比率可寻。计有三种不同的方式：其一，以丁为主以田助之；其二，以田为主，以丁助之；其三，丁田平均分摊。

我们说编役以丁为主或以田为主，是依怎样的标准而定呢？这应当分三方面去观察：第一，依税率的高低而定，如每人一丁出银若干，每田一亩出银若干，丁银较多便是以丁为主，田税较多便是以田为主。但税率的高低，与税额没有多大关系，比如一县内人丁甚少，田地数多，则每丁所出的税率，虽比每单位的田所出的为高，但人丁所出的总数，有时反不如田地所出的总数的大。第二，依税额分配上的多寡而定，如全县役银一万两，丁出六千，田出四千，丁出较多，便是以丁为主，但这仅就税额数而言，若一县内人丁的数比田地的数多，则每丁所出的税率或

---

① 光绪《广平府志》卷四四《宦绩录中》。

者比之每单位的田所出的税率为低,亦未可知。第三,依每一个单位的役银内丁田各占成数的多少而定。即依每役银一两内,丁出若干钱、田出若干钱而定为主从。以上三种情形,各有不同。我们为材料所限,所以以下所说的或仅指以上任何一种的情形而言。请读者自己去辨别。

编役以丁为主,以田为助的办法,如陕西西安府同州,自万历二十二年行条鞭法后,银、力两差,以地协助十分之二①。这大约是指税额上的分配而言。又如同州所属白水县在万历年间所行的条鞭法,对于徭役的分配,是采用"丁六粮四"的办法。凡民壮工食银两,括一县的民户的丁粮而派之;徭役(共分银差与力差两类)银两,则括军户匠户及民户的丁粮而派之。除优免丁粮不派外,每条鞭银一钱,丁派六分,粮派四分②。在这个例子中,我们还应注意,就是民壮只派于民户的丁粮,银差力差则分派于军匠民等户的丁粮上。

以田为主,以丁为助的办法,例如河南南阳府邓州新野县均徭银力二差,以"丁一粮三"四分一条编通融均派。新野县在万历元年奉文审丁,共分为三等九则,每则丁各征银数不等(由下下则每丁四分以至上上则每丁三钱),通计九则人丁共征银若干,以充均徭的四分之一,其余四分之三,计亩编派③。又如北直隶顺天府香河县阖县一应岁办支解钱粮,丁地通融派征,其经费银两系按丁四地六的比例出办。但若征解京粮,每年有增减,及别有其他加增,总在地亩内均派④。丁四粮六的办法,行之于福建等地者,名曰纲银法。纲银始于正德十五年(1520),时御史沈灼议将一县的里甲费用,分为正杂两纲,以丁四粮六法科派。嘉

①天启《同州志》卷五《食货》。
②万历《白水县志》卷二《赋役》。
③乾隆《新野县志》卷六《赋役》。
④万历《香河县志》卷四《田赋志》。

靖末年抚按两院令各县取销正杂的名称,止称纲银,以一年应用通计实数,只据现年丁粮多寡,每户征银若干,审定规则,先一月征收在官,以应后一个月的支用。既而因倭寇,御史汪道昆议加派军饷,改为丁四粮八,即粮所出多于丁的一倍。至万历五、六年间都御史庞尚鹏奏行一条鞭法,纲银亦入条鞭之内①。我们其实可以将纲银法认作条鞭法的一种。如福宁府宁德县在万历年间遵行条鞭法以后,纲银的名目仍然存在,它的编派方法,为每人一丁派银二分一厘五毫三丝八忽,米一石派银五分五厘五毫八丝六忽②。丁与粮的分配,快要改到一与三的比例了。

　　丁田平均分配的办法,如山东兖州府滕县自万历丈量以后,行一条编法,徭归于地者为十之五③。又如南直隶应天府上元县在巡抚周忱任内,即宣德五年至景泰二年(1430—1451),始以粮补助丁,但当时仅为十分之二三。至巡抚欧阳铎(嘉靖十五年至十八年,1536—1539)乃改为均徭法,役银由粮米与人丁平均编派。及至巡抚海瑞(隆庆元年至四年,1567—1570)改行条编法以后,编派差役至仅以人丁居其四分之一,而粮石所占增到四分之三④。以上大约都是指税额上的分配而言。由此可知丁粮两项所分担的徭役的比例,是随时变动的。即如上面所说的滕县,在初行条鞭法时,徭归于地的不过为十之二三,到了后来才加到十分之五的。

　　丁粮对于徭役的负担的比例,在同一州内各县的办法,往往不一致。如凤阳府内泗州所领泗州一州,盱眙、天长二县,所有里甲、均徭、驿传、民壮四差银两总数,逐年加减不一,到了后来才改为定额。泗州

---

① 万历何乔远纂《闽书》卷三九《版籍志》。
② 万历《宁德县志》卷二《食货志·年例》。
③ 《天下郡国利病书》卷三八《山东四·滕县志·赋役志》。
④ 万历《上元县志》卷一二《艺文志·姚汝循〈丁粮议〉》。

条总项下四差银两一向系人丁均派,至万历二十七年知府王陛见富家大族皆以计脱人丁,乃议自地亩粮每石带银一钱三分,共征银4,147两。人丁实编7,066.2两有余。丁粮共银11,213两有余。盱眙县条总项下,至万历二十七年由府酌定四差共10,611.7两,五则人丁共编银6,531.9两,地粮每石带条银四钱九分五厘三毫,共带征银4,207.40两余。以上丁粮两项合征之数,比额数多出银126两有余,照数在粮条内减征。天长条总项下,至万历二十七年由府酌定四差共8,530两有余,人丁九则编2,198两有余,田粮每石带条银二两一钱余,共带银6,331两有余①。由上例可知泗州与盱眙县所编四差银两,皆为丁所出的总额大于田粮所出的总额;但天长县则丁额小于粮额。我们虽不知道在每一两"四差银两"内,丁所出的占多少,粮又占多少,但泗州粮每石仅带征银一钱三分,盱眙每石四钱九分余,而天长则每石至二两一钱余,专从这一点看来,亦可知道以上三地的粮石附加银的轻重悬殊了。故如河南开封府《封丘县志》论本府各县间徭役编派不均说道:"然条鞭不止鞭派一邑(县),必且鞭定合郡(府),而无推诿坐派不均之失,法行始为无弊。"②由此言之,条鞭的观念,不但光限于各州县里的编派,而且可以应用到各州县间的编派的情形的。

　　各地编役,丁粮两项在分配比例上的多寡,乃视各地的丁粮的情形而定。地土肥饶的州县,其田地对于负担租税的能力较大,故差徭多从田地起派,而但以人丁补助;地土瘠薄的州县,其田地的负担租税能力有限,故差徭多论丁起派,而以田地协助之。所以南方编派差役,多以

---

①《帝乡纪略》卷五《政治志·条鞭》。

②顺治《封丘县志》卷三《民土》。

田粮为主,北方则以人丁为主①。但有时州县本非尽因地土瘦瘠,而只因户口单薄,故差徭亦归于地亩内起派。如河南归德府考城县在嘉靖末年编户仅十一里,户口寡少丁不足恃,故派差不得不借重于地亩②。

b.役全部的摊入赋内

这里要分别两种形态:第一是某一项役全部的摊派于田,这一类的事例比较最普遍。如驿传一役,在广东、福建等地多以田粮独编③,至若民壮一役,亦多随粮带征,例如湖南宝庆府新化县的民壮,在洪武年间乃从民间拣选,至嘉靖九年奉例以一县的丁粮通融编佥,二十四年又专以一县之粮编佥④。其次,一切的役全部摊入田内,这种事例,较为少见。虽然我们常常看见类似"一切徭役悉派于田"的记载⑤,但我们对于这些记载要打折扣的。因为明代自行一条鞭法,虽以境内之役,均于境内之田折办于官,但犹分征"丁银"⑥,不得说是全部的役都归入赋内。但其后亦有"丁银"亦摊入田赋之内的,如浙江台州府黄岩县自万历初年

---

① 如隆庆初户部尚书葛守礼反对北方行条鞭法,《宽农民以重根本疏》云:"夫江南以地科差,盖田之收入既多,又十年始一应差,故论地亦便。若河之南北,山之东西,地多瘠薄沙碱,每亩收入,不过数斗,而寸草不生者亦有之,又年年应差,并之于地,无怪农民之失所也。"(《葛端肃公文集》卷三) 可见南北赋役情形的不同,及条鞭先行于南方的原因。又参看《帝乡纪略》卷五《政治志·户口》。

② 康熙《考城县志》卷一《赋役》,第70页。又如天启《同州志》卷五《食货》云:"赋出于丁者有银力二差,今以差多丁寡,令地协十分之二。于是丁轻而地愈重矣。"

③ 例如参看万历《广东顺德县志》卷三;《天下郡国利病书》卷九三《福建三·四差》。

④ 嘉靖《新化县志》卷四《户口》。

⑤ 如万历《扬州府志》卷一○《秩官志下·泰兴知县许希孟传》云:"……嘉靖四十五年任……仿古户役法,一切徭役悉均派于田,著为令。"

⑥ 参看清道光《河南开封府淮宁县志》卷五《籍赋志》。又如隆庆四年题准江西布政司所属府州县行的一条鞭法,其编户的办法,是:"有丁无粮者,编为下户,仍纳丁银;有丁有粮者,编为中户;及粮多丁少,与丁粮俱多者,编为上户,俱照丁粮并纳。"(《万历会典》卷二○《赋役》) 可知丁银是必须纳的。

御史谢廷杰议将里甲额办、坐办、杂办、驿传课税支应等银,一概均入田地,定额科征,谓之一条鞭法。至明末更将丁银、口米并入田内派征,自此丁课亦归入田地①,便与清代丁完全归入地中的条鞭法完全相同了。又山西平阳府绛州稷山县在万历二十六年始行条鞭,但丁归于地则在明末②。

　　以上依据役摊入赋内的程度,以讨论役摊入赋内种种不同的情形。但田地的种类不一,丁亦有门户(如民户、军户等)等则的分别。所以在未将丁田的种类合并的地方,有许多是以各项不同的徭役,分别派于各种不同的丁田上。如北直隶顺德府内丘县夏税、秋粮、马草、驿站、马价、草料六项,系正供钱粮,在地亩内派征;均徭银力听三差、里甲额待杂三支共六项,系杂办钱粮,除优免外,于丁地兼派;兵饷银一项,除优免地亩并与差人丁不派外,在于行差寄庄地亩内派征③。又如南直隶池州府所属六县,其中贵池、青阳两县止于人丁与田起派条编;铜陵、石埭二县则人丁、田,并地、山、基地、塘、池等项,俱准折起派条编;建德、东流二县则人丁、田并地准折田起派条编④。又如隆庆间南直隶常州府知府李幼孜议,力差因赔费颇重,应从田起;银差纳官颇便,议从丁起。但田不及二十五亩的人户,亦编银差⑤。后半部的规定,用意在稍优待田少的户。又如陕西西安府同州白水县所行的条鞭法,民壮银两只派于民户的丁粮,银差、力差则派于民户及军户、匠户的丁粮上⑥。

――――――――

① 光绪《黄岩县志》卷六《版籍·徭役》。
② 同治《稷山县志》卷二《田赋志·丁徭》:“按明季户口消耗,徭银丁不能办,遂以此丁赋加入地亩,代丁兴差,名曰地差,至今未能归款。”
③ 崇祯《内丘县志》卷五《丁粮》。
④ 万历《池州府志》卷三《食货志》。
⑤ 万历《武进县志》卷三《钱谷》。
⑥ 万历《白水县志》卷二《赋役》。

4.一条鞭的会计方法

无论摊派的方法,是以丁为主,或以田为主,或丁田均分;亦无论是随亩或随粮,或随银加派,以上种种的方法,都有一共同的点,即以固定的支出摊派于丁、田两项上,按照定额,征收于官府,遇有应用时,官府再为支解。可见一条鞭法实是一种量出为入的制度,与唐代两税法"凡百役之费,先度其数而赋于人"的"量出制入"的会计制度相同。

关于一条鞭的会计制度,应当在此说明一下。所谓会计,约略相当于现代所用的"预算"一名词。一条鞭的预算制度,据王鸿绪《明史稿》所载,是十甲丁粮总于一里,各里丁粮总于一州一县,州县总于一府,各府总于布政司,布政司通计一省丁粮,均派一省徭役[1]。但据我们看来,条鞭法的预算,是以一县为单位。这因为一省以内的各府,一府以内的各州县,其奉行一条鞭法的时间各有先后不一。《明史稿》所说"布政司通计一省丁粮均派"的制度,恐怕只是指全省内各府州县皆已奉行后的情形而言。

州县的预算,以哪一年的支出作根据呢? 有些是悬一推定的数目,如以本年派过银数作下年实征的标准[2];有些以某一期间内若干年的平均数作标准,如隆庆元年巡抚刘光济奏行于江西的条鞭法,以隆庆前六年的平均数编派[3];亦有些是通计任何十年内的平均数作标准[4]。此外便为实行编审的制度,或每年一编[5],或每三年一编[6],或五年一编不

---

[1]《明史稿》志六十。
[2] 万历《邯郸县志》卷四《田赋志·条编》。关于编造预算的日期,《县志》云:"本府仍于每年十月终旬计算下年应征钱粮数目,具册申呈两院详允发征。"
[3] 明朱健:《古今治平略·国朝户役》:"以隆庆初尽六年为率。"
[4] 明章潢:《图书编》卷九〇《一条鞭法》。
[5] 如万历《武进县志》卷三《里徭》。
[6] 万历《霍丘县志》第四册《食货》。

等[①]。关于一条鞭会计方面,当时颇成为一难解决的问题。因为夏税秋粮等项,为田地的常赋,当不难预算;惟其余赋役杂项如里甲均徭等四差银两,则每年增减不一,难以制为定额。定得太宽,则官府易于侵吞,而民间受害;若定得太严,民力虽或可少宽,但官府卒然不时之需,以及水旱灾伤的蠲免,皆无以应付。关于这方面的处置,当时人多主张定额稍宽以为伸缩的余地[②]。

Ⅱ.合并征收

除了合并编派以外,多数的一条鞭法同时兼亦采用合并征收的办法。并且有时一条鞭法就是只指合并征收而言。合并征收,包括两方面:一为征收期限上的合并,一为征收管理上的合并。为甚么要合并征收呢?因为期限与管理的统一,则手续比较简单,责任亦比较集中,可以减少作弊的机会。征收期限愈多,愈易于掩人耳目;管理的人愈众,纳税者被剥削的程度愈深。故以合并为是[③]。

一、征收期限的合并

1.役的合并征收

以河南汝宁府信阳州罗山县为例。罗山县在隆庆以前,银差分别

①万历《帝乡纪略》卷五《政治志·条鞭》。

②例如参看《天下郡国利病书》卷四二《山东八·安丘县》,同书卷八〇《江西二·吉安府志》,明徐渭:《徐文长集》卷一八《会稽县志徭赋论》,明张栋:《可庵书牍》卷一《上刘峨山抚院书》,《皇明经世文编》卷四三八《张栋〈琐拾民情乞赐采纳以隆治安疏〉》,及清孙承泽:《春明梦余录》卷三五。

③如万历《镇江府志》卷七云:"条数多则易于掩人耳目,可以作弊,每石每丁每次加以分毫之间,则所得不赀矣。如兵饷归之一种,又征一次;均徭归之一种,又征一次;驿传归之一科,又征一次;备用马价归之一科,又征一次;四司料价归之工房,又征一次;供应物料归之礼房,又征一次;是以一羊而饲群虎也。……"

各项征收,力差则以审户而定。当时今日催此项役钱,明日催彼项役钱,应差人又讨工食等钱,追呼几无宁日。并且有一番追呼,便有追呼人一番科敛,故小民困苦不堪。其后知县应存初创立一条鞭法,以各项银差并力差工食合为一处,总计银数若干,然后照丁高下,粮多寡,以分派之。一时总收银数于官,不复分别各项催征。官府征银既毕,遇需用时,即将存银分别支解,力差与银差各项,皆由官府出银雇募。百姓完银以后,更无一事,是以人皆称便①。

2.赋的合并征收

可举嘉靖四十五年南直隶常州府武进县知县谢师严所立的征粮一条编法,作例证。在条编法以前,武进县的夏税秋粮派征款项繁多。除米麦本色外,有金花、义役、谷草、公侯俸禄、本折布匹、起运扬州淮安寿亳等州盐钞及马役等银。其以时加增的,则又有练兵、大工、贴役等项名目,皆由粮长负征收解运之责。自隆庆(1567—1572)以前,各以分数派之于粮长。总十分为率,如金花居十分之几,各项各居十分之几,无论粮长所收多少,皆依以上比率分派,以十分之几为金花,几为各项。上面所说分派分数于粮长的责任,起初是州县有司主持的,其后因税粮数目浩大,乃设"县总"主持分派事宜。但朝廷所需有缓急,故州县有司起解有迟速。于是"县总"阴操盈缩迟速之数,与各粮长通同作弊。粮长之奸狡与其相通者,则所派的税粮,可缓者常多,当急者常少,甚至全不派急项者有之。粮长之纯实而不与"县总"通者,则税粮之当急者常多,而可缓者常少,甚至全不派缓项者有之。派急项多及全不派缓项的粮长,其所收常不足充其所解,于是不得不出己资以补当解之数,往往因而破产倾家。派缓项多以及全不派急项的粮长,其所收常不必立

_____

①《天下郡国利病书》卷五三《河南四·罗山县》。

即上解,于是挪移侵吞公款的事,得以恣意为之,国课亦因而亏蚀。自谢师严立一条鞭法后,尽革"县总"之分派,不问税粮之何项为缓,何项为急,一例混征之于粮长,贮之于官库。有急用则解,缓则贮官库以俟。这种征收的方法,即所谓"一概混征,一时总征"是[①]。

3.役与赋的合并征收

a.合并征收的原因及其实例

何以要赋役合并征收呢?观于以下各例当可明白。《松江府志·查一条鞭之故》云:"往时夏税秋粮,及丁银、兵银、役银、贴役银,种种名色不一,或分时而征,或分额而征,上不胜其头绪之碎烦,下不胜其追呼之杂沓,自嘉靖四十年侍御庞公尚鹏按浙,改作一条鞭法,最称简便直捷……"[②]这里已将一条鞭合并征收赋役的原因指出来。今再举两例,以作说明。如北直隶顺天府霸州文安县先年催征次序,遵依本府明文,先征地亩,次站银,次夏税,次秋粮及马草,前项未完,后项复征,分派摧督,讫无少宁之日。以故小民庄官应役的时多,而在田耕种的时少。至万历十二年改行条鞭征解,将前五项钱粮总计一处,查照每亩征银若干,某人原地若干,征银若干,一条鞭派,仍分四限陆续交纳,俱限十月终通完[③]。又如南直隶常州府武进县旧日粮徭旧例,征收期间各别:粮期本年十一月为始,徭期次年二月开征。但未至腊月底,各役工食仰给嗷嗷;未至新正,各营兵饷,奉文守取。所以往往不得已暂借粮银解发。但到了粮银起解,又待征徭银补还。于是遇征收粮时,则常常借口已在徭项内借支给过;及至征徭时,又借口已在粮项内"透完"。项项不清,

① 万历《武进县志》卷四《钱谷》。
② 陈继儒:《白石樵真稿》卷一二《田赋八故》,或《天下郡国利病书》卷二一《江南九·松江府志》,又参看万历《青城县志》卷一《税粮》。
③ 崇祯《文安县志》卷四《贡赋志》。

弊窦日盛,追补甚难。至知县桑学夔始议,自万历二十一年为始,粮徭一齐会计,依限同征。这是在一条鞭法行了已经二十年后的事情了①。

b.一条鞭法所立的征收期限

条鞭以后所立的征收赋役期限,各地不同。有一年两限者,如河南河南府新安县②。有一年三限者,如山西太原府榆次县粮差合并征收,以十分为率,春夏各完纳三分,秋完四分③。有四限者,如北直隶河间府交河县自万历十八年行条鞭法,定正供杂办等银,分四季完纳:春夏各征银二分,秋冬各征银三分④。又本府邯郸县丁地二项银两,亦分四季征收,春夏冬三季各征二分,秋季征四分⑤。又如山西平阳府绛州稷山县于万历二十六年初行条鞭,夏秋均徭站银合派征收,每银一两,每季征银二钱五分。至万历三十四年邑民乔应试告称不便,议准每银一两,春季征收一钱四分,夏季征收一钱九分,秋季三钱七分,冬季三钱⑥。由上各例,可以推出每季征银多少,是根据于农民收入的旺淡。因为在秋收时农民入息多些,故亦多征些。但因为粮徭各项都征收银两,故征收期限,得较为划一,无须如往日依于各项性质的不同,不得不多立征收的期限了。此外亦有一年分六限征收者⑦。至如福建延平府大田县催征钱

---

① 万历《常州府志》卷六《钱谷》。

② 明孟化鲤:《条鞭法记》(见《古今图书集成·经济汇编·食货典》卷一五一《赋役部·艺文四》)。

③ 万历《榆次县志》卷三《赋役志》。又参看明霍韬:《渭厓文集》卷九《吏部公行·应诏陈言以裨圣政以回天变疏》。

④ 万历《交河县志》卷三《赋役志》。又如北直隶广平府广平县条编银两亦为春夏两季各收二分,秋冬各收三分(万历《广平县志》卷二《人民志·赋役》)。

⑤ 万历《邯郸县志》卷四《田赋志》。

⑥ 同治《稷山县志》卷二《田赋志》。

⑦ 明朱健:《古今治平略·国朝田赋》;及明章潢:《图书编》卷九〇《一条鞭法》。

粮,则分为"七限"。例如征银一两,则前三卯每次催征二钱,后四卯每次催征一钱①。云南大理府邓川州为一年十限:凡夏税秋粮折色,银力二差公费,加编土官民皂工食,地亩练饷,总督公费,协济贵州站银各款,总作一款合征,年分十限,每月只催比一次②。本来征收期限是时常变动的。如南直隶常州府武进县自隆庆间已行条编法,在万历十四年以前征收银米,俱分三限,在后改为十限完纳,至万历二十一年知县桑学夔又议改为:银立五限,米立三限征收。俱以十月初旬为始,银至次年二月终为末限;米至当年十二月终为末限,大约一月止催一次③。银米分限征收的办法,在苏州府嘉定县是每年十月十九日开仓收米,十二月初四日开柜征银。先完米,后完银。米分三限,银分二限征收,俱以开仓、开柜日为始,依限比追完足④。由上可见一条鞭法行后,各县的征收期限并不一定比原日的期限少得许多,但比较整齐划一。

二、征收上管理的合并

　　除了征收期限的合并以外,关于征收上的管理亦有合并的趋势。如南直隶苏州府嘉定县旧例以粮长主办京库钱粮,又有掌收的人,名曰"折白收头",另有"税粮县总"负总计的责任;又以里长主办均徭里甲,掌收者名曰"均徭收头",又以"均徭县头总"负总计之责;此外又有"练兵书手"总理练兵饷。以上京库、里甲、均徭、兵饷等项,本来都同出之于民。但名目多端,便可以多立册籍,以便作弊。且各由一人主办,责任毫不集中,于是挪借侵吞的弊病丛生。至条编法行后,将各项钱粮

---

①万历《大田县志》卷九《舆地志》。
②崇祯《邓川州志》卷五《官师志·里老》。
③万历《武进县志》卷四《征输》。
④万历《嘉定县志》卷七《田赋考下·知县李资坤申议六事》。

制为定额,作循环簿①——以收之,登载每日收数与放数各若干,互相对验,使一目了然。征收保管之责,完全由官府付之于吏目,集中管理,不再由粮长、里长分别的主办②。又如南直隶凤阳府寿州霍丘县在万历元年已行一条鞭法,但马价、草料、军饷等银,另立柜头征收,头绪多端,小民完纳不便。至万历二十二年始议将前银合一,总归条鞭征解③。关于征收解运赋役,从由民间负责,改到由官府委派胥吏负责,这一点我们在后面还要讨论。

Ⅲ.用银缴纳

合并编派,合并征收,为一条鞭法主要的内容。但一条鞭法还有两点值得我们注意的:其一,赋役各项的缴纳,以银为主要的支付手段,其二,自行条鞭法后,赋役的征收与解运,逐渐由民间转移到由官方负其大部分的责任;役的雇募,改为由官府负全责。

一条鞭法用银去支付赋役上的义务,其在社会经济上的关系甚为重大,它的发生的理由,与发展的经过,及其实行后的利弊,我们将另有专文讨论。在这里我们仅约略的指出一条鞭法用银的实际状况,并说明它在征输期限及征输手续上所引起的重要变迁。我们首先要明白,一条鞭法虽然以银为主要的支付手段,但各州县在实施的程度上各有不同。有些州县的夏税秋粮,以至徭役各项都已经全部折银;但亦有些州县起运折银,而存留仍用本色的;亦有存留中一部分折银,但仍有一部分用本色的。此外亦有银钱兼收的:收银以供起解的款,收钱以供本

①所谓循环簿,就是按照赋役全书款项,以缓急定其先后,按月循环征收的本子。
②万历《嘉定县志》卷七,或《天下郡国利病书》卷二〇《江南八·田赋》。
③万历《霍丘县志》第四册《食货》。

地衙门支放的款①。种种情形,各地不同。不过普遍说来,各地是以银为主要的支付手段而已。

用银一点,对于征收期限有甚么影响呢? 我们在前面已说过,一条鞭法行"总收分解"的办法,将昔日各项赋役原本是各在不同的期限内征收者,今混一征收之,先贮存于官府,遇有应用时,再分别起解。这种办法之所以能够成立,是与用银有密切关系的。往日征收本色,即如夏税麦农桑丝与秋粮米等项其收获的期间,各自先后不同,故难以一同征收。又如徭役项内,有些是属于经常性质的差役,有些是临时佥募的差役,故亦不能同时征发。但自用银以后,这些分别的重要性便逐渐低减。国家所征收的是银,人民所缴纳的是银。田赋的征输,从此可以同农作物的收获期不一定发生很直接的关系。至于往日力役的提供今皆用银输纳,一切临时性质的差役,亦得从先已收存在官的役银项内支给,故亦无须纷纷各立期限的必要。所以旧日各项赋役各指定在某某期间内分别征收者,今得通为一起混合的征收,换言之即不以赋役项目为分期征收的标准,故征收期限得较为整齐划一。至于一条鞭后仍分多少期限,我们在前面已说过,今不再述。用银对于收解手续上的影响,详下数节内。

IV.征收解运制度上的变迁

一、民收民解的制度及其流弊

自行条鞭法后,有许多地方都从民收民解的制度改为官收官解的制度。所谓"收",指征收而言,这里又可分为催征与收受两步骤去讨

---

① 崇祯《云南邓川州志》卷五《官师志》,及《天启凤书》卷四《赋役篇第二·输纳听投柜纳钱之便》。

论。催征亦名"比卯",解则指解运而言。洪武初年定州县征收税粮,以里甲为单位,一里中各户的税粮由甲首催征,花户上纳,里长收受,又由里长负责总汇解运于官府。又有好些州县,以纳粮万石上下的地域为一区,区内设立粮长,管理收解一区内的税粮。粮长的人数,多少不一定。有一区只立一个的,亦有一区设立正粮长一人,副粮长若干人的,皆由民间佥选田多的户充当。因粮长负责收解的税粮比里长所收解的为多,故在有粮长的地方,其催办税粮的手续,是由粮长督并里长,由里长督并甲首,甲首督催纳税人户缴纳。及至粮户缴纳完毕,由粮长点看税粮现数,率领里长并运粮人等运赴中央或地方各仓库。撮要言之:粮户缴纳税粮,是由甲首催征,由粮里长收解,而非由粮户直接输之于政府,所以这是一种间接征收制度。故当人户有逋欠税粮时,官府便责成粮长或里长,代为补足。以上粮长、里长与甲首,虽皆由官佥派,但都选自民间,且是在民间执役,所以这个时期又可以名曰"民收民解"的时期。解运税粮的人员,各地通常皆有专称,如名曰"大户"、"解户"、"解头"、"头役"等,这些人员或即为粮、里长人等,但有时亦另由专人充当,皆为民役①。

民收民解的制度,到了后来,发生流弊甚多。一方面,官府需索过重,又管守仓库的役吏,亦动加留难或勒索,以致粮长、里甲皆赔累不堪,或至破产,或至逃亡。另一方面,则粮、里长利用他们优越的地位,向小民下户剥削。我们仅举粮长一役为例。如在洪武十八、九年间(1385—1386),即在设立粮长十三四年以后,我们便看到不少关于粮长营私舞弊的罪状,他们或将自己应纳的税粮,分派于各粮户内,粮户少

---

① 以上参看《皇明制书·户部职掌》卷三,《万历会典》卷二九《征收》,及《明史》卷七八《食货二·赋役》等书。

有不从,便倚官挟势,临门吊打[①]。或则倚恃官威,巧立税目,多科小民,如粮长金仲芳擅立各种税钱,至十八项之多[②]。或者妄奏水灾,以图减纳税粮,又或以荒地作熟地,以熟地作荒地[③]。种种弊病,难以尽说。而州县官吏又常与粮长为难:或将粮长不许管领本都乡村纳粮人户,调离本处;或将地方犬牙相错,使一区内税粮不足一万石之数,以为沮设粮长之计[④]。以故粮长一役,时设时革。至宣德四年(1429)朝廷令江南府州县官督察各属粮长,凡有倚恃富豪,交结有司,承揽军需买办,移用粮米,假以风涛漂流为词,重复向粮户追征者重加究治。又如宣德五年周忱初履江南巡抚新职,时诸县收粮无囤局,粮长即家贮之,以致税粮积逋甚巨,忱至始加改革。但在正德元年(1506)政府又下令严禁粮甲里长不许仍前私家折收粮米,作弊侵欺小民[⑤]。可见私收的弊仍甚普遍。

二、官收官解制度的成立

1. 人民直接输纳与官收

为免除中间人从中侵蚀起见,多数的一条鞭法都规定了粮户缴纳税银,从间接输纳方式改为直接输纳方式。因为一条鞭法施行以后,大部分的田粮都已改为用银缴纳,所以我们应先讨论关于征收银的设置。一般的办法,是在州县衙门前或其他公共场所设立银柜(亦名粮柜),每届开征日期,由官派人监督,听由粮户自包封银两,于纸包上自填里甲姓名银数,亲手投入柜中。不再由里长、甲首人等代输。投柜以后,由

① 洪武十八年《御制大诰·设立粮长第六十五》。
② 洪武十九年《御制大诰续编·粮长妄告叔舅第二十》,《粮长金仲芳等科敛第二十一》,《粮长瞿仲亮害民第二十二》,《邾阿仍害民第四十七》。
③ 《御制大诰续编·粮长妄奏水灾第四十六》。及洪武十九年《御制大诰三编·陆和仲胡党第八》。
④ 《御制大诰三编·臣民倚法为奸第一》;《御制大诰续编·常熟县官乱政第四十九》。
⑤ 参看《万历会典》卷二九《征收》,及《明史》卷一五三《周忱传》。

官给以收票,这就叫做"自封自投"制度。人民的输纳,即为官府的收受,所以直接输纳于官的制度,即为官收制度。粮柜的数目,各地所设不一。或仅设一个,亦有因各区各仓之不同,或各项银两之不同,而分设两个,以至十个不等。又有按照各里甲都图或各仓口,于柜面上分为格眼,使输纳时各依格眼投入,不致相紊乱。监收的人员通常名曰"柜头",或以吏书充之,或以粮长、里甲人等充之,或以吏书会同粮里长充之。秤银时用官定法马,由监收人秤称,亦有由花户自秤的,办法不一。各项手续完毕以后,当即由监收人员等将所收银两送存官库,所以虽以粮里长充当监收人员,但他们仅居于襄助经收事宜的地位,仍为官收。自封自投的好处,可以免去吏胥或里甲人等需索挪移及多加火耗或换封抵假之弊。以上为输银的办法。至于输纳米麦本色的,亦有改为由粮户直接上仓的;但直接输纳本色者不如直接输银的普遍罢了。由此我们可以知道人民得直接输纳,是与用银有密切关系的[1]。关于"催征"一方面,我们知道多数州县仍由里甲经催,但亦有不用里甲的,如扬州府高邮州兴化县裁革甲首催征,不过兴化县裁掉甲首以后,是否改由官府的吏役催征,因县志不载,无从得知[2]。

2.官解(用银与官解的关系)

关于"官解"的办法尤为盛行。如正德六年户部右侍郎丛兰上言陕西起运粮草,数为大户(按即粮里长人等)侵牟,请委官押送[3]。可见

<hr/>

[1] 参看万历《大田县志》卷九《舆地志》,万历《交河县志》卷三《赋役志》,万历《榆次县志》卷三《赋役志》,万历《兴化县志》卷三《人事之纪中》,万历《嘉定县志》卷七《田赋考下》,万历《霍丘县志》第四册《食货》,万历《怀远县志》卷五《籍税》,《天启凤书》卷四《赋役篇第二·输纳听投柜纳钱之便》等书。

[2] 万历《兴化县志》卷三《人事之纪中》云:"万历元年奉行一条鞭事例,……至十八年……又甲首催征,科索劳扰,下乡鸡犬一空,民甚苦之,申允裁革。……"

[3] 《明史》卷一八五《丛兰传》。

以粮里长主解运的制度,已起动摇。又在万历二十八年南直隶苏州府嘉定县知县韩浚行官解法①。万历三十六年 (1608) 江南一知县王应乾申请革除粮长,改为官解②。万历四十五年山东济南府泰安州新泰县革柜头为官解③。天启二年 (1622) 以后浙江衢州府赋役全书亦定以官解为法,不用民解④。在崇祯六年 (1633) 正月御史祁彪佳上疏言河南巡按李日宣行官收官解法,中州便之,请推行之于天下,帝嘉纳之⑤。由以上数例,亦可知行官收官解的州县愈来愈多了。

解运的员役,其身分的高低,是与其所解银两数目的大小,成正比例的。如扬州府高邮州兴化县万历以后起解钱粮,三百两以下用吏,三百两以上用官⑥。又万历二十一年南直隶应天府句容县知县陈某尽革一切头役,立官解法,多则以官,少则以掾 (即佐贰官的通称),其或最重巨而官所不及兼辖者,则命胥吏为转运⑦。又如崇祯元年北直隶顺天府霸州文安县知县唐绍尧莅任之初,首先革去大户,定为官收官解,而以"耗银"所入供雇募、倾销、脚价等项的费用。领解的规程:一百两以内差民壮,二百两以内差快手,三百两以内差省祭,五百两以内差典史,一千两以内即以主簿领解。此外另差粮房书役一名,协同起解⑧。以上民壮快手等等,都是官府的差吏,所以可以说是完全的官运。还有部分

---

① 《天下郡国利病书》卷二〇《江南八·嘉定县·徭役》。

② 刘淇:《田甲论》(《清朝论策类编·政治论三》)。

③ 万历《新泰县志》卷四《食货志》。

④ 天启《徐州府志》卷八《国计志·官解》云:"赋役全书定以官解为法,诚以民解则水脚只是空名,官解则水脚必须实付。"这又因为"水脚费于途中,而衙门有需索之常例"的缘故。

⑤ 祁彪佳:《祁忠惠公遗集》卷一《陈民间十四大害疏》。

⑥ 万历《兴化县志》卷三《人事之纪中》。

⑦ 《天下郡国利病书》卷一四《江南二·句容县·官解志》。

⑧ 崇祯《文安县志》卷四《贡赋志·门银》。

的官运,即银两数目较大的款项由官运,数目较小的款项由民运。如浙江绍兴府会稽、余姚各县的办法:银至五百两以上差佐贰首领官,三百两以上差殷实候缺吏,一百两以下差殷实粮长,俱不许金收头解户等项名色①。由民运改到为官运,固然是因为里甲人等日趋腐化,以致整个制度的日趋没落,无法再将解运的重责付之他们的手上。但亦因为税粮改折了银,输运的手续简便得多,所以官府有能力去办理这桩事体。以前征收本色,在输运上确是一件极笨重烦难的工作,非借重民间的力量是不成功的。例如永乐二十年(1422)二月命英国公张辅等议北征馈运,凡用驴三十四万、车一十七万七千五百七十三辆、挽车民夫二十三万五千一百四十六人,运粮凡三十七万石②。这里所举的例子,虽然在明代初年,且为运粮出塞外,所费定必多些,但以这些人夫车辆牲畜,才能运粮三十七万石,很可充分表出当时运输技术的粗拙。又如成化八年(1472)延绥巡抚余子俊上疏言:运输于河套的米豆值银九十四万两,草六十万两。每人运米豆六斗、草四束,应用四百七万人,约费行资八百二十五万两③。这里动不动便用几十万或几百万人去转运粮草,所须负责管理的人员的数目,亦必很可观。倘若由官府派差役去押送,这笔费用亦就很可以的了。

三、官收官解的手续的说明（附库藏及倾熔银两事宜）

所应注意:行官解制度的州县,不一定便行官收;行官收的州县,不一定便行官解。前者的例子,如北直隶保定府自嘉靖四十年(1561)以后,关于起运钱粮的处置,已改为官解;但征收方面,则于隆庆三年(1569)议行以里甲中的田粮最多的户为"社头"、"甲首"、"户头"等,

---

① 万历《会稽县志》卷七《户书三·徭赋下》,清康熙《余姚县志》卷六《食货志》。
② 《明史纪事本末》卷二一《亲征漠北》。
③ 《明史》卷一七八《余子俊传》。

分别主持催征及收受各该里甲内各粮户的银两,又于全县分设"柜"若干,以收贮粮银,亦择社头中之富厚者掌之,更番类解于县,故仍为民收制度①。后者的例子——即行官收而不行官解的州县,如南直隶徽州府绩溪县,纳银虽听纳户自封投柜,且不许里长兜揽先行代纳,但解运税粮,仍佥粮长等役,故为官收民解制度②。完全官收官解的州县,得以隆庆初年浙江绍兴府余姚及会稽等县为例,今将这几县奏行条鞭法时关于征收及解运税银的规定,作一详细的介绍,庶可作一般州县收解手续的说明。以上余姚、会稽等县,每县将其境内人丁田地的科则照一条鞭法编定银数以后,即行照数备细造册一本,开写榜文一道,申送各分守道查核明白,果无差错,用关防印记发回。然后一面将榜文张挂,晓谕百姓通知,一面查造册籍,逐户填给"由帖"(即通知单),用印钤盖,差各该里长、甲首人等(亦名里递)分给各甲人户,照帖承办,依期赴纳。到了收纳的时候,每县查照由帖,造"收纳文册"一本,用印钤盖。置立大木柜一个,上开一孔,其作法使银两可入而不可出。酌量县分大小,里甲都图多寡,设立簿柜,县小者止一簿一柜,大者作二簿二柜,或各三四不等。每柜即选择实历吏中的勤慎者一名及粮长中的殷实者一名,相兼经收。每次即给"收票"一百张,私记小木印一个。木柜设立于县堂上,听令各该里递带领纳户亲赴交纳。先由吏与粮长公同查对簿内及由帖内所载,纳户本名下丁粮及折银数目实该若干,相同无差。随即验银成色足否,兑银数足否,眼同纳户包封,上写某里某甲纳户某人银若干。仍着纳户将簿内本名下填写某月某日交纳足数讫,下注花字为凭。吏同粮长将纳完银数填入收票内,某月某日吏某人粮长某人公

---

① 万历《保定府志》卷一九《户役志》。
② 万历《绩溪县志》卷三《食货志·岁役》。

同验纳讫,亦注花字为凭。银令纳户自行投入柜中,并不许吏与粮长经手。如有加收重称、刁难勒索者,许即时禀告究治。每十日掌印官同管粮官及经收吏役、粮长开柜清查一次,照簿对封包,照封包验银。如果无差,总算共该银若干,拆放在一处。每百两权作一封,暂寄官库,另贮于一匣,以待临解时倾锭。另置印簿一扇,登记每次清查银数。又行另选吏一名,粮长一名,如前经收,十日清查一次。如遇某项钱粮应解,将前寄库银两,照簿内收过日期挨次顺支若干,应贴解运路费若干,当堂倾锭,封付佐贰首领官,或候缺吏,或粮里长管解。不许再佥"收头"、"解户"等项名色。仍查照贴解银数,给与管解人使费,使解送至府,转文呈布政司交纳,限期取获批收,回县缴销①。

但在同一州县内,因税粮有本色与折色的不同,故两者收解上的处置方法亦不一样。如南直隶镇江府其本色的部分是行民收民解制,折色部分则行官收官解制。今更详为叙述其征解库藏及倾销银两各项事宜,以补前节之不足,本节倘与前节并观,对于当时各县征收的大概,当可得其大半了。据府志所载:本色漕粮及南京仓粮各项,由粮长负责收解,故为民收民解制度,无足多论。至于折色及徭里银各项,则于县堂设柜收受,纳户亲自投柜,不得令粮里长包收。纳银听用散碎,不必拘于倾锭。每区各设一柜,每柜各设"收头"一名掌管,验收银两。收头至晚上结一总数报官。在收银的次日,即由收头自行拆封,如系解部银两,则应倾销成锭,并不得延久。若系兵饷军储或本地岁用者,可不必倾销,即将所收银两贮库,听候起解。收银与解银,分别各用两种官定法马秤称。倾销时用解银法马秤兑。官府止不时清查法马有无弊端,

---

① 万历《绍兴府志》卷一五《田赋志二》,清康熙《余姚县志》卷六《食货志》,及万历《会稽县志》卷七《户书三·徭赋下》。

及摘发收头多勒增耗的弊病,不许干预收头拆封之事。各属征完各项银两每五日一次报府。候府委定解官,即行该县掌印官公同佐贰一员,将收头贮库银两取出,用原发解银法马,当堂秤兑明白,即于批文内明开某项银若干两,计若干锭,每锭重若干两,同原发解银法马,一并封付委官,仍拨兵壮护送解府,本府公同府佐一员,将解到银两就用该县解银法马,当堂秤兑,如有银色不足,或数目短少,止许行文该县明白换补,不许拘收头赴府,致滋别弊。至于解部银两,亦如解府的一样,俱止选委职官管解;如官不足,则用殷实忠厚吏管解,不许仍用粮里长、收头人等。由上可知为完全“官解”制度。至于征收方面,是由收头主持,收头虽然是佥自民间,但在官府服役,即为官府的差吏,故征收方面,亦是“官收”制度①。

V. 各种征收单据册籍的设立

末了,要附带提及,自行一条鞭法后,各种赋役册籍,灿然大备。此亦为一时风气所趋,值得注意的一种现象。原来明初的黄册及鱼鳞图册,体制完备,已为历史上所称道。自行条鞭,一切赋役皆有制为定额之意。于是各地纷纷设立碑记册籍等物,以刊载额数,冀求以后额数不致再有提高。或在州县公署勒石为记,或为刊刻成书。如北直隶沧州有所谓“畿南条鞭赋役册”②,徽州府绩溪县有“条鞭书册”③。此种册籍,至明末已甚流行。如崇祯十年四月二十七日开御前会议,计划军饷

---

① 以上参看万历《镇江府志》卷一二《赋役志》及万历《武进县志》卷四《钱谷·征输》。有些州县原本以民役守仓库的,到后来亦更彻底的改用吏守之,如嘉定县于隆庆间罢斗级守仓,罢库子守库,皆以吏代之(《天下郡国利病书》卷二〇《江南八·嘉定县·徭役》)。
② 万历《沧州志》卷三《田赋志》。
③ 万历《绩溪县志》卷三《食货志》。

事宜。当时要查看各处存留钱粮,乃由内廷发下"条鞭赤历书"一帙又七册,谕令户、兵二部细查回奏[1]。所谓赤历,乃存于官的册籍,使粮户自登所纳数,上之布政司,编订成册,以便于检阅者。如北直隶河间府的"赤历簿",定每里造一扇,于每丁名下填注每人一丁该科银若干,每各项田地一亩该科银若干,通合总数,令花户分四季完纳,按其缓急注定次序。赤历簿先送府磨照无弊,然后发县追征[2]。又南直隶淮安府有"征银赤历"[3];山东莱州府等地有"赤历由票",即为根据赤历所造的由票[4]。

所谓"条鞭赋役册",亦名"赋役全书"。全书的编制,以一省或一府一州县为单位,其体裁:先列丁地原额,次逃亡人丁及抛荒田地数,次实征数,次起运存留,起运分别部寺仓口,存留详列款项细数。招徕人丁及新垦地亩两项,则续入册尾。赋役全书定十年一编,它的第一次纂修,约在万历十年前后[5]。又据浙江《常山县志》所载:万历十三年刊刻"钦定两浙赋役录"(亦名"全书")[6]。大约全书的编制,盛于江南而略于江北。如毕自严《查报工部料价钱粮疏》所言:"江南止凭赋役全书,江北并无可凭"[7]可以为证。全书的内容,至万历中叶后已渐趋紊乱,时各

① 杨嗣昌:《杨文弱先生集》卷四三《召对纪事》。

② 万历《交河县志》卷三《赋役志》。

③ 天启《淮安府新志》卷一二《贡赋志二》,及清牟廷选、吴怀忠纂修《淮安府实录备草》卷六《赋役》。

④ 例如万历《莱州府志》卷三《田赋》,万历《沂州志》卷三《田赋》。

⑤ 崇祯元年(1628)七月户部纂修赋役全书,尚书毕自严上条议云:"看得赋役全书,肇自行条鞭法始,距今已四十五年矣。"(清孙承泽:《春明梦余录》卷三五)从此推之,全书最初编纂于万历十一年(1583);又从此可知条鞭法与全书的关系。

⑥ 万历《常山县志》卷八。

⑦ 毕自严:《度支奏议·册库一》。

地的条鞭法亦渐破坏了①。

　　以上赋役全书等，是存贮于官府的册籍；其颁给于人民，用之于征收时的单据，原有多种，但最重要者为"由帖"，由帖亦名"由票"，或"由单"，或"青由"，或"易知单"，或"易知由单"等。亦有"条鞭由帖"及"合同由票"等等的称呼。由帖的编制，以一州县为单位，其内容：开列本州县上中下则地亩人丁正杂本折钱粮及存留起运各项。末缀以各该户内丁地所列等则及其所应纳的数额，于开征税粮以前颁给各花户，使人户到期如数输纳。由帖的设置，在正德初年已有之，不过到了条鞭法施行以后，各地更为普遍的施行②。除了赋役全书及由帖两种最重要的以外，还有"长单"、"循环簿"、"会计册"等等，其详我们不能一一叙述。

　　（原载《中国近代经济史研究集刊》第 4 卷第 1 期，1936.5）

---

① 参看万历《黄冈县志》卷三《田赋志》。
② 关于当时由单的材料，举不胜举。如条鞭由帖的式样，可以参看万历《会稽县志》卷六。作者将另有专文讨论易知由单。

明代一条鞭法的争论

一 一条鞭法以前明代的赋役制度

明太祖初即帝位，便制定了天下的赋役制度。关于田赋方面，是根据土地的面积并参以田地的种类及其肥沃程度而起税的。土地的分类，大致采用两种原则：第一是以土地的天然形态而分，如田、地、山、林、溪、湖、塘、海、荡等；第二是以土地所有权的归属而分，如属于公家的（不管公家自己营种或租给人民佃种）统叫做官田、官地、官山、官塘等；属于民间的可以自由买卖的，叫做民田、民地、民山、民塘等。官民田地内的各种名称甚繁，如官田内有所谓还官田、没官田、断入官田、学田、皇庄、庄田、屯田……等；民田又有所谓新开、沙塞、寺观田……等。各有其特定的意义及历史上的来源。又根据土壤的肥沃程度，各种田地皆普通分为等则，如三等九则之类。例如一等上则没官田是。各种田地的税率，除去上则高过中则，中则高过下则不用说外，一般说来，田的税率高过地的税率，地的税率高过山的税率；而官田的税率又高于民田，官地又高于民地。税率的多寡，在各州县间不同：少者一则或两三则,多者在千则以上。田赋普通是一年分两期交纳:在夏季开始征收者叫做夏税,在秋季开始征收者叫秋粮。夏税秋粮,简称曰两税。夏税以小麦为主,但得以丝、绢、绵、钱、钞等物折纳;秋粮以米为主,亦得以同上述各物折纳。米麦两项名曰本色,其他折纳的物品,名曰折色。用作缴纳田赋的米麦,名曰正项;此外还有类似户税的农桑丝及杂项钱粮,如鱼课、茶课……等,开始分项交纳,后来亦随同田赋一齐缴纳,故亦列归夏税、秋粮的一部分。杂项课程并入田赋内征收的结果,使得两税税目异常庞杂①。再则各项税粮彼此间的折纳,因征收人员的不法,弊病滋多。以上各项钱粮大致可分为两部分:其一,存留,即存留于征收所在地;其二,起运,即解运于中央政府或本地以外其他地方政府的所在地。各项钱粮皆有它指定的输送仓库,又大都有它指定的用途。凡距离起解地较远或输送上较为不便的仓,名曰重仓口;距离较近,或输送较为方便的仓,名曰轻仓口。用途较急的,为急项钱粮;较缓的为缓项钱粮。因款项的缓急,以定起解的先后。急项尽快起解,缓项依次起运。

关于役法,可分为两大类:一类是对丁所课的税,一类是对户所课的税。明代的户籍,普通分为民、军、匠三种。男子年十六以下曰不成丁,十六曰成丁。成丁始有役,至六十岁免役。对民户民丁所课的役,主要的有以下三种名称:一,里甲;二,均徭;三,杂役。里甲,是一种审编户口制度的半官式人民自治组织,也就是州县行政上的,与人民供应赋役的地域单位。其法以地域相邻接的一百一十户为一里,一里之中,推家产殷富的十户为里长,余下的百户分作十甲,每甲十户。每一甲有首领一人,名曰"甲首"。每年由里长一人、甲首一人,率领一甲十户应役。如今年由第一甲人户应役,明年由第二甲人户应役,第三年则由第

---

① 参看《中国近代经济史研究集刊》第3卷第1期拙著《明代两税税目》。

三甲人户应役。这样,每十年内,每个里长,每个甲首,与每一甲人户皆依次轮流应役一次。十年以后,复审里甲人户的家资(大概以人丁和其所纳的钱粮两项的多寡作标准)消长,重新排定人户等则的高下,以定里甲及其应役的次序,如前循环充当。故曰"十年一周,周而复始"。里长、甲首的职务,在统率一里及一甲的人户承办一里或一甲内的公众事务。初时只限于追摄公事及催办粮差两项,其后有司征敛日重,凡祭祀、宴饷、造作、供帐、馈送、夫马,一切费用,皆责令里长、甲首管办。"均徭"是有经常性的在官府服务的各项差役的通称。被佥派的对象,是以丁为单位,而非以户,故与里甲不同。均徭分为两大类:一类是"力差",一类是"银差"。编派人户自办的叫做力差(力差初只限于亲身充当,不得雇人替代,但其后由人户自行雇募的亦名曰力差);纳银与官府,由官府代募他人应役的叫做银差。银力两差内项目极多,按项按款征派,备极繁琐。均徭以外,一切在官府或在民间非经常性的公众服务,总称曰"杂役"或"杂泛"。杂役多半属于临时性质,因事随时编派的。以上里甲、均徭、杂泛三大类的各项差役,其负担轻重不一,但皆根据各人户的丁粮的多寡而编定。这里丁指人丁,粮指应纳的银粮。丁粮愈多的户编愈重的役,愈少的户编愈轻的役。里甲、均徭以外,又有两种特殊的役,在各州县间亦极普遍地存在:一为驿传,一为民壮。驿传之职,在备办人夫马匹以传达官府文书,又措备廪给口粮,以待大小公役及带有关符的过境使客。民壮亦名民兵,选自民间,所以补卫所正式官军的不足。初时设立本意,本用以征守,及后遂在官供迎送,递文移,及勾摄公事等。以上里甲一役为正役;均徭、驿传、民壮,皆为杂役。里甲、均徭、驿传、民壮四者合称"四差"。

　　赋与役的征收及解运期间,是彼此不一致的。而赋内各项与役内各项,其征解期间多亦不同。主持征收及解运的人员,往往亦不是同一的人员,而由各种不同名义的人员去分别地负责。这些人员,在初时多半是从民间自行选出。由上可知,明代的赋役制度,在一条鞭法以前,确是复杂得很。因为过于复杂,所以百病丛生(其详本文内不便细述),于是产生了一条鞭法的改革。

二　一条鞭法述要

关于一条鞭法的内容,作者已在《中国近代经济史研究集刊》第四卷第一期内《一条鞭法》一文内作详细的叙述。在这里仅能将一条鞭法的最主要的内容大略说一下。一条鞭法,是一种历史上与地域上的发展,各时各地的办法都不见得完全一样。但它最主要的办法有三点:一是役与赋的合并;二是赋役的征收与解运事宜,从民间自理改为由官府办理;三是各项赋役普遍地用银折纳。关于第二第三两点办法至为明显,无须解释。

赋役的"合并",或单独指编派的方法而言,或单独指征收与解运的期限与手续而言,或合指以上两方面而言。所谓编派上的合并,是指课税的客体或其根据的原则上的合并。如赋的对象是田地,役的对象是户或丁,今将役的负担一部分或全部的课之于田地,这就是课税客体的合并。又如里甲一役原本以户为应役单位,均徭则以丁为应役单位;又均徭中的力差原本是不许雇别人代替的,银差则纳银于官府由官府代募;又力差多课于富室,银差多课于贫民;又力差输于本地,银差则输于远地,今将这些区别取销了,故里甲得以归并于均徭,力差亦合并于银差之中,换言之,各项赋役昔日所根据的不同的立法原则至今都消灭了,改用同一的原则去编派。

仔细分析起来,赋役的合并又有以下三种不同的方式:第一,役内各项的合并;第二,赋内各项的合并;第三,役与赋的合并。上述第一及第二两种合并,因役或赋内各项,皆系性质相同的东西,故合并时尚不发生若何的困难;惟第三种,因役与赋的课税对象不同,性质迥异,其依何比例将役的负担分派于丁、田两项,以达到合并的目的,则成一问题。这种比例,大略言之,有以下四种不同的状态:其一,以丁为主,以田为助;其二,以田为主,以丁为助;其三,丁田平均分担徭役;其四,徭役完全由田地担承。所谓主助,有三种不同的看法:其一,就税额的分配上而言,如一县的役银共该一千两,丁出六千,田出四千,则曰以丁为主,以田为助;其二,就税率上的比较而言,如人每丁出役银五钱,田每亩出役银七钱,则曰以田为主,以丁为助;其三,就每一单位役银内丁田所占的比例而言,如每役银一两,丁出六钱,田出四钱,则曰以丁为主,以田为助。又从以田赋承办徭役的方法言之,有以下三种不同的方式:其一,随面积摊派,如田每亩派役银若干;其二,随粮额摊派,如粮米每石派役银若干;其三,随粮银摊派,如粮银每一两派役银若干。简要言之:自行一条鞭法后,田地的负担全国一般地提高起来,这因为田地至少要多承受一部分役的负担的原故。

旧日的赋役制度,何以要改为一条鞭法? 其历史在这篇文章内不能详述。但从当日施行一条鞭法时所引起的争辩观之,当可知道一条鞭法与昔日制度的比较,其利弊得失如何。

三　赞成者的理由

(一)款目简单。旧日赋役款项过于纷繁,故易于作弊。如东南各州县在田赋及课程方面,有所谓岁办、额办、杂办等三大项名目。"岁办"指每年必须应办的物料;"额办"指两三年一办但有定额的物料;"杂办"则为征派不时及无定额的物料。以上三大项各包括二三十种物料,又分起运与存留各款。起运输送的地点如中央户部、兵部、工部及边镇卫所等的仓库,存留本地的钱粮亦各有其指定的仓口。除去岁、额、杂三大办以外,又有所谓"正编"、"加编"等项,皆为例外的多取。头绪纷繁,甚至里书胥吏人等亦茫然莫知所措。至于役法方面,其繁尤甚。如现役里甲,输钱于官曰"纲银",曰"办银",本意在一切里甲费用皆取足于此,但出钱以后,有司仍令其值日供应,索费纷然百出,有所谓"灯油钱"、"柴炭钱"、"下程钱"、"折干钱"、"管饭钱"、"银硃钱"、"募马钱"、"支应钱",等等名目①。于是里甲太苦。又如均徭中之重役,"廪保"名义上是编一两,实则应役者所出至百余金;"库子"名义上虽编一两,实则出至数百余两,于是均徭亦困累②。一条鞭法,统计本地每年夏税秋粮的起运存留额若干及里甲、均徭、土贡、雇募加银额若干,再核以上粮差两大项每年共该用银若干,通为一条。又总计本地的丁额与田额除优免以外,实在额数若干,然后将本年度共该用的粮差银数,摊派于丁、田两项。总征银两,输于官府,名曰"条银",不复细分款目。遇应解的税粮,官自发价;应雇的差役,官自给值。所以叫做"总一征收,分项放解"的制度③。这种制度的好处,在将各种粮差款目化繁为简,纳税者易于知晓,庶不至为征收人员多造舞弊的机会,《天下郡国利病书》卷九九《广

①顾炎武:《天下郡国利病书》卷四六《山西二·盂县志·役法》。
②参看万历《休宁县志》卷三及《古今图书集成·经济汇编·食货典》卷一五二《赋役部·艺文五·杨芳〈赋役〉》。
③参看万历《帝乡纪略》卷五《政治志·条鞭》,明章潢:《图书编》卷九〇《一条鞭法》及《万历会典》卷二〇《赋役》。

东三·赋役志》云:

> ……类而征之,不多立名,取其易晓,谓之一条编。

又云:

> 谓之条编,称名少而耳目专。

就是上面的意思。

(二)税额确定。条鞭法量出制入,合计一地(如一州或一县)的丁田,以充一年赋役的费用。赋役制为定额,刊入赋役全书中。又设置"由帖",亦名"易知由单",颁给人民,帖内备载每户应纳之数,立限征收。于是纳税者知帖所载,每岁依期输纳。又每届征收期间,州县有司置"银柜"或"粮柜"于公庭,以"柜头"一人或若干人监守,人民自封投柜,不更取其他解纳等费用。故人民所纳赋役,皆有一定的额数,不至为官吏里胥人等浮收。再则诸徭役是由官招募,应募者势不敢再如往日之反复勒索于民。再则上级机关的财政监督与审计,亦比较容易施行,此如杨芳《赋役》内所说:"上无以饰宪司之观,下无以掩闾阎之目。"[1]这自然因为"银有定例,册籍清而诡计无所容"的缘故[2]。我们还应注意:在一州县内往往有一部分的钱粮是归入条鞭内的款项,但还有一部分是不归条鞭内的。归入条鞭内与否,定于一种原则:凡有经常性固定性的条款始得归入条鞭,否则不然[3]。明白了这一点,我们才领会各州县颁行一条鞭办法以后,往往将制定的赋役额数,勒石刻碑为记的可能。

---

① 见《古今图书集成》。
② 顾炎武:《天下郡国利病书》卷四二《山东八·安丘县》。
③ 参看万历《会稽县志》卷七《户书三·徭赋下》。

（三）征输利便。旧日赋役名目过繁，且又各立征收人员与征收期限，以致小民不遑宁处，吏胥得肆以为奸。如南直隶常州府武进县，原日夏税秋粮，派征款项甚多，除本色外有金花、义役、谷草、公侯俸禄、本折布匹、扬州淮安寿亳等州盐钞、马役等银；其以时加增的款项，又有练兵、大工、贴役等，皆总征之于秋粮，由"县总"若干名专管分派的事宜。但"县总"往往以所受贿的多少，定所派税粮的缓急先后——行贿多者书派以缓项，使得暂不起解；行贿少者书派以急项，使其逼于及早起运。侵欺勒索，弊端百出。至嘉靖四十五年（1566）知县谢师严始立征粮一条鞭法，尽革"县总"，税粮款项，不分缓急，皆总征之，贮于官库，以俟起解。征输的弊端，因得小减①。关于各地徭役的征输情形的变迁，大致亦与上述税粮的情形相同。如河南汝宁府信阳州《罗山县志》载：

> 襄阳李公曰：隆庆以前，银差以各项征，力差以审户定也。想其时，今日催此项钱，明日催彼项钱，应差人又讨工食，追呼无宁日也。且也，有一番追呼，则有追呼人一番科敛，而民坐困矣。知县应存初立为一条鞭法，一条鞭法云者，以各项银差并力差工食合为一处，计银若干数，然后照丁高下，粮多寡，以此银派征之。征毕，则分此以为银差起解，及为官觅力差人之工食也。百姓完此外，无一事矣。法诚良哉……。②

又根据隆庆间（1567—1572）江西巡抚刘光济奏请推行条鞭法一疏内的记载，江西原来的均徭役法：银差内如各官柴薪、马丁、儒学斋膳夫等项，俱（先一年）派员审编，以致贪婪有司，故将殷实人户自行，因而加

---

① 参看万历《武进县志》卷四《征输》。
② 顾炎武：《天下郡国利病书》卷五三《河南四》。

倍征收,渔猎无厌,此为银差弊病的一例。至力差内,如府州县的斗库,及各驿的廪给、库子等项,则所出不赀,赔费甚重;如门皂、防夫、禁子、弓兵等役,皆编徭户姓名,若募人代当,则抑勒需索工食银两,户户被扰,鸡犬不宁;又如水马、机兵等役(按:即驿传、民壮之属),则各编头户、贴户——所谓头户、贴户,例如役机兵一名,该编银若干,即审一家道殷实的户金充头役,名曰头户,而以花户贴之,共贴足应出银数,名曰贴户,往往以数十户而朋为一役,贴户人数众多,住所窵远,所贴银数又或不满锱铢,头户不能遍索,甘于包赔者有之。所以光济主张悉行革去头户、贴户等项名目。又因旧日坊厢里中,困于无名的谋求,乃又革坊里之制:凡岁用所需,旧制系坊里自行出办者,今皆制定其经费,一律派征银两。例如应预先置造的各项,如铺陈、轿伞、幕次器用等;应临时买备的各项,如祭祀、乡饮、宾兴、上司支用等;应临时估计的各项,如修理衙门工料等;应预先雇募但临时拨发的各项,如接递夫马等。自征银入官库以后,皆由官府自理。掌印官为之经纪,扣算各项实用数目,责令主管吏照所司分管随事支给银两,及登记支销。至若供买办差遣的人,即于衙门隶卒内轮拨应用,与坊厢里长绝无关系。人民但按州县所颁的"印牒",依限自封投柜,其他解纳诸费,毫无所取。故光济以为条鞭法行,则"民如限输钱讫,闭门卧,可无复追呼之扰"云[1]。

(四)负担公平。按旧日里甲之制,十年一轮,每甲人户一年在官,九年在家。且当时公家事务比较清简,赋役不多,故易供给。又初时户籍与田籍的编定,尚能切合实际,故质役尚无大不均之处。及后公家支出增加,人民的赋役负担亦因而加重,里甲已疲于供应。而贵族豪强与缙绅的阶级,又以营求贿嘱的手段,与官吏里胥人等互相勾结,使赋役

---

[1] 刘光济:《差役疏》。

的重负暗中移于贫民下户的身上。加上将田地飞洒诡寄,户则移动上下,其结果重粮重差,尽归下户;富户反出轻赋轻差,甚至逍遥赋役之外。这种恶势力的勾结,实是根深蒂固,欲一举廓而清之,殊非易事。故提倡一条鞭法者,以为应废去里甲轮年应役的制度,停止审编户则,只以比较难以隐匿的丁、田两项为准,每年出办赋役,使有田有丁者无所逃于赋役之间,比较的公平亦可以达到。提倡一条鞭法者还以为昔日十甲轮年之制,表面上负担的分配,虽似乎平均,但实际上并不平均。例如均徭之役,每年银、力二差,各有定额,但各甲丁粮(即产业)的多寡,势不能皆齐一,故各甲所输虽同,但因负担能力之不齐一,而牺牲亦不一致,于是形成:"轮甲丁粮之多者,则其年所派之银数少而徭轻;其丁粮之少者,则银数多而役重。名为均徭,实大有不均之患在"的现象①。还有以为有田者虽非富户,但亦不还,故条鞭法摊丁于地,不过稍损富人以益贫人,尤为公平之至。如明李腾芳《征丁议》中所引君子之说云:

> 我有田一亩,不过加银三厘,而丁额具矣。今之有田者,皆巨室富人,稍损其毫厘,以呴咻贫寡,何不可!②

四　反对者的诘难

(一) 负担不公平。这专从一条鞭法以田地承办徭役一点去攻击。

---

① 参看清光绪八年《北直隶开州志》卷三《田赋》。
② 《李文庄公全集》卷五下。

反对者以为重税田地,将使人民弃本务末,如隆庆初户部尚书葛守礼对于条鞭法攻击不遗余力,其《宽农民以重根本疏》云:

> 尝总四民观之,士工商赖农以养,则皆农之蠹也。士犹曰修大人之事,若工商既资农矣,而其该应之差,又使农民代焉,何其不情如是!今夫工日可佣钱几分,终岁而应一二钱之差,既为王臣,有何不可?况富商大贾,列坐市肆,取利无算,而差役反不及焉,是岂可通乎?今科差于地者,不过曰计地而差,则地多之富家无所逃,然此务本之人也。与其使富商大贾逐末者得便,宁使务本者稍宽,不犹俞乎?[1]

按守礼以为有田者即为务农业者,实不尽然。因大多数的田主,自己并不从事耕种,但募人承佃,以坐享地租之利。对于这班田主,其实无妨重税一些。但若将丁赋完全归入地粮中,则其名不正,且易消失人民服务公家之心。如万历中以后李腾芳《征丁议》所说:

> 毕竟从古帝王所立之天下,至于今数千年,而户口、土田两者,未尝肯销其一,以并于一。……专征粮,则四海之内,但有土田,而无户口。而试问国无户口,何以为国?……使地方有急公之役,……抽丁远行,将可以粮往乎?又使本地有守御征发之役,……亦将可以粮守乎?若以为有粮则有丁,假令一富人者有粮百十(石),而其人只一二丁,又将安得多指而驱之乎?若以为有粮有银可以募人,不知彼时田粮之所出者,以供刍牧兵饷尚恐不足,而奈何不深思而熟虑之也。

---

[1]《葛端肃公文集》卷三。

且自政治的伦理言之,丁赋亦应出之于全民。即有丁便应出丁赋,不应将丁赋只责之于有田者,方合正义。还有,倘将丁赋完全归于田赋中,则田地的负担太重,将因而抛荒,无人耕种,以及发生土地不断易主的现象。如明洪懋德《丁粮或问》所说:

> 丁者,以一代之民人,养一代之君上,古今之通义也。……义,则无不利者也;非义,无不害者也。……带丁之制,其害无穷,……田十年而五六易其主,且就荒焉。民无十世之族,而散于四方,皆自此起,……赋役之事,一委之于田,而民遂视其田如荼毒,去之唯恐不速。田一去则脱然为世外之游民,而天子不能使,邑宰不能令……①

以上反对者的意见,从理论上说,是无可非议的。一条鞭法将丁派于地,在纯粹的理论上是没有多大的根据的,不过完全是一种权宜的措置罢了。

(二) 纳税者的牺牲不一致。一条鞭法往往不论丁之贫富或地之肥瘠,只各按同一则的税率起税。于是纳税者名义上所出的赋役的额数虽然是一样,但实际上所受的损失是不一样的。如葛守礼《与姜蒙泉中丞论田赋书》云:

> 闻今 (山东?) 布政司分粮,量为上中下 (三等县):上者每石价九钱,中者八钱,下者六钱。则既体悉 (恤) 下县矣。一县户亦有上中下,可以例推也。且虽上县,未免有下户,一条鞭论上县之下户亦九钱,何以堪也? 下县未必无上户,一条鞭论下县之上户亦

---

① 《古今图书集成》。

六钱,何其幸也?[①]

此言诸县虽分为上中下三等,然每一县内的人户不分为等则课税,则各县间各户的牺牲,便亦不一致——下户的牺牲最大,上户的较小。不过倘如一县内将人户亦分为等则,则守礼所攻击的目标自亦不能存在。《曹县志·条鞭总论》言之最详:

> 一条鞭之法,缙绅类能言之,然或有为(谓)其当行,或有谓其不当行,其见盖人人殊矣。然无论缙绅,即父老百姓,愿行者十有七八,不愿行者亦有二三。查得各处条鞭,不问丁之贫富,地之肥瘠,一概征银,殊失轻重。是以贫弱小民多有不愿,而富民田盈阡陌,多方诡计,营干下则者,反得借口蛊惑小民,腾谤官吏,百计阻挠。官府摇动于浮言,牵制于毁誉,屡行屡止,致使忠实良民,田鬻大半,户口(等则)尚高,经年累岁,独当各样重差,无息肩之日,苦累不可胜言……今酌议条鞭,地论肥瘠,而征银之多寡既异;丁论贫富,而户口之高下悬殊。名虽条鞭,而实为调停之法,故命名曰"调停徭赋册"。盖不拂愿行者之心,而亦善体不愿行者之意。卒之规制一定,士民胥庆,即有一二奸民,亦无以为辞矣……今日调停之法,是通变用中之政,得圣贤之遗意,即以达于天下,似无不可行者,而经久不易之法,端在是矣。敢以是为折中之论。[②]

上面前半段备论各地始行条鞭法时,田多的富户百法阻挠官府,以致小民亦不愿行此法。有如《天下郡国利病书》卷八〇《江西·吉安府志》所云:

---

① 《葛端肃公文集》卷一四。
② 顾炎武:《天下郡国利病书》卷三九《山东五》。

　　大都兹法（一条鞭法）之行，利于下，不利于上；利于编氓，不利于士夫；科于闾阎，不利于市胥。

《曹县志》以为户田分为等则，则豪强奸民便无法借口以破坏此法。但我们要知道：条鞭法如仍分开户田的等则，它又要遇着如旧日赋役制度下编审里甲均徭人户时所遇到的困难了。

　　（三）南北地方情形不同，条鞭法便于南而不便于北。说者谓南方地土肥沃，田赋本来就重，差徭比较的轻，故归徭于田，所增加的负担有限，以行条鞭法为便。北方则地土硗瘠，田赋本来就轻，差徭实重，倘以役归田，田将不堪。葛守礼《宽农民以重根本疏》云：

　　　　夫江南以地科差，盖田之收入既多，又十年始一应差，故论地亦便。若河之南北，山之东西，地多瘠薄沙碱，每亩收入，不过数斗，而寸草不生者亦有之，又年年应差，并之于地，无怪农民之失所也。

明唐鹤征云：

　　　　条编主田为算，……江南地土沃饶，以田为富，故赋役一出于田，赋重而役轻，以轻丽重，且捐妄费，安得不利？齐鲁土瘠而少产，其富在末，故赋主田而役主户，赋轻而役重，以轻带重，田不足供，安得不困？[1]

陕西《巩昌府志·徭役论》条鞭不便于北方，其理由甚详，说：

　　　　……以余（论者自谓）观于巩之徭役，而知新法条鞭之为北

---

① 顾炎武：《天下郡国利病书》卷二三《江南十一·武进县志》。

境累矣。何者？盖南境气候既燠，物产复饶，有木绵粳稻之产，有蚕丝楮绫之业，又地僻力余，营植不碍，民间贫富不甚相悬，一切取齐条鞭，奚不可？北境则不然，地寒凉，产瘠薄，即中路又苦冲烦，贫富相去，何啻倍蓰？然条鞭未行之前，民何以供役不称困？盖富者输资，银差无逋；贫者出身，力役可完。且一身既食于官，八口复帮于户，讵惟存贫？兼复资养。吏习民安，兹其效矣。自条鞭既行，一概征银。富者无论已，贫者有身无银，身又不得以抵银，簿书有约，催科稍迫，有负釜盂走耳。征输不前，申解难缓，那借所不免也。……①

所以府志《徭役论》及《驿递论》均以为条鞭虽良法，但不宜于北境。又，《徭役论》对于条鞭法银力两差皆一律征银一点，以为不便于贫民，因贫民一身以外更无长物，若不许其以身当役，则贫民势无所出，只得挈家逃亡。其言亦甚有理。关于南北丁田分配赋役的情形，如《帝乡(凤阳府泗州)纪略》卷五云：

> ……江北税役比江南不同。江南田地肥饶，诸凡差徭，全自田粮起派，而但以丁银助之，其丁止据黄册官丁，或十而朋一(意即十丁合当一差)，未可知也。江北田稍瘠薄，惟论丁起差，间有以田粮协带者，而丁常居三分之二……②

由上可见只隔一江，南北情形便有如此不同。又如福建泉州府《永春县志》云：

---

① 顾炎武：《天下郡国利病书》卷五八《陕西四》。
② 明刻本《帝乡纪略》卷五《政治志·户口·附审编丁则》。

> 今之徭役,西北出于丁,东南兼论田。西北之民,田愈多则累
> 愈重,故役不可以论田而论丁。东南之民,以田为贫富之差,故兼
> 丁田而论之。论丁必以资力,故分九则,其法常病于难均;论田惟
> 蠲浮粮之累,禁吏胥之弊,则民受其利矣。然西北之民,一丁而岁
> 几差,一差而岁几次,民或十岁成丁,七十不免。而东南有穷老不
> 事事之民。南北生灵苦乐之异,又可不知之哉![1]

大抵编审丁粮各有困难,其情形也是南北不同的。崇祯间吴侃论道:

> 淮(河)以北,土无定亩,以一望为顷,欺隐田粮;江(长江)以
> 南,户无实丁,以系(事)产为户,脱漏户丁。[2]

又浙江绍兴府《余姚县志》说:

> 北方门、丁、事、产四者兼论,每以门银为上,产银最下,地土犹
> 致抛荒。吾邑有职役者始登版籍,无职役者每多隐丁,故编役则专
> 重田产……[3]

皆可证明北方多隐漏田粮,南方多脱漏户丁。一条鞭法归丁于田,所以
先行于南方的原故,自有这种因利乘便的理由在。明代一条鞭法自南
方推行到北方,确是经过一段相当时期的努力才成功的——后来清代
的一条鞭法的推行经过,也是如此。我们只看《张居正全集》,便可知道
条编法的推行,不能不归功于他们在朝的几个人,其中当然以居正为一
个最重要的角色。如《答总宪李渐庵言驿递条编任怨》一封信内云:

_____

① 正德《永春县志》卷四《版籍志下》。
② 吴侃:《在是集》卷二之七。
③ 万历新修《余姚县志》卷六《食货志》。

条编之法,近旨已尽事理,其中言不便,十之一二耳。法当宜民,政以人举,民苟宜之,何分南北?[①]

可见江陵推行条编的决心。按江陵是南人,在他稍前一些如葛守礼、靳学颜诸人,都是攻击一条鞭法的,他们都是北人。从这一点看来,不失为有趣的一件事。

(四) 一条鞭法年年应役过于频繁。旧日赋役制度每甲每十年轮当一次差,一年在官服役,九年空闲在家。自行条鞭法后,统计本州县十年内夏税、秋粮的起运存留额及里甲、均徭、驿传、民壮的雇募额数各若干,求其十年内的平均数,通计为一条,合全州或全县的田地户口编派,皆折成银两,每年起征。从此昔日按甲当差"一劳九逸"的制度不复存在,人民每年都要出役银了。从纳税者看来,一条鞭法就是将昔日十年内出办一次的差役的总额,今摊分为十年输纳,每年各输若干。故有以为条鞭应役之法过于频繁的,如浙江衢州府《常山县志》说:

按条鞭之法,使民无偏重之累,多则之扰,甚盛德也。顾物情不一,难以概齐,固有便于江西、越东,而于吾衢不便者,如秦晋便差役,吴蜀便雇役之类是也。且原国初立法……其意谓劳逸相间,则服役不勤。故自税粮之外,一年里甲,一年粮长,一年丁田(按粮长、丁田皆役名),一年均徭,一年造册(银差之一种),十年之中五作而五休之,少得喘息,以并力于供应也。今行条编之法,则官府日日催征,百姓时时输纳。盖有一当排年,则终岁奔走钱粮,日不暇给,凡耕读事畜之业尽废矣。予尝与宁绍一士夫论条编不便于军门徐部院之前。其人曰:"譬如人日行百里则艰;若分作十日,

———————
① 《张文忠公全集·书牍九》。

日行十里则安舒,不亦善哉?"谨应之曰:"日行十里,是日日行路也。使人尽废百事,而为行路之计,问馆舍,箧枕簟,持糇粮,亦曰可矣,他将不暇为生乎?"会因董获至三村,见壁间有无名氏题诗曰:"此村不是石礦村,夜夜尝闻吏打门。半亩庭荒无鸟雀,一年岁晚少鸡豚。新丝欲卖谋诸妇,旧谷难偿累及孙。何日条鞭闻报罢,相公功德满乾坤。"则人情可睹矣……①

但亦有意见与上正相反的,如山东兖州府东平州《汶上县志·条鞭法议》云:

> ……惟是以一县之力,供一县之役,则众而易举也。以一年之输,分十年之限,则轻而易办也。②

又如江西《吉安府志》所说:

> 议者或谓旦旦而号之,农商无终岁之乐,户户而比之,县官有敲朴之烦,则不若征其价而仍复轮差为便。斯盖长吏自为计之说也。夫十而一之,孰与夫一而十? 矧齐民朝不谋夕,谁乃岁积其一以待十年之输也? 今岁输十之一,役轻易办,一输之外,民可闭户而卧,孰谓其无终岁之乐耶? 其视轮差之岁,苦于弊多费重,以致鬻儿破产者,万万相悬矣。③

这里所提出的贫民不能岁积其一以待其十年一次之输,确是言之成理;但《常山县志》所举的要"日日行路"不暇治理他事的例子,亦不为

---

①清顺治十七年重刻本万历《常山县志》卷八《赋役表》。
②顾炎武:《天下郡国利病书》卷三八《山东四》。
③同上书卷八〇《江西二》。

无见。

（五）一条鞭总一征收过于迫切。如《常山县志》攻击本县所行条鞭法的不得当，说道：

> 况彼时既经条编，则当条征条解可也。而该房各摘其所需，称为紧急，一时各项齐征，不及半年，殆将完满，大非用一缓二之道。自今知县傅良言至，限为朔望，每两追银五分，分俵缓急起解，民始少苏……①

又如湖广《辰州府志》云：

> 且他时编派，分正、杂；正、杂之完纳，又分本、折。故追征期宽。自条鞭法行，天下受其画一，而辰迫驿骚。盖巨猾缘而作奸，更立压征、预征、实征诸名，遂征无虚日。今年之谷才登，来年之赋已迫……②

以上所说的都是就施行条鞭法后的流弊而言。其实，公道的讲来，自行条鞭法后，赋役的征期限是比以前较为划一的。

（六）一条鞭混一征收且又混一支用易于侵吞。旧日赋役各项皆各立名目，按款按项征收，且亦按款按项支解。自行条鞭法后，原来各项赋役名目虽仍然存在，因为官府例于征收前将本年内这些各项应收支的银两公布出来，但及至向每一人户征收时，便不分开所征的银两其中哪一部分是属于某款某项，而只是统一地将总数征收回来。及遇有支用时，即于以前收存在官库的款项支应。所以当时人对于一条鞭法

---

① 万历《常山县志》卷八。
② 万历《辰州府志》卷三《田赋》。

关于征收支解方面的规定,名之曰"总收分解"的办法——详细一点地说:总一征收,分项放解是也。对于这种征解的制度,有人以为易开侵欺之门。如万历六年 (1578) 江西南昌府新建县知县张栋《上刘峨山抚院书》云:

> 再照四差银两,虽有里甲、均徭、民兵、驿传之殊名,而百姓之输纳,本县之征收,初未尝分开何者为里甲,何者为均徭,又何者为民兵、驿传也。既混一而收之,又混一而用之,随收随放,漫无分别,而县官又公务缤纷,不能一一稽察,侵欺冒破,何能以保其终无哉?[1]

所应分别的:这里所说的"混一而用",是指一切支款乃从一种"漫无分别"的收款内以支付一点而言;至于上面所说的"分解"一层,则指于收存在官库的款项内,遇有需要,随时分别起解而言。

(七) 一条鞭征输不论仓口、不开石数,易于作弊。按旧日税粮的输送,分为远近仓口。输于远仓的税粮,耗折较重,故实际所出亦较重,多派之于富户;输于近仓的税粮,耗折较轻,故实际所出亦较轻,多派之于贫户。这种规定,是以仓口远近来调剂贫富人户的负担。自行条鞭法后,起运与存留合一,仓口亦无复远近之分。昔日调剂的作用,因为之消失,所以论者多攻击这点。如葛守礼《宽农民以重根本疏》云:

> 国初……分定各项仓口,仓口由重而轻,人户自上而下,明白开派某人某仓口粮若干,给与由帖,便其收照,各赴该仓收粮大户处投纳……其法简易,可以百世通行无弊。近年不知何故,乃变为

---

[1]《可庵书牍》卷一《新建书牍》。

一条鞭派,不论贫富,一切同摊,既不显仓口,又不开石数,只开每亩该银若干,致使书手任意增减,漫无底定。虽小民黠慧者,亦莫知端倪;而况蠢愚,只应凭其口说,从其愚弄也。不惟小民莫知,虽官府亦岂能于分厘毫忽之间算无遗失乎?[1]

又《与刘安峰论赋法》亦谓:

> 山东均徭征输旧规,称为最善,近多变更。小民莫知端倪。如派粮本有原坐仓口,轻重等差,一视户则,虽妇人稚子,莫之或欺。不知何故变为一条鞭,使书手得以因缘作弊。后又谓一条鞭难为贫者与富人同科,乃又变为三等银则,弊愈不可穷矣。夫照各仓口分派,令人查纳斗升若干,价银几何,晓然人知,何等简易! 今乃不显仓口,冒然谓某某该银几何,小民听然输之,无复可以查算,是与书手以神术弄愚民,且又涂民之耳目,装之囊中,任其舞弄也。[2]

嘉靖初年,何瑭著《均粮私论》论河南的田赋亦说:

> 国初定粮,失于分别,一概定作每亩粮八升五合。后官府以下田人户办纳不前也,乃议令起运重粮,多派于上田里分;存留轻粮,多派于下田里分。盖亦哀多益寡,称物平施之意也。虽未尽得其宜,而民病亦少苏矣。近年上司患里书挪移作弊,乃议不分起运存留,俱总定一价,则上田、下田无所分别,虽曰可以绝里书之弊,而下田民户固已不胜其害矣。[3]

---

[1] 《葛端肃公文集》卷三。
[2] 《葛端肃公文集》卷一三,参看同书同卷《与鲍思庵论徭役》。
[3] 万历四年重刻《何文定公文集》卷八。

此言不分为起运存留的差别待遇,则上田下田所纳的税粮的轻重亦无所分别,是下田人户暗受损失。但我们应知道,按照人户的贫富或各里分田的上下,以定其所派仓口之远近及税粮之轻重,倘能善运用,固足以收调剂贫富的负担之效;但不善运用,反足以滋生里书的弊端①。

(八)一条鞭合丁徭杂项于田亩,启加赋之先声。说者谓丁田杂敛合为一项以后,虽得暂时的便利,但历时稍远,后人每易忘本遗源,又加征以前所已带征于田的杂项,故小民受害更甚。如黄宗羲所说:

> 有明两税,丁口而外,有力差,有银差……一条鞭法……是银力二差又并入于两税也。未几,而里甲之值年者,杂役仍复纷然,其后又安之,谓:"条鞭,两税也;杂役,值年之差也。"岂知其为重出之差乎? 使银差力差之名不去,何至是耶? 故条鞭之利于一时者少,而害于后世者大矣。②

梨洲这番话,并不是过虑,确是有所见而云然的。如万历初年张贞观论山东青州府田赋之言,可以为证:

> 但据所知,则固有已征鞭银,而复役里甲者;亦有限年头役名色依然照旧金派私贴无算者。业以(已)征其银,而复役其身,是民昔之所苦者一,而今之所苦者二也。③

又如河南汝宁府信阳州《罗山县志》亦载:

---

① 参看天津《益世报》"史学双周刊"第20期拙著《田赋输纳的方式与道路远近的关系》。
② 《明夷待访录·田制三》。
③ 《敷陈里甲条鞭审派疏》,载《古今图书集成·经济汇编·食货典》卷一五二《赋役部·艺文五》,又参看清咸丰《青州府志》卷三六《名宦传三》。

> 会银,昔未有也。以里甲供亿。不才官费之不赀,乃酌一年应费之数,定银有额,入一条鞭内征收,在官用之,名之曰会银。会银设,而费有限矣,此节爱之良法也。何近时又令十甲里长轮流支使,岂免包赔,而里长又焉得不派之各人户哉!抑且指一科十矣!是既有会银,复用里甲也。为小民之困,不滋甚乎![①]

在南方这种双重赋役的现象亦甚普遍,如万历间南直隶应天府上元县知县程三省《条议上元县事宜四款》,其第四款"免重差"云:

> 照得上(元)、江(宁)二县,条编银两已奉明文一则均派矣。每年仍有各衙门库斗诸役工食取之条编,差使则令亲役,每一入直,则有常例,有买办,有守候,无名之费,诸难枚举。……奈何正赋之外,复有重赋如此哉![②]

而张栋所言尤为剀切,《张给谏集》中《国计民生交绌敬伸末议以仰裨万一疏》云:

> 四曰审徭役。臣按条鞭之法,虽概行于东南,而行之称善者则莫过于江右。臣先任新建县知县,已亲行之,而亲见其宜民者也。乃若浙、直地方,民非不行,实未尝行。何以证之?夫条鞭之称善,正以其征银在官,凡百费用,皆取于官银。民间自本户粮差之外,别无徭役;自完本户粮差之外,别无差使。吏胥无所用其苛求,而民相安于无扰耳。今既云行此法矣,胡复有均徭之审耶?解户、收头、修衙、修杠、下程酒席,其害不可枚举。请言其详:盖钱粮既征在

---

①顾炎武:《天下郡国利病书》卷五三《河南四》。
②万历《上元县志》卷一二《艺文志》。

官,则以官收,亦以官解,宜也。何为而又佥大户?一领一纳,库吏皆得上下其手;解户甘心赔折而不敢言。甚至有发与空批,先令完纳,而后听其索补于小民者,此解户之所以称累也。征收钱粮,除用柜头,其害不待言矣。即如派定各区,每名收银千两,则收完其责亦完,宜也。何故必责之以管解?所收之银未经解尽,收头之责终于未完。库吏因而为奸,受贿多者首先发解,否则有候至十年而不得完者,此收头之所以称累也。修衙、修舡,既有征银在官矣,即当责之工房吏书管理可也。今乃仍点大户,官银不足,倾家赔偿,而该吏人等犹且从之索贿;不得,则以冒破禀官究责,以致浮费之数,反倍于赔补之数,夫焉得不称累?下程酒席,亦既额有官银矣,即当责之礼房吏书买办可也。今乃仍用里甲,赔费不赀,荡产从事,而该吏人等亦且因之为利;不得,则以苟简禀官罚治,以致官用其一,而吏反用其二,又焉得不称累?抑且有奉上取资赎锾,无以应其求,而亦派办于徭户矣。其间贫不能胜此役者,每名量田数多寡,又派空役银入官公用,不知原编公用银两作何支销?大都皆为吏书所干没,有司者未必能一一而查之耳。此徭役之当议者也。[①]

上面将一条鞭施行后的加赋情形暴露一二。故如《凤书》所谓:

> 凤(阳府)之……最苦者,役于官与役于官府营缮者,如宋顾(雇)役之法,一切取办于编银。虽云嘉(靖)隆(庆)前徭里甲法不均,其时□粮长、马头、库子等色,坊里之长操权横甚,户民一不当意,指名定役,富民立破产,小民糜碎。然自条鞭法行,而此属肆

---

①《皇明经世文编》卷四三八。

其大害,未尝减也。名曰一条,而四差依然存也。[1]

又如王圻所谓"小条鞭"[2]、艾南英所谓"条鞭之外,更有条鞭"[3],万元吉所谓"条外有条,鞭外有鞭"[4],皆指这种双重赋役的情形而言。

(九) 条鞭款项不易制为定额。我们在前面已说过,能归入条鞭的款项,大半都是有经常性固定性的。可是,虽然已经归入条鞭的款项,在一个较长的时间内仍不易制为定额。这因为在最初时如定得太严,则后来有意外不时之需,便无法以支应;如定得太宽,则易引起经理人员的浪费或挪借或埋没侵吞的危险。如山东《安丘县志》云:

> 四差合征,则力难毕完;输银在官,势且轻用。以难完当轻用,则折阅必多,一旦有意外水旱灾伤之蠲,部派军兴诸卒然之务,将于何取给之? 若欲预为之羡,以备蠲减……则浚民者将濡首焉,是先病之也。[5]

以上所说,不但理论上是如此,事实上亦是如此。如张栋《琐拾民情乞赐采纳以隆治安疏》云:

> 二曰裁减无实利。何也? 节省,美名也。皇上躬行俭德,中外臣工,夫谁不曰节省? 顾省所可省者,斯足为民利,省其所不可省者,未足为民利,而适足为民害,此无庸枚举为也。即如条鞭一事,其初议也,未始不因地方之繁简,而定公费之盈缩也。一岁所用,

①《天启凤书》卷四《赋役篇第二》。

②顾炎武:《天下郡国利病书》卷三九《山东五·曹县·赋役》。

③《天佣子集》卷六《书六·与郑三尊论南城马役书》。

④《墨山草堂初集》卷一《收支疏》。

⑤顾炎武:《天下郡国利病书》卷四二《山东八·安丘县志》。

取足于一岁所输,民未见其为病也。有司者欲投时好、博高名,则取于原定之数,而日请缩焉。然不能缩于用也,遂令所入无以支所出矣,而包赔加派之弊滋矣。……则又何如因其旧而不必减,使众易供之为愈也?……①

张栋这番奏议,是根据他在江西南昌府新建县知县任内所得的经验而发的。他的《上刘峨山抚院书》云:

> 兹奉道府转奉牌行另议条编规则,……案照隆庆六年 (1572)奉两院案行粮储道,议定各衙门一应公费款册,颁发下县,……皆分有定款,派有定数,每年每月每日计其所用若干,编银若干,刊定规则,一毫不可增减矣。但当时之立法者,既先限以一成之额;而日逐之所用者,未必能如原定之数。有原编十两而用至二十两者,有原编十两而用至三十两者,又有原未编而续奉举行因而取用者。一时奉票,县官敢抗拒而不即送用乎? 此原数之不足,不可不为酌议者也。②

因为上述的原故,所以当时人对于条鞭法之初制定额时,大都主张应留有余地,以备不时之需,而免在后来有"加编"的危险。如徐渭(文长)《会稽县志·徭赋论》说道:

> 余闻诸长老云:"徭赋之法,盖莫善于今之一条鞭矣,第虑其不终耳!"其意大略谓:均平之始行也,下诸县长吏自为议,县长吏以上方从俭,奈何令己独冒奢之嫌? 乃忍取其疑于奢者,一切裁罢以

---

① 《张给谏集》,《皇明经世文编》卷四三八。
② 《可庵书牍》卷一。

报。而今者每一举动,或承上片檄,则往往顾橐匣而局脊,掌橐之吏与铺肆之人,且愁见及矣。至于顾(雇)役之繁且苦,若仓传者,亦往往直(值)不称劳,莫肯应募……①

江西《吉安府志》亦说:

> 必欲维之(指条鞭法)而使不变,其说有二:夫议法者始乎宽,则其将毕也不弊。盖始事亦尝从宽议矣,后乃一二沽名者减其数以悦上,上之人从而悦之,于是数核而用不舒。夫千金之子,尚交而市义,犹且见大而捐其细眇,况乃主一郡一邑,顾使之秤薪而数粒,束缚之若湿薪然,岂可久之计哉?又兹法之行,本以恤民,而官所募之人,若库役、斗级、禁子、扛夫之类,此岂独非民也?不损其直(值)而使之微有利焉,斯皆所以永条编之法者,是在乎良有司加之意耳!②

撮要而言:府志以为欲使条鞭法长期继续下去,应注意以下两件事:一、编定预算应稍宽;二、发应差役的价应稍厚③。

(十)条鞭法用银对于农民不便。一条鞭法到了后来普遍地用银输纳赋役,论者以为这一点甚不便于农民。因为农民所有的是五谷而非银,今括其所有,责以所无,实为不便之至。如顾炎武《钱粮论》云:

> 夫树五谷而征银,是啬羊而求马也;倚银而富国,是依酒而充饥也。④

①《徐文长集》卷一八。
②顾炎武:《天下郡国利病书》卷八〇《江西二》。
③参看沈鲤:《亦玉堂稿》卷四《典礼疏》。
④《亭林文集》卷一;又参见《明夷待访录·财计篇》。

隆庆万历间言事者多主张用钱而不主张用银。如在隆庆初,钱法不行,兵部侍郎谭纶上奏说:

> 欲富民,必重布帛菽粟而贱银;欲贱银,必制钱法以济银之不足。①

又在隆庆四年(1570)二月,山西巡抚靳学颜应诏上陈《理财疏》,其中有云:

> 臣又睹天下之民,皇皇然以匮乏为虑者,非布帛五谷不足也,银不足耳。夫银,寒不可衣,饥不可食,不过贸迁以通衣食之用,独奈何用银而废钱? 钱益废,银益独行,独行则藏益深而银益贵,货益贱,而折色之办益难。豪右乘其贱收之,时其贵出之,银积于豪右者愈厚,行于天下者愈少,更逾数十年,臣不知所底止矣。……请自今事例、罚赎、征税、赐赉、宗禄、官俸、军饷之属,悉银钱兼支。上以是征,下以是输,何患其(钱)不行哉! ……民有终身无银,而不能终岁无衣,终日无食,今有司夙夜不遑者,乃在银而不在谷,臣窃虑之。②

当时何以银贵钱轻呢? 这因为国家只铸钱以下于民间,但赋役所入,却不用钱而征银。如张溥《钱法日弊》所说,可以为证:

> 诸解京贡赋之入,固必精良白金(即银也);即藩省禄给、存留、盐税、薪俸、工食之类,又辄以钱不便行而不收。③

---

① 《明史》卷八一《食货志·钱钞》。
② 《明史》卷二一四《靳学颜传》。
③ 《国朝经济录》。

所以顾亭林主张：仿前代之制，凡州县之存留支放皆以钱代银。然终明之世，钱法卒不行。

以上已将关于一条鞭法正反两方面的理由胪列无遗。因为这些都是当时人的意见和看法，故不惮详细地转录原文。究竟一条鞭法利多弊少，抑或弊多利少，这要对当时历史背景加以检讨，才能得出真相，他日当另撰专文论之。

（原载天津《益世报》1936年9月18日、9月27日"史学"专刊）

跋《洞阳子集》
——兼论明隆万间江西一条鞭法推行之经过

《洞阳子集》四集共三十二卷,明万恭撰,明万历刊,白棉纸本。《初集》卷首题工部都水司郎中金学曾编,主事张克文校,前有万历癸酉(元年)于慎行叙。《续集》题门人新建县县丞署县事陈启编,门人陈道州、胡汝涣、万钦、胡湜等校。《再续集》及《三续集》均题门人豫章胡汝涣校。

全书卷目内容如次:《初集》十八卷,卷一至卷九,序;卷十,序、赋;卷十一至卷十二,记;卷十三,说、传、赞、铭、文、议;卷十四,墓志铭、墓表(附);卷十五,行状;卷十六至卷十八,祭文。《续集》七卷,卷一至卷二,序;卷三,记;卷四,碑;卷五,传、铭、文、论;卷六,墓表、志铭、碣;卷七,行状、祭文。《再续集》六卷,以下皆以编年为次,卷一,万历丁丑(五年);卷二,万历戊寅(六年);卷三,万历己卯(七年);卷四,万历庚辰(八年);卷五,万历辛巳(九年);卷六,万历壬午(十年)。《三续集》一卷,万历丁亥(十五年)。

书藏日本宫内省图书寮,仁孝文政(1818—1829,即我国嘉庆二十三年至道光九年)中毛利出云守高翰所献于幕府者。卷首有"佐伯侯毛利高标字培松藏书画之印"印。每册册首有"吴兴茅佐卿赏鉴之印"
及"秘容图书之章"印记。

作者万恭,字肃卿,南昌人,嘉靖廿三年进士,授南京文选主事,
历考功郎中,就迁光禄少卿,入改大理,四十二年代蔡汝楠为兵部侍郎
(《明史》本传作右侍郎,本集自署作左),四十三年七月命兼佥都御史巡
抚山西,四十四年丁母忧归。隆庆六年春,以故官总理邳州运河河道,
治水三年,颇著功绩,竟以言者劾罢,归家垂二十年卒。恭强毅敏达,一
时称才臣。事迹具载《明史》卷二二三本传。

此书《明史·艺文志》及《四库总目》均未见著录。国内似无存
本。书中于一条鞭法推行于作者乡梓之情形屡有论及,足以补史传之
阙,诚为不可多得之材料,故乐为勾稽表白如次。考江西之议行一条鞭
法,实始于嘉靖中年。《天下郡国利病书》卷九三《福建三·漳州府·田
赋》云:

> 条鞭法,始于王宗沐所著《均徭书》,厥后都御史庞尚鹏始奏
> 行之。

案,宗沐,嘉靖二十三年进士,授刑部主事,历江西提学副使,三迁山西
右布政使,隆庆五年,拜右副御史总督漕运,兼巡抚凤阳,万历九年,致
仕,居家十余年卒。事迹见《明史》卷二二三本传。所著有《江西省大
志》七卷,刻于嘉靖末年,今藏国立北平图书馆善本甲库,此书目录如
下:第一卷,赋书;第二卷,均书;第三卷,藩书;第四卷,溉书;第五卷,实
书;第六卷,险书;第七卷,陶书。所云"均徭书"者,疑即合第一、二两
卷言之也。赋书中云:

> 嘉靖三十五年,巡按蔡公克廉乃倡议为一条鞭法,……公议

> 一出，民翕然以为便。然……（淮、益）二（王）府言（禄米折银）
> 独重，称不便，而一条鞭法革不施行矣。……

盖虽始议于蔡克廉，宗沐又继议之，仍革不行也。迨后，巡抚周如斗复力主其议，议已定矣，会卒于官。至巡抚刘光济，法始大行。明徐学聚《国朝典汇》卷九〇《赋役》云：

> 隆庆二年十二月江西巡抚刘光济奏行一条鞭法。

此事原委，明朱健《古今治平略》卷二《国朝户役》与清王原《学庵类稿·明食货志·赋役》所载较详，其言曰：

> 嘉靖末，都御史庞尚鹏奏革天下郡邑库子。而都御史周如斗抚江西，力主条鞭，议上之，民喁喁望，会卒，官民巷哭甚哀。都御史刘光济继之，奏可，行之最久。

案，庞尚鹏之奏请通行一条鞭于天下，盖在嘉靖四十三年浙江巡按任内[1]。周如斗之抚江西，则自嘉靖四十四年五月，至四十五年十月卒于官[2]。盖虽用庞氏之议奏请行条鞭法于江西，然尚未得谕旨而遽卒，及刘光济任巡抚时（自隆庆元年十月至隆庆四年六月，升南京户部右侍郎，总督南粮储）始奏可，且又行之最久，故言者多以为刘氏乃创行条鞭法于江西之人。如明黄汝良《野纪朦搜》（日本尊经阁藏）卷一二云：

> 隆庆二年，行一条鞭法。初，抚臣庞尚鹏、刘光济以此法行之江西。其后阁臣高新郑（拱）、张江陵（居正），会户部议通过行之，

---

① 见北平图书馆藏万历《南海县志》卷三《政事志》，及日本前田侯家尊经阁藏《钦依两浙均平录》卷一《均平录及均平由帖》。

② 吴廷燮：《明督抚年表》卷四。

海内至今遵守。

庞尚鹏与江西行条鞭法之关系,已见于上;然彼实未曾抚赣省,故黄氏之言,不无错误。又,明吴侃《在是集》(国立清华大学善本室藏)卷二之七第9页"条编"一条云:

> 条编,海都创行,民甚便之。或曰:"行于刘光济。"

此云"海都",即指巡抚应天右佥都御史海瑞(自隆庆三年六月至隆庆四年二月),海氏诚为推行条鞭法于南直隶等处之人,然当时"江左已行之数年矣"[①],谓为创行者,当不确也。如斗、光济二人,《明史》无传,其生平事迹无可深考。惟光济著有《差役疏》,今载《古今图书集成·经济汇编·食货典》卷一五一《赋役部·艺文四》中,所言条鞭之法尚详,今不具引。至于此法推行之经过,近人陈家栋辑《江西财政纪要》第二册所引亦颇详细,惟不知其取材所自耳:

> 一条鞭法,首倡自江西。明隆庆初,江阴刘光济巡抚江西,承徐阶旨,试行一条鞭法。召外属之官吏集议于省,并以文学胡湜善计虑,习赋役法,召使与议。人丁地亩,则据每岁原定之赤历;经费钱粮,则据每年核发之则例。有一定而不可易者,有随时而增减者,务将种种名目,归作一条。上之制,纤悉而毕具;下之课,一例而兼赅。宁详于法之中,俾一成而可守;毋滥于法之外,致轻重而游移。议上,刘悬诸署壁,旦日仰观,熟思三月,乃定南(昌)、新(建)二县一条鞭法。明年,始遍行于七十余县。自是,民悉输钱于官,官尽催役于民,民即老死,勿自役于官,勿入市廛,即一钱亦得

---

①见万历《江宁县志》卷三;参见《明史》卷二二六本传;海瑞:《刚峰先生文集》。

自输于官。孤且婺者,懦无力者,附其钱于里胥曰"带输",约之为四差。至清雍、乾时,遍征四差,犹仍条鞭旧制,此一条鞭法之起源也。(第4页)

然上述诸书所述,仅具鳞爪,至其全豹必须于《洞阳子集》中求之。例如周如斗之筹办条鞭始末,本书《再续集》卷五《怀仁祠碑》云:

江右父老苦十年一役法久矣!世皇帝季年,娴于民瘼,思以恩泽之。乃下诸路抚臣令曰:"役民者其犹举重乎?九年者逸,而以一年举万钧,直绝肋毙耳!宜莫若析万钧十举之,一年直千钧耳。亡九年之逸,然亦亡一年之毙,命之曰鞭法。"父老扶杖加额幸甚,自是民亡毙也。而诸路竟格不行,御史大夫周公如斗按部江西,与诸有司者矢曰:"所不能举条鞭为父老计者,有如江水!"乃拮据四阅月,而科条悉具;然精竭而神涣矣,疾在褥矣,犹刺刺理条鞭事;疾且大渐,诸司视之,犹手书空作"一"字,盖以一条鞭殉也,悲夫!父老哀之,祀怀仁祠于章江之浒……彼其时,法令非治也,刘公光济继之,然后大行。……后十有六载,周公从子伯思宗为新昌簿,仲子爱为南昌簿,饰祠而新之。余闻之:"食粒怀稷,饮井思益",江右鞭法若故也,乃周公安在哉!……(第33—34页)

刘光济之议行鞭法之经过,《续集》卷四《仁政祠碑》所记尤为详尽:

嘉靖中,少师华亭徐公(阶)承上意旨曰:"父老良苦赋役法,州县吏若治棼丝,益理益乱,我父老不得休息,宜莫若一条鞭法便!上之吏耳目可勿涂,下之民易以循守。与我共此者其良抚臣乎!"德意甚优渥,父老延颈法意之成,顾薄海莫有应者。隆庆二年春,徐公顾江阴刘公:"即烦以大江之西为上试之。"刘公曰:"诺!"

入其疆，下群吏议所以行鞭法者。旬日，吏莫肯行，豪右不欲也，府吏胥徒皆不欲也。乃刘公意锐甚，诣余言曰："条鞭良法，与父老休息，尽格不得行，奈何？"余请言状。公曰："督储云：吾治赋，上供岁多逋，若之何复能征役缗钱，逋不已甚乎？吏议不便！"余曰："诚不便哉！析征之可乎？令里甲催征者督赋，储道主之；而当岁者督役钱，州若县主之。"刘公曰："善！旧法：官仓库悉令富民典守，司出纳，民大弗支，往弃市不啻也。今令伺缺掾代之，掾大怖，有自刭者，吏议不便！"余曰："诚不便哉！噢休之可乎？掾悉岁役而给之值，民悉罢役而输之缗钱，官待掾以劳者例，而速偿之，缺掾即归市不啻。"刘公曰："善！顾赋役输官者甚巨，猾吏舞文，籍不可稽；籍不可稽，则官病；豪有输后期且弗满数，势不得不迫弱者而逮豪右者，则民病。吏议不便。"余曰："诚不便哉！莫若为之格册，列其丁税之全数于上端，而撮其赋役之输数于下方。里胥执册而征之，有司者即按其册而比之，掾莫敢上下其手，官视民之逋完在目中也。"刘公曰："善！"乃集群吏，大议鞭法。召抚州同知包君大燿，召南昌府理张君守约，召吉安府理郑君恭，召广信府理孙君济远，召新建令王君以修，召庐陵令俞君一贯，召临川令蒋君梦龙，锁棘院而校计之。包君总其事，上二十四议于大中丞，大中丞驳二十四议下六君者，且令包君日报一章耳。文学胡湜者，胡少保之从子也，巧计虑，且习赋役事，余言之刘公，令日从包君议计，一获即入告大中丞，大中丞日计所报章可否批答焉；复上，则悉悬布诸督院之壁，公旦日仰而读，俯而思，三月，乃定南昌、新建二邑条鞭，而公髭发加白矣。余白刘公曰："太苦矣！为父老而瘁其身！夫西伯之化，始于二南，今年姑以二县试，明年始遍七十余邑者何如？"公乃下令曰："江西不苦赋而苦役，赋悉如故，毋有改易！"唯役，民悉输钱于官，官尽雇役于民，民即老死勿自役于官，勿入市廛，即民一钱亦得自输于官。孤且婺者，懦无力者，附其钱于里胥，曰带输，约之为四差。银输官者：南昌二万七千两有奇，新建一万八千两有奇。身一丁，征一钱五分有奇；税一石，征一钱八分有奇。亡亲役之苦，亡鬻产之虞，亡愁叹之声，亡贿赂侵渔之患，父老悉去汤火。明年，鞭法大定。而南昌太府丁君应璧适至，攘臂以风七十邑者。又明年，七十邑者较若划一矣。余贺大中丞，大中丞曰："未也，此所以安野人也，我图所以安邑人者。"复创坊甲条鞭法，其法一如里甲法，尽输钱，尽雇役也。邑人曰："二百载不聊生矣，今活我，活我！"乃扶老携幼入谢刘公者以万计。大中丞曰："未也，我图所以安远人者。"乃创禁约铺行法，乃火牌裂籍，官与民平市也。贾人曰："二百载不帖席矣，今生我，生我！"公抚江右，父老安。父老惧公去江右而鞭法解散，裹粮蒲伏阙上疏留之。上念父老，三年乃召大司农。去之日，旄倪数万，遮号泣而从之，公为欷歔。父老思弗置，则肖象而尸祝之，择青云楼而居之；博士弟子思公弗置，则乐群于楼中而诵法之。民有疾苦，奔而祷之，无弗应者。朔望必祝，公生辰必祝，第愿大中丞上寿上公且多男子也。继公者，常熟徐公（栻，隆庆五年五月至万历元年）、太仓凌公（云翼，万历元年三月至万历二年六月）、吴县杨公（成，万历二年六月至万历四年三月），悉唯刘公鞭法守而勿失，父老加宁平矣。青云祠居府学官墙西偏，后为楼五楹，中为厅三楹，前为门一楹，边为四厢，各三楹，皆缭以石垣。少司马吴公额曰"仁政祠"。司马氏曰："古称施仁政于民之效：士愿立朝，农愿耕野，商愿蒙市，旅愿出途，信然，刘公爱民哉！施仁政而不顾于瘁其躬。徐公、凌公、杨公爱民哉！施仁政而不嫌于仍其官。余悉表而出之，以告人心，且以谂夫后之观风者。"（第1—4页）

由上可知光济之行鞭法，创议于隆庆二年春间，得里居兵部侍郎万恭之力赞，复召集抚州同知包大燿、南昌府推官张守约、吉安府推官郑恭、广信府推官孙济远、新建知县王以修、庐陵知县俞一贯、临川知县蒋梦龙等七人计事，佐以生员胡湜，经三月之往复筹议，至秋九月而事始定。初行于南昌、新建者为"里甲条鞭法"，明年，始推行于全省其他七十县。继复创"坊甲法"以安坊厢市民，创"禁约铺行法"以安铺户行商等。此法沿至后任巡抚之徐栻、凌云翼、杨成诸人，咸能守而勿失。以上事迹，今再以集中他文参补之。《续集》卷一《仁政纪序》云：

> 司马氏读《仁政纪》喟然叹曰：余今而后知王道之易易也！大江之西，父老二百年苦不得休息。隆庆二年春，大中丞江阴刘公定徭役条鞭法，秋九月成。明年春，坊甲鞭法成。是年秋，禁约铺行法成。庚午（隆庆四年）夏（六月），父老号哭送大中丞于江之浒。明年，肖刘公之象，又明年，尸祝公于青云祠。公移少宰。又二年，甲戌（万历二年），父老修青云祠。公陟南太宰。先后七八载中。……刘公仁详在徭役书中。……（第8页）

此言三法制定之年月也。而刘氏推行鞭法时所遭遇之困难亦可得而言焉。《初集》卷一《赠刘应谷司徒序》云：

> 中丞刘公抚江右之三载，始移少司徒以行……司马氏曰："……余观公之政三稔矣，其为一条鞭法，详在庸调书中。当其时，愚民不可虑始，怠吏难于图成，余亦以是举也，落落难合耳，乃公持之坚……一年而是公政者什一，不者什九；二年而是者半，不者半；三年，天子俞其议，吏民乐其便……"（第29页）

以上所言之徭役书或庸调书今已不可复睹矣。

至于当时议事诸人其分别所负的职责犹可考见。《初集》卷一〇《赠包少东序》云：

> 江右民力竭矣。均赋役之法，大吏议之三十年，或传过舍而不欲闻，或集盈庭而莫敢断。条鞭之法则付之无可奈何。彼三十年中才智敏给，怀名誉猎通显者何可胜数？乃安民大政，独若有待大中丞刘公，举安民大政悉以委之包公不少吝。夫包公据十年低栖下寮之位，而膺刘公三十年不决之权，寄数千里引领安危之命，而又处于积忌危艰之中，余意包公直缩首走耳。顾毅然报大中丞以身尝之，且以南昌首邑试，八日而汰冗繁数百役，省耗费七千金。大中丞下二十四议于公，公日答一焉，无弗称民便，当意旨。受特知之令，拥专制之柄，监司莫能与，刺史莫能赞。不阅月而上慰刘公食下咽，下令江右劳息肩……已而谤言充堂，毁书盈牍，余又以为包公直缩首走耳。复毅然报中丞刘公、绣衣顾公，以身去就决新法之行止，博江右生灵百世之安……百姓戴之，中丞、绣衣重之，且会荐于朝，且署满考江右郡国第一矣，旋擢京辅少府矣……（第3—5页）

此赠总领计议事宜之抚州同知包大燿之序也。《初集》卷六《赠王新建序》云：

> ……隆庆戊辰（二年），（西蜀王）侯上最于天官。大中丞刘公乘传抚江右，念江右凋瘵至甚，思所以大噢休之。以为噢江右莫如缩民供，缩民供莫如一条鞭法便。每叹与我共此者，其唯良县令乎？顾无可使者。会侯返自都下，谒刘公，公迎而劳苦之："嗟乎！民瘵极矣！一条鞭其可便民苏乎否耶？"侯应声曰："便哉！"刘公

虑侯之迎同也,复曰:"奈何其利于民,弗利于官;巨室利而细民弗之利也!"盖刘公志锐甚,特为是左词观侯定主耳。侯乃振袂而昌言之,其词曰:"往征敛无艺,费出多门,民甚苦之。新法行,则费省而用缩,上无烦令,民有一守,是民利也。往征绪如毛,群奸四出,官甚苦之。新法行,则牍约而务寡,县有司执一以御百,聪明不眩,是官利也。往征税将期,竞趋轻便,富者货趋,豪者贿书,而巨室病。新法行,则征有定算,狡掾不得上下其手,阡陌坐受利,是巨室之利也。往巨室以计免大役,势必及编氓,竭产售,不足当大役之什一,而细民病。新法行,则赋多寡同,贡相若;役大小同,贡相若,直安枕卧矣,是细民之利也。"语竟,刘公黄气溢大宅,谓侯曰:"……新法已在吾目中,子为我尽心焉。"盖先是在官者恶新法害己,故属有司狃左右语,莫肯助刘公。而刘公得侯,若燥而获凉剂。每为余言:"自得王新建,而一条鞭之法之行益坚矣!"……而王侯秋官之命下矣……刘公念新法方成,而侯又去,傍徨强侯檄,必编新法而后得行。邑弟子父老又傍徨诣刘公大呼:"即王侯去,孰行新法,孰活我者!"……(第22—24页)

此则序新建知县王以修参加计议之经过也。至于里甲条鞭法及坊甲条鞭法之议定,以南昌府推官张守约之功为多,《初集》卷七《赠张凤台北上序》云:

　　……中丞刘公、御史顾公,异张公独无事,念远人未安,则命张公议里甲法;念迩人未安,又命张公议坊甲法。此两法者,实悬民命,议之三十年不成矣。而公固旬日成之,议数十上,无一弗当中丞御史公心者。法画一,而吏胥莫缘为奸;供疾输,而小民老死不识市廛。(第15页)

而文学胡湜之贡献,则详同卷内《再寿刘中丞序》中:

> ……刘公……念何以永江右野人之命,则令文学上里甲二十四议;念何以永江右邑民之命,则令文学上坊甲十二议。文学唯不习为吏,且愚憧,所议不能当大中丞意足惧。公固款款下其议于属所司。议之当,色喜也;议弗当,亦色喜也。文学[①]人人畏公之议,惮公之虚,苟可永父老子弟之命者,矢不敢负大中丞。谋于野,一获焉,入告大中丞;谋于道,一获焉,入告大中丞。大中丞时优假文学,可裨吾大计,条财赋之政令,风群吏自均节以施之,变通以趋之。不期年,新法大行,且报天子成命矣。夫鞭法江右议二十年矣,竟泥不达。……(第1—3页)

南昌知府丁应璧之于此役,据前揭《仁政祠碑》所记,固为“攘臂以风七十邑”者,然此公实际功绩,查无实据。祠碑所云似为溢美之辞耳[②]。查当时赞与新法之推行者,除上列包、胡等诸人外,尚有灌城人杨汝瑞、进贤知县汤某、南昌致仕里居工部左侍郎刘伯耀等。今引伸核证如下,《三续集》卷一《杨封君墓志铭》云:

> ……奉政公者,姓杨氏,名汝瑞,字惟贤,号三田,灌城南关人。……丁卯(隆庆元年),巡抚江阴刘公光济至,奉旨举行条鞭法甚急。旦日,诣司马公诘所以行条鞭法者。司马(按此即万恭自指)以公及胡生湜娴于赋役官条,上方略。始年,举南(昌)、新(建)二邑新法;明年,举江西七十二邑新法。民大便安。天子令进其书遍行海内,惠元元。事在万司马语录,及刘中丞案牍中。又

明年，议差舡，田差不下水，水差不上田法。又议坊甲条鞭法。司马尽闻，大中丞尽断而举行之。里人因是倚奉政公，细事质成亡虚日，亡烦官府悬榻，里有颂声焉。……（第31—34页）

《续集》卷一《棠阴纪序》，记进贤知县汤某之赞成新法云：

　　钟陵父老苦役苛法久矣，敝于赋者什一，敝于役者什九。大吏束手而莫敢问。邑有司直为是廪廪耳。大中丞江阴刘公矢均役，为之鞭法，以与民休息，乃下令曰："大江之右有司能从吾鞭法者，吾能显扬之！"七十二邑莫有应者。独进贤令汤侯承大中丞而奉行其意令焉。其法，使氓纳丁亩之缗，输之官，不复知有在官之役；役领丁田之直，取诸官，不复知有在野之氓。进贤民无妄供，官无横征。役者相与欢于市，氓者相与歌于野，曰："待我汤，汤来其苏！"大中丞甚德汤侯，令汤侯其悉为我定鞭法章程，以风属邑七十。乃民德汤侯又万于大中丞，庶几焉长子孙，世世苏我父老也。顾汤侯治行声称藉甚，闻于阙下。主上方属意循吏，思与民休息，下所司，亟召汤令，以风薄海邑有司之以役法苦父老者。俄授给事中。……（第4—5页）

按当时在里致仕刑部侍郎曾钧亦曾赞助其事（卷一七，第4—5页，《祭曾恭肃公文》）。《再续集》卷五《刘左司空状》云：

　　……左司空罗湖启公者，名伯跃，字起之，世居南昌之罗池……癸亥（嘉靖四十二年），……特旨准致仕。……生平绝城府，屏思虑。尝与余议条鞭法，余借箸而筹之，曰："如此而善，如此而坏。"公曰："唯，唯，第为吾构思，若思即吾思也。"又尝与余议徭税法，余借箸而筹之，曰："如此为盈，如此为缩。"公曰：'唯，唯，第为

吾握算，若算即吾算也。"……殁于万历五年丁丑十月之朔，距生弘治癸亥（十六年）享年七十有五……（第15—20页）

此公虽或无所容心，然亦躬与其役者也，例固得书。夫条鞭在当时为一种新法，其图始之难已见于上，至其守成之不易亦有可得而言者。《续集》卷一《洋山凌公序》，记万历元二年间巡抚凌云翼之拳奉旧制，可以参证：

> ……大江之西，父老苦役苛法久矣。江阴刘公始议鞭法：官出纳其直而雇之役，愚夫匹妇，第持一钱，获终岁之安；富室大氓，第输官藏耳，亡破产之危。乃邑有司病官劳而民逸，欲役者自征之，以哗。大中丞凌公索鞭法牍按之曰："江右所因，令百世可知，宜莫若鞭法矣。敢有言损益者，罪无赦！"……乃大因刘公鞭法，农者食人，役者食于人。食人者以直博安，食于人者以力博利。法制凝定，民以宁一……（第1—3页）

《再续集》卷一《赠潘印川司寇序》云：

> 万历丁丑（五年），大江之西，……吏又不能画一条鞭法，数议变更。百姓凛凛，莫必旦夕之命。赈夫赈妇，又竞缘为奸，日以赝金撄人货，吏法令非行也。天子又亟出潘中丞治大江之西。逾年，定条鞭，严保甲，清驿传，通万历制钱法，……百姓为之谣曰："条鞭便天下，保甲甲天下，驿传传天下，钱法法天下。"诚德之也。天子……亟以右司寇召中丞。……（第4—6页）

此赠潘季驯序也。季驯以万历四年三月辛丑巡抚江西，至五年十一月乙亥召为刑部右侍郎（均见《实录》）。《学庵类稿·明食货志·赋役》云：

> 先是，潘季驯按广东，倡行均平里甲之议，业已发其（指条鞭法）端，然止行于一方，未能遍也。

今按《明史》卷二二三本传云：

> 嘉靖二十九年进士，授九江推官。（三十八年）擢御史，巡按广东，行均平里甲法，广人大便。临代去，疏请饬后至者守其法。

疏入，户部请以其言行通省如法遵守，年终籍记用银数目以闻，报可。《潘司空奏疏》卷一《上广东均平里甲议》云：

> 其法，先计州县之冲僻，以为用度之繁简。令民各随丁力输银于官。每遇供应过客，及一切公费，官为发银，使吏胥老人承买。其里长止在官勾摄，甲首悉放归农。[①]

盖季驯十余年前所行之法固已开条鞭之先河矣。其他有绍述赞翊鞭法之功者，尚有南昌知县林云原、秀水人赠布政司使张某、常熟人南昌知县顾冲吾等。虽其人容或无足轻重，然既与鞭法有此一段因缘，则亦不宜令其泯没也。《续集》卷一《林云原序》云：

> 万历二年春……于时林侯为南昌四年矣，上其最于大冢宰矣。我父老甚昵侯，曰："……夫条鞭者，大中丞刘公之良法也。吏胥恶其不利己，数欲变易。吏意若猾，侯守如山。四年官无积逋，民鲜追呼。今去矣，孰有为我布法如侯定者？……"（第9页）

---

① 《四库全书》文津阁本。

《再续集》卷三《寿张封君偕寿序》(万历七年作)云:

> ……先是,大江之西,鞭法摇而靡定,园钱滞而未流,民皇皇莫
> 必旦夕也。方伯公一切划一之……(第1页)

同集卷五《送顾冲吾序》云:

> 万历初……常熟顾侯入豫章……议园法则贾安于市,定鞭法
> 则军安于伍,……万历九年始以冬官员外郎召。……(第3—4页)

此云"定鞭法则军安于伍"者,疑其前鞭法败坏,或至役及军伍也。考条鞭法在各地施行之情形,史籍向少有系统记述。独《洞阳子集》于嘉、隆、万历初年赣省推行之经过,对于时、地、人三者均有比较详尽之纪载,洵为难得可贵。盖万恭以身当其事之人,故能言之确实详明如此,其价值又非后出史料之可以比拟也。

尤有进者,此书中所载珍贵史料,俯拾皆是。如《初集》卷一《赠唐兴化序》(第8—9页)、《赠饶太医序》(第22—24页);卷三《赠杜少参序》(第1—3页);卷四《赠赵中柱野序》(第1—3页)、《再赠涂少参序》(第28—30页);卷六《赠迟胸罔少司徒序》(第4—5页);卷十《赠刘南昌序》。《续集》卷一《云皋周公序》(第22—23页);卷二《怀□莘卢公序》(第6—7页)。《再续集》卷四《刘峨山(即刘光济)召左司徒序》(第1—3页)、《赠峨山刘氏序》(第4—6页);卷五《张弘轩京兆序》(第27—29页);卷六《赠王金院序》(第1—3页)、《赠凌南昌入觐序》(第22—23页)、《赠张新建(栋)入觐序》(第24—25页)、《朱方伯(奎)墓志铭》(第26—32页)。《三续集》卷一《何南昌考续序》(第5—6页)、《升朝荣养序》(第15—16页)、《蒋封君七十序》(第37—38页)、《漕河议》(第52—56页)。以上诸篇,上至军国大计如赋役、漕运、粮储、军

饷、盐法诸政务,下至江、浙、闽、粤、黔、豫等地之民生利弊,风土人情,靡不具述。"才臣"之称,恭诚足当之无愧。此书固未可以寻常文集视之也。

廿八年(1939)五月廿八日于落索坡

附记:明人文集通病在剽袭酸腐,万氏之作,亦所不免;然其史料价值固无损也。

(原载昆明《中央日报》1939年6月1日、15日"学林"第2、3期)

明代江西一条鞭法推行之经过

年前予为《跋〈洞阳子集〉》一文分载"学林"第二、三两期,于明代一条鞭法推行于江西省之情形已详言之矣。然斯文以《洞阳子集》为中心,所述仅及嘉、隆、万历三朝,至若一条鞭法施行之前后之经过未遑多及。比来理董故业,益以新知,复得有关之资料颇多,其中大半皆六七年前录自海内外珍藏秘笈者。每念自经此次兵燹之余,国内此等宝籍其存佚良不可卜,吾为此惧,爰将历年抄存之珍贵资料辄先整理发表,凡所征引,多录原文,不嫌冗长,盖为保存史料起见。言江西财政史者,或有所取材焉。

一　一条鞭之前身——均徭法

明代赋役制度,以田地之肥瘠定赋则之高下,因人户之丁粮财产之厚薄,而制徭役之重轻。自行一条鞭法后,编审徭役始多以田赋为唯一之标准,其详可参看拙著《一条鞭法》,载中央研究院社会科学研究所出版之《中国近代经济史研究集刊》四卷一期。由是言之,则凡以徭役之负担,其部分或全部归之于田赋者,均可视为一条鞭法之滥觞,今兹讨论之"均徭法"即一例也。考均徭之名,宣德(1426—1435)以前尚无之。成化二年(1466)八月辛丑给事中丘弘疏言十一事,其一"革弊政"云:

> 切见国朝立法,凡一应大小科差,皆论民贫富佥点,既因土俗,复顺民情。故永乐、宣德间,民生富庶,至有老死不识官府者。其时未有均徭之名,而政无不平。盖民以十户为甲,以十甲为里。向者均徭未行,但随时量户以定差,一年之中或只用三四户而足,其余犹得空闲以俟后差。贫者出力,富者出财,各随所有,听从其便,故竭一年之劳犹得数年之逸。今也,均徭既行,以十甲之人户定十年之差徭。官吏里书,乘造册而取民财;富豪奸狡,通贿赂以避重役。以下作上,以亡为存。殊不思民之贫富何常,丁之消长不一,只凭籍册,漫定科差,孤寡老幼,皆不免差;空闲人户亦令出银,故一里之中,甲无一户之闲;十年之内,人无一岁之息。士大夫之家,皆当皂役;致仕之官,不免杂差。甚至一家当三五役,一户役三四处,富者倾家破产,贫者弃祖离乡。宜严加禁革,今后民间差役,仍如旧制,责付府县正官,其排年里长,则尽数通拘;其各里人户,则详加重勘。考诸册籍,参以舆情。贫富品第三等,各自类编,丁粮消长,三年一次通审。别为赋役之册,以为科差之则。挨次定差,周而复始,务在远近相等,劳逸适均。如此则差役均平,人得休息矣。①

然则均徭始于何时乎?据《明史》卷七八《食货二·赋役》所载谓:

---

① 《宪宗实录》卷三三。

正统初,佥事夏时创行于江西,他省仿行之。

按夏时以正统二年(1437)迁江西参议,其前则为佥事,是其行均徭法,当在元年也。《明史》卷一六一本传云:

> 其为佥事时,进知州柯暹所撰教民条约及均徭册式,刊为令,人皆便之。①

万历间徐学聚著《国朝典汇》卷九○《赋役》,言此事较详:

> 正统间江西参议②夏时建议,以民间税粮多寡,官为定其徭役,谓均徭册。后行其法于四川,民以为不便,于是重庆府民奏:"政令一则民易守,科条繁则人易惑,祖宗数十年间所以不轻出一令者,虑扰民也。窃见四川民间赋役俱有定制,其徭役临期量力差遣。近者官司轻于变更,造成均徭册,以民间税粮多寡为差,分上中下三等,预先定其徭役。且川蜀之民有税粮多而丁力财帛不足者,有粮少而丁力财帛有余者,今惟以税粮定其科差,则富商巨贾力役不及,而农民终年无休息之日矣。臣恐数岁之后,民皆弃本趋末,为患非细。"诏从民便,里长有害民者,如律治罪。(《典故纪闻》卷一三文同)

据此及前引丘弘疏观之,可见均徭未行于前,皆临时量力差遣,迨行均徭,始由官府预先册定徭役;且昔之以丁力财帛佥役者,今则惟以税粮

---

① 柯暹见《明史》卷一六四《邹缉附传》。雍正《江西通志》卷六一《名宦·吉安府》载:暹以洪熙元年(1425)知永新州,后改吉水,均未言其定均徭册事。万历《钱塘县志》第4册《纪献·名臣》:夏时为江右佥宪,荐知州柯暹为按察使,条约均徭册式,民便行之,遂为令甲(参看雍正《浙江通志》卷一五八《人物一·名臣一》)。

② 按夏时行均徭法,实于其为佥事时。《典汇》所言,疑指其后来之官阶云耳。

定差。此其办法与后来之一条鞭法正相同,而其坐受时人反对之理由亦正同也(唐德宗时陆宣公抗疏论两税法之弊,其持论大旨亦如是)。夏时以后,有功于江西均徭法之推广者尚有韩雍、崔恭等人。雍正《江西通志》卷五八《名宦二·统辖二·韩雍传》云:

> 景泰初,以右佥都御史巡抚江西,首行均徭法,编册轮役,一劳九逸。又行岁办法,里甲公贮银两,有役则估费,召户领解,民皆便之。(《嘉庆一统志》卷三〇七《江西统部·名宦·雍传》:"首行均徭岁办法。")

按雍以景泰二年(1451)十二月由广东按察副使为右佥都御史巡抚江西。天顺元年(1457)二月改官山西按察副使①。今按《明史》卷一七八本传,未载其行均徭法事,殆史官以雍功业煊赫,故削此而弗录耶? 复按《明史》卷一五九《崔恭传》云:

> 景泰中……寻迁江西左布政使,司有广济库,官吏干没五十万,恭白于巡抚韩雍,典守者咸获罪。定均徭法,酌轻重,十年一役,遂为定例。②

则雍之行此法殆用恭议也。均徭之法,虽经夏、韩、崔诸人倡于前,然日久不能无弊,故改革之举,时见于史书,《江西通志》卷五九《名宦三·南昌府·刘璲传》云:

> 弘治(1488—1505)进士,授丰城知县,……凡民间均徭征银,明载数目,印帖,给小民,令依期执贴以输,吏不能侵。

①吴廷燮:《明督抚年表》卷四。
②亦见《明史稿》卷四七本传;《江西通志》卷五八所载略同。

《国朝典汇》卷九〇亦载：

> 正德十一年(1516)四月，江西巡抚孙燧定均徭则例，革下里概征之弊，定人户九等之则，而又专责牧守丞判派征额数，一洗吏胥之弊，痛惩包揽之徒。

又据《明史》卷一七八《朱英传》云：

> 景泰初……未几，出为广东右参议……立均徭法，十岁一更，民称便。……官参议十年，进右参政，遭母忧。成化初，服阕，补陕西……历福建、陕西左右布政使，皆推行均徭法。十年，以右副都御史巡抚甘肃……①

则英所行于广东之法，约与韩雍、崔恭同时。此外如南直隶等处推行此法之经过，今亦可考见一二，然与江西无涉，故置不论。

二　一条鞭法推行之经过

上言均徭法为一条鞭法之权舆。然均徭虽有条鞭之意，尚无其名。考条鞭之名，起于嘉靖中年，其推行于江西之第一人为巡按蔡克廉。克廉《明史》无传，其事迹载《明名人传》(明稿本，撰者未详)卷二八，此

---

① 何乔新：《文肃公文集》卷二九《朱公神道碑》云："景泰初……迁广东布政司参议。岭南寇乱之后，闾巷萧然，……又立均徭之法，等其资产厚薄，以轻重其役，吏民称便，……英宗皇帝既复辟……" 则其所定之法，亦仍以资产为准也。雍正《陕西通志》卷五二《名宦三》："朱英，字时杰，郴阳人，正统十年进士，为陕西参政，成化七年，迁左布政，用均徭法，民便之。"（《名山藏》）

书今惜未见。然王宗沐《江西省大志》卷一《赋书》云：

> 嘉靖三十五年（1556），巡按蔡克廉乃倡议为一条鞭法……公议一出，民翕然以为便。然……（淮、益）二（王）府言（禄米折银）独重，称不便，而一条鞭法革不施行矣……①

《荆川先生文集》卷一二《广德州同知蔡侯政绩碑记》：

> ……余惟与蔡侯相知之深也，是以未敢为之书……蔡侯名克廉，字道卿，泉之晋江人，中嘉靖己丑（八年）进士，今为江西提学佥事。其同知广德也，以刑部郎中坐狱事谪，以某年至州，某年迁庐州府同知。

雍正《江西通志》卷一一九《艺文·海瑞〈兴国县八议〉》：“一、红站马船。江西均徭平赋，尽以一条鞭法行之，银止总数，役无指名，以此小民得止输正数，较之他省有一倍再倍三倍十余倍输当者相远，便民良法也。独红站马船又编正户正名，募人自征取……查得吉安、南昌等府，此役亦用一条鞭法，南赣独不然，……一条鞭则便民，编正户势必为害，似当速改。”《江西通志》卷六五《名宦九·赣州府》：“海瑞，字汝贤，琼山人，举人，……谪调兴国县，值辛酉（嘉靖四十年）兵燹后……述八事上当道……”案宗沐嘉靖二十三年进士，授刑部主事，历江西提学副使。三迁山西布政使。隆庆五年，总督漕运，兼巡抚凤阳。万历九年，致仕。见《明史》卷二二三本传。盖彼在江西学使任内亦议行条鞭法者，顾炎武《天下郡国利病书》卷九三《福建三·漳州府·田赋》云：

---

① 此书刻于嘉靖末年，藏国立北平图书馆善本甲库。目录如下：卷一，赋书；卷二，均书；卷三，藩书；卷四，溉书；卷五，实书；卷六，险书；卷七，陶书。有谓宗沐著有《均徭书》者（说见下），疑即合第一、二两卷言之也。

条鞭法,始于王宗沐所著《均徭书》。厥后都御史庞尚鹏始奏行之。

明朱健《古今治平略》卷二《国朝户役》曰:

嘉靖末,都御史庞尚鹏奏革天下郡邑库子,而都御史周如斗抚江西,力主条鞭,议上之,民喁喁望。会卒官,民巷哭甚哀。都御史刘光济继之,奏可,行之最久。[1]

周、刘两人,《明史》皆无传。今据《江西通志》卷五八《名宦二》第28页曰:

周如斗,字允文,余姚人。嘉靖进士,授贵溪县,擢御史,历官巡抚江西。如斗稔知民困差役,创议行条鞭法,以劳瘁卒。疾革时,对诸司语不及他,惟刺刺谈条鞭本末,士民巷哭,肖像祀之。(原注:引康熙癸亥二十三年安世鼎修《通志》)

又,同卷第31页曰:

刘光济,字宪谦,江阴人,嘉靖进士,隆庆初,以右副都御史巡抚江西。先是,巡抚周如斗议立条鞭法未就。光济至,锐意奏行,定为四差,民输金于官,官为雇役,轻重适均,徭役之困永绝。又创坊甲条鞭,如里甲法。人享其利。历官至南京吏部尚书。(原注引《安志》,参康熙《常州府志》卷二三《人物·刘光济传》)

由上可知条鞭之法,虽经蔡、王二人之倡议,然仍革未施行。至嘉

---

[1] 清王原《学庵类稿·明食货志·赋役》所载略同。日本宫内藏《岭南文献补遗》卷一。尚鹏奏革天下郡邑库子事,见庞氏《恳思通变宜民以苏困苦疏》。

靖四十三年（1564）庞尚鹏在浙江巡按任内，奏请通行天下①。江西巡抚周如斗（嘉靖四十四年五月任，四十五年卒官）用庞氏之议，请行于本省，然尚未得俞旨而遽逝。至"隆庆二年（1568）十二月江西巡抚刘光济奏行一条鞭法"②，始报可，且又行之最久（按刘氏抚赣，自隆庆元年十月，至隆庆四年六月，升南京户部右侍郎，总督南粮储）。故言者多推刘氏为首功，如万历间黄汝良《野纪矇搜》③卷一二云：

> 隆庆二年，行一条鞭法。初抚臣庞尚鹏、刘光济以此法行之江西，其后阁臣高新郑（拱）、张江陵（居正），会户部议通行之，海内至今遵守。

庞氏与江西条鞭法之关系，已见于上，然彼未尝抚赣，不可不知。又《万历会典》卷二〇《赋役》云：

> 隆庆四年（户部）题准江西布政司所属府州县各项差役逐一较量轻重：系力差者，则计其代当工食之费，量为增减；系银差者，则计其扛解交纳之费，加以增耗。通计一岁共用银若干，依照丁粮编派。开载各户由帖，立限征收。其往年编某为某役，某为头户、贴户者，尽行查革。如有丁无粮者编为下户，仍纳户银；有丁有粮者编为中户，及粮多丁少与丁粮俱多者编为上户，俱照丁粮并纳。编为定例。（原注："此一条鞭之始。"）④

---

① 见日本前田侯家尊经阁藏《钦依两浙均平录》卷一《均平录及均平由帖》。北平图书馆藏万历《南海县志》卷三《政事志》。参见道光《南海县志》卷三七《列传六·庞尚鹏》。
② 《国朝典汇》卷九〇。
③ 日本尊经阁藏本。
④ 参见万历间南昌章潢：《图书编》（《四库全书》文津阁本）卷九〇《江西差役事宜》。

大约光济奏上条鞭，虽在隆庆二年十二月，但邀户部题准则为四年间之事。《会典》所载，与光济所上之《差役疏》(详下)，其办法正一一相同。《会典》以为此即一条鞭之始，盖至是始获户部正式批准也(下引万恭《赠刘应谷司徒序》可证)。又明末吴侃《在是集》①卷二之七第9页"条编"云：

> 条鞭，海都创行，民甚便之。或曰："行于刘光济。"

所云海都，即指巡抚应天右佥都御使海瑞，任期自隆庆三年六月至四年二月，海氏诚为推行条鞭法于南直隶诸府之人，然考是时，"江左已行之数年矣"②，谓为创行者当不确也。刘光济著有《差役疏》，内言条鞭之法甚详，今载《古今图书集成·经济汇编·食货典》卷一五二《赋役部·艺文》，《江西通志》卷一一七《艺文》亦载此，文长不具录。至此法推行之宛委，《通志》卷二三四《田赋》附一条鞭法缘由所载尚为明白扼要：

> 嘉靖中少师华亭徐文贞阶承上意旨，谓大江西南不苦赋而苦役。赋悉若故，无有改易；惟役法，州县吏如治棼丝，益理益乱，父老不得休息，宜莫若一条鞭法便，上之吏耳目可勿涂，下之民易以循守，德意甚优渥，父老延颈法意之成，顾薄海无有应者。隆庆二年，会江阴刘光济奉命巡抚江西，徐少师即谕刘试条鞭法，刘曰："诺！"入疆，下群吏议所以行鞭法者，吏皆难之。乃刘意锐甚，亟召抚州府同知包大爟(系爟误)、南昌府司理张守约、吉安府司理郑恭、饶州府司理孙济远、新建令王以修、庐陵令俞一贯、临川令蒋梦

---

① 国立清华大学善本书室藏。
② 见万历《江宁县志》卷三；参《明史》卷二二六本传；海瑞著《刚峰先生文集》。

龙,锁棘院而校计之。时胡少保(疑即太子少保兵部尚书南昌胡训)从子文学胡湜,善计虑,习赋役法,并召之,从包等谋议。议上,刘悉悬诸署壁,旦日仰观,俯思三月,乃定南(昌)、新(建)二邑条鞭法,明年始遍役于民。民即老死自勿役于官,勿入市廛,即一钱亦得自输于官。孤且嫠者,懦无力者,附其钱于里胥,曰带输,约之为肆差,银输官者:南昌二万三千有奇,新建一万二千有奇。身一丁,征一钱四分有奇;税一石,征一钱八分有奇。其他七十余州县如例。父老于是无亲役之苦,无鬻产之虞,无愁叹之声,无贿赂侵渔之患,悉去汤火。因立仁政祠以祀刘。南司马万恭有记。至今(雍正)编征肆差,犹乃鞭法旧规。[①]

然以上诸书所述,仅具麟爪,至其全豹必须于万恭著《洞阳子集》窥之。恭字肃卿,南昌人,嘉靖二十三年甲辰秦鸣雷榜进士(《江西通志》卷五四《选举六》),官至兵部侍郎,生平事迹具《明史》卷二二三本传,及《明史》卷八三、八五《河渠志》卷一、三。当周、刘等议行条鞭之日,正万氏守制里居之时(《明史》本传载嘉靖四十四年恭丁母忧归,隆庆六年春,起官总理邳州运河河道)。且又躬亲计议,力赞其事。故所记最为确实详尽,良足补史传之阙。考此书《明史·艺文志》、《天一阁书目》、《四库总目》、《江西通志·艺文志》,均未见著录(《通志·艺文》仅录恭创《南昌县正衙记》、《南昌县田赋考记》、《大节祠记》数文)。仅黄虞稷《千顷堂书目》卷二三《集部》载:

万恭《洞阳子集》十八卷,又《续集》。

[①] 近人陈家栋辑《江西财政纪要》第2册记此事,所引不知何书,简略殊甚,不足据。今按《通志》,此条实撮录万恭《洞阳子续集》卷四《仁政祠碑》而成(详后)。

然卷数较今所见凡四集,共32卷者少(参拙作《跋〈洞阳子集〉》),颇疑其为早刻故也。此书在昔日既甚少著录,今日国内似亦无存本,惟于日本宫内省图书寮见之,诚为天壤瑰宝矣。爰为勾稽考订,分条辑录如次,以为征考江西文献者之一助焉。关于周如斗之筹办条鞭始末,本书《再续集》卷五《怀仁祠碑》云:

> 江右父老苦十年一役法久矣!世皇帝季年,娴于民瘼,思以恩泽之,乃下诸路抚臣令曰:"役民者其犹举重乎?九年者逸,而以一年举万钧,直绝肋毙耳!宜莫若析万钧十举之,一年直千钧耳。亡九年之逸,然亦亡一年之毙。命之曰鞭法。"父老扶杖加额幸甚,自是民亡毙也。而诸路竟格不行,御史大夫周公如斗按部江西,与诸有司者矢曰:"所不能举条鞭为父老计者,有如江水!"乃拮据四阅月,而科条悉具;然精竭而神涣矣,疾在褥矣,犹刺刺理条鞭事;疾且大渐,诸司视之,犹手书空作"一"字,盖以一条鞭殉也,悲夫!父老哀之,祀怀仁祠于章江之浒。……彼其时,法令非治也,刘公光济继之,然后大行。……后十有六载,周公从子伯思宗为新昌簿,仲子爱为南昌簿,饰祠而新之。余闻之:"食粒怀稷,饮井思益",江右鞭法若故也,乃周公安在哉!……(第3—34页)

刘光济之议行鞭法之经过,《续集》卷四《仁政祠碑》所记,尤为详尽:

> 嘉靖中,少师华亭徐公(阶)承上意旨曰:"父老良苦赋役法,州县吏若治棼丝,益理益乱,我父老不得休息,宜莫若一条鞭法便!上之吏耳目可勿涂,下之民易以循守。与我共此者其良抚臣乎!"德意甚优渥,父老延颈法意之成,顾薄海莫有应者。隆庆二年春,徐公顾江阴刘公:"即烦以大江之西为上试之。"刘公曰:"诺!"

入其疆，下群吏议所以行条鞭法者。旬日，吏莫肯行，豪右不欲也，府吏胥徒皆不欲也。乃刘公意锐甚，诣余言曰："条鞭良法，与父老休息，尽格不得行，奈何？"余请言状。公曰："督储云：吾治赋，上供岁多逋，若之何复能征役缩钱，逋不已甚乎？吏议不便！"余曰："诚不便哉！析征之可乎？令里甲催征者督赋，储道主之；而当岁者督役钱，州若县主之。"刘公曰："善！旧法：官仓库悉令富民典守，司出纳，民大弗支，往弃市不啻也。今令伺缺掾代之，掾大怖，有自到者，吏议不便！"余曰："诚不便哉！噢休之可乎？掾悉岁役而给之值，民悉罢役而输之缩钱。官待掾以效劳者例，而速赏之，缺掾即归市不啻也。"刘公曰："善！顾赋役输官者甚巨，猾吏舞文，籍不可稽；籍不可稽，则官病；豪有输后期且弗满数，势不得不迫弱者而逮豪右者，则民病。吏议不便。"余曰："诚不便哉！莫若为之格册，列其丁税之全数于上端，而撮其赋役之输数于下方。里胥执册而征之，有司者即按其册而比之，掾莫敢上下其手，官视民之逋完在目中也。"刘公曰："善！"乃集群吏，大议鞭法。召抚州同知包君大燿，召南昌府理张君守约，召吉安府理郑君恭，召广信府理孙君济远，召新建令王君以修，召庐陵令俞君一贯，召临川令蒋君梦龙，锁棘院而校计之。包君总其事，上二十四议于大中丞，大中丞驳二十四议下六君者，且令包君日报一章耳。文学胡湜者，胡少保之从子也，善计虑，且习赋役事，余言之刘公，令日从包君议计，一获即入告大中丞，大中丞日计所报章可否批答焉；复上，则悉悬布诸督院之壁，公旦日仰而读，俯而思，三月，乃定南昌、新建二邑条鞭，而公髭发加白矣。余白刘公曰："大苦矣！为父老而瘁其身！夫西伯之化，始于二南，今年姑以二县试，明年始遍七十余邑者何如？"公乃下令曰："江西不苦赋而苦役，赋悉若故，毋有改易！"唯役，民悉输钱于官,官尽雇役于民,民即老死勿自役于官,勿入市廛,即民一钱亦得自输于官。孤且婺者,懦无力者,附其钱于里胥,曰带输,约之为四差。银输官者:南昌二万七千两有奇,新建一万八千两有奇。身一丁,征一钱五分有奇;税一石,征一钱八分有奇。亡亲役之苦,亡鬻产之虞,亡愁叹之声,亡贿赂侵渔之患,父老悉去汤火。明年,鞭法大定。而南昌太府丁君应璧适至,攘臂以风七十邑者。又明年,七十邑者较若划一矣。余贺大中丞。大中丞曰:"未也,此所以安野人也,我图所以安邑人者。"复创坊甲条鞭法,其法一如里甲法,尽输钱,尽雇役也。邑人曰:"二百载不聊生矣,今活我,活我!"乃扶老携幼入谢刘公者以万计。大中丞曰:"未也,我图所以安远人者。"乃创禁约铺行法,乃火牌列籍,官与民平市也。贾人曰:"二百载不帖席矣,今生我,生我!"公抚江右,父老安。父老惧公去江右而鞭法解散,裹粮蒲伏阙上疏留之。上念父老,三年乃召大司农。去之日,旄倪数万,遮号泣而从之,公为欷歔。父老思弗置,则肖象而尸祝之,择青云楼而居之;博士弟子思公弗置,则乐群于楼中而诵法之。民有疾苦,奔而祷之,无弗应者。朔望必祝,公生辰必祝,第愿大中丞上寿上公且多男子也。继公者,常熟徐公(栻,隆庆五年五月至万历元年)、大仓凌公(云翼,万历元年三月至万历二年六月)、吴县杨公(成,万历二年六月至万历四年三月),悉唯刘公鞭法守而勿失,父老加宁平矣。青云祠居府学官墙西偏,后为楼五楹,中为厅三楹,前为门一楹,旁为四厢,各三楹,皆缭以石垣。少司马吴公(疑为兵部侍郎新建吴桂芳)额曰"仁政祠"。司马氏曰:"古称施仁政于民之效:士愿立朝,农愿耕野,商愿蒙市,旅愿出途,信然,刘公爱民哉!施仁政而不顾于瘁其躬。徐公、凌公、杨公爱民哉!施仁政而不嫌于仍其官。余悉表而出之,以告人心,

且以谂夫后之观风者。"（第1—4页）

由此可知光济之行鞭法，创议于隆庆二年春间，得里居兵部侍郎万恭之力赞，复召集抚州同知包大燿、南昌府推官张守约、吉安府推官郑恭、广信府推官孙济远、新建知县王以修、庐陵知县俞一贯、临川知县蒋梦龙等七人计事，佐以生员胡湜，经三月之往复筹议，至秋九月而事始定，是年十二月奏上（前引《国朝典汇》）。初行于南昌、新建者为"里甲条鞭法"，明年春，复立"坊甲法"以安坊厢市民；秋，立"禁约铺行法"，以安铺户行商等。盖至是年始遍行于全省其他七十县①。此法沿至后任巡抚徐栻、凌云翼、杨成诸人，咸能守而勿失。以上事迹，今再以集中他文参补之。《续集》卷一《仁政纪序》云：

> 司马氏读《仁政纪》喟然叹曰：余今而后知王道之易易也！大江之西，父老二百年苦不得休息。隆庆二年春，大中丞江阴刘公定徭役条鞭法，秋九月成。明年春，坊甲鞭法成。是年秋，禁约铺行法成。庚午（隆庆四年）夏（六月），父老号哭送大中丞于江之浒。明年，肖刘公之象，又明年，尸祝公于青云祠。公移少宰。又二年，甲戌（万历二年），父老修青云祠。公陟南太宰，先后七八载中。……刘公仁详在徭役书中。……（第8页）

此言三法制定之年月也。而刘公推行鞭法时所遭遇之困难，亦可得而言焉。《初集》卷一《赠刘应谷司徒序》云：

> 中丞刘公抚江右之三载，始移少司徒以行。……司马氏曰：

---

① 按《仁政祠碑》所记，似谓坊甲、铺行二法定于隆庆四年，疑为行文之误，故今从《仁政纪序》年月。

"余观刘公之政三稔矣，其为一条鞭法，详在庸调书中。当其时，愚民不可虑始，怠吏难于图成，余亦以是举也，落落难合耳，乃公持之坚……一年而是公政者什一，不者什九；二年而是者半，不是半；三年，天子俞其议，吏民乐其便。……"（第29页）

以上所言之徭役书或庸调书，今已不可复睹矣。

至于当时议事诸人，其分别所责之职责，犹可考见。《初集》卷一〇《赠包少东序》，记其首定南昌役法，上二十四议事云：

> ……江右民力竭矣。均赋役之法，大吏议之三十年，或传过舍而不欲闻，或集盈庭而莫敢断。条鞭之法则付之无可奈何。彼三十年中才智敏给，怀名誉猎通显者何可胜数？乃安民大政，独若有待大中丞刘公，举安民大政悉以委之包公不少峇。夫包公据十年低栖下寮之位，而膺刘公三十年不决之权，寄数千里引领安危之命，而又处于积忌危艰之中，余意包公直缩首走耳。顾毅然报大中丞以身尝之，且以南昌首邑试，八日而汰冗繁数百役，省耗费七千金。大中丞下二十四议于公，公日答一焉，无弗称民便，当意旨。受特知之令，拥专制之柄，监司莫能与，刺史莫能赞。不阅月而上慰刘公食下咽，下令江右劳息肩。已而谤言充堂，毁书盈牍，余又以为包公直缩首走耳。复毅然报中丞刘公、绣衣顾公[1]，以身去就决新法之行止，博江右生灵百世之安……百姓戴之，中丞、绣衣重之，且会荐于朝，且署满考江右郡国第一矣，旋擢京辅少府矣。……（第3—5页）

---

[1] 疑指巡按监察御史顾廷对（《江西通志》卷四七《秩官二》）。按廷对于嘉靖三十八九年知浙江平湖县时，创立条鞭均役法（雍正《浙江通志》卷一五〇《名宦五》）。

此赠总领计议事宜之抚州同知包大爟之序也。《初集》卷六《赠王新建序》云：

　　……隆庆戊辰（二年），（西蜀王）侯上最于天官。大中丞刘公乘传抚江右，念江右凋瘵至甚，思所以大噢休之。以为噢江右莫如缩民供，缩民供莫如一条鞭法便。每叹与我共此者，其唯良县令乎？顾无可使者。会侯返自都下，谒刘公，公迎而劳苦之："嗟乎！民瘵极矣！一条鞭其可便民苏乎否耶？"侯应声曰："便哉！"刘公虑侯之迎同也，复曰："奈何其利于民，弗利于官；巨室利而细民弗之利也！"盖刘公志锐甚，特为是左词观侯定主耳。侯乃振袂而昌言之，其词曰："往征敛无艺，费出多门，民甚苦之。新法行，则费省而用缩，上无烦令，民有一守，是民利也。往征绪如毛，群奸四出，官甚苦之。新法行，则牍约而务寡，县有司执一以御百，聪明不眩，是官利也。往征税将期，竞趋轻便，富者货趋，豪者贿书，而巨室病。新法行，则征有定算，狡猾不得上下其手，阡陌坐受利，是巨室之利也。往巨室以计免大役，势必及编氓，竭产售，不足当大役之什一，而细民病。新法行，则赋多寡同，贡相若；役大小同，贡相若，直安枕卧矣，是细民之利也。"语竟，刘公黄气溢大宅，谓侯曰："……新法已在吾目中，子为我尽心焉。"盖先是在官者恶新法害己，故属有司狃左右语，莫肯助刘公。而刘公得侯，若燥而获凉剂。每为余言："自得王新建，而一条鞭之法行益坚矣！"……而王侯秋官之命下矣……刘公念新法方成，而侯又去，彷徨强侯橄，必编新法而后得行。邑弟子父老又彷徨诣刘公大呼："即王侯去，执行新法，孰活我者！"……（第21—24页）

此则叙新建知县王以修参与计议及赞行新法之经过也。至于里甲条鞭

法及坊甲条鞭法之议定,以南昌府推官张守约之功为多。《初集》卷七《赠张凤台北上序》云:

> 中丞刘公、御史顾公[①],异张公独无事,念远人未安,则命张公议里甲法;念迩人未安,又命张公议坊甲法。此两法者,实悬民命,议之三十年不成矣。而公固旬日成之,议数十上,无一弗当中丞御史公心者。法画一,而吏胥莫缘为奸;供疾输,而小民老死不识市廛……(第15页)

而文学胡湜之贡献,则详同卷内《再寿刘中丞序》中:

> ……刘公……念何以永江右野人之命,则令文学上里甲二十四议;念何以永江右邑民之命,则令文学上坊甲十二议。文学唯不习为吏,且愚憧,所议不能当大中丞意足惧。公固款款下其议于属所司。议之当,色喜也;议弗当,亦色喜也。文学人人畏公之议,惮公之虚,苟可永父老子弟之命者,矢不敢负大中丞。谋于野,一获焉,入告大中丞;谋于道,一获焉,入告大中丞。大中丞时优假文学,可裨吾大计,条财赋之政令,风群吏而均节以施之,变通以趋之。不期年,新法大行,且报天子成命矣。夫鞭法江右议二十年矣,竟泥不达。……"(第1—3页)

关于临川知县蒋梦龙之计议,据《江西通志》卷六二《名宦六·抚州府》第16页:

> 蒋梦龙,长洲人,嘉靖进士,授临川令。邑被寇掠,加意抚循。

---

① 按此即前引《赠包少东序》中之"绣衣顾公"是也。

条陈均役之法,开府刘公(光济)是其议,令各属俱遵行。邑多逋赋,尽归猾手,制裁以法,令民自输,至今便之。(原注:引《豫章书》)

南昌知府丁应璧之于此役,据前揭《仁政祠碑》所记,固为"攘臂以风七十邑"者,然据《初集》卷一〇《再赠丁荆山序》所言,此公纯以不竞之心,行简易之政,似非于条鞭法有积极倡导之功者①。查当时赞与新法之推行者,除上列包、胡诸人外,尚有灌城人杨汝瑞、进贤知县汤聘尹、南昌致仕里居工部左侍郎刘伯耀等。今引伸核证如下。《三续集》卷一《杨封君墓志铭》云:

> ……奉政公者,姓杨氏,名汝瑞,字惟贤,号三田,灌城南关人。……丁卯(隆庆元年),巡抚江阴刘公光济至,奉旨举行条鞭法甚急。旦日,诣司马公(按即万恭自谓)诘所以行条鞭法者。司马以公及胡生湜娴于赋役官条,上方略。始年,举南(昌)、新(建)二邑新法;明年,举江西七十二邑新法。民大便安。天子令进其书通行海内,惠元元。事在万司马语录,及刘中丞案牍中。又明年,议差舡,田差不下水,水差不上田法。又议坊甲条鞭法,司马尽闻,大中丞尽断而举行之。里人因是倚奉政公,细事质成亡虚日,亡烦官府悬榻,里有颂声焉。……(第31—34页)

则知里甲、差舡、坊甲诸法,皆杨汝瑞及胡湜所条上之方略,厥功甚伟也。又,《续集》卷一《棠阴纪序》记进贤知县汤某之奉行新法及议定章程云:

---

①《江西通志》卷五八《名宦二·统辖二》:"丁应璧,字为章,(山东)寿光人,嘉靖进士,……升南昌知府,历江西按察副使……"亦未言其倡行条鞭事。

钟陵父老苦役苛法久矣,敝于赋者什一,敝于役者什九。大吏束手而莫敢问,邑有司直为是廪廪耳。大中丞江阴刘公矢均役,为之鞭法,以与民休息,乃下令曰:"大江之右有司能从吾鞭法者,吾能显扬之!"七十二邑莫有应者。独进贤令汤侯承大中丞而奉行其意令焉。其法,使氓纳丁亩之缗,输之官,不复知有在官之役;役领丁田之直,取诸官,不复知有在野之氓。进贤民无妄供,官无横征。役者相与欢于市,氓者相与歌于野,曰:"待我汤,汤来其苏!"大中丞甚德汤侯,令汤侯其悉为我定鞭法章程,以风属邑七十。乃民德汤侯又万于大中丞,庶几焉长子孙,世世苏我父老也。顾汤侯治行声称藉甚,闻于阙下。主上方属意循吏,思与民休息,下所司,亟召汤令,以风薄海邑有司以役法苦父老者。俄授给事中。……(第4—5页)

今据《江西通志》卷五九《名宦三·南昌府》,知是时县令为汤聘尹,传云:

汤聘尹,字国衡,长洲人,隆庆戊辰进士,知进贤(知县)。邑粮差先析为二:粮输于官,差则随事分派于民,富者破产,贫者废业。聘尹(至),奉行一条鞭法,百姓戴之。……(原注:引《进贤志》)

按当时家居致仕刑部侍郎进贤曾钧亦赞助此事,《初集》卷一七《祭曾恭肃公文》云:

谏垣草疏,积牍盈篇,……悯差役之困,而法赞条鞭。……

可以为证(曾钧传见《明史》卷二○三)。《再续集》卷五《刘左司空状》云：

> 左司空罗湖启公者，名伯跃，字起之，世居南昌之罗池。……癸亥（嘉靖四十二年）……特旨准致仕。……生平绝城府，屏思虑。尝与余议条鞭法，余借箸而筹之，曰："如此而善，如此而坏。"公曰："唯，唯，第为吾构思，若思即吾思也。"又尝与余议徭税法，余借箸而筹之，曰："如此为盈，如此为缩。"公曰："唯，唯，第为吾握算，若算即吾算也。"……殁于万历五年丁丑十月之朔，距生弘治癸亥（十六年）享年七十有五。……（第15—20页）[1]

此公虽或无所容心，然彼以乡居高宦，而肯唯唯诺诺于新法之间，则亦固得书也。夫条鞭在当时为一种新法，其图始之难，已见于上，至其守成之不易，亦有可得而言者。《续集》卷一《洋山凌公序》，记万历元二年间巡抚凌云翼之拳奉旧制，可见一斑：

> ……大江之西，父老苦役苛法久矣。江阴刘公始议鞭法：官出纳其直而雇之役，愚夫匹妇，第持一钱，获终岁之安；富室大氓，第输官藏耳，亡破产之危。乃邑有司病官劳而民逸，欲役者自征之，以哗。大中丞凌公索鞭法牍按之曰："江右所因，令百世可知，宜莫若鞭法矣。敢有言损益者，罪无赦！"……乃大因刘公鞭法，农者食人，役者食于人。食人者以直博安，食于人者以力博利。法制凝定，民以宁一。……（第1—3页）

《再续集》卷一《赠潘印川司寇序》云：

---

[1]《江西通志》卷五四《选举六》：嘉靖八年己丑罗洪先榜进士刘伯跃，南昌人，工部左侍郎。然人物传无载。按伯跃以坐严（嵩）氏党被论，见《明史》卷三〇八《奸臣传·严嵩》。

万历丁丑(五年),大江之西……吏又不能画一条鞭法,数议变更。百姓廪廪,莫必旦夕之命。赈夫赈妇,又竞缘为奸,日以赝金攫人货,吏法令非行也。天子又亟出潘中丞治大江之西。逾年,定条鞭,严保甲,清驿传,通万历制钱法,……百姓为之谣曰:"条鞭便天下,保甲甲天下,驿传传天下,钱法法天下。"诚德之也。……天子……亟以右司寇召中丞。……(第4—6页)

此赠潘季驯序也。季驯以万历四年三月辛丑巡抚江西,至五年十一月乙亥召为刑部右侍郎(均见《实录》)。《学庵类稿·明食货志·赋役》云:

先是,潘季驯按广东,倡行均平里甲之议,业已发其(指条鞭法)端,然止行于一方,未能遍也。

今按《明史》卷二二三本传云:

……嘉靖二十九年进士,授九江推官。(三十八年)擢御史,巡按广东,行均平里甲法,广人大便。临代去,疏请饬后至者守其法。

疏入,户部请以其言行通省如法遵守,年终籍记用银数目以闻,报可。《潘司空奏疏》卷一《上广东均平里甲议》云:

其法……先计州县之冲僻,以为用度之繁简。令民各随丁力输银于官。每遇供应过客,及一切公费,官为发银,使吏胥老人承买。其里长止在官勾摄,甲首悉放归农。[①]

---

① 《四库全书》文津阁本。

盖季驯十余年前所行于广东之均平里甲法固已开条鞭之先河矣。今按季驯《督抚江西奏疏》①卷三《遵照条编站银疏》云：

> 隆庆四年八月内奉前巡抚江西右副都御史刘（光济）案验，准户部咨为酌议差役事，该本院题内开……水马等役，则又编头户、帖户，以数十户而朋为一役，募役则给由帖，取讨工食，穷乡下邑之民，不能抗城市积年之势，户户被扰，鸡犬不宁，其害尤甚。臣愚拟将各项差役，逐一较量，通计一岁用银若干，止照丁粮编派，开载各户由帖，立限征收在官，分项解给。往年编为某役，某为头户，某为帖户，今一切革之，其银一完，则终岁无追呼之忧，而四民各安业等因……

盖遵照刘议将驿站银两编入条鞭也。其他，有赞翊绍述之功者，据《洞阳子集》所载尚有南昌知县林云原、秀水人赠布政司使张某、常熟人南昌知县顾冲吾等。虽其人或无足轻重，然既与鞭法有此一段因缘，则亦不宜令其泯没也。《续集》卷一《林云原序》云：

> 万历二年春……于时林侯为南昌四年矣，上其最于大冢宰矣。我父老甚昵侯，曰："……夫条鞭者，大中丞刘公之良法也。吏胥恶其不利己，数欲变易。吏意若猬，侯守如山。四年官无积逋，民鲜追呼。今去矣，孰有为我布法如侯定者？……"（第9页）

《再续集》卷三《寿张封君偕寿序》（按此序作于万历七年）云：

> 先是，大江之西，鞭法摇而靡定，园钱滞而未流，民皇皇莫必旦

---

① 万历刻本，北平图书馆善本甲库藏。

夕也。方伯公一切划一之……（第1页）

同集卷五《送顾冲吾序》云：

> 万历初……常熟顾侯入豫章，……议园法则贾安于市，定鞭
> 法则军安于伍，……万历九年始以冬官员外郎召。……（第3—4页）

此云"定鞭法则军安于伍"者，疑先时鞭法紊乱，或至役及军卒也。（下
引《陈有年传》可证）。考条鞭法在各地施行之情形，史籍尚少有原本
之系统记述。且纪录星散，排比维艰，独《洞阳子集》于嘉、隆、万历初
年赣省推行之经过，对于时、地、人三者均有比较详尽之纪载，洵为难得
可贵。盖万恭以躬预其事之人，故能言之确实详明如此，其价值迥非后
出之史料所可比拟也。以上撮录《洞阳子集》竟。下更广征载籍，以明
有明一代江西一条鞭法之兴替焉。《江西通志》卷五八《名宦二·统辖
二·陈有年传》云：

> 字登之，余姚人，嘉靖进士，万历间以右金都御史巡抚江
> 西。……戊子（十六年）水灾，特疏请蠲赈，豁南昌鱼课，人德之。
> 南昌卫军余丁差每苦虐，奏请行条鞭法，征银雇募如州县，积困始
> 苏，旋以浮言罢归。后官至吏部尚书，卒，谥恭介。（原注：引《豫
> 章书》）①

按有年以万历十四年三月抚赣，至十六年闰月罢官，据上引其奏请卫军
编差行条鞭当在十六年间，则可知条编法之应用且推及军役矣。考
隆庆间或万历初年在赣省各地推行鞭法而未著录于《洞阳子集》中者

---

① 有年传见《明史》卷二二四，惟未载其请行条鞭事。

尚有以下诸人,万历《秀水县志·人物六·贤达》,载秀水人九江知府张应治于嘉隆间议行条鞭云:

> 张应治,字体征,嘉靖壬戌(四十一年)进士。初任行人,擢南户科给事中。……已复,抗章论时相不协舆望,竟出为九江守。至则首复军饷,议条鞭,缉盗贼。会江右大祲,流民相携入境,应治以便宜发廪赈之,全活甚众。万历初,举卓异,赐宴赏赉。寻升临清副使。卒。……①

《江西通志》卷六○《名宦四·瑞州府》:

> 邓之屏,巴县人,嘉靖进士。隆庆间知瑞州府。……悯高安赋额偏重,请减之。又以民苦徭役,取回九江协济,请行条鞭法。升苏松兵备……(《安志》)

前书卷六一《名宦五·临江府》:

> 李乐,字彦和,乌程人,隆庆戊辰(二年)进士。知新淦县……淦赋繁,征收猥杂,乃申请条编画一,民便输纳。……擢给事中,有《金川纪事》。……(《安志》)②

前书卷六二《名宦六·抚州府》:

> 唐本尧,上海人,隆庆进士,任金溪县。……时条鞭法新行,他

---

① 前引《洞阳子集·再续集》卷三《寿张封君偕寿序》,未知即为张应治否?
② 同卷《王圻传》载:"嘉靖乙丑(四十四年)进士,为清江令,……丈量图册既成,胥史无敢作奸者。……"虽未载圻行条鞭法,然彼因于万历三年令山东曹县时议为一条鞭法者(《天下郡国利病书》卷三九《山东五·曹县·赋役》,及光绪《开州志》卷四《职官》)。

邑尚观望疑阻,本尧坚守之,分毫不扰,民咸德之。……擢监察御
史。(《金溪志》)

前书卷六三《名宦七·饶州府》:

> 谢汝韶,长乐人,隆庆间知安仁县,……行条鞭法,刻《锦江
> 政略》,民为立碑祀之。(《府志》)

前书卷六四《名宦八·九江府》:

> 俞汝为,华亭人,隆庆进士,任德化县,……改里甲为条鞭,分
> 限纳银,人便之。(《九江府志》)

此其奉行鞭法又稍在本府太守张应治之后矣。前书卷六五《名宦九·南
安府》:

> 余世儒,字汝为,婺源人,隆庆初,知南康县,条鞭法初行,人情
> 观望,世儒独尽力蠲革一切弊征,为岭北诸邑倡。(《府志》)

以上所列,皆为初行条鞭法时之功臣,至后来有举废兴堕之功者,
则有以下王、陆、章、汪、管五人,前书卷六〇《名宦四·袁州府》:

> 王隆德,乌程人,万历进士,任袁州推官,有才识。时抚按行
> 部以条鞭之外,复有值柜收银,南粮民解,为里甲困扰,及衙门供应
> 取办地方,民苦之。檄隆德与建昌推官陆键条议,量加四差。一切
> 钱粮俱官解佥点,吏书值柜经收;及各公署损坏什物置办,俱官给
> 修补;供应夫马,悉给驿传,不许假借私派里甲。请著为令,一时称
> 便。(《袁州府志》)

同书卷六二《名宦六·建昌府》:

> 章宗礼,新会人,由举人万历十九年任新城知县。时行四差法,而复有八差之议,宗礼悉罢之。丈田躬历阡陌,人无敢为奸者。(《新城志》)

盖条鞭法行之甫十余年,而各地时有额外之征派矣。前书卷六一《名宦五·吉安府》:

> 汪可受,号静峰,黄州人,由进士万历间知吉安府。……征输便民,造条鞭法,树碑郡门云:"官坏此法者官不职;民梗此法者民弗良;书吏舞此法者遣!"定为例,至今遵行之。(《安志》)[1]

然条鞭法虽经可受之重造,其后仍趋紊乱,故同书卷六一《名宦·吉安府》又载:

> 管正传,号德圆,苏州人,崇祯辛未(四年,1631)进士,……令永新,……设汇封,定官造,归条鞭,毁淫祠,至今犹守之云。(《安志》)

综括本节所述,作江西一条鞭法表解如下,以著明其时、地、人、事四者之梗概,庶览者粲若列目云尔:

附表

嘉靖三十五年　巡按蔡克廉

嘉靖四十年　提学副使王宗沐

---

[1]《天下郡国利病书》卷八〇《江西二·吉安府》云:"隆庆间,始易为条编,分均徭、里甲、民兵、驿传,名曰四差。计四差之银,通融各为一则。……"可知汪可受之造条鞭法,定为重定,而非创造也。

　　（以上二人均倡议条鞭法，然未获施行）

嘉靖四十四至四十五年

　　巡抚周如斗（上条鞭之议，卒官，仍未见实施）

隆庆二年冬奏上，三年全省通行

　　巡抚刘光济（始奏准）

　　抚州同知包大爟（总计二十四议，首试役法于南昌）

　　南昌府推官张守约（议里甲、坊甲两法）

　　吉安府推官郑恭（核二十四议）

　　广信府推官孙济远（核二十四议）

　　新建知县王以修（首先奉行鞭法）

　　庐陵知县俞一贯（核二十四议）

　　临川知县蒋梦龙（条陈均役之法）

　　南昌生员胡湜（上里甲二十四议、坊甲十二议）

　　灌城人杨汝瑞（议南新二县里甲鞭法，又议差舡及坊甲法）

　　南昌家居兵部侍郎万恭

　　南昌家居工部侍郎刘伯耀

　　进贤家居刑部侍郎曾钧

　　进贤知县汤聘尹（奉行条鞭，议定章程）

　　南昌知府丁应璧

　　巡按监察御史顾廷对（？）

　　　　（以上诸人皆为襄助刘光济创立条鞭之人，或议事有功，
　　　　或推行得力者）

　　九江知府张应治（议条鞭）

　　德化知县俞汝为（改里甲为条鞭）

　　瑞州知府邓之屏（请行条鞭法）

新淦知县李乐（申请条鞭画一）

金溪知县唐本尧（条鞭新行坚奉之）

安仁知县谢汝韶（行条鞭法）

南康知县余世儒（行条鞭法，为岭北诸县倡）

　　　　（以上诸人皆于隆庆间推行条鞭，然与刘氏之关系不详）

隆庆五年至万历元年　　巡抚徐栻

万历元年至二年　　　　巡抚凌云翼

万历二年至四年　　　　巡抚杨成

隆庆五年至万历二年　　南昌知县林云原

　　　　（以上四人皆坚守条鞭法使不变更）

万历四年至五年　　　　巡抚潘季驯（将站银归入条鞭）

万历七年前　　　　　　秀水人张某（画一条鞭法）

万历九年前　　　　　　南昌知县顾冲吾（定军伍鞭役法）

万历十六年　　　　　　巡抚陈有年（奏请卫军编差行条鞭法）

万历十九年　　　　　　新城知县章宗礼（罢八差之议，仍行四差）

万历　　　　　　　　　袁州推官王德隆、建州推官陆键（奉抚按
　　　　　　　　　　　　橄，条议量加四差，以免条鞭额外之征）

　　　　　　　　　　　吉安知府汪可受（重整条鞭法）

崇祯四年后　　　　　　永新知县管正传（归条鞭）

　　　　　　民国三十年十二月写定于四川李庄之石崰寄庐

　　　　（原载《地方建设》第2卷第1、2期合刊，1941.12）

明代十段锦法

一 十段锦的名称及其内容

明代赋役制度到了嘉靖中年变革甚多,其中一种一度盛行于南直隶及浙、闽等地的,它的总名叫做十段锦法。此法在各种史料中以种种不同的名称而出现,如"十段锦册法"为此法的全称;"十段法"、"十段册"、"十段文册",皆为它的简称;"十段田册"、"十段丁田"、"十段粮米"、"十段差米"、"十段均徭",都对它的课税的对象(后亦指征解的手续)而言;"提编"、"额外提编"、"编提"、"均徭提编"、"均徭十段流编法",都对它的课税范围或方法而言;"均平"、"均平需鞭",都是对它的目的而言。例如《明史·食货志》便没有用十段锦这个名字,至其书中语焉不详的"提编"之法,检其内容,实即十段锦的别名。《食货志》又云:"提编者,加派之名也。"此语仅说明两者的关系,然前者为一专称,后者则为一共名,故不宜混为一谈。此外,又有些书籍将十段锦认作一条鞭一类的东西。种种记载,不是淆混不清,便是晦涩难晓,且琐碎星散,搜集维艰。兹特折衷群说,辨其异同,溯其沿革,写成这篇文字。

十段锦法最初出现在正德中年南直隶常州府。它产生的目的,初时在整顿役法时特为役法中之均徭;附以清理田赋。自嘉靖中年虏患倭寇相继发生以后,遂成为筹措经费的方法,名曰提编。至嘉靖末隆庆间乃盛行于南畿、浙、闽,是时复转到整理赋役方面上去。然不久便改为一条鞭法。万历以后,云南等地虽仍有用十段编役者,但已不甚普遍了。十段锦施行的期间虽然不算很长,但由此可以考见明代中叶以后赋役制度变迁的趋势以及当时财政的一般情形。

明代赋役制度的转变,以嘉靖末年开始盛行的一条鞭法为枢纽。关于一条鞭法以前赋役制紊乱的原因及其一般情形,我在本刊四卷一期《一条鞭法》及本期《释一条鞭法》两文内已作一轮廓的叙述。十段锦法的发生,稍在一条鞭法之前,它的最初目的在改革徭役制度。往日里甲为十甲轮流应役,每年只役一甲,这在"事简里均"时,尚觉方便;但到后来,"事烦费冗",兼以十年之中人户丁产消长不一,变动诸多,于是种种不平现象便显著出来了[①]。且里甲制的本身,原有其内在弱点。因为各年差役繁简不同,各甲的丁粮多寡亦复有异,欲求两者适当的配合起来,已属不易。而各甲内优免赋役之户数亦多寡不同。故就令每年每甲差役总额相同,然丁粮多而优免又少之甲,其每户负担必轻。丁粮少而优免又多之甲,其每户负担必重。各户负担无法均平。至于均徭中银、力两差的分别,原有调剂贫富负担之意, ——力差较重,故以粮多者编充;银差较轻,故以粮少者编充[②]。但因奸猾豪强勾同里书胥吏作弊,以致粮多者却得轻差,粮少者反服重役;加以仕官乡绅人等例

①参《天下郡国利病书》卷三六《山东二·里甲论》。
②参(万历)何棠:《绩溪县志》,(万历)张元忭:《会稽县志》卷七《均差考》。

得优免赋役若干①。于是狡狯之流,因缘舞弊多端,语其大者:(1) 花分诡寄,挪移出甲——如某官依例得免田千亩,而自有田万亩,或虽无田而受他人诡寄田万亩,于是将一万亩分散于十甲之中,皆立官户名号,每年各免千亩,实则万亩之田尽不当差。(2) 挪前移后——旧制税粮每年推收,而徭役十年一派,于是巧黠者虚造买卖行为,遇编审徭役之年,先期将田地转移于下甲人户;遇下甲编役时,则又推移于已役过之甲户中。(3) 利用寄庄名义,在他府州县置业,因税务行政范围不同,彼此间无法查核,于是在各地均获优免,其实际所享有的利益往往超过法定的额数②。以上所述弊端,以江南等地为尤甚,例如隆庆元年(1567)十月庚寅直隶巡按董尧封奏,计清查出苏、松、常、镇四府投诡田竟达1,995,470亩,花分田更到了3,315,560亩之巨。所以他主张整饬十段锦法:"平均徭。谓取各县十段丁田逐为查审。衰多益寡,务得其平。"③可见十段锦法正为要整顿役法的弊端。

十段锦法的内容在各时各地颇有差异,然主要的方式不外两种:

第一,十段田法。即将阖县田地分作十段,每段面积的多寡,大略相同,一年编派一段。如某县有田十万顷,分作十段,每段为田一万顷,每年即以一万顷供应差役。办法是这样的:政府将每段田数去除每年银力差共该用银之数,以决定每亩该派徭役银的科则。上面是最简单的说法,实际上所谓十段田法并非纯以田土供应徭役,大体上皆为丁

---

① 这是一个相当复杂的问题,例如万历唐鹤征《常州府志》卷五《钱谷·里徭》云:"里甲、均徭,皆以丁田派。但里甲概不优免,而均徭有优免,以里甲据甲长不论人户耳。"又如军丁、灶丁与民丁的优免办法亦不相同,见庞尚鹏《题为厘宿弊以均赋役事》;前人《均徭役一条鞭疏》。

② 关于赋役诡寄诸弊,名目甚繁,读者可参看《天下郡国利病书》卷八六《浙江四·田赋书》,以见例。

③ 《穆宗实录》卷一三。

粮兼派,即以每段内所有减去优免数后实在当差的丁数及田数去除每年应派的银力差额数,即得每丁及每亩田各应科徭银若干之数。为求科则简单征纳便利起见,或则以丁折田,即每若干丁折合田若干亩;或则以田折丁,即每若干亩折成若干丁;各依一定的科则编派(参看第二节)。在上述办法下,有两点值得注意:第一,徭役依地起派,不问推收的情形若何,凡有地者,皆要缴纳徭役。故曰"十段册专以田地为主,不以人户推收为主"。它的好处是在"人户推收纵有不齐,而田地故自若,官司亦不必复问之矣"[1]。第二,力差亦折合为银差,可以免除亲身应役的麻烦;且科则得以事先规定,因为采取量出制入的原则。

　　第二,提编法。十段田法十年内每年轮编一段,仍是"一劳九逸"的办法,其间各段尚缺少通融伸缩性。提编法则较彼略进一步。兹引《万历会典》卷二〇《户口二·赋役》所载条文为证。嘉靖四十四年议准江南行十段锦册法:

　　　　算该每年银力差各若干,总计十甲之田派为定则。如一甲有余,则留二三甲用;不足,则提二甲补之。乡宦免田,十年之内止免一年;一年之内,止于本户。寄庄田亩不拘同府别府,但已经原籍优免者,不许再免。[2]

上述这个办法的要点有二:其一,每年编役不一定只限于一甲,如一甲之田有余,则留作下二三年之用;不足,则提下二三甲之田补充。——这便是"提编"名称的由来,亦即十段锦法之别名[3]。事实上恐怕是预提

---

①唐鹤征:《常州府志》卷六《钱谷》;前人《武进县志》卷三《里徭》。
②按《世宗实录》卷五四三,嘉靖四十四年二月巡按直隶御史温如璋条陈议处江南兵食三事,其中一款即言此事(详后)。
③清王原:《学庵类稿·明食货志·赋役》。

的机会较多,留用的情形较少。其二,如乡宦之家,在各甲内所有丁粮,止从一甲内优免,——十年之内,止免一年,一年之内,止免本户[1]。

十段田法的设施,他的先决条件应为对田地丁粮的清查,否则无从均分为十段;它的施行的结果,对于旧日的里甲编制,自然必须加以一番调整,否则各段亦无法均齐划一。提编法因各段间得挹此注彼,互相调剂,故清核田丁,尚非必要;齐饬里甲,亦可有可无。然按之实际,这两件事,在提编法下多亦举行,因他的最初主要目的虽在加派,但稍后便亦具有整顿赋役的目的。我们无妨这样的说:提编法就是用修改了的十段田法来达到加派目的的一种通融办法。

不论十段田法或提编法,它们在税法上都共同地表示出一种转变的意义来,就是由往日的对人税今转为对物税,且由属人主义改为属地主义了。因为赋役改为对物起课,随地征收,所以由优免产生的弊端比较容易预防一些,这又是两法与旧法不同之点。

提编法盛行于东南倭患以后,原本为一种变相的加派,它的"一甲不足,则提二甲补之"的补法,在财政上的运用可以较富伸缩性。它的再进一步的发展,自然便走到一年一役的阶段——这就是一条鞭和许多其他类似一条鞭法所采取的办法。关于这点,当时讨论的人更多。赞成反对意见不一。主张一年一役的人以为每年一役与人户的经济变动较相符合,花分诡寄之病因此可以减少;且原日十年一轮,则当应役之年负担过重,今改为每年各出其十分之一,则轻而易举。反对一年一役的人,以为花分诡寄之弊并非完全由于十年轮编制度本身的缺点,它们原可从严密监督及精核册籍去防范。再则十年轮役一年,在人民有"一劳九逸"的好处,且"总纳"比较"零纳"少受耗折与盘钱的损失;在

---

[1] 参庞尚鹏《题为厘宿弊以均赋役事》(见后)。

官厅则每年编审一役,耳目易周,征催较便。兹引嘉靖末年唐顺之与苏州府知府王仪讨论此事的书札以示例:

> ……大抵论诡寄、贿买(户胥)两弊,则系乎令之强察与否,不系乎轮年与不轮年也;论花分、移甲两弊,则系乎册籍之精核与否,不系乎轮年不轮年也。法无全利,亦无全害。以轮年一编为全害乎? 而可使小民一岁忍苦出钱,九岁晏然坐食。以一年一编为全利乎? 而不能不使穷僻小民岁岁裹粮集钱奔走城郭。此其利病,亦自相准。……且如一邑丁田以十分为率,往时一岁编审一分,其为数则狭,令长耳目差易编,持筹而算之差易办;纵有弊焉,而差易以察。今一岁尽审十分,则其为数顿阔于往时十倍,令长一人耳目筹算所缺漏处必益多,耳目筹算缺漏益多,则户书里胥之权益以重,奸民益得以输金于权之所重以为规避,小民无金可输,则岁受苦役益无所诉,而令长则益不能觉察。……又如一力差约银十两为率,往时十年一编,正户约银五两,贴户约银五两,则贴户五两足矣。人数既寡,故其哀而敛之也不难。今一年一编,则曩率出银一两者,今减而出十分之一两;曩用贴户五者,今必增而用贴户之为五者十。人数既广,其势必散。有差头(按即正户)终岁物色尚不能遍识贴户之门者,何况能敛其钱? 是以往时所病,正户饕餮贴户;今时所病,贴户耗损正户。……又如银差,曩之法岁总纳银一两,则今之法岁零纳银一钱。纳多者其倍称之数稍轻,纳少者所倍称之数必重。纳一两,纵倍之三两而奇,足以纳矣;纳一钱,非倍之四钱五钱或至八九钱不足以纳也。此其总纳则费固轻,而零纳则费固重也。不独如此而已,以一两总纳之一年,则是为一两之银,一遍赴官守候交纳,一遍往来盘费;设或交纳不时,公人一遍

下乡需索而已。今以一两而散纳之十年,则是为一钱之银亦一遍
赴官守候交纳,一遍往来盘费;设或交纳不时,公人亦一遍下乡需
索。是今日一钱之累,并不减于一两,而曩日一年之累,乃浸淫于
十年。……惟用十段册法,则可以革诡寄、移甲诸弊,而无一岁一
役之扰……①

荆川以为十段册法亦可行于苏州府,他反对一年一编法。但大势所趋,
十年轮编旧法终被废置,一条鞭卒取十段册而代之。

二　十段锦的历史

关于十段锦法最早的纪载,为正德(1506—1521)间常州府同知
马某议行之十段册法。其后嘉靖十四年(1535)府属武进县知县马汝
彰亦行此法,然与前法有异,两法均行了不久即停止。正德间的十段册
法,纪载甚为简略,其情已不详,仅知其将一县的田地均分为十段,每年
编审一段以应徭役。万历年间唐鹤征纂辑的《常州府志》及《武进县
志》载此事云:

正德中本府同知马某议将一县田地均分十段,别造十段文册,
每年编审一段。初甚便之,而后造册之时,富民巧为规避,人户消
长参错,多有产去差存者,讼牒纷纷,官民病焉。

嘉靖元年(1522)应天巡抚罗某议编派差役,依据各户的丁田数目
分为上中下三等户则。是时马某之法已革不用。及嘉靖十四年知县马

①《唐荆川先生文集》卷九《答王北厓郡守论均徭》,及"第二书"。

汝彰据里书开报轮审人户丁田数目,同县府所存的实征册与黄册相核,知多有奸民贿通里书,以田地挪前移后、花分诡寄、潜避差徭者,乃议将阖县官田、山荡及人丁,均折作民田亩数,其法:官田计共139,662亩7分,每5亩折民田1亩,共折民田27,932亩5分4厘;山荡75,478亩,每10亩折民田1亩,共折民田7,547亩8分;人丁124,398丁,每丁折民田1亩,共折民田124,398亩;连实在民田1,295,881亩4分,四项合计民田1,455,757亩7分4厘。均分为十段,每年以一段编签徭役。攒造文册,刻立石碑,以垂永远,故曰十段册,亦曰十段田册。然此法亦行了不久便废,至嘉靖二十一年武进知县徐良傅复议再行之[1]。

稍后,常州府无锡县知县万虞恺亦作丁粮十段册,人皆称便。此法与武进县知县马汝彰所行之法相同,因其以丁粮兼派徭役。康熙《无锡县志》卷一六《遗爱一》载:

> 万虞恺,字懋卿,南昌人,进士。嘉靖十七年任。……时徭役不均,避匿者多,虞恺于里老庭谒时,卒令审其大姓差等,皆不敢隐,乃按籍而役之。又作十段册,人皆以为便。[2]

虞恺出里老等之不意猝令其将大户差则从实报供[3];其作"人皆称便"的十段册,当得助力于此。

---

[1] 万历三十三年唐鹤征纂:《武进县志》卷三《钱谷一·里徭》,万历四十六年同人纂:《常州府志》卷五《钱谷·里徭》,参《天下郡国利病书》卷二三《江南一一·武进县志·里徭》;道光《武进阳湖合志》卷一〇《赋役志·里徭》;康熙《常州府志》卷二一《名宦·马汝彰传》。

[2] 参万历秦梁:《无锡县志》卷八。乾隆《江南通志》卷一一四《职官志·名宦》。光绪重印康熙《常州府志》卷二一《名宦》。

[3] 按史书上此等事例甚多,直至民国二十二年浙江兰溪县重造鱼鳞册时颇亦师此意为之,参《兰溪实验县清查地粮纪要》。可见我国里胥势力数百年来如一日也。

嘉靖中年福建抚按两院亦令各县将实额丁米分为十段派编[1]，据延平府大田县知县谢廷训更定版籍序，当时册籍积弊，可分为"诡寄"、"飞射"、"埋没"诸大端，"故俗谓之曰册海，言其颐而难究；又曰册鬼，言诡而弗可稽"。适当道檄行十段均徭法，以一县之丁粮均为十班；以十班之丁粮均为一律，每年以一班应役。然因户有消长，人有生死，故当局又奏行通融里甲法，以此图（按十甲为一图）之虚实，衰益彼图之多寡。按后法似与提编法相同，因其各里甲间得调剂盈虚，通融办纳。可惜记载简略，其详已不甚悉[2]。复按嘉靖十六年常州知府应槚立"通融里甲均徭法"，名称虽甚相同，然每年编银一次，故与提编相去较远，与一条鞭反为接近。

在嘉靖二十九年，苏州知府金城亦议立十段均徭[3]。二十九年以后，虏患倭寇迭相交乘，十段锦法即提编法遂被采用作筹款方法之一种。详下节。

嘉靖四十四年二月，直隶巡按温如璋条陈议处江南兵食三事，其一仿十段锦法以防优免之太滥云：

　　一、品官优免太滥，诡寄日滋。今不必另定限制，惟仿十段锦册之法行之。其法算该力差银差之数，总计十甲之田派为定制。如一甲之田有余，则留以为二甲之用，不足，则提二甲补之。剂量适均，轻重合一。乡宦免田，十年之内止免一年；一年之内止于本

---

① 万历何乔远：《闽书》卷三九《版籍志·赋役》："又为十甲轮差，遇有本甲丁米少者则银少而差轻，或本甲丁米多者则银多而差重，未免有不均之叹，乃又令各县将实差丁米分属十段派编，其法颇称详明，然民困犹未苏息。"参《天下郡国利病书》卷九五《福建五·赋役》。

② 万历刘维栋：《大田县志》卷九《舆地志·版籍》。

③ 嘉靖徐师曾：《吴江县志》卷九。

户,其余子户,不许一概混滥。[1]

疏上,报可。对于上述"一甲不足,则提二甲补之"的办法,后人颇有表示不满的,如隆庆二年应天巡抚林润札开:"各县十段丁田,……一年止编一段,即有别故,不得擅提下甲。"[2]他赞成十段田法,却不赞成提编法。不管怎样,在此前后数年间,江南各地十段锦法的设置确已展开。此时,十段锦颇又转回到整理赋役的旧路去了。应天府属江浦县志载:

> 隆庆元年按院行十段锦。[3]

约在同时应天府六合县知县章世祯亦奉檄创行此法,万历《县志》卷二《人事志》云:

> 每岁徭役,类编银、力二差。自知县章世祯节奉府台明示,创为十段锦。[4]

在隆庆四年奉行十段锦者,又有徽州府的祁门、绩溪数县[5]。可见南直隶

---

① 《明世宗实录》卷五四三,从上纪载温氏只建议仿十段锦法来限制品官优免之太滥。但《万历会典》卷二〇《户口二》,载是年议准江南行十段锦册法(见前),参以下引各条,知十段锦法自是年以后确曾一度展开,不止优免方面的限制而已。

② 万历《常州府志》卷六,万历《武进县志》卷三。

③ 崇祯沈中孚:《江浦县志》卷六,第29页。同书载:"隆庆三年抚院行一条鞭。"

④ 万历黄骅纂施所学等增修:《六合县志》。同书卷四《官守志》:"章世祯,嘉靖四十四年任至隆庆三年。"

⑤ 万历谢存仁:《祁门县志》卷四,万历何棠:《绩溪县志》卷四。万历李乔岱:《休宁县志》卷三《食货志·徭役·均平条目》云:"均平者,见役里甲,赋钱于官,给一岁用也,既输此,甲首归农,里长在役,专事追征勾摄,其法自隆庆三年巡抚都院海(瑞)奏行一条编例始,阅今三纪余,节年通县均派,各里自相催征,不专于见役。民便之。"此以均平即为条鞭,语失考。

府县多已奉令施行十段锦法。

推行十段锦法最有功绩和最知名的人要推浙江巡按庞尚鹏。他于嘉靖四十年至隆庆元年（1561—1567）按浙，有《题为厘宿弊以均赋役事》一疏云：

> 窃惟民间大患，莫甚于赋役之不均，赋役之不均，实由于优免之太滥。臣自祗役以来，即议立十段锦之法；通行各府州县查将十甲内丁粮，除四甲已经编过外，未编六甲通融均作六段，分定六年。凡官吏、举监、生员、军灶、匠丁系例应优免者，即将应免之数开列册前；如或各甲内俱有丁粮，止从一甲内优免，其余免剩者挨造入册，与民一体编差。已经施行外，……①

尚鹏所议行之法，乃将田折为丁，与武进县以丁折田的办法不同，但实行起来，还是以丁银之一部归于田地负担，不过编派的方式正相反罢了。再者，庞氏之法，以每十甲即一里作一单位，所谓通融均派，似于每一里以内行之。武进县则似以一县为均派的单位。庞氏推行此法的详情请看拙作《两浙均平录之介绍》一文，载本刊下期。万历《温州府志》卷五《食货志·差役》亦载此事云：

> 按各县里长十年之中，照依里递、里役，均徭各一次，俱预于上年十月出官。旧时均徭编盐夫、库子、仓夫、斗级等项，每倍（"赔"讹）费至十倍。及审金收头，经收丁田料银，如今日金役，越数日立督银起解，或征收不及，率鬻产先偿。其里役之在隅厢者，摆酒、买办一应家火；在乡都者，金为小支应，供办使客下程夫船。又田每

---

① 明陈子龙：《明经世文编》卷三五七《庞中丞奏议》。

亩科银三分,差解各项钱粮,又佥大支应,心红纸札名役各项,俱倍蓰赔累,三年一编,粮长内佥民壮、马价、盐银、桑丝折色等项。如此端绪棼多,众莫周知,吏胥乘以生奸,而民之困日以甚矣。隆庆年间巡按御史庞公尚鹏深烛民隐,改议十段锦,名曰均平。革库子供役,而佥吏农轮收;免斗级守支,而令新役交盘;放回盐夫,责令民壮巡护;粮长除去收头等项。前项徭役,俱于一条鞭内征收,分项支给,其现年里长,止任催办,大小人户自行输纳。官无横征,而民有常赋,真百世永赖之法也。……①

上载尚鹏改议十段锦名为均平②,然又云:"各项差役俱于一条鞭内征收",似十段锦即为一条鞭之别名,但按同书府总条下载:

往编户赋役,嘉靖前不胜繁困,若买办、差解、库子、斗级,率致破产不支。巡按庞公酌除诸弊,行均平需鞭法,民甚便焉。

则均平亦名均平需鞭,然此法究与一条鞭法稍有不同,观于同书永嘉县条下云:

岁派。嘉靖四十五年巡按庞公条议行均平,裁革里长支应、库子、差解、买办等项。隆庆六年知县伍士望奉文议将一应均平等项钱粮均为十段条鞭,派各里甲逐年出办,给由帖为十年执照。

① 万历王光蕴:《温州府志》卷五《食货志·差役》。
② 按均平之名始于广东,成弘间名均平钱,嘉靖十四年重定为均平银,三十八年复改为永平录。尚鹏,粤人,殆用其名以行法于浙者也。参嘉靖黄佐:《广东通志》卷二二《民物三·徭役》。嘉靖黄佐:《香山县志》卷二《民物志二·徭役》。嘉靖刘梧:《惠州府志》卷五《户口志》。崇祯戴熺:《琼州府志》卷五《赋役志·均平》。《天下郡国利病书》卷九九《广东三·赋役志》。

又瑞安县条下云：

> 岁征。嘉靖四十五年巡按庞行均平，裁革与永嘉同，隆庆末年知县周悠清查，万历元年始行条鞭，与永嘉同。

乐清县云：

> 嘉靖四十五年巡按庞议行均平，裁革与永嘉同。隆庆末年知县胡用宾清查，万历元年行条鞭，与永嘉同。

以下平阳、泰顺两县均载：

> 嘉靖年间裁革同，隆庆末年条鞭同。

可见均平之行在先，复经清查，始改为条鞭（行于永嘉县者亦名十段条鞭，乃一条鞭之别名，而非十段锦也）。所以均平与条鞭两个名词不宜混而为一。万历《绍兴府志》记嘉靖四十五年庞尚鹏奏行均平法云：

> 通行会计各府州县每年合用一应起（运）存（留）额（办）坐（办）杂（办）三办钱粮数目，仍量编备用银两，以给不虞之费，俱于丁田内一体派征，名曰均平银。

其下又云隆庆元年正月十九日余姚知县邓材乔奏行一条鞭法[1]，亦是说由均平转而为条鞭。世人多谓庞尚鹏为一条鞭法的功臣，然不知其最初所奏行者实为十段锦法，其奏行一条鞭乃仿照余姚、平湖二县之法，事在较后[2]。《春明梦余录》卷三五《户部一·一条鞭》载：

---

① 万历张元忭：《绍兴府志》卷一五《田赋志二·赋下》。
② 万历王学曾：《南海县志》卷一二《艺文志·庞尚鹏〈均徭役一条鞭疏〉》，参道光邓士宪：《南海县志》卷三七《列传六·庞尚鹏传》。

差役之法,洪武以后皆以丁粮多寡编派大小差役。至嘉靖四十四年议准行十段锦册法,算该每年银力差各若干,总计十里(应作"甲"字)之田,派为定则。如一甲有余,则留二、三甲用;不足,则提二甲补之。久之弊生,里下骚然,莫必其命,浙江为甚,庞尚鹏巡按浙江时乃奏请行一条鞭法。

盖亦不知十段锦法乃尚鹏初时奏请施行的。金华府义乌县《田赋书》载:

历朝厘正更创,则十段锦、一条鞭之法行而民咸称便矣。夫十段锦之行也,自嘉靖四十四年始也。……十年轮次编佥,而徭役解费于是乎给。其极也,多为市猾所揽收,至解户有分毫沾惠者,而差解亦病。[①]

上记义乌县施行十段锦法在嘉靖四十四年,正在庞氏巡按任内,当为奉行庞氏之议。

此外,十段锦法在他省推行的纪载,今可考见者,江西南昌府的进贤县及临江府,均于嘉靖年间施行[②]。

隆庆末年以后,是一条鞭法盛行的时代,十段锦法已不甚采用。但万历李元阳纂《云南通志》卷一〇《官师志第六之二》,载均徭十段流编法则云:

抚按批允布政司通行事宜:一,均徭。优免官吏等项数目若干,该甲计算,不无偏重。今宜以州县优免丁田总数共若干除外,

---

① 《天下郡国利病书》卷八七《浙江五》;同卷《永康县》。
② 嘉靖汪集:《进贤县志》卷三,嘉靖陈德文:《临江府志》卷四。

然后自造册年为始,各州县十甲丁粮分作十段,每年点金一段,每段丁各若干,粮各若干,常使十年之内,里甲均平,不多不少,一定不移,则飞走、诡寄、影射、埋没之弊,不革自无矣。[①]

同书卷六《赋役志第三·民役》:

> 均徭。各州县丁粮不论多寡,皆分十段,每年审编一段。其有五年一徭者,亦分为五段,每年审编一段。在此州县官爱民真切,自知其妙。

> 里甲。各州县丁粮不论多寡,皆分为十段。每年将合用银数计算明白,方将一段丁粮之数与合用银两打量,每丁石应出银若干,榜示晓喻,征收在库,官吏支销。

可见万历年间云南省亦行十段锦法,其均分丁粮为十段,乃以一里作一单位,以免按甲计算之偏重;且里甲皆分为十段编派,均徭则分为十段或五段不等。

又在万历十八年(1590)浙江衢州府知府易仿之创立十段册以救起解钱粮差役之重困,文云:

> 查得各县每年编差米粮,其中有豪猾夤缘,米多而反获轻差者;有吏书受贿,而脱然无差者;有士夫分外求讨而徇情免差者;甚至官司将本年应差之人,追空役之银,以充无名之费,而预将来年里长拨顶差解者。本府昔令江山[②],稔知其弊,以此重困之民,复加编累之苦,殊属不堪。今议将属县粮米均为十段,编金差解,酌道

---

① 参同卷均徭榜式、榜身式、均徭帖法诸条。
② 康熙无锡《江山县志》卷三《职官志》:"易仿之,字维效,湖广黄岗人,进士,(万历)八年由御史谪江山令,参酌条鞭之法,民甚便之。"

> 里之远近以定盘费,因盘费之多寡以定米粮,不惟巧者不得规避,
> 而官司亦不得擅用,贫富皆两得其平矣。已经行县分段,并应解两
> 京司府银粮款目文册前来,逐项酌议,分别编佥正贴解户外,其请
> 销勘合,赍缴文凭,赍送榜册,及一应细务,势不容已于使费者,俱
> 列款编差。……①

这个办法即将全县实在应差粮额均分为十段,每年以一段粮米编差,每粮一石定派盘缠银若干。但它只将田赋均为十段,且仅用于解役一项,与前述诸法丁田兼均者又有范围广狭之不同。此法先从府属西安县行起。查西安县田赋,共官民米25,911石7升8合,内除塘米1,410石2斗3合6勺向例不编差解外,实差米24,501石7斗。均为十段,每年每段该差米2,450石2斗7升,内除优免米约计200石,又留100石,以备额外加派或续有优免时之开销,实余官民米2,150石1斗7升。每米一石,派差解路费银二钱二分。以该年段内米多者佥为正户,管解钱粮;米少者佥为贴户,止帮路费。正解(即正户)执票自向贴户取讨,不得多科;贴户照数付银,不许迟误。其余龙游、江山、常山、开化等县,田赋米数不同,亦各分十段,俱照西安县差解法办理。例如龙游总计额米19,273石6斗,均为十段、每年一段,除优免若干,及预备加派钱粮米百石外,实计米1,717石。每米一石,定差解银二钱九分。其佥取正户、贴户,办法与西安县同。这是当时龙游县十段册的编派情形②。据易仿之文册内自谓:往日西安、龙游、江山、常山四县,每米一石,科差解银至一两三四钱。今均段之议既行,则每米一石,如西安止出银二钱二分,龙游计银

---

① 天启叶秉敬:《衢州府志》卷八《国计·官解·易公差编十段册》。崇祯朱朝藩:《开化县志》卷三《差解》。
② 据天启《衢州府志》卷八《国计志·叶公文懋差法内追记》。

二钱九分,江山计银三钱,常山计银二钱二分。开化原日每米一石科差解银至二两,今则减为六钱七分。可见各县所省甚多。然日久法弛,用费复有增加。至天启二年(1622)兵道张邦翼乃改为按照条鞭银摊派,每银一两加征贴解费银四厘八毫,——故与昔日十段差米随粮石起派之法又有不同[1]。由此亦可见十段册与一条鞭嬗递之迹。

三　十段锦与加派的关系

明代国家财政至正德嘉靖年间,竭蹶的程度日渐深刻化。此事最明显的例证便是田赋加派。正德间建乾清宫,加天下赋一百万两[2]。这次的加派,据《实录》所载,为每年带征十分之二,即五年内将额数征足,不再加征。然是时似尚未有提编之名,故与十段锦法无关。

至嘉靖年间,因世宗崇奉道教,土木祷祀,常常举行,兼以内廷供奉日增,帑藏已颇匮竭。及中年以后,军饷费用骤增,国库益形支绌。考明代国库收入,天下财赋每年输太仓者计二百万两有奇,旧制以十分之七为经常费,而存积十分之三以备兵灾荒歉之用。嘉靖二十八年以前,每岁支出最多不过二百万两,少时仅七八十万两。及二十九年以后,北有蒙古的入寇,南有倭寇的侵略,每岁调兵遣戍,兵马数增,饷额加倍。

---

① 天启《衢州府志》卷八《国计志·官解·兵道张公贴解法》;天启徐日葵:《江山县志》卷三《籍赋志·新规》。

② 《明史》卷一六《武宗本纪》。《实录》卷一一九正德九年十二月甲寅:"工部奏:营建宫室料价工役当用银百万两,宜派浙江等布政司并南北直隶府州县,均赋于民,每年带征十之二,恐征输不及,请暂于内帑借其半,以济急用。诏内帑银不必动。"赵翼:《廿二史札记》卷三二《明宫殿凡数次被灾》。

兹将嘉靖三十年至三十六年所发京边岁用之数表列如下：

嘉靖三十年	5,950,000两
三十一年	5,310,000
三十二年	4,720,000
三十三年	4,550,000
三十四年[①]	4,290,000
三十五年	3,860,000
三十六年	3,020,000[②]

上载历年军费虽不无减少的倾向，然均超过太仓岁入二百万两之额甚巨。初时地方有司往往为本地奏请截留解京款项，又或请求蠲免，于是太仓岁入之额且亦时有亏欠。故各种筹款方法如赃赎、税契、民壮折银、变卖寺田等，都陆续施行，田赋加派与提编均徭（即十段锦法）亦于此时产生，今分述后二者之经过如后：

　　先是嘉靖二十九年（1550）秋俺答入寇，剽掠京畿州县，直薄都城，军饷无所出，户部尚书孙应奎乃建议加派田赋，除北方诸府及广西、贵州不派外，其他各处皆量地之贫富加派，骤增赋银一百一十五万两余，而苏州一府乃至八万五千两[③]。三十年正月壬辰，户、工二部奉旨各奏上京、边构房粮草军器用银实数：一、户部银计自二十九年十月起迄本月，

---

① 《世宗实录》卷四二三嘉靖三十四年六月己卯："户部尚书方钝奏：宣大二镇一岁军饷已费二百五十余万金，犹称不足……"，可以参证。

② 参谭希思：《明大政纂要》卷五八。

③ 《明史》卷二〇二《孙应奎传》，万历徐学聚：《国朝典汇》卷九〇："嘉靖三十年户部计岁会加赋一百二十万，皆坐南畿浙江等州县征之，给事中徐遵言赋溢成额，乞停止勿征，上曰：今岁姑全解部，三十一年以后停免。"所载赋额较百十五万之数更大。

收入正税加赋余盐五百万余两,各项总括四百余万两,总计九百九十余万两;支出年例各边主客兵银①二百八十万两,新增军饷二百四十五万余两,及修边赈济诸项支费,共八百余万两。二、工部银计工食料价共三十四万五千两。帝以费用过多,疑其中必有虚冒侵克者,乃分遣给事中王国祯等各勘实参劾②。按明初原无年例。至正统年间因边饷不敷,始由朝廷补助岁费,名为京运年例银③。据《万历会计录》计算,初时年例原额不过四十七万二千五百余两④;上载二百八十万两,即为增加几及六倍⑤。这是初期加派的情形。

嘉靖三十一年四月以后,倭患渐炽于浙江沿海等地,而俺答之患仍急,故又于南畿、浙、闽的田赋加额外提编。提编就是加派的别名,其法以银力差排编十甲。如一甲不足,提下甲补之;有余,则留下甲用,故谓之提编均徭,或简称提编——这就是十段锦法⑥。这个“一甲不足则提下甲补之”的富有伸缩性的规定,不啻为财政上开一方便之门,我想就是十段锦盛行的一个主要原因。

提编的额数,初时应天、苏、松等处,计加派银35,920两。嘉靖四十一年因水灾,减征18,930两。四十二年应天巡抚周疏题,户部尚书

---

① 主兵为本镇原有额设之兵,客兵则自他镇调集而来。年例说详下。

② 《世宗实录》卷三六九。

③ 《明书》卷一五九《宦官传·刘瑾》。《典故纪闻》卷一六,谓始于成化四年。《明史》卷二一四《马森传》。

④ 《万历会计录》卷一七—二九《饷额》。或《万历会典》卷二八《户部一五·会计四·京粮》。

⑤ 《春明梦余录》卷三五《户部一·经费》:“万历中总宪王德虎论经费曰:……国朝至洪永以来,原无年例,年例自正统始。……总计弘正间各边年例大约四十三万而止,在嘉靖则二百七十余万,业已七倍。……”王鏊《震泽长语》载:“正统……宣府、大同、辽东、陕西年例四十万两,若有声息紧急奏讨,加添四五十万或二三十万。”

⑥ 《明史》卷七八《食货志二·赋役》。《学庵类稿·明食货志·赋役》。

高燿覆准,自本年为始,将原加派兵饷每两各减三钱,计止征银291,892两①。至四十四年二月南直隶巡按温如璋条陈江南兵食事宜,复奏请酌议裁减,报可②。但结果实减若干,已不详③。

　　浙江提编数额,亦达475,900两之多。至嘉靖三十六年总督胡宗宪题准于全省官民田地山荡起办,每亩各分等则,计亩征银。自三十七年为始,将加征银两各暂征一半,随粮带征④。

　　福建提编额数,今已不详。但知嘉靖三十四年用兵之始,岁费六十余万两。其后巡抚刘焘任内(三十八年十二月至四十年十一月),务为撙节,大约一年尚至二十八万两。及巡抚游震得(四十年十一月至四十二年二月)继任之后,岁费亦不下四十二万两。迨四十二年五月二十日巡抚谭纶《题为倭寇暂宁条陈善后事宜以图治安疏》内所开,本年度费

①《万历会计录》卷六《南直隶·田赋·沿革事例》。《实录》嘉靖四十二年九月己丑:"巡抚应天周如斗言,江南自有倭患以来,应天、苏、松等处,加派兵饷银四十三万五千九百两。今地方已宁,乞减三分之一,少苏民困。户部覆言,加派兵饷原以济急,事已宜罢,不但当减分数而已,请下酌议悉除之。报可。"所记似为一事。

②《世宗实录》卷五四三。疏中又谓:"苏松常镇,自嘉靖十六年以后,加派各项钱粮,至478,000余两,而工部料银不在此数。"但户部覆议谓:"本部会派钱粮俱照旧额,未有丝毫增加,独黄蜡果品之数加派四府不过六千八百余两。今如璋所奏,乃至四十七万,不啻百倍,中间必有虚捏诡派等情。……"可见除正式加派以外,尚有非法的加派额甚巨。

③万历杨枢纂《淞故述》(艺海珠尘本)卷末,载隆庆三年金事郑元韶奉敕丈田均粮,郡人天游居士朱大章作均粮歌,中有云:"提编三载审丁徭,徭银敛尽册未造,朝更夕改转分挠,败笔成丘空纸铺。公私困弊日嗷嗷,城西鱼肉趁好卖,可怜鱼肉是民膏"等句。可见隆庆三年松江府提编仍未禁绝。《明史·食货志·赋役》云:"及倭患平,应天巡抚周如斗乞减加派,给事中何燿亦具陈南畿困敝,言军门养兵,工部料价,操江募兵,兵备道壮丁,府州县乡兵,率为民累,甚者指一科十,请禁革之。命如燿议,而提编之额不能减,隆万之世增额既如故,又多无艺之征。"则东南提编银实未尽减也。

④《万历会计录·浙江布政司·田赋·沿革事例》。《明史》卷二〇五《胡宗宪传》:"创编提均徭之法,加赋额外,民为困敝。"参《明史》卷二〇二《聂豹传》;卷三〇八《赵文华传》。

用非三十二万两不可①。关于以上各任巡抚筹款的方法如截留税契、屯折各项银两，及变卖寺田，及其所得数目，在《万历会计录》卷五《福建布政司·田赋·沿革事例》内，略有纪载，但可惜由于田赋加派的收数已不详了。

当时加派的范围，似曾普及全国。《实录》载：

> （嘉靖三十四年五月丁未）浙直督抚储臣以江西倭寇侵扰，调兵日多，粮饷不给，请准留淮浙余盐及南赣饷银，各省库接济。户部覆：……今日江南军饷孔亟，固当计虑，京边岁费日增，尤当议处。宜行各司府编派均徭银接济，内除顺天、应天、苏、松、常、镇等府免编外，其余司府俱预编一年。令南直隶淮、扬、凤、徐四府州，浙江、福建、广东、广西、云南五省银解南直隶浙江军门；陕西银解延绥；山西银解三关；北直隶真保定七府，及河南、山东、江西、湖广、四川五省银俱解本部，以备边用。诏可。②

上载预编均徭银一年的区域，已有南北两直隶及十二布政使司，只贵州一布政司免编，或为地瘠民贫之故；至顺天、应天、苏、松四府的免编，想系前已提编过的原因，故其范围实已遍全国。然这次预编，似为预借性质，与十段锦法"一甲不足则提下甲补之"的办法未必完全相同，故未可认为全国皆行十段锦法之证。

提编施行以来，言不便者纷纷。嘉靖三十五年三月丙子，兵部奉旨覆议九卿科道条陈御倭事宜：一、处军饷。兵兴以来，赋额日增，而最不便者为提编银③。三十六年十二月癸未，工科给事中徐浦言："浙、直、福

①《谭襄敏公奏议》。
②《世宗实录》卷四二二。
③《世宗实录》卷四三二。

建近因军兴,经费不敷,额外提编,以济一时之急。比以奉行匪人,因公倍敛,民不堪命。今事势稍宁,正宜培植休息,别求生财之道。而督抚胡宗宪、阮鹗乃于加增存留之外,仍前提编,节年所费,漫无稽考。……乞严谕宗宪、鹗,务从撙节,毋滥费以益民困。"章下,户部尚书方钝覆言:"民困固所当恤,倭情尤为可虑。设地方无备,一时倭患突至,则其焚劫杀伤之惨,将有甚于提编加派之苦矣。"[1]可见提编未获核减。至四十一年十月户部尚书高燿覆议各处提编均徭银通欠数多,乞严追解部[2],可见征收困难之一斑了。

附记 往年读吕坤《优免书》(《去伪斋文集》卷五),内载十段锦事;万历周之冕《来安县志》卷三,记加派提编事;又嘉靖张时彻《定海县志》卷八,有十二段分法[3],颇与十段锦相类。惜札记尽已散佚,原书一时无法觅致,未能细论,为可怅也。

此文承吾友王之屏先生校阅一过,盛意可感,聊布谢忱。

(原载《中国社会经济史集刊》第7卷第1期,1944)

---

① 《世宗实录》卷四五四,参陈衍:《福建通志·列传二五·明九·徐浦传》。

② 《世宗实录》卷五一四。

③ 《福建通志·列传二五·明九》:"张冕,字庄甫,晋江人,……嘉靖丁未 (二十六年) 进士,除乌程知县,锐意节俭,通核县粮分十二段,以供十二月之役。"亦此类也。

释一条鞭法

一 明代一条鞭前赋役制度鸟瞰

明代中年以前的田赋制度多沿袭唐宋以来的两税法。两税即为"夏税"和"秋税"的简称。秋税这个名词,在宋代偶亦称作"秋苗",元代偶亦称作"秋租",到了明代便普通用"秋粮"两字。明代夏税以小麦为主,秋粮以米为主,有时均得以丝、绢、绵、钱、钞等物折纳。米麦名曰本色,折纳的物品则名折色。两税征收的期限,依据各地收获的早晚各有规定,逾限者处罚。课税的方法,根据土地的面积,并参酌它们的种类、用途及沃度以定税率的高低。土地的分类,除了田、地、山、塘等自然区分以外,最普通的分类法是以所有权的所在而分为官、民两大类。官民田地以内又有各种不同的名目,如官田有所谓还官田、没官田、断入官田,……之分;民田有新开、沙塞、寺观田,……之分。各有它们特定的意义和历史的来源,故租税负担亦各不同。一般地说来,官田的税率比民田的税率为高,因为前者实际上具有租的成份在内。税率的多寡,各县不同。多者有时至千则以上,少者一二则不等,普通以三等九则起科。税粮都分为两部分:其一,存留,即留供本地开支的部分;其二,起运,即解送中央政府或他地的部分。各项税粮大都有其指定的输送的仓库,及其指定的用途。凡距离起解所在地愈远,或运输上愈困难的仓库,名叫重仓口,距离愈近或运输愈便的仓库名叫轻仓口。用途较急的为急项税粮,较缓的为缓项税粮。因款项的缓急以定起解的先后,急项尽先起解,缓项依次起运。两税本身名曰正项;此外尚有近于户税性质的农桑丝,及杂项钱粮,如鱼课,茶课……等,在后来因为种种原因亦随同田赋一齐缴纳,故亦列为两税的一部分,使得两税名目异常庞杂,往往一州县以内不下一二十种。兼以各项税粮彼此间的折纳,因征收人员的不法,弊病滋多。

关于役法,从性质上观察,可分为两大类:一类是对丁所课的,一类是对户所课的。凡民初生,即登记其姓名于"黄册"。女曰口,成年的曰大口,未成年的曰小口。男曰丁,十六岁以下曰不成丁,十六岁曰成丁,成丁始有役,至六十岁便免。当时户籍大致分为军、民、匠三种。对于民户民丁所课的徭役,主要的有以下三种:一、里甲,二、均徭,三、杂役。里甲,成立最早,是一种清查户口的编制,半官式的人民自治组织,也就是州县行政上与人民供应赋役的地域单位。它是各种徭役的躯干,其他诸役都是直接间接地根据它而定的。其制以地域相邻接的一百一十户为一里,一里之中推丁多田多家产殷富的十户为里长。其余一百户分为十甲,每甲十户,十户中有首领一人,名曰甲首。每年由里长一名、甲首一名,率领本甲十户应役。这样,十年以内每里长、每甲首,与每甲人户,皆依次轮流应役一年。应役之年名曰现年,余曰排年。十年届满,仍依原定编排,每年以一里应役。如里长户内人丁财产消乏,许于一百户内选丁粮最多者接充。里内有事故逃亡户绝者,许设法补足。里长的职务,初时只限于传办公事及催征粮差;其后有司征敛日繁,凡祭祀、宴飨、营造、馈送……等一切费用,皆令里甲人户供应,故里长、甲首亦往往赔累不堪。"均徭"发生稍晚,是服务于官有经常性的各项差役,如库子、斗级、皂隶、巡拦、狱卒,……等的通称。被编派(当时名曰佥派,佥字亦写作签)的对象是以丁为单位,与里甲以户为单位不同。均徭分为两大项:一项是力差,一项是银差。由被佥人户自理者叫做力差,初时只限于亲身充当,其后得由本人自行雇人替代,仍名力差。纳银于官,由官府募人应役的叫做银差。它的产生在力差之后。银力两差内名目极多,负担轻重不一。均徭应役的次序多与里甲同时排定,即十年编审一次;其服役期间在里甲役歇后的第五年,如浙江、福建等地皆如此。然五年一编者亦甚普遍,间亦有每二年或三年一编的。均徭以外,一切在官府或在民间非经常性的公众服务,总称曰"杂役"或"杂泛"(泛字亦写作汎)。这些多半属于临时的性质,因事随时编派的。此外,有两种特殊的役,各州县多有之。一为驿传,一为民壮。驿传的职务,在备办人夫、马骡、船只以传达官厅文书,及措办廪给口粮以款待及迎送带有关符的大小过境官员。民壮亦名民兵,自民间抽取,所以补助卫所军卒之不足。初时设立之意,本用以征守,及后遂在官供迎送、拘拿、转递公文等事。以上里甲为正役,均徭、驿传、民壮皆为杂役(此义与上述"杂役"微有区别)。里甲、均徭、驿传、民壮四者合称四差。以上诸役,其负担之轻重,依据各户丁粮多寡而不同,丁粮多者编派愈重,反之编派愈轻。由此我们可以知道赋与役的关系的密切了。但赋与役的征收缴纳期限是不同的,即就赋内各项或役内各项而论,其征收缴纳的期限亦往往不一致。至于主持征收及解运的,亦常非同一的人员,而由各种名义的人员分别负责。所以这种赋役制度确是异常复杂,很难防止豪强、里胥的勾结舞弊。除去制度本身内在的困难以外,兼以社会经济日趋变迁,如土地的兼并,人口的异动,商业经济的发展,以至银两货币势力的抬头种种原因,于是产生了一条鞭法的改革。

二　一条鞭的内涵

　　一条鞭的内容,这里一时说不完。作者在本刊四卷一期中已有详细的阐述。简言之,一条鞭法是一种历史与地域的发展,各时各地的办法都不一定完全一样。但它最主要的办法有四点,是各种一条鞭法大致上共同施行的:一是赋役合并,二是里甲十年一轮改为每年编派一次,三是赋役征收解运事宜由人民自理改为官府办理,四是赋役各项普遍的用银折纳。关于第二、三、四数点,办法甚为明显,此处不拟再加解说。

　　赋役的合并有种种方面:或为种类与名目的统一,或为税则的简单化,或为征解期限的划一,或为征解人员或机关的裁并。而尤其值得注意的,应为编派方法之统一一事,这可从课税的客体或其根据原则的合并以说明之。如赋的对象是田地,役的对象是户或丁,今将役的负担的一部分或全体课之于田地,这就是课税客体的合并。又如里甲一役原本以户为应役的单位,均徭则以丁为单位;均徭中的力差原不许雇别人代替的,银差则纳银于官府代募;力差供应本地,负担较重,多课于富室;银差供应外地,负担较轻,多课于贫民。今将这些区别取销了,故里甲得以归并于均徭,力差合并于银差之中,换言之,各项赋役昔日所根据的不同的编派原则至今都消灭了,改用同一的原则去处理之。

　　再细一点的分析,赋役的合并又有三种不同的方式:第一,役内各项的合并;第二,赋内各项的合并;第三,役与赋的合并。以上各种合并,都可分为部分的或完全的,上述第一、二两种的情形,仅为赋役本身内各自的合并,其最终结果不过为税率的增高,尚无本质上的变化。惟第三种因赋役对象不同,性质迥异,其依何比例将役的负担分配于丁、田两项,以达到合并的目的,各地便不能不因时地以制宜了。自比例上言之,有以下四种不同的形态:其一,以丁为主,以田为辅;其二,以田为主,以丁为辅;其三,丁田平均分担徭役;其四,徭役完全由田地担承。所谓主辅,又有三种不同的看法:其一,就税额的分配而言,如某一县的役银共计一千两,丁出六百,田出四百,便是以丁为主,以田为辅。其二,就税率上比较而言,如每人一丁出役银四钱,每田一亩出役银六钱,便是以田为主,以丁为辅。其三,就每一单位役银内丁、田各占的比例而言,如每役银一两,丁出六钱,田出四钱,便是丁主田辅。又从以田赋承办徭役的方法观察,有以下三种方式:其一,随面积摊派,如每田一亩派役银若干;其二,随粮额摊派,如每税粮一石派银若干;其三,随赋银摊派,如每粮银一两派役银若干。以上为赋役一条鞭法最简要的说明。

　　赋役以外,又有所谓"土贡",即古人"任土作贡"之意,然事实上有时虽非本地土产亦责令上贡朝廷。初时各处办法多以土贡派归里甲供应。一条鞭法行后,土贡亦编条鞭银中。如湖广宝庆府的土贡原有白销(硝)麂皮,及其解运京师的盘缠名"京杠银"等项,初时本为随粮另征,由里甲买办。自行一条鞭后,办法屡有变动,最后亦随粮带征,不再单独另立项目[1]。

　　有些地方甚至将与赋役毫无关系的杂税亦编入条编项内。如广东韶州府杂税项下有门摊、商税、酒醋茶引、油榨场、坑窑冶、没官屋赁、河渡、牛租、牙行、税契诸课钞。一府六县共征钞12,942贯900文(每贯千文)。嘉靖十八年始折征银两。万历十年行条鞭法后,即以额银合正赋

───────

① 清道光邓显鹤《宝庆府志》卷三一《户书二》,第3、7页。

编之。其结果"银存而名亡,至有不识其名目者"①。他如广州、南雄、惠州、潮州诸府亦有同样的情形。

至于盐法方面,与一条鞭的关系尤为密切。明初民户食盐皆从官领,计口纳钞。至正统间,始有商贩,官府不复颁盐,但征钞如故。后条鞭法行,户口食盐钞遂编入正赋内,构成条鞭之一部②。天启间蓟辽总督王象乾题整理盐法,亦建议仿用征粮条鞭之例行之③。

万历中年以后,矿税盛行,时竟亦派入条鞭内征收。万历二十七年(1599)都御史温纯疏内有"矿税官役方且交错满道,有掘之地不得,则以一条鞭法索之民,而民不能堪者"④等语。同年四月郧城巡抚马鸣銮亦言:

> 夫中州包矿之累,抚臣业陈之矣,臣可略而勿言,若商、洛、汉、沔一带,自开采至今,不闻某洞出砂煎销金若干,但闻某州县坐派条鞭金银若干,勒限追解,急于星火耳。陛下前有旨不忍加派小民,而今之条鞭乃更烈于加赋……⑤

质言之,所谓条鞭金银不过是一种摊派罢了。

军政方面亦有条鞭之名,如万历二十年四月丙申河南巡抚吴自新奏陈州卫军以新行条边,工食未给,纠众鼓噪索饷。兵科王德安因言:

---

① 万历郭棐:《广东通志》卷二八《郡县志一五·韶州府》。

② 《明史》卷八〇《食货四·盐法》。万历马文炜:《安丘县志》卷一《总纪下》,卷八《赋役考第七》;清道光梁卓成:《恩平县志》卷七《田赋上》。

③ 《熹宗实录》卷一三天启元年八月戊戌条。

④ 《温恭毅公文集》卷五《远臣被逮遭难可矜恳乞宽宥以光圣德并乞亟停矿税以保治安疏》。

⑤ 万历吴亮编:《万历疏钞》卷二九《矿税类·马鸣銮〈矿税繁兴人心惶骇恳乞圣断亟停以保治安疏〉》。

"条鞭利贫不利富,利军不利官,故武弁百计阻挠之。创制在法,行法在
人。闻陈州指挥青若水善抚士,能定变,宜委任以责成功;又别选才干
县正履亩清查,使条鞭必行,则帝泽流而军心萃矣。"①上言军伍工食条
鞭之法,当为征银雇募军丁应差,盖亦仿州县赋役条鞭之法而行之者。
至文中所云"履亩清查",则工食银当亦出自田地,惜不知其为屯田抑
民田?

　　由上可知条鞭一名称,虽经常应用在赋役上,然其一般范围包括甚
广。赋役正项以外,如土贡、杂项课税、盐法、矿冶、军饷,各方面均亦有
所谓一条鞭法,且往往与赋役正项条鞭发生密切的关系,兹仅就赋役条
鞭加以检讨。

三　一条鞭的写法及名称

　　从字面的意义解释,一条鞭就是将赋内各项正杂条款(有时赋役
以外的课税杂项亦包括在内)合并地编为一条(有时或一条以上),使
其化繁为简,以便征收。"鞭"字在初时原写作"编"字,后一字方是正
字,前一字不过是俗体。赋役内各项名目,在当时称为条款,如嘉靖初
霍韬云:"贪污官吏通令里胥多开条款,条款愈多,奸利愈甚"②;亦称
"条数",或"条格",如万历《镇江府志》云:"条数多,则易于掩人耳目,

---

① 《神宗实录》卷二四七。万恭《洞阳子集·续集五·送顾冲吾序》云:"万历初……常熟
　　顾侯入豫章……定鞭法,则军安于伍……。"雍正《江西通志》卷五八《名宦二·统辖
　　二·陈有年传》云:"巡抚江西……(万历十六年后),南昌卫军余丁差每苦虐,奏请行条
　　鞭法,征银雇募如州县,积困始苏。"
② 《渭厓文集》卷九《吏部公行·应诏陈言以裨圣政以回天变疏》。

可以作弊"[①]；万历《惠安县志》所谓："条格繁重，税牒纷然，吏胥又因缘为奸。"[②] 一条鞭法便是将这些不同的条款或条数或条格归并起来，用同一或相近的标准编派。如万历《会稽县志》所载隆庆二年知县梁子琦"将概县各项钱粮名色，会计总作一条，查照阖县田地人丁编派"[③]。《天下郡国利病书》卷九九《广东三·赋役志》云：

> 条编。除鱼课鱼料外，京库军饷，府及各州县及各儒学及梧州、廉州、电白仓，府及各州县库额派、续派、铺垫，及军器料、总兵廪粮、掾吏衣资，皆出于官民米（原注：惟阳春县库廪粮衣资出于均平）；徭差、民壮、均平、驿传、盐钞，皆出于丁粮。每岁通计银若干，米该银若干，丁该银若干，类而征之，不多立名，取其易晓，谓之一条编。

实际上，会稽县所行之法是将夏税、秋粮、盐米等项攒为一总，按亩征银；又将均徭、里甲额坐杂三办、均平等亦攒为一总，按丁及田科银。广东的办法，是京库等项按官米民米征银；徭差等项则按丁粮征银。故皆为"两条鞭"，尚未完全达到一条编派的地步。在初期的一条鞭法之下，各处将丁银的一部归田粮负担，有丁无粮的户仍须缴纳丁银。其后偶然在少数地方，将丁银全部摊入田粮内，如万历二十八年（1600）广东南雄府属各县，"徭役惟保昌编丁，始兴则随粮均派，不必编丁"[④]。万历中年湖南长沙府攸县等地，每粮五石兼派一丁之银，于是无田者不必出

---

①王应麟：《重修镇江府志》卷七。
②王士绅：《惠安县续志》卷一《条鞭》。
③张元忭：《会稽县志》卷七《户书三·徭赋下·一条鞭考》。
④万历郭棐纂：《广东通志》卷三二《郡县志一九》。

丁[①]。如果一条鞭法是指全部丁银摊入田粮带征而言,则上述二例可为典型的例证。

一条编派以外,在征收及解运上的合并划一,亦名曰一条鞭。例如原来赋役各项是分别征收及分别解运的,今则合为一起征收,亦合为一起解运,这固然是一条鞭法。但只合一征收而不合一解运,亦得称一条鞭,此即所谓"总收条解"的办法[②]。甚至只将收解的期限整齐划一起来,亦可以称作一条鞭,即所谓"条征条解"的办法[③]。无论从编派,或征收,或起解,(或用银缴纳),各个不同的角度去观察,一条鞭只是一种化繁为简的办法,但它不一定化而为"一",并作数条编派收解,均得称一条鞭。所以当时往往将这"一"字省去,简称条鞭,或条编(或条边),其实这样才是较切实际的称呼。当时政府的文移册籍,又常将"鞭"字省去,称作"一条法"[④]。这个"鞭"字在时人眼里看来不甚典雅,故有重付审定的建议,《帝乡纪略》云:

> 隆庆六年,漕抚都御史、临海王公宗沐,照依江南役法,除夏秋税粮并京库等税为田地常赋,其余赋役杂项不等,合田地户口,或主于粮而以人丁协助;或主于丁而以田亩协助,通融均派编银。凡里甲、均徭、驿传、民壮四差银以此支解,另主科条,五年一审,谓之一条鞭。下其法于州县遵行,将及十年。今按奏议等文字,皆谓之

---

① 崇祯李腾芳:《李文庄公全集》卷五《征丁议》。参洪懋德《丁粮或问》。
② 万历唐鹤征:《常州府志》卷六《钱谷》。《神宗实录》万历四年八月辛未户科都给事中光懋条议:"近年创立一条鞭法,一概混征,及至起解,随意先后。……"按此即总收条解的办法,与一串铃总收分解的办法正同。
③ 万历詹莱:《常山县志》(顺治十七年王有功重刻本)卷八《赋役表》。
④ 崇祯徐守纲:《乌程县志》卷一二《艺文·温体仁〈邑侯王公优恤税解美政碑记〉》云:"一条者,言他徭悉省也。"

一条鞭法。而文移册籍乃皆谓之一条法。鞭字甚为不典，似当更订（原作"钉"，误）为宜。①

鞭字亦有写作"边"字的，当亦为俗写②。这些写法即在同一书中也有互相通假的，如隆庆湖广布政司《永州府志》书内的写法，虽用"边"字，然亦偶然写作"编"字。至如"鞭"、"编"二字在同一卷书中互见的例子更多，不必枚举③。

一条鞭的简名除上述"条鞭"、"一条法"两种称呼以外，尚有人把"一条"二字省去，缩成为"鞭法"，其例常见④。又有称"条法"者，但仅见于后来的记载⑤。

然亦有较详明的称呼，如"条鞭均役法"⑥、"均地条鞭法"⑦、"条鞭

---

① 明刻《帝乡纪略》卷五《政治志·条鞭》。《天下郡国利病书》卷三四《江南二二·泗州志·条鞭》亦载此文，然讹夺之处甚多。

② 嘉靖严崇教：《湘潭县志》卷上《食货》；隆庆史朝富：《永州府志》卷九《食货志》；隆庆《山东经会录》（日本仁恭山庄藏）卷五，万历刻《归州志》；万历王政熙：《保定府志》卷九《户役志》；明刘仕义：《新知录杂抄》（《纪录汇编》卷二一六）。又明末徐树丕《识小录》卷三小学不讲条，谓"编"字俗常作"偏"，然此例今尚未见之。

③ 条字有写作"傸"字的，见万历张疏翰：《华阴县志》卷四《食货志》，但例仅一见，且同书他处亦写作"条"字，傸字疑误。

④ 万恭《洞阳子集》卷七《再寿刘中丞序》；《续集》卷一《洋山凌公序》，《棠阴纪序》。张贞观：《敷陈里甲条鞭审议疏》。万历黄士绅：《惠安县志》卷一《田赋》。

⑤ 雍正陶成：《江西通志》卷六三《名宦七》，饶州府引康熙二十二年安世鼎修《通志》："郑继之，襄阳人，进士，嘉靖时知余干，……时条法新行，立则编派，轻重适均。……"

⑥ 乾隆刊雍正李卫修《浙江通志》卷一五○《名宦五》，引万历《嘉兴府志》："顾廷对，字子俞……嘉靖己未进士，知县事。……创条鞭均徭法……"；光绪叶廉锷：《平湖县志》卷一二《宦绩·文秩·顾廷对传》作"条鞭均徭法"。

⑦ 雍正沈青崖《陕西通志》卷五三《名宦四·李用中传》："万历中知汉中府洋县，……力行均地条鞭法。"

公役米"①，……等。

有时书中所记，明是一条鞭的办法，但未说出它的名称。这种情形很多，不必细为讨论。另一种情形则为这些办法虽然都有了它们的专名，但不叫做一条鞭。在这种情形之下，又可分为两项去说明：其一，与条鞭法稍异的称谓；其二，与条鞭完全不同的称谓。

所谓与条鞭法稍异的称谓，如"类编法"、"明编法"、"总编法"，以上三个名称末尾皆有一个"编"字，与条编法同，所不同者只前一字罢了。万历李廷龙《南阳府志》卷五《田赋》论曰：

> 近日均徭告困，更以一条鞭征焉。……建议者……谓不均在分年甲，乃类计而年征之。……

同书卷首凡例云：

> 一，田赋差役，故法善矣，日久寝不如昔，……今以汝宁秦参军、南阳姚太守，议行类编法。数年来公私颇便，然视令甲殊矣。……②

可见类编即为条编。又如嘉靖隆庆间山东汶上县知县赵可怀所立"明编法"：

> 始以丁权地，立明编法，民得据历以出役银，……计岁会之需，

---

① 道光潘眉：《高州府志》卷一〇《宦绩·吴鼎泰传》："崇祯戊辰进士，……初令江阴，定条鞭公役米。"

② 万历《南阳府志》卷六《职官表上》，南阳府知府姚体芳，平湖人，进士，隆庆中任。万历《会稽县志》卷七《户书三·徭赋下·一条鞭考》，其一云："窃议前项钱粮，若照旧规派征，则轻重不一，安能类总计亩科银，又似非条鞭之意。"读此可知类编、总编命名的由来。

赋入地亩,征其直于官,而代之以吏。……①

所述内容可说与条编法完全相同,故知明编即为条编的别名。嘉靖十六年常州府知府应槚议将徭役旧日系里甲出办者,今并入均徭内编派,通计一县丁田额数,各征徭里银两若干,每年一征。万历《常州府志》名此法为"通编里甲均徭法";万历《武进县志》虽未给他以专名,但在纪事之末附注云:"此总编之始。"②殆应槚初行此法时,尚未有专称,后修府县志时始加以上名,所谓通编、总编,当即条编之别名。

总编法之外,又有所谓"总赋法",此法亦行于苏、常、两浙一带,亦为条编之别名,然用字已无一相同处,故应归入第二项内。明末常熟邹泉辑《古今经世格要》卷五《地官部第二·口役格·里甲赋役之弊》云:

　　往时天下赋役,率用国家初法,画里甲,十年而一事,民得番休,又随民数之盈缩以赋于民,民咸便之。行之既久,而弊滋焉,民患苦之。于是有司或为总赋之法,或为条编之法。总赋者,岁通计其所入而总赋之,户颁之以所赋之数,而人人知所宜入,当数而止,约法画一,吏牍大损,豪猾不得规避轻重,而公家催征易起,人称便矣。其言不便者,诸供亿悉在官,官率取之市人,或给之直不当;又百姓已罢归,官有私役之者,此见于两浙之策对者然也。条编者,计口受庸,缘亩定直,悉籍其一岁之费,而输之于官,官为召募,民无扰焉,人亦称便矣。其言不便者,谓初议法,隶省之郡轻重苦乐既已不均,而又或取成额而日裁之,故费益繁而用愈不给,则

---

① 万历王命新:《汶上县志》卷五《宦绩志》,按"历"即赤历,令百姓自记所纳之数,以呈之布政司年终磨对者。

② 万历三十三年唐鹤征:《武进县志》卷三《里徭》,万历四十年前人纂《常州府志》卷六《钱谷》。

有那借,有预征,那借而官困矣,预征而民困矣。且差银之入日削,而募役枵腹于公庭,有司坐困而莫可谁何矣,此见于江右之策对然也。……①

根据上文,似乎总赋法与条鞭法不同,然考之实际,则两法完全吻合,第一,皆改十年一编为每年一编;第二,皆输银于官府,由官府募役。然总赋为两浙所行之法,条编则为江西所行之法。且总赋之弊,弊在给价不足与官府私役;条编之弊,弊在各府县负担不均,且经费定额不足。此为两法相异之点。邹泉之论,不过节录时人论浙赣两地条鞭法之利弊得失而成②,其以浙法为总赋,赣法始为条编,盖当时浙地有称条鞭为总赋者。

在前面说过,赋役各项总分为两大类编派,叫做“两条鞭”。此外又有“小条鞭”,即指额外的科派与私征③。这与所谓“条鞭之外更有条鞭”④,或“条外有条,鞭外有鞭”⑤的意义正同。

---

① 此文亦见明林时对:《荷闸丛谈·本朝格令》,然颇多窜改删节,上文“缘亩定直”,《荷闸丛谈》作“缘役定直”,其说亦通。
② 参《天下郡国利病书》卷八七《浙江五·义乌县·田赋书》,嘉靖王宗沐:《江西省大志·赋书》。
③ 《熹宗实录》,泰昌元年(1620)九月庚辰,光宗即帝位,大赦天下诏曰:“……有于条鞭之外,立小条鞭;大耗之外复加秤头。……”《天下郡国利病书》卷三九《山东五·曹县·赋役》:“条鞭之外更有私贴,是一小条鞭也。”
④ 艾南英:《天佣子集》卷六《书六·与郑三尊论南城马役书》。
⑤ 万元吉:《墨山草堂初集·收支疏》。

四　征一法、一串铃法及其他

一条鞭法见于正史的记载,最早的在嘉靖十年(1531)《世宗实录》。是年三月己酉御史傅汉臣言:

> 顷行一条编法,十甲丁粮总于一里,各里丁粮总于一州一县,各州县总于府,各府总于布政司,布政司通将一省丁粮均派一省徭役。内量除优免之数,每粮一石审银若干,每丁审银若干,斟酌繁简,通融科派,造定册籍,行令各府州县永为遵守,则徭役公平而无不均之叹矣。广平府知府高汝行等以为遵照三等九则旧规,照亩摊银,而不论其地之肥硗;论丁起科,而不论其产之有无,则偏累之弊,诚不能免,宜更查勘,取殷厚之产,补沙薄之地,然后周悉。[①]

这是官书关于条鞭法最早的记载。是鞭法施行不久即受北方官吏的反对。直到后来一鞭法已盛行时,论者尚有谓此法宜于南,不宜于北。这因为南北社会经济情形各有不同,此处不暇深论。按条鞭法至隆庆中年以后已开始盛行于赣、浙、南畿一带。鞭法以前,南方的赋役改革颇多,其中著名的如纲银法、征一法、十段锦法。其与条鞭约在同时设置的,有一串铃法,独在北方。以上诸法皆为与条鞭一脉相承的办法,它们的内容皆大同小异。清傅维麟《明书》云:"征一法、一条鞭、十段锦、纲银诸法(原作"于"误)在所异名而同实。"[②] 今请分别论之:

---

①《世宗实录》卷一二三。

②《明书》卷六八《赋役志》。明朱健《古今治平略》卷一《国朝田赋》所载同,但少"十段锦"三字。

纲银法始于正德十五年（1520），是御史沈灼建议的。嘉靖十六年（1537）御史李元阳①复有所厘定。此法盛行于福建。初时全县里甲费用，分为正杂二"纲"，以丁四粮六，后则间用他种的比例分派。总征银两在官。纲字的意义，一说"提纲之谓"②；一说"法易知不繁，犹网有纲，一举而尽也"③。丁粮分派银两，总输之于官府，以均徭役，在这些点上纲银法与条鞭法是一样的。但纲银法内，丁粮所出各依一定的比例；条鞭法却不一定如此。

征一法，一名均摊法，亦名牵摊法，或牵耗法。嘉靖十六年应天巡抚欧阳铎行之于南畿十府。先是苏、松诸府官民田的生产量虽不甚悬，但税率则轻重不一，下者亩仅赋五升，上者赋至二十倍。嘉靖十五年礼部尚书顾鼎臣奏行清理。铎乃谋于苏州府知府王仪，令赋重者，暗减耗米，及改派轻赍（即折色）；赋轻者则暗增耗米，及派征本色。皆计亩均输，各为一则。推收之法，田从圩不从户，使诡寄无所容④。后人追述此事，以其与一条鞭相同，故往往即称之为一条鞭法，如鼎臣曾孙咸建《文康府君文草跋》云：

> 至吴中田赋利弊，与中丞石岗欧公、刺史肃庵王公，往复订定

①《天下郡国利病书》卷九五《福建五·赋役》误作"季光阳"。

②万历何乔远：《闽书》卷三九《版籍志·赋役》。

③《古今治平略》卷一《国朝田赋》。《明史·食货志》亦从此说。按沈氏所行之法，亦名八分法；李氏改定之法，亦名六分法。参嘉靖蒋孔炀：《德化县志》卷三《赋税》；万历黄元美：《将乐县志》卷六《田赋志》；万历阴维标：《宁化县志》卷二《田粮》；万历朱梅：《福宁州志》卷七；万历《宁德县志》卷二《食货志·田土》。

④《明史》卷二〇三《欧阳铎、王仪传》。万历李登：《上元县志》卷一二《艺文志·大名守姚汝循〈丁粮议〉》。万历张应武：《嘉定县志》卷五《田赋》。《天下郡国利病书》卷一四《江南二·上元县·田赋》；前书卷二〇《江南八·嘉定县·田赋》；前书卷二四《江南十二·江阴县志·起科则例》。光绪《华亭县志》卷七《田赋下》。

条鞭均徭,请旨允行（原注:详《国朝经济录》）。①

清乾隆《江南通志》亦载:

> 嘉靖间知府王仪靖（疑为"请"讹）立法编签粮解,照田多寡为轻重,凡大小差役总计其均徭数目,一条鞭征,充费雇办,役累悉除。②

此为事后追溯牵附之词,当时似并未名为一条鞭,不可不辨。

十段锦法亦发源与盛行于南方。初起时在正德年间,至嘉靖时推行渐广,然不久即为一条鞭所代。两者交替的史迹,纪载上颇不易分清。例如浙江温州府有所谓"十段条鞭",实即一条鞭的别名,与十段锦相去较远。十段锦法将全县各里甲人户名下的丁田数目加以清查,然后均分为十段,每年以一段应役。它的详细内容及其与条鞭法的异同,作者另有专篇讨论,此不赘。

一串铃法于嘉靖末隆庆初年行于山东及北直隶。初时似专指它的收解的方法而言,如隆庆元年（1567）四月戊申户部尚书葛守礼等奏北直隶、山东等处土旷民贫,流移日众,盖以有司变乱赋役常法,起科太重,征派不均,疏云:

> 国初征纳钱粮,户部开定仓库名目,及石数价值,行各省分派,小民照仓上纳,完欠之数,了然可稽,其法甚便。近年定为一条鞭法,不论仓口,不开石数,止开每亩该银若干,吏书因缘为奸,增减

---

① 顾鼎臣:《顾文康公文草》卷末,《明史》卷一九三本传。
② 乾隆元年黄之隽:《江南通志》卷七六《食货志·徭役》。道光石韫玉《苏州府志》卷一〇《田赋三·徭役》"嘉靖十七年知府王仪立法",以下文字悉同。参乾隆《娄县志》卷七《民赋》。

洒派,弊端百出,此派法之变也。① 至于收解,乃又变为一串铃法。夥收分解。大户虽定有各仓口之名,而但择其能事者数人兼总收受。某仓催急则合并以应,令原坐大户领而解之,以次皆然。不见催者,遂听其拖欠。在大户则收者不解,解者不收。秤头之积余,收者得之;及其交纳之添坠,解者赔焉,岂得为平乎? 况钱粮无缓急皆当报完,未可于方收之时,已拼留几仓作欠也。且祖宗立法制律,明开那移借贷还充官用者准盗论,附余钱粮私下补数者以盗论。盖为钱粮必须各项明白,始得不紊。若混而乱之,则其弊可胜言哉? ……②

隆庆四年八月丙午山东巡抚梁梦龙条上赋役三事,其一为正夏税秋粮之规,言顷行一条法鞭,同时并征,民力不堪,奸弊滋起,宜如旧例,以次第征解。又一为正分收分解之规,言:

> 往者编佥大户,分定仓口。近为一串铃法,总收分解,转移侵匿,常课益亏。宜复旧例,给大户收完,交纳司府,司府差官类解。③

按一条鞭多亦行总收之法,故反对者,两法同时并举以为言,由此亦可见两法关系的密切了。一串铃的名称初时似从它的收解的手续而得来,及后又有以一串铃编派的。如山东曹县自万历四年知县王圻议立一条鞭后,行了三十年。因里甲流弊复炽,故于万历三十五年由知县孟

---

① 以上为节录,用《穆宗实录》卷六。
② 以上用原文;见《葛端肃公文集》卷三《宽农民以重根本疏》。
③ 《穆宗实录》卷四八。

习孔改为一串铃法,每年佥役两甲,一正一副①。其详此不具述。

由上可知纲银法、征一法、十段锦、一串铃等法,它们在基本原则和主要内容上皆与一条鞭相同,然所包括的范围大都比条鞭稍狭,——谓为"具体而微",颇为恰当。但诸法在施行上亦颇有与条鞭法相异之处,且各名均有其独立的存在,个别的历史,故不宜与条鞭混而为一。万历《兖州府志·户役志》云:

> 条鞭者,一切之名,而非一定之名也。为粮不分廒口,总收分解,亦谓之条编;差不分户则上下,以(地)丁为准,亦谓之条鞭;粮差合而为一,皆出于地亦谓之条编。丁不分上下,一体出艮,地不分上下,一体出艮,此地之条鞭……其目夥矣。……岂必胶柱而谈哉?②

这种广义的看法,对于条鞭内容的了解甚有裨益,诚不失为通论。然应注意,有时虽内容颇相同,而以另一名称出现,如上述一串铃诸法皆是。

总结以上所说,一条鞭的名称甚繁:有已具一条鞭的内容,而尚未得一条鞭的名称者;亦有以他名出现者。还有当时并未名为一条鞭,事后始有人进加此名者,如前记王仪等所行之征一法,便是。至于一条鞭亦有种种不同的写法或简称:如"编"字是正字,然俗写多作"鞭",间亦作"边"。"一"字常省去,故简称条鞭,或条编(条边)。"鞭"字有时亦省去,称"一条法"。"一条"二字常省去,称"鞭法"。偶亦称"条法"。

---

①《天下郡国利病书》卷三九《山东五·曹县·赋役》。孙葆田:《山东通志》卷八一《田赋·后叙》云:"(一串铃)所以杜诡寄躲差之弊,视条鞭法加密焉,天启初东抚据其法上之,通行各属,顾一切官收官解,渐至吏不能堪。"

②万历二十四年于慎行:《兖州府志》卷五《户役志》。《天下郡国利病书》卷三八《山东四·兖州府·户役论》。

又有较详细的名称,如"条鞭均徭法"、"均地条鞭法"……等。此外"明编"、"类编"、"总编"、"通编"、"总赋"、"十段条鞭",皆为条鞭的别名。至如十段锦等法,其主要内容虽皆与一条鞭相同,但因人们所注意之点不同,往往给以另外的名称,故不宜与条鞭名称相混。最后,一条鞭法的名称除应用于赋役上,亦常施于盐法、杂项课税,以至军政各方面。

　　日本清水泰次教授在所著一条鞭法论文中,说一条鞭亦名"单条鞭",据云出处在《政和县志》卷三[①]。查该书载有"比征单条鞭则例"。其意为比征单上所开载的条鞭则例,所谓比征单,即为催征单、比票、由单一类的东西,乃用以催征钱粮者。清水因"单"与"一"的意义相近,故以为有单条鞭的名称,恐未尽然。

　　　　　　　(原载《中国社会经济史集刊》第7卷第1期,1944)

---

① 《桑原博士还历纪念东洋史论丛》。

明代一条鞭法的论战

一　一条鞭法以前的赋役制度。

二　一条鞭法述要。

三　一条鞭法论战的经过。

四　赞成派的理由。

　1.负担接近能力,比较公平。

　2.款目简单,舞弊较难。

　3.征输便利。

　4.税额确定。

五　反对派的理由。

　1.负担不公平。

　2.南北经济情形不同,条鞭法便于南而不便于北。

　3.征收银两,对于农民不便。

　4.年年应役,过于频繁。

　5.总一征收,过于迫切。

　6.混一征收,混一支放,易于侵吞。

　7.不分仓口,不开石数,易于作弊。

　8.合丁徭杂项于田地,启加赋之先声。

9.预算不容易编定。

六　结语

明太祖朱元璋开国以后,所订定的田赋制度大体上沿袭唐宋元以来的两税法的遗规。两税法在明代施行了一百六十余年的光景,到了明代中年,因种种关系,无法维持,渐为一条鞭法所替代。自此以后,直至清代、民国,我国四百余年间的田赋制度,大体上仍是继承着一条鞭法的系统,主要的变革甚少。所以我们要研究现代的田赋制度,至迟不得不从一条鞭法下手。田赋的本质,不外为国家对人民的一种剥削。它本身不但反映出来当时的国民经济的情形,并且暴露出来社会上各阶级利益的矛盾。根据以上的认识,我们对于一条鞭法的论战的真正意义,才可以有比较深刻的了解。

一　一条鞭法以前的两税法

自唐代中年以后,我国田赋制度向行所谓"两税法"。两税,即为夏税和秋税的简称。农业的收成,普通分为夏秋两季——即今日所说的"上下忙"。政府依据农民的收获季候分为两期征税,对于夏季征收的叫做夏税,于秋季征收的便叫秋税。这是两税名称的由来。

秋税这个名词,在宋代偶亦称作"秋苗",元代亦偶称"秋租",但到了明代,最普遍的是用"秋粮"两字。

明代的两税制度:夏税以小麦为主,秋粮以米为主,但有时各得以丝、绢、绵、钱、钞……等物去代替——即所谓折纳。米、麦均名曰"本色",折纳品名曰"折色"。折纳的比率,由官方规定,各地并不一致,有高有低。

两税征收的期限,依据各地收获的早晚,皆有规定。逾限有罚。

课税的方法,普通是根据土地的面积,有时亦根据生产量,并参酌土地的种类、用途及沃度,以定税率的高低。土地的分类法,除了像田、地、山、塘等系以自然来区分之外,最普通的分类法是以所有权之所在而分为官、民两大类,官、民田地之下又常有各种不同的名目,如官田有所谓还官田、没官田、断入官田……之分;民田有新开、沙塞、寺观田……之分。这些名称,各地是不一致的。它们各有特定的意义和历史的来源,它们的租税负担,亦各自不同。一般地说,官田的税率,比民田的税率高,因为前者实际上兼有租的成分在内。税则的多寡,各县不同。多者,有时一县至千则以上;少者,一县仅一则或二则不等;普通皆以三等九则起科。

征收的税粮分为两部分:其一,"存留",即留供本地开支的部分;另一,"起运",即解送中央或他地的部分。各项税粮,大都有其指定的输往的仓库,及其指定的用途。凡距离起解所在愈远的,或运输上较困难的仓库,名叫重仓口;距离愈近或运输上较便较易的仓库,名叫轻仓口。用途较急的为急项税粮,较缓的为缓项。根据款项的缓急以定起解的先后,急项尽先起解,缓项依次起运。

两税本身,名曰正项。此外,尚有"杂项"税粮,原本不属于两税范围以内,但因为种种原因到了后来亦随同田赋一齐征收,一齐缴纳,所以后来亦列入两税的名下,使得两税名目异常庞杂,有时在一州县内竟达十几种之多。如鱼课、茶课,及近于户税性质的农桑丝,原本与两税是风马牛不相及的,但因为它们随同田赋征收,所以即在后来的官书上竟亦有列为两税的一部分的。

关于征收和解运的事宜,在明初,多由地方公推出来的粮长、里长,或甲首负责。这种制度，名曰"民收民解"。但这班粮、里、甲长，并不是真正地由民意产生；他们的出身，虽然多数还够不上"劣绅"，但总不失为"土豪"、"恶霸"。他们一方面勾结官府中的胥吏，一方面侵欺贫苦无告的农民。对于税粮的征收和折纳方面，上下其手，干饱中没，黑幕重重，此处不必细说。

我们很简单地将明代田赋制度介绍过后，还要将明代役法附述一番。理由有二：一、明代的役法，有一部分——甚至可以说有一大部分是根据土地亦即田赋来决定的，所以谈了赋法后，不能将役法撇去不谈。二、从历史看来，一条鞭法的产生，它的最初和最主要的目的是为改革役法，田赋方面的改革是由于役法的改革而来。

关于役法，从课税本体说来，可分为两大类：一类是对户所课的；一类是对丁所课的。人民初生，即登记其姓名于户籍（当时名曰黄册）之上。男曰丁，女曰口。成年的女子曰大口，未成年的女子曰小口。男子十六岁以下曰不成丁，十六岁始成丁。成丁以后便须服役，至六十岁始免。户籍大致分为军户、匠户、民户三种。军户服兵役；匠户服工役；至于民户所服的徭役，主要的有以下三种：一、里甲；二、均徭；三、杂役。

里甲，成立最早。它本来是一种户口编制，也就是州县行政上与人民半自治式组织的最低一级的单位。它的办法，是以地区相邻近的一百一十户为一里。一里之中，推家产殷富或丁多田多的十户为里长。其余一百户分为十甲，每甲十户。十户中推一户为首领，名曰甲首（间亦名甲长）。每年由里长一名、甲首一名，率领该管甲内的人户往应徭役。按这样的编排，每十年之中，每一里长、每一甲首，皆率领一甲十户轮流应役一年。当差之年，名曰"见（与"现"字同）年"，其余曰"排年"。十年届满，仍依原定次序编排，每年复以一甲应役。如原定的里长户内果有财产人丁消乏事故，许于一百户内选丁粮近上者补充。里内如有逃亡户绝者,亦许于带管畸零户内补辏,如无畸零,方许于邻近里内之户拨补。——凡鳏寡孤独及无田产不任役之户,带管于一百一十户之外,列于里甲黄册之后,名曰畸零户。

里甲之役,主要的以丁、产两项为标准;亦有用门、丁、事、产四项作标准的(详第四节)。在农业社会里,所谓资产,主要的是田产,即土地、房屋,及牲口、农具等。为估计资产的便利起见,有许多地方便索性用土地所纳的粮作标准。但不管用哪一种作标准,里甲的对象,总是以户作根据,凡家道殷实之户,即列为上户;以次,列入中户、下户。或分九则(上上,上中,上下,中上,中中,中下,下上,下中,下下),或分三则、五则不等。根据户则的高下,以定役的轻重。里长一役,皆以家道近上的户充之。从理论上说,它应当比一般的户负担重些,这本来是立法的初意。但因为里长之户,它的经济状况优越一些,且又为管领一里内的事务的头目,他可以利用他的地位,将自己的负担转嫁给贫难下户;有时又遗富差贫,藉端勒索。所以他的实际上的负担往往比之一般的贫户还要来得轻些。

里甲一役,是各种徭役中的躯干,其他诸役大半都是直接或间接地根据它来决定的。

关于里长的职务,初时只限于传办里内的公事,及催征里内的赋役。其后政府征敛日繁,凡祭祀、宴飨、营造、馈送……种种事务或其费用,皆责令里长负责供应。里长又责之甲首,甲首复责之各户,层层剥削,层层地转移负担。除非一里内的人户逃亡得干干净净,里长才会是最后一个吃亏的人。根据历史的记载,明代中年以后,里长、甲首也都赔累不堪,由此可知人户逃亡情形的严重。

均徭,发生较晚,它是服务于官府而有经常性的差役。如库子、斗级、巡拦、狱卒、皂隶……等差,都是均徭中的名称。均徭,编役的对象是丁,与里甲以户为单位的办法略有不同。均徭分为两大项:一为力差;一为银差。由被编的人亲身前往应役的叫做力差——力差初时只限于本人亲身充当,但不久便变为亦得由本人自行设法,或请人或雇人替代,凡由被编的人自行料理者,仍得名曰力差。纳银于官府,由官府募人应役的叫做银差。银差的发生,是在力差之后。银力两差项下名目繁多,负担的轻重不一,大抵力差皆较银差为重。力差多派于富户,银差多派于下户。这样的办法,一方面的目的,固在求负担的适合于能力;另一方面,还有实际上与行政上的理由,例如力差的库子、斗级两役,其职务在掌管税粮,为预防在税粮短欠亏空时,易于追究起见,故例以殷实大户派人充之。

均徭应役的次序,多与编定里甲时一同排定——即为每十年编审一次,至其服役的年份则编在里甲役歇后的第五年,此法行于浙江、福建等处。此外,五年一编审的办法亦甚普遍;间亦有二年或三年一编的。

均徭以外,凡一切在官府或在民间非经常性的服务,总称曰“杂役”,或“杂泛”(泛字亦写作汎)。这些多属于临时的性质,随时随事编派,并不固定的,换言之,无非是例外的剥削。

此外,有两种特殊的劳务,各州县例皆有之。一为驿传,一为民壮。驿传的职务,在备办人夫马骡船只以传达官厅的公文,及措办廪给口粮以款待和迎送持有关符过境的大小官员。民壮,亦名民兵,自民户内抽取,所以补助自军户抽取的卫所军卒之不足。初时设立的本意,专为捕盗守城之用。其后,遂以迎接宾客、拘拿罪犯,和转递公文等事为务。

以上,里甲为正役,均徭、驿传、民壮皆为杂役(此义与前述之“杂役”,又微有区别)。四者合称四差。以上各役的负担的轻重,大体上皆以各户名下的丁粮数目的多寡为依据,——丁粮多的编役较重,少的编役轻。赋与役关系的密切由此可见一斑。

然而当时赋的课征对象是土地,征收的是实物;役的对象是人户,所征收的是劳力,赋与役的征收期限,在此时当然是无法一致的。即就赋内各项或役内各项分别来说,它们的种类和性质往往各有不同之处,所以主持征收的机构及其人员,有时亦不得不分别设立去处理它们,而无法完全一致。

由上可知,明代中年以前的赋役制度确是繁琐复杂不堪。使得这种赋役制度更趋繁复的还有一个重要的因素——就是优免的制度。明代优免赋役的场合甚多,但最关重要的是对于贵族、官吏和缙绅的优免。好贪心的贵胄官绅,他们并不以法定限内的优免为满足,他们还要努力非法地扩大他们享受的权益,如私受投靠的佃户种种。

我们姑且不谈制度本身的内在的困难,当时有几种矛盾的势力,也就使得上述那样繁琐的制度无法不日趋破坏。第一,政府与人民的利益的矛盾,这是显而易见的;第二,是社会上各阶层的利益的矛盾,如贵胄、官绅代表的是大地主的利益,粮里甲长代表的是富农的利益,一般平民大多数代表的是贫农和雇农的利益,至于地方上的较高级的官吏,如知县大老爷等,所代表的既非政府的利益,更非老百姓的利益,只是个人的利益。此外,如攒造书册手和征收小胥等,可以说是代表吸血寄生虫的利益。这些各阶层的利益都是彼此矛盾。纵有完备的制度,也难以维持,更何况是繁杂而无当的制度?其结果,只为狡狯之徒多开些营私舞弊的机会罢了。究竟一条鞭法的改革,代表哪一方面的利益,我们在后面要加以检讨。

二　一条鞭法述要

一条鞭法的内容,这里无法详述。作者有关于一条鞭的论文数篇,载前中央研究院社会研究所的《中国社会经济史集刊》中,读者可以参阅。简单言之,一条鞭法只是当时在历史上的和地域上的一种发展的趋势,它在各时各地的办法并不一定完全一样的。但它与昔日两税法最不同的特点有四:其一,役与赋的合并;其二,往日里甲十年内轮充一次今改为每年一役;其三,赋役征收解运事宜往日向由人民自理的今改为官府代办;其四,赋役各项普遍地用银缴纳——实物与劳力的提供反居次要的地位。以上四点,是彼此互相密切地联系的。例如在往日征收实物时,由于当时运输技术和运输工具的粗劣,政府自以借重民间力量为比较合算;但自折收银两以后,运输问题简便得多,虽由官府自收自运亦未尝不可。且自折收银两以后,官府得以募人代役,无须维持往日里甲十年一轮亲自供役的麻烦制度。诸如此例,可以类推,无庸细述。不过,应当注意,各时各地所行的一条鞭法仅有精粗深浅程度的不同,它们有些已将前述四点办法彻底施行的,亦有只行一两点,并且行得不甚彻底的。好在它们均以一条鞭法为名,我们也就可以作一概括的介绍。

我们现在拟专就内容比较复杂的第一点加以检讨;其余二、三、四数点,办法简单,不拟再加解说。所谓役与赋的合并,有种种方面:或为种类与名目上的统一,或为税则的简单化,或为征收和解运的期限的划一,或为征解人员与机关的裁并。而尤其值得注意的,是编派方法的统一。此点可从课税的客体及其根据的原则的统一两方面去说明之。所谓课税客体的统一,如赋的对象为田地,役的对象为户、丁,今将役的负担的一部分或其全部课之于田地,这就是将课税客体合并了和统一了。所谓原则上的统一,例如里甲一役本以户为应役的单位,均徭则以丁为单位;均徭中力差与银差原来的分别是:力差须亲身供应,银差许出银雇人代替;力差供应本地,负担较重,多课之富户;银差支应外地,然负担较轻,多课之贫民。今将这些区别一律取消,所以均徭得以归并于里甲,力差亦合并于银差之中。换言之,昔日各项赋役用作根据的不同的编派原则至此都归消灭,另改用同一的原则去处理。

再细一点的分析,赋役的合并又有三种不同的方式:其一,役内各项的合并;其二,赋内各项的合并;其三,役与赋的合并。以上每一种的合并,又可分为完全的或不完全的。然第一、二两种,仅为赋役本身内各自的合并,其最后的结果不过是税率上的变动,并无本质上的变化。至第三种的情形,则因赋役对象不同,性质迥异,其依何比例将役的负担以分配于丁、田两项,以达到合并的目的,便不能不因时因地以制宜了。自丁、田分配的比例上言之,有以下四种不同的方法:其一,以丁为主,以田为辅;其二,以田为主,以丁为辅;其三,丁田平均分担;其四,徭役完全由田地担承,——即所谓"尽摊丁入地"。所谓主辅,又可有三种不同的说法:其一,就税额的分配而言:如某一县的役银原共计一千两,今定丁仍出六百,田代出四百,便是以丁为主,以田为辅。其二,就税率上比较而言,如原定每丁出役银一两,今改为每丁出役银四钱,又每田一亩代出役银六钱,便是以田为主,以丁为辅。其三,就每一单位的役银内丁、田所占的比例而言,如每征收役银一两,丁出六钱,田出四钱,便是丁主田辅。再从摊丁入地的方法观察,又有以下三种的区别:一、随面积摊派,如每田一亩派役银若干;二、随粮额摊派,如每田粮一石派役银若干;三、随赋银摊派,如每粮银一两派役银若干。

总而言之,一条鞭是一种执简驭繁的方法。

三　一条鞭法争论的经过

一条鞭法,发轫于嘉靖初年,至隆庆、万历初始盛行,万历中年以后范围几已普遍全国。在推行的过程中,它像所有的改革一样,有人支持,有人反对。今先专就《明实录》的记载,略按年月编排,并稍加考语,庶得以明了朝廷上争论的焦点,而整个历史发展过程的大概亦自明白。然后再在本文第四、五两节,汇集正反双方的论据,——特重地方志的记载;按其性质,条分缕举,以便省目。这样,对于朝野间关于这种改革运动的论战,或可收览全貌,且更进一步地了解其真正的背景。

一条鞭法最早的记载,见于《明世宗实录》卷一二三载(以下所引《明实录》,皆以影印江苏国学图书馆传钞本为底本,间用他钞本校正错字):

> 嘉靖十年(1531)三月己酉,御史傅汉臣言:"顷行一条编法。十甲丁粮总于一里,各里丁粮总于一州一县,各州县总于府,各府总于布政司,布政司通将一省丁粮均派一省徭役。内量除优免之数,每粮一石审银若干,每丁审银若干,斟酌繁简,通融科派,造定册籍,行令各府州县永为遵守,则徭役公平,而无不均之叹矣。广平府知府高汝行等以为,遵照三等九则旧规,照亩摊银而不论其地之肥硗,论丁起科而不论其产之有无,则偏累之弊,诚不能免,宜更查勘,取殷富之产,补沙薄之地,然后周悉。"奏入。俱下所司。

上引傅氏之言"布政司通将一省丁粮均派一省徭役",后来各省采行一条鞭法时,都是如此作法。这种"量出为入"的原则,在中国财政史上殊不多见。高氏以为"照亩摊银而不论其地之肥硗,论丁起科而不论其产之有无",正是一条鞭法执简驭繁的精义所在。

嘉靖末年以后,条鞭法逐渐通行,尤以江西、南直隶、浙江等处所行的成绩为最著;而北省如北直隶、河南、山东诸处亦有在试办期中者。此后关于条鞭法的论战,渐趋剧烈。《穆宗实录》卷七载:

> (隆庆元年四月)戊申,户部尚书葛守礼等奏:"直隶、山东等处,土旷民贫,流移日众者,以有司变法乱常,起科太重,而征派不均也。夫因田制赋,按籍编差,国有常经。今不论籍之上下,惟审田之多寡,故民皆弃田而避役。且河之南北,山之东西,土地硗瘠,岁入甚寡,正赋尚不能给,矧复重之以差役乎? 往臣在河南,亲睹其害,近日行之直隶,浸淫及山东矣。山东沂、费、郯、滕之间,荒田弥望,招垦莫有应者。今行此法,将举山东为沂、费、郯、滕也。夫工匠佣力自给,以无田而免差;富商大贾,操资无算,亦以无田而免差。至襁褓胼胝终岁勤劳者,乃更受其困,此所谓舛也。乞下明诏,正田赋之规,罢差役之法,使小民不离南亩,则流移渐复,农事可兴。又,国初征纳钱粮,户部开定仓库名目,及石数价值,行各省分派,小民照仓上纳,完欠之数,了然可稽,其法甚便。近年定为一条鞭法,不论仓口,不开石数,上开每亩该银若干,吏书因缘为奸,增减洒派,弊端百出,此派法之变也。至于收解,乃又变为一串铃法,谓之夥收分解,收者不解,解者不收。收者获积余之资,解者任赔偿之累,是岂得为平乎? 且钱粮必分数明而后稽查审,今混而为一,是为挪移者地也。不惟不便于民,抑不便于官。宜敕所司查复旧规。其一条鞭等法,悉为停罢,庶岁额均而征派便矣。"(方仲

按：上引《实录》文乃节录原疏，原疏见《葛端肃公文集》卷三《宽农民以重根本疏》，所载远为详尽）上曰："尔等以司计司农为职，兹所奏，悉举行，其他可以足国裕民者，宜弗避嫌怨，尽心干理，以副朝廷委任之意。"

葛氏乃反对一条鞭最力之一人。他的大意以为条鞭法审田编役，不适用于土地硗瘠的北方。且工匠富商，皆因无田而不编役；差役只由有田的农民负担，亦非事理之平。他又反对混一征收及分解的办法。他的言论，在本文第五节中还要引到。

隆庆四年六月壬寅，吏科给事中贾三近疏陈时事曰：

> 臣闻圣王攘外必先安内。安内之本，在于休养百姓，而加意于四方守土之臣。方今四方民力疲矣，九边将士终岁防胡，中原山海寇盗处处蜂起，加以岁恶不入，民且艰食，转徙流离之状，言之可为痛心。诚于此时守土之臣，循祖宗之法，去烦蠲苛，与时休息，安养民命，犹可以维系本根，培植国脉；乃相习以建立为能，安静为钝，驾言通变，锐意更张，兵方销而议招，官甫裁而议设，或均丈土田，或更革驿传，或分派税粮用一条鞭，或论金里甲变十段锦，或革除库役代以吏胥，或审编徭役兼用丁田，诸所变更，难以悉举。语其措注，大约病农。务本者，子立之身，并应租庸；逐末者，千金之子，不占一役。视法如土梗，变法如猬毛，移文旁午，议论纷纭。计其究竟，曾无毫发之效。夫以频年灾害，未息肩之民方呻吟喘息之不暇，而又加以劳扰之法，愈不得休息，是以强者共相啸聚，而弱者竟展转于沟壑，民不堪命，坐贻危亡，譬诸尪羸之人，惟当断绝外事，安坐饮食，假以岁月，以渐复已耗之血气，若朝从而搅之，暮从而澡之，则元气日消，危期且至，今之吏治何以异兹？臣以为法在天下

能去其所以弊,除其所以害,则虽因今之法而有余;弊不能去,害不能除,则虽百变其法而不足。善治者守法宜民,因法救弊,则斯民受赐多矣。……①

同年八月丙午,巡抚山东都御史梁梦龙等条上赋役三事云:

一、正夏税秋粮之规。言:税粮征收,载在律例明甚。顷行一条鞭法,同时并征,民力不堪,奸弊滋起,宜如旧例以次第征。一、正分守分解之规。言:往者编佥大户,分定仓口。近为一串铃法,总收分解,转移侵愿,常课益亏。宜复旧例,给大户收完,交纳司府,司府差官类解。一、正均徭原编之规。言:料价银五万三千余两,乃均徭正额,今派入地亩,偏累农家,抛荒流徙,职此之故。亦宜仍旧编还均徭,各州县如数征解。②

条鞭法以银代役,——原定缴银以后,不须再服役。但其后重役之事不久便发生。这一点甚为一般人所攻击。神宗万历四年(1576)三月壬寅,刑科右给事中郝维乔条陈二事,一谓:

亲民莫切于均徭。银差,宜照额均派,以时催科;力差,宜量力佥役,听民自便。若条鞭之法,既用其力,又敛其财,民安得而不困?……③

同月丁未,户部左侍郎李幼孜又言:

近日行一条鞭之法,金花与各项钱粮无别。故诏书但蠲别项

①《穆宗实录》卷四六。
②《穆宗实录》卷四八。
③《神宗实录》卷四八。

钱粮,而小民无知,便谓金花亦在其内。有司莫知所辨,业已混行催征;小民不明其故,辄谓诏书不信。以后征收,虽行一条鞭法,务款项开明,如某户秋粮若干,本色若干,折色若干,金花银若干,漕银若干,某项最急,某项次急,某项虽诏下不免。每户各即给与印单一纸,庶几小民观听不迷,输纳亦便。

得旨:"内外诸司,凡事一遵祖宗成法,毋得妄生意见,条陈更改,反滋弊端,违者定以变乱成法论。"[①]先是,世宗嘉靖三十七年(1558)奏准:"天下正赋,户给青由,先开田亩粮石,仍分本色、金花银,使民周知输纳。其一时加派,不得混入。亦不分官员举监生员吏户人等,一例均派。另给印信小票,与民执照。(加派)事毕停止。"(《万历会典》)可知正赋各项,除系临时加派以外,一律详列青由。上面某项最急,某项次要,某项虽蠲免诏下亦不得蠲免,原自一目了然。向例,金花银不在蠲免之内。万历先年所下蠲免诏令,原亦指别项钱粮,金花银不在其内,至是江南诸郡金花愆期,积欠至一百六十余万两。时有御史方巡按江南还,误谓愆欠的原因,皆由条鞭法将金花与各项钱粮混征,以致民间误会以为金花本亦在蠲免之内,有司催征,实为失信。故李氏请复印单旧制,以为可以杜绝小民迷惑。其实某御史之言,并非实际,其详细情形可参看万历《武进县志》卷三《里徭》唐鹤征之论。

万历四年八月辛未,户科都给事中光懋条议八事,其六曰明示则例,云:

> 近年创立一条鞭法,一概混征。及至起解,随意先后。每遇查盘,有尽一县欠户而皆治罪,尽一户欠粮而皆问赎者。今后凡遇编

---

①《神宗实录》卷四八。

派里甲,审定徭役,征收税粮,悉遵制各给户由,使人知遵照。[①]

所谓"尽一县欠户而皆治罪,尽一户欠粮而皆问赎者",其意谓条鞭新法,赋役不复分为条项,一概混征,故无法查盘所欠的是哪款哪项。又因起解时随意先后,亦无法查明哪家哪户所欠。

万历五年正月辛亥,户科都给事中光懋又上疏言:

> 国初赋役之法,以赋租属之田产;以差役属之身家。凡是夏税秋粮,因其地利,列为等则,以应输之数,分定仓口,仓口自重而轻,人户自上而下,有三壤咸则之宜,寓用一缓二之意。至差,有银差,有力差。银差,则雇役之遗意也;力差,则力役之道也。论门户高下,定丁力壮弱而籍之,谓之均徭。稽籍定役,无与于田,所以少宽民力,驱游惰而归力本也。至嘉靖末年,创立条鞭,不分人户贫富,一例摊派;不论仓口轻重,一并夥收。其将银力二差与户口钞盐并之于地,而丁力反不与焉。商贾享逐末之利,农民丧乐生之意。然其法在江南,犹有称其便者,而最不便于江北。如近日东阿知县白栋行之山东,人心惊惶,欲变地产以避之。请敕有司,赋仍三等,差縓户丁。并将白栋纪过劣处。

部覆:"条鞭之法,革收头粮长而用经催;革里甲均徭而用铺户;革身家殷实之库子,而用吏农:皆公私之大不便者。请江北今后赋役,各照旧例;在江南者,听抚按酌议。"得旨:"法贵宜民,何分南北?各抚按悉心计议,因地所宜,听从民便,不许一例强行。白栋照旧策励供职。"[②] 按光懋对白栋之弹劾,实为诬告。当时幸得首相张居正拟特旨慰留,故白栋

---

①《神宗实录》卷五三。
②《神宗实录》卷五八。

得不去职（见后第五节）。明代言官喜作浮游无稽之谈，未可多信。根据《实录》后来的纪载，证明光懋之说，完全与事实相反。万历十三年五月，工科给事中曲迁乔疏言：

> 民间患苦，近有四事：一曰大户，二曰均徭，三曰里甲，四曰头役。其袪民患苦，治行超绝者，臣得一人曰：原任东阿令白栋。初，栋起家进士，为令。于万历二年，编徭之时，核县中在册丁地，及一年赋役。每地一亩，征银一分一厘，差银九厘二毫；每人一丁，征银一钱三分。而夏税秋粮，均徭里甲之额数，具是焉。既官收官解，又通改力差为银差，则大户、头役俱免。行之一年，逃移自首归业者一万一千余家。民为起祠，岁时祀不绝。后为御史，失柄臣意，中考功法去。迁乔特疏荐之，称为一代循良焉。①

今按《东阿县志·里甲》所载：

> 自邑侯白公定条鞭之法，民治苏息。朱公（应毂，万历九年任）减里甲之费，民亦乐业。此何异于解倒悬而置之衽席之上耶？行之数年，其归业者万有余计。

同书《贡赋》云：

> 自条鞭之法行，则夏税、秋粮、均徭、带征，确有定额。里胥无由飞洒，奸豪无从规避，简易均平，尤为不刊之论也。

《均徭》云：

---

① 《神宗实录》卷一六一。

　　　　自条鞭法,而里胥无科派之扰;邑侯朱公又从而通融之。补偏救弊,因时化裁,取民有制,额外无需,官不废事,民不知差,岂不諰諰乎硕画也哉!

《河道》内所载,大意略同。山西《榆次县志·赋役》,亦载张鹤腾之言曰:

　　　　条鞭之法,始于大理白公栋,创之东阿。后司国计者以为便,遂著为令甲。山陬海澨,罔不尽然,一囊于此法。

以上记载,可以尽推翻光懋的谰言。清康熙《延绥镇志》卷四之二《人物传下》,有白栋传评,亦可参看。

　　万历五年十一月甲寅,先是,吏科给事中郑秉性条陈赋役一款,大旨谓:

　　　　均徭之善者,在十年一编,调停贫富;而其不善者,在于行法之人,放富差贫。条鞭之善者,在于革库子、斗级、里长支应;而其不善者,在于尽数征银,贫富无等。宜分银力二差,审户定则。银差则编上户,以至上中户;力差则编下户,以至中下户。仍十年一轮,以循我祖宗之旧。

户部覆言:“条鞭一例征银,使下地与上地同科,贫民与富民同役,法之不均,莫甚于此。请行省各地方官酌议。”上请,得旨:“条鞭之法,前旨听从民便,原未欲一概通行,不必再议。”[1] 条鞭法最受人攻击的一点,就是它用银缴纳,不便于农民。万历十四年三月乙巳,礼部陈言:

————————————

[1]《神宗实录》卷六九。

> 国初两税，皆用本色。里甲均徭，从民之便，未尝以菽帛钱谷相拘也。何也？五谷之产于地者，可随时而用，随时而足。而金币则易竭者也。曩自里甲改为会银，均徭改为条鞭，漕粮渐议折色，则银贵谷贱，而民有征输之困矣。夫既贱鬻以输官，而又贵买以资用，民穷财匮，不亦宜乎？……①

用银不便于农民，因为农民所收益的是五谷，必须以五谷出卖始可得银。银的需求一多，谷的价格相对地下降，以至造成"贱鬻（谷）贵买（银）"的恶现象，农民受了两重的剥削。

以上言者，对一条鞭法大抵皆采取批评的态度，然亦有奏请行条鞭以救时弊的。万历十四年四月戊辰，"礼科给事中钟羽正因陈厚敛重役，而民不得安；与投柜、称兑、里甲、行头诸害，及胥役之工食，一年之差役，欲行条鞭法。并京师困累，莫重商人，十库物料，需索至数百金，家即荡破，皆差赋之弊，所当调停而便民者。部覆，谓：条鞭之法，委宜通行，然亦有不宜者。须计议妥当，以求便民。至于投柜、称兑之弊，仍设法严禁。其商人交纳十库物料，需索动至数百，乞申谕内臣守法奉公，毋徇私索取，以恤贫商，且杜物料之冒费也。"②

同年月甲戌，户部覆御史蔡系周条陈四事：一谨积贮之实；一议投柜之法；一议条鞭之征；一酌折色之议。有旨：投柜、条鞭之法，近来议论不一，只在该抚按官责成有司，便宜整理，不必又费文移，徒兹烦扰。

---

① 《神宗实录》卷一七二。
② 《神宗实录》卷一七三。按：羽正，山东青州府益都县人。时益都知县张贞观意与钟合，亦申文请行条鞭。见万历《青州府志》卷五《户口徭役》；及清咸丰《青州府志》卷三六《名宦传三》。《贞观疏》，今载《图书集成·食货典》卷一五二。钟、张二人，《明史》各有传。

内库绢不敷,照旧催解本色,余依拟[1]。

条鞭初行之时,原定不许于额外增派,但官吏的贪污无法禁绝,所以平民复受重派里甲的扰害。万历十五年六月丁亥,户部覆礼科右给事中袁国臣等题:"条鞭之法,有司分外又行增派,扰民殊甚。宜行各抚按查验,除小民相安外,或有未便于民,中间应增应减,酌议妥当,务求官民两便。如有分外复派里甲者,听抚按官参治。"上曰:"各处编审粮差,于条鞭之外,重派里甲,系有司任情扰害小民。着抚按官严行禁约,着实参治,不许沽恩纵容。"[2]

万历十八年二月,户部奏言:

> 工科右给事中曲迁乔议行条鞭之法,以差银必兼丁地,定地必较肥瘠,觅役必厚工食。我国家因田以制赋,按丁以审差,即古有田则有租,有身则有庸之意。但法久弊滋,于是不得已立为条鞭之法,总括一县之赋役,量地计丁,一概征银,官为分解,雇役应付,虽非祖宗之旧制,亦革弊之良法矣。但有司行之,有善有不善,是以地方亦间有称不便者。今宜行各抚按,将见行条鞭之法,或有司奉行未善者,则随宜酌处:如病在雇役,则宽议其工食,使人不苦于应募;如病在里甲,则严禁其暗用,使人得安于田亩。或则壤成赋,勿使下地暗包上地之粮;或九则征银,勿使贫民概应富户之役。调停既当,人自乐从。[3]

按曲氏先于万历十三年疏言民间苦患四事,已见前引。

自此以后,朝廷上关于一条鞭的争论转趋沉静,见于《实录》者甚

①《神宗实录》卷一七三。
②《神宗实录》卷一八七。
③《神宗实录》卷二二〇。

少。先是万历十六年闰六月山西省奏准行条鞭（见下节）。条鞭法至万历二十年以前几乎已遍行全国，它的地位再也不能推翻。此后的问题再也不是存废的问题，而是如何巩固它，像使不致再有加派暗编发生等一类的问题了。今仍依《实录》所载，略为排列如下，间亦附见以后他节：

万历二十九年九月丙午，广东巡按李时华言："广东界在岭外，禁网常疏，吏奸法弊。条鞭之后，仍用甲首，均平所编，尽入私囊，上下相蒙，恬不为怪。伏望严旨申饬，严贪官明违之例，重道府连坐之条，遵行一年，可救民间无名之供二十余万。"[1]从之。

同年十月己卯，册立皇长子为皇太子。诏天下曰："……一、各省直赋役创为条鞭，里甲放令归农，此定例也。近闻不才有司，条鞭外巧立名色，科索烦重，措备里甲城中，致妨农务。近日征倭讨播，量有科派加增地亩丁银粮；今事宁已久，增派如旧。各该抚按官严行查究禁革。"[2]

万历三十一年四月丁酉，户部议条鞭法。请饬有司奉行："一、条鞭既酌量征收，以充公费，不得佥派里长挨月轮直，以资苛剥。一、库役不许佥派民间富户充当。一、不许于预备仓廒佥编斗级看管。一、条鞭所载供应上官及过往使客，俱有定额，不许分外巧立富民、义民名色，借以供应。一、条鞭夫马，岁有定额，输银在官，而雇役于民。不许遇夫马紧急，复于粮上重编。一、不许以保甲人户充迎送、勾摄、打卯应差。一、不许以省祭义民充勾摄管工承委之役。一、不许派民当行，价直半给，支领愆期。一、不许有司于罪赎之外，横肆科罚，折银充橐。一、征银不许里甲串同保歇吏考任意干没。一、征米不许粮长串同吏书花户任意

---

①《神宗实录》卷三六三。
②《神宗实录》卷三六四。

折干。至官收官解，则严禁火耗斛面。一、通行江南直省府州县将一应田土查核见在户名。征粮之日，先行开派，定限收纳。逋欠者坐名查比，以免赔累积逋。一、凡内库之生绢阔布，俱照光禄寺料银，供用库麻蜡，改从官解。"①奏入，从之。这一次户部关于条鞭法的禁令规定得最详细，当由于实行后的结果不佳。

万历四十年正月丙午，南京福建道御史王万祚上疏言赋役事，其中关于一条鞭法的积弊言之甚详，大略谓：

> 一条鞭法行，银力二差该括具备。今如令坊厢里长年年看仓，赔粮则利归仓官仓吏，设立斗级谓何？又如使乡里长月月解银，贴免则利归库官库吏，而布政司颁降法马谓何？又如答应驻临上司，修理公廨，蚤入岁派，而辄委之坊长里长，则征银谓何？国有大事，不无藉力于富民，谓宜善蓄其余力，以待不时之需。刳剥烧铄，无时暂息，将通都大郡无殷实之民，欲如汉之徙关中，实塞下，并力灭夷，其谁任之？卖富差贫，非也；而有意消折富户，亦非也。父有数子，或富或贫，必令富者亦贫，则祖宗之门户去矣。②

王疏所言条鞭弊病各点，皆为实情。但他后半截提出保全富户的主张，未免倒因为果，杞人忧天了，因为只要"卖富差贫"的现象存在一天，富户尚不致有消折的危险。

万历四十六年十一月丁亥，掌河南道御史房壮丽奏："自条鞭法行，州县派征钱粮，俱令花户自行纳柜，吏书排年无所容其奸，法至善也。遵行日久，官府借口验封，加收火耗，至一钱二钱，屡经严禁不遵。今因

----

① 《神宗实录》卷三八三。
② 《神宗实录》卷四九一。

东事加派,若将火耗一概禁革,小民必乐输将。职曩令襄陵时,见河东一路州县,二门外俱设收头房八间,昼则收银,夜则收柜,次日即令自倾成锭。或有司领解,或解户领解,并不入库拆封,惟悬锣严谕平收,及按期责令销批附卷。此法最宜行之今日。乞敕下户部,咨行各抚按,令所属有司一应钱粮听其自收自解,不许经手拆封,加收火耗。违者,抚按从重参处,追赃济边,则于吏治民生胥有裨益。"①

四　赞成派的理由

1.负担接近能力,比较公平

条鞭法的产生,最初为的是整顿役法。旧日里甲制度,十年一轮,每十年之中,一甲人户只应役一年,其余九年可以在家休息。明初公家事务比较清简,赋役无多,故易供给。且初时户籍与田籍的编制,尚能切近实际,故赋役大体上尚无大不均的地方。及后,公家支出增加,人民的负担亦随而加重。而贵族、豪强与缙绅,多以营求贿嘱的手段,与官吏差胥及粮甲里长等互相勾结,狼狈为奸,使赋役的负担非法地暗中移于贫民下户——如将田地飞洒诡寄,户则移上作下等等,其结果,所有重粮重差,尽归下则之户负担;富户反获轻则之利,甚至逍遥赋役之外。这些恶势力的勾结,逼得贫农人口大量的流亡,造成土地大量的抛荒,更使政府着急的,就是赋役大量的逋欠。上述各种情形,至迟到了武宗正德年间(1506—1521)已日趋严重。然而这些恶势力的勾结,既

---

① 《神宗实录》卷五七六。参看《神庙留中奏疏汇要》第四册《户部卷二》。

是防不胜防,且亦根深蒂固,无法清除,因为政府的本身便操纵在这班人们的手里。一条鞭法便是在这种无可奈何之中的一种最不彻底的改革。提倡条鞭法的人们,以为应废去里甲轮年应役的制度,不必再审编户则(这是在南方各省的一般办法,在北方则废去门银,详后),只以比较难以隐匿的丁、田两项为每年出办赋役的标准,使有丁有田的人户无所逃于赋役之间,较之审编户则以定徭役犹为接近实际。他们又以为往日十甲轮年的制度,实际上并不平均。例如均徭之役,每年银力二差,各有定额;然各甲产业的多寡,势不能齐。所以各甲每年所输虽同,但因负担能力不一,则其牺牲亦不一致。于是形成:

> 轮甲丁粮(按即等于上说的"产业")之多者,则其年所派之银数少而徭轻;其丁粮之少者,则银数多而役重。名为均徭,实大有不均之患在。①

的现象。提倡条鞭法的人们还以为有田的虽非尽富户,然亦相去不远——总是有负担能力的人。摊丁入地,不过稍损富人以益贫人,未尝不可。明末李腾芳《征丁议》中所引"君子之说"便是这个意思:

> 我有田一亩,不过加银三厘,而丁额具矣。今之有田者,皆巨室富人,稍损其毫厘,以呴咻贫寡,何不可?②

按,李氏为反对条鞭法之一人,他所引"君子之说",乃设为问答之辞,并非他自己的主张。

----

① 参看清光绪《北直隶开州志》卷三《田赋》。
② 《李文庄公全集》卷五下。

2.款目简单,舞弊较难

条鞭以前,赋役的款项过于繁杂,不要说防弊不易,即知之亦不易。如东南各州县到了嘉靖中末年以前,盛行所谓"三办",是指供应户、礼、工三部的土贡和物料,及备边银两,与协济他府等杂项开销而言。其第一大类为"岁办",亦称"额办",是每年派有定额的。第二大类,为"坐办",乃额外的坐派。第三大类,为"杂办",乃指不时的坐派。后二者皆为无定额的。三办名下的纤悉款目,合计往往达三四十种之多,皆与田粮一同派征,由里甲供应。以上三四十种的物料或价银,皆由官府给一条示,揭载某一款该随粮每石,抽银几钱几分;或某件随田每亩,派银几厘几毫。名目纷繁,在官或尚能抄记,乡落小民则无由识其要领,以致奸猾设计巧算,以小呼大,以无捏有;倚项数之多,逐件科敛;增耗一入其手,则浪费无存[①]。按岁办初时本为任土作贡的性质,其后虽非土产,亦责之于农民,遂转为"买办"性质。买办,初时尚略给代价,后又改为无代价的"派办"。嘉靖《(浙江)武义县志》卷二《历代土贡》云:

> 凡民间所出土产,以供上用,谓之岁办,今谓之额办(按万历《休宁县志》卷三说,额办是二三年一用的,与每岁必用的岁办不同。复按三办的名称,各地并不完全一致),皆有常数。其或非土所有,则官给价钞,或准折税粮,令民收买送官,谓之买办。后因价钞多为官吏所侵,惠不及民,由是不复支给,故直谓之派办,民自输纳。(《天下郡国利病书》原编第9册《凤宁徽》国〔明〕朝岁赋之法一节,亦可参证)

[①] 万历《绍兴府志》卷二五《田赋志二》。

以上所引的,皆系南方的情形,至于北方役法的庞杂情形,亦不在南方赋法之下。如阎朴论山西盂县役法所说:

> 今之(里甲等)正役,索费百端:有以"灯油钱"名之者,有以"柴炭钱"名之者,有以"下程钱"名之者,有以"折干钱"名之者,有以"管饭钱"名之者,有以"银硃钱"名之者,有以"募马钱"名之者,有以"支应钱"名之者。加之以里老之科害,而民困不可言矣。杂役,则出入于里胥之手,贫者无资以求于彼,则有贫之实,而不得贫之名;富者操其赢以市之,则无富之名,而有富之实。故贫者愈踣,富者愈恣。愚民展转相慕,以为不如是不足以自庇也。甚至卖田而鬻女,或死亡而转徙。况兼边鄙多事,或派之以买马,或派之以籴粮买草,遂致村墟成空,忍闻化离之叹。呜呼,弊也久矣。[①]

按,阎氏所记,似为盂县行条鞭法前的情形,是时尚征"钱"而非征银。山西省奏准行条鞭法征银是在万历十六年闰六月,《实录》载:

> 山西行一条编法,将每岁额征税粮马草酌定银数,分限征收,以省纷纷头绪,致滋里书飞洒之奸。从抚臣沈子木之请也。[②]

里甲以外,均徭中的重役,如廪保,名义上虽编一两,实际上如应役者雇人代役,须出至百余两;库子,虽编一两,雇人亦须出至数百两始办。名目繁多,负担又轻重不一,这是一条鞭法以前的赋役制度的严重的问题[③]。

一条鞭的优点,在于将各项粮差款目化繁为简,使纳税者易于晓

<hr>

①《天下郡国利病书》原编第17册《山西》,第53页。
②《神宗实录》卷二〇〇。
③参明末杨芳著《赋役》。

得,不至为征收书算人手等所蒙蔽。这就是"类而征之,不多立名,取其易晓,谓之一条编"和"谓之条编,称名少而耳目专"的意思①。一条鞭法,将本地十年以内的夏税秋粮起运、存留之数,与里甲、均徭、民壮、驿站、土贡等项的原额及其加增数,皆折成银额,合并计算,以求出每年的平均总数。再统计本地的丁、田两项,除优免以外,实在额数若干。然后将每年的粮差土贡等项的平均总数摊派于实征丁、田两项。定每丁一丁出银若干,每田一亩出银若干,但不再细分款目,总征银两,缴纳之于官府,名曰"条鞭银"——或简称"条银",或"鞭银"。遇应解税粮,官自发价;应雇募差役,官自给值。所以叫做"总一征收,分项放解"②。明章潢《图书编》卷九〇《一条鞭法》,畅论条鞭法与里甲制的比较,甚为详尽,特引于此。

> 一条鞭法者,通府州县十岁中夏税秋粮存留、起运额若干,均徭、里甲、土贡、雇募加银额若干,通为一条,总征而均支之也。其征收不输(按当为轮字之误)甲,通一县丁粮均派之,而下帖于民,备载十岁中所应纳之数于帖,而岁分六限纳之官。其起运完输,若给募,皆县官自支拨。盖输(轮?)甲则递年十甲充一岁之役,条鞭则合一邑之丁粮充一岁之役也。输甲则十年一差,出骤,易困;条鞭令每年出办,所出少,易输。譬则千石之重,有力人弗胜,分十人而运之,力轻易举也。诸役钱分给,主之官,承募人势不得复取赢于民。而民如限输钱讫,闭户卧,可无复追呼之扰。夫十年之输一两,固不若一年一钱之为轻且易也。人安目前,孰能岁积一钱以待十岁后用者? 又,均徭之法,通州县徭银数不可得减。而各甲丁

① 参《天下郡国利病书》原编第27册《广东上》。
② 参万历《帝乡纪略》卷五《政治志·条鞭》。

粮多寡，势不能皆齐：丁粮多则其年派数加轻，丁粮少则其年派数加重，固已不均。而所当之差，有编银一两而止纳一两者，有加二加三加四、五、六者，有倍纳四五倍七八倍者，甚且相什佰。则名为均徭，实不均之大者。今合民间加纳之银，俱入官正派之数。均轻重，通苦乐，于一县十甲之中，役人不损直，而徭户不苦难，固便。如金银库，革定名徭编之旧，照司府例纳银，为募人工食费。令止巡守，不与支收；其支收委之吏。则毫末承禀于官，需索者不得行，而诛求者自敛。又以时得代，不久苦查盘，吏有身役，固不得窃库银而逃。仓中斗级，于旧有募充、亲充，偿所耗固当；而募人为看守，其耗折亦徭户自偿，彼守而此偿，适教之使盗也。今募吏充，岁加脚费，而折耗责之，势不敢自盗。又年终而更，无岁久浥烂之忧，又甚便。诸递运夫马，俱官吏支应，势不得多取；即用之，不敢溢。诸利弊不可悉道。其大都征附秋粮，不杂出名目，吏无所措手，人知帖所载，每岁并输，可省粮长收头诸费，利固不可胜矣。通计里甲、均徭、驿传、民兵计合用银派之，名四差，皆视丁粮为差次。久之，民相安而享其利也。[①]

3.征输便利

往日赋役名目繁多，且又各立征收人员与征收期限，以致农民终岁不遑宁处，吏胥随时恣意作弊。自行条鞭法后，征银入官库以后，一切征收解运及雇募事宜，皆由官府自行处理。人民但按限缴银，不致日受催科之扰。根据穆宗隆庆二年（1568）十二月江西巡抚刘光济奏请推

---

① 参《天下郡国利病书》原编第16册《山东下·安丘县志》，第52页。

行条鞭法的《差役疏》内所云:江西省原日的均徭款内,其中银差项下,如各官柴薪马丁,儒学斋膳夫等差,俱派员审编,以致贪婪有司故将殷实人户自行坐占,因而加倍征收,渔猎无厌,此为银差弊病的一例。至力差项内,如府州县的斗库,及各驿的廪给、库子,则赔费不赀。如门皂(亦称门子)、防夫、禁子、弓兵等役,皆编徭户姓名,若募人代充,则抑勒需索工食;又如水马(按即驿传)、机兵(即民壮)等役,则各编头户及贴户——例如设机兵一名,该编役银若干,今集合数户或数十户,凑足此编定的银数以输于官,其中负责主持之户名曰头户,多以家道比较殷实的户充之,其余的花户,名曰贴户。这种以好几户合充一役的办法,名曰朋充。当时往往以数十户而朋为一役,贴户人数众多,住所窎远,且所贴银数又或不满锱铢,头户不能遍索,则只有自行赔足;如不愿自己赔垫,便唯有日日催索;当然以后一种情形为多。以上为力差之弊。刘氏建议,以为莫若将往日编某户为某役,或某户为头户,某为贴户的办法,一切废除。如为力差,则计其代当工食之费;如为银差,则计其扛解交纳的费用,各核其劳逸难易,而量为增减原定的额敷。通计一年内该用银若干,止照丁粮编派。

至于里甲,初时自勾摄公事,及催办粮差之外,并无其他职责。其后官府不加体恤,凡祭祀、宴飨、造作、供帐、馈送、夫马,以至一切支应,皆令里甲值日管办。坊里长又坐派于甲首人户,以一科十,闾里骚然。刘氏以为应"革坊里,定经费",以救其弊。凡岁用所需,旧系坊里自行出办者,今皆制定其经费,一律征收银两。这因为各种供应,其性质原有不同。如铺陈、轿车、幕次、器用等项,是属于应当预先置造的种类;祭祀、乡饮、宾兴、上司支用等项,是属于应当临时买备的种类;修理衙门工料,属于应临时估计的种类;接递夫马,属于应预先雇募临时拨发的种类。民间的输供,既往往不能与官厅的需要密切地适应,且徒然增加征收和输纳上的频繁与麻烦。条鞭规定,自征银入官库以后,一切支应,皆由官厅自己统筹统理。掌印官但为之经纪,扣算各项实用的数目,责令属吏分别主管。随时随事给银,登记支销,以收"收支集中"的功效。至若买办差使人员,即于衙门隶卒内轮拨应用,与坊里绝无干涉,亦可收到"集中采办"的利益。在人民方面,只要依照州县颁布印牒,依期限自封投柜,解纳各费不必再交。

刘氏疏上后,至隆庆四年,经户部题准施行。说者多以为此乃一条鞭之始,窃以为不然,详拙著《明代江西一条鞭法推行之经过》一文,载《地方建设》第1、2两期合刊。前引章潢《图书编·一条鞭法》,其所记亦为江西事,当系就刘氏议行后的成果言之。

南直隶常州府武进县之行条鞭法,较江西还要早两三年。在行条鞭以前,夏税秋粮的派征款目甚多,除本色以外,有金花银、义役、谷草、公侯俸禄、本折布匹、扬州淮安寿亳等州盐钞、马役等银。其随时增加的款项,又有练兵、大工、贴役等,皆征之于秋粮,由"县总"若干名专管税粮的分派事宜。这些县总们,多以受贿的大小,定所派税粮的缓急先后的次序——贿赂大者尽派之以缓项,使其不必急于起解;行贿小者尽派之以急项,使其急于解运。侵欺勒索,弊端百出。至世宗嘉靖四十五年(1566),知县谢师严始立征粮一条鞭法,尽革诸县总。税粮款项,不分缓急,皆总征之,贮之官库,以俟起解。征输弊窦,因此稍戢[①]。

条鞭法以前,各地征收的混乱情形,以及征收人员的杂沓重复,实可怕人。今再引万历《嘉定县志》卷七《田赋考下》所载为例:

> 条编之法行,则岁中出入无虑数十万,而宿猾不得有所支吾。

[①] 参万历《武进县志》卷四《征输》。

盖岁贡之目,有京库,有里甲,有均徭,有兵饷。旧以"粮长"主办京库,而有掌收者,谓之"折白收头",则有"税粮县总"总计之。以"里长"主办里甲、均徭,而又有掌收者,谓之"均徭收头",则又有"均徭县总"总计之。又有"练兵书手",总练兵之饷。出于民者一也,而其名多端,则多置册籍,可以藏慝,可以长奸。譬以千金尽置之一堂,而综其出入之数,虽有黠者,莫敢染指焉。分置之三室,而使三人主之,又教以挹彼注兹,往来假借,必有窃金者矣。条编之法,其数既定,则为循环簿二:一收之官,一付之吏,互相对验。一日之内,细收若干,总收若干,不待明者而知其异同也。一岁之内,收数若干,放数若干,亦不待明者而知其存积也。大府会计之下,常苦后时。而县中起征,常在十月之初,约计平米一石,先征银三钱三分,若四分,谓之冬季银。明年正月,征北运米。二月,征军储米。三、四月,征折色,谓之春季银。盖征折色,则停本色;征本色,则停折色;农事兴,则概停征。而以官布等为九月之赋。盖视其缓急而先后之。……(亦载《天下郡国利病书》第六册《苏松》)

由上可知嘉定县自行条鞭法后每年分四限征收(如将官布等项算计在内,则为五次)。只北运米及军储米仍征收本色,至平米早就折色了。

以上俱为南方的情形,若在北方,像河南汝宁府信阳州属罗山县,其初行条鞭法之时稍后于江西。据万历《罗山县志》卷一《田赋志》,引襄阳李公之言曰:

隆庆以前,银差以各项征,力差以审户定也。想其时,今日催此项钱,明日催彼项钱,应差人又讨工食,追呼无宁日也。且也,有一番追呼,则有追呼人一番科敛,而民坐困矣。知县应存初立为一条鞭法。一条鞭法云者,以各项银差并力差工食合为一处,计银若干数,

然后照丁高下,粮多寡,以此银派征之。征毕,则分此以为银差起解,
及为官觅力差人之工食也。百姓完此外,无一事矣。法诚良哉。

按,应氏行条鞭法,约在隆庆六年(1572),或万历元年(1573),见《县
志》卷二《宦绩传》。襄阳李公,据《天下郡国利病书》原编第13册《河
南附注四》云,乃李弘道,曾任罗山知县[①]。

4.税额确定

条鞭法量出制入。预计本地一年内的平均支出,摊派于本地所有
的丁田"实额"之上(即优免丁田除外)。每一单位的丁或田,它所承
受的赋役负担,或为定额的(如每一丁派银四钱,每一亩田派银六钱);
或为定率的(如每田粮银一两,随派丁银五钱),一经规定以后,便须公
布。在开征以前,发给每户"由帖"一张,亦名"易知由单",内载有该户
丁地等则及其应缴赋役银数,立限征收,使人民依期如数输纳。在政府
方面,又设有赋役全书,内载本地每年收支总数及细数,颇像近代的财
政预算书——只是不须交付民意机关表决。它的体例,为四柱式,即:

$$旧管-开除+新收=实在$$

其次序为,先列丁地原额(即旧管),次逃亡人丁及抛荒田地之数(即开
除),次为实征数(即实在)。次起运存留。起运,分别部、寺、仓口;存
留,详列款项细数。至招徕人丁及新垦地亩(即新收),附载册尾。

按,自行条鞭法,各地纷纷设立各种新的赋役册籍及新的征收单
据,亦有在公署前勒石碑为记的,无非是希望赋役额数以后不致再增的
一种表现。万历(山东青州府属)《安丘县志》卷八《赋役考第七》,论

---

① 《四部丛刊》三编,《天下郡国利病书》卷四九,第42页。

条编法谓："银有定例,册籍清而诡计无所容。"明末杨芳《赋役》说："编为成书,刊为由帖,上无以饰宪司之观,下无以掩闾阎之目,贫富适均,出入有度,虽圣哲复生,莫之易也。"你看他对条鞭寄予多大的期望,但可惜是希望多数是落空的。

赋役各项能归入条编与否,要看它们是否有经常性和固定性来决定。凡有上述两种性质的条款始能归入条鞭,否则便不容易。所以在一州县内,往往仅有大部分的钱粮归入条编,另外一小部分是在条编以外的。

税额或税率虽已明令确定,但如仍任粮里甲长去征收解运则浮收干没之弊仍不容易避免,因此条鞭法又定官收官解的办法。每届征收之期,州县衙门置银柜或粮柜于公庭或四乡,以官府派出的"柜头"若干人监守,农民自封投柜。直接征收方法较之委托征收,对于防止经征人员的作弊,按理说是容易一些,因为最少是经手的人员的数目少些。同样的理由,解运的人员又由政府自行募集,因为在追究查核上亦容易一些。

以上将赞成一条鞭法者的论调,分作四大理由来介绍。至于反对者论调,除了针对提倡者言论以立论之外,又因条鞭实行以后,弊端渐见,所以他们攻击的理由亦自多了几点,皆于下节中详之。

五　反对派的理由

1.负担不公平

反对派以为一条鞭法以田地承办徭役,土地负担增加,将使人民弃本务末。且工、商皆无差役,差役只由农民负担,亦为事理之不公平者。

隆庆元年户部尚书葛守礼《宽农民以重根本疏》，便代表这种意见：

> 尝总四民观之，士工商赖农以养，则皆农之蠹也。士犹曰修大人之事，若工商既资农矣，而其该应之差，又使农民代焉，何其不情如是！今夫工日可佣钱几分，终岁而应一二钱之差，既为王臣，有何不可？况富商大贾，列坐市肆，取利无算，而差役反不及焉，是岂可通乎？今科差于地者，不过曰计地而差，则地多之富家无所逃，然此务本之人也。与其使富商大贾逐末者得便，宁使务本者稍宽，不犹俞乎？[①]

按，葛氏此疏，当与本文第三节所引《实录》之文合观。葛氏本传，见《明史》卷二一四。葛氏是反对条鞭法的健将，他的言论，在后面还要引到。与葛氏持相同的论调的，不乏其人，万历中年李腾芳的言论亦可作代表。他以为有田者不尽为富人，如尽摊丁于粮，则贫农小户无法支持重担，有时有虽欲将田地变卖以求避免亦不可能的苦痛。他的《征丁议》说道：

> 今之有田阡陌，为粮百数十（石）矣。然岂无有薄田数亩，为粮升斗，而为嫠妇，为黄口，为疲癃残疾，衣食无聊者乎？……若曰，此实有田；则将尽鬻其田而后可乎？……况乎穷乡极壑，有田不与大户邻，而鬻之不得者；有坟墓亲戚在此，而去之不能者，则计安所之？……至于丁之出钱，实与粮异。粮以石论，此石之所当出，不得滥于彼石。丁以人论，则一丁之钱，可以一户通出；而十人之众，可朋为一丁。凡一丁之最下者虽无田，而其工伎、手作、营

---

①《葛端肃公文集》卷三。

顾、贸易、种艺诸法可以自活；即卖菜佣力，一日有一日之生涯。不致如薄田岁仅一收，服锸之勤甫毕，而其人已枵腹矣。其上于此者，则有积镪堆囷，权子母而出之，而其家无田，不名一差；有操艇江湖，转盐积帑，而其家无田，不名一差；有专卖屯种，肥膏至数千亩，而家无民田，不名一差；有四方逋逃，作过犯科，而第宅连云，舆马豪侈，借资冠盖，出入荣宠，其家无田，不名一差。此其人，或子孙鼎盛，或奴仆拥翼，而谓之无丁可乎？谓之寡丁可乎？以是而论，则丁之不可不归之于人，而考核其实以处之，亦足以佐民之困，而济田之穷，诚一良法也，但至于逃亡绝户，则不可不议。……①

按李氏此议，作于万历二十二年。时内阁大学士王锡爵与吏部郎中顾宪成交恶，东林党议兴，李氏罢归里居②。李氏本传，见《明史》卷二一六。葛、李二议，自以李氏之说较为精细。葛氏以为有田者即为务农之人，殊误。大多数的田主，本身并不从事耕种，只将土地出租给佃农，或雇人代自己耕种。对于这些地主，实在应当重税，不致有驱民弃本务末的可能。但如将丁赋完全归入田粮之中，其意义即为丁赋的本意已完全消失，对于人民对国家服务的观念不免起冲淡的作用。诚如李腾芳《征丁议》中所说的。

　　毕竟从古帝王所立之天下，至于今数千年，而户口、土田两者，未尝肯销其一，以并于一。……专征粮，则四海之内，但有土田，而无户口。而试问国无户口，何以为国？……使地方有急公之役，……须抽丁远行，将可以粮往乎？又使本地有守御征发之

①《李文庄公全集》卷五。
②参清光绪《湘潭县志》卷六《赋役》。

役，……亦将可以粮守乎？若以为有粮则有丁，假令一富人者有粮百十（石），而其人只一二丁，又将安得多指而驱之乎？若以为有粮有银可以募人，不知彼时田粮之所出者，以供刍牧兵饷尚恐不足，而奈何不深思而熟虑也？……

李氏议中，以为如果丁银这样地增加下去，"则异时（湘）潭之有田者，不至如今之长（沙）、善（化）一望数百里而尽弃之，素封大家化为逃亡，不止也"。其后，明末年，洪懋德说长沙府一带有些州县，亦有类似的情形，他说道：

> 带丁之制，其害无穷。今之湘，非昔之湘矣。田十年而五六易其主，且就荒焉。民无十世之族，而散于四方，皆自此起。……今湘既无丁矣，则是国家有湘之土，而无湘之民也。……无丁，则赋役之事，一委之于田，而民遂视其田如荼毒，去之唯恐不速。田一去，则脱然为世外之游民，而天子不能使，邑宰不能令，是惰之利而勤之害，民何利而不相率以为游惰乎？于是而世业之田皆归之无籍之豪民，唯其意以侵上而渔下。郡邑之长吏不能皆廉，又将视田为脧薮，可以取给于苛求。豪民之势张，则兼并以图目前之利，时移势谢，脱屣而去，无籍以求之，而田粮又付之不可诘问之新主。赋何恃而不逋？田何恃而不芜？民何恃而不逃乎？……①

李、洪两人所说，我们纵不能全部地承认为事实，但至少可知长沙附近几个州县自行条鞭法后，土地的易手较前频繁，且多集中于志在规避赋役的豪强新地主的手里——按，万历四年，长沙府茶陵州及攸县先后行

---

① 《丁粮或问》。

条鞭法,见徐希明《平赋役序》及刘应峰《核田碑记》,均载《古今图书集成·经济汇编·食货典》卷一五一《赋役部·艺文四》。

总括反对派所言,他们以为一条鞭的不公平之点有三:一、赋役专责于有田的农民,而工匠商贾皆无与于差役;二、丁役不应由田粮出办,因为丁自丁,田自田,两者的性质与目的都不一样,不应混而为一;三、田多丁多的大户不应与田少丁少的贫户出同一的赋役——故纵令每亩所出的丁银数目相同,但纳税户的实际牺牲已不一致,且田有肥瘠之不同,其负担赋役的能力亦自不一,若按同一等则征丁,则土地的实际负担亦不相等。不但此也,如一州县以内尽泯昔日户分等则的办法,改按一则起科,如条鞭法之所常为,则此州县与彼州县各内纳税户间的牺牲亦不一致,造成上县原编列下户的吃了亏,下县原编上户的占了便宜的现象;换言之,各州县间的赋役负担亦不公平。如葛守礼《与姜蒙泉中丞论田赋书》道:

> 闻今布政司分粮,量为上中下(三等县):上者每石价九钱,中者八钱,下者六钱。则既体悉(恤?)下县矣。一县户亦有上中下,可以例推也。且虽上县,未免有下户,一条鞭论上县之下户亦九钱,何以堪也?下县未必无上户,一条鞭论下县之上户亦六钱,何其幸也?[1]

按,蒙泉为姜廷颐之字,隆庆元年八月至四年二月任山东巡抚(见吴廷燮《明督抚年表》卷四)。葛书当作于此时。

关于反对派所提出的上列数点,我们拟先提出一、三两点来检讨,其第二点留在后面。第一,反对论者以为商贾无与于差役,考之事实,

---

[1]《葛端肃公文集》卷一四。

殊不尽然。万历《(山东)东昌府志》卷一五《户役论》云：

> 万历十五年，条编法行。……阖境帖然，如就衽席。近议有便
> 有不便者。夫条编非尽便也，相提而论，便多于不便也。世所称不
> 便者，大概谓贾贩得脱免，是为利末而病农；门丁不加征，是为幸富
> 而祸贫。夫丁银所出几何？土人列肆，可屈指数也。临清多大贾，
> 业征房号钱；且其人皆侨居，不领于有司之版籍。独云田无等差，
> 斥卤茅沙，与平皋腴壤，按亩科征，诚非鸠鸠之平耳。……

可见当时对于侨寓临清之富商，除有商税外，另课以"房号钱"；唯于本
地小贩，则因其能力有限，且又为数不多，故或不征之。上述情形，各地
必有歧异，未可一概而论。

第二，反对论者以为条鞭法不分等则起科，以致造成各县各户各田
地间负担的不均。在理论上说确是对的，但在事实上并不如此。上引
《东昌府志·户役论》之文其前段已提及这一点：

> 条编法，《兖州志》论之晰矣。大概谓便不便(相)埒，要以国
> 家(昔日)三等九则之制，规画较然，不欲使二百年成法夺于新议
> 耳。夫因时之弊以立法，因法之弊以救时。正德前，民朴，畏法自
> 重，差役稀少，有司第其资产登降之，旬日立办。嘉靖间，赋役横
> 出，门户稍上，破产相寻。于是黠者工其术于诡寄析分，饶者恣其
> 费于结纳请托。每至审编，弊端如牛毛茧丝，虽廉令察宰不能根
> 究窟穴。豪吏猾胥，播弄上下，浆酒藿肉，其门如市。柳子厚所谓
> "富户操其赢以市于吏，有富之实，无富之名；贫者无资以求于吏，
> 有贫之实，无贫之名"，州县皆然。万历十五年，条编法行。吏无巧
> 法，民鲜危役，阖境帖然，如就衽席。……

万历《青州府志》卷五《户口徭役》说:

> 小民畏则,甚于畏差。畏则之虚名,尤甚于畏差之实祸。虽差由则迁,有差无则,计一了差则帖然;若有则无差,以为重则之压身,不知何日可去,而寝食有不安者。择患宁轻,故条鞭为便也。[①]

可见细分户则以求适合纳税能力的办法,因为实际流弊甚多,在当时是不容易办到的。话虽如此,有些地方仍然斟酌地之肥瘠,与丁的贫富,以定税则,如山东曹州便行所谓"调停徭赋册":

> 一条鞭之法,缙绅类能言之,然或有谓其当行,或有谓其不当行,其见盖人人殊矣。然无论缙绅,即父老百姓,愿行者十有七八,不愿行者亦有二三。查得各处条鞭,不问丁之贫富,地之肥瘠,一概征银,殊失轻重。是以贫弱小民多有不愿,而富民田盈阡陌,多方诡计,营干下则者,反得藉口鼓惑小民,腾谤官长,百计阻挠。官府摇动于浮言,牵制于毁誉,屡行屡止,致使忠实良民,田鬻大半,户口(之则)尚高,经年累岁,独当各样重差,无息肩之日,苦累不可胜言,如本州中上户侯贵等岁当重差,饿死单县漫坡是也。今酌议条鞭,地论肥瘠,而征银之多寡既异;丁论贫富,而户口之高下悬殊。名虽条鞭,而实为调停之法,故命名曰调停徭赋册。盖不拂愿行者之心,而亦善体不愿行者之意。卒之规制一定,士民胥庆,即有一二奸民,亦无以为辞矣。……即以达于天下,似无不可行者……[②]

[①] 顾炎武:《天下郡国利病书》原编第16册《山东下》,第33—34页亦载此。应与本文第三节所引《神宗实录》万历十四年四月戊辰条合看。

[②] 顾炎武:《天下郡国利病书》原编第15册《山东上》,第175页。

今按"地论肥瘠,而征银之多寡既异"句下,原注云:

> 马应梦序曰:"户自中下(则)而上,银递加多,所以役富也;自下上(则)而下,银顿减少,所以恤贫也。照税银四分有奇,而沙碱瘠硗,则量为等差,所以示公也。"①

一条鞭法原不限于一则编派的,今特举一两例而已。

2.南北经济情形不同,条鞭法便于南而不便于北

说者谓南方土地肥沃,田赋原本就重,差徭一向比较的轻,故如归徭役于田,所增加的负担有限,其势较便。北方则地土硗瘠,田粮本来就轻,差徭较重,倘以役归田,田地将不堪重负。葛守礼《宽农民以重根本疏》中有云:

> 夫江南以地科差,盖田之收入既多,又十年始一应差,故论地亦便。若河之南北,山之东西,地多瘠薄沙碱,每亩收入,不过数斗,而寸草不生者亦有之,又年年应差,并之于地,无怪农民之失所也。……②

又,《与张吉山论豫郡田赋书》亦云:

> (一条鞭法)南方曾行之。南方十年一役,北方岁岁有差,何可比而同也?③

①顾炎武:《天下郡国利病书》原编第15册,第4617页。编者按:"自下上而下",前一"下"字疑衍。
②《葛端肃公文集》卷三。
③《葛端肃公文集》卷一三。

关于南北丁田负担的比重,万历《帝乡(凤阳府泗州)纪略》卷五说:

> 户口已载之黄册矣。此外,复有审编丁则者,以江北税役比江
> 南不同。江南田地肥饶,诸凡差徭,全由田粮起派,而但以丁银助
> 之,其丁止据黄册官丁,或十而朋一,未可知也。江北田稍瘠薄,惟
> 论丁起差,间有以田粮协带者,而丁常居三分之二。其起差重,故
> 其编丁不得不多,其派丁多,故其审户不得不密,期以三年为限,而
> 法以三等九则为准,有不足九则者,亦不妨变通之以便民,此审编
> 之大较也。[①]

仅隔一水,南北情形便有如许不同。所谓"十而朋一",即为十丁合当一
差,极言其轻。嘉靖《全辽志》所言,其包括之地区,更为广泛:

> 国家赋役之制,以田以丁。江、淮以南,赋于田者厚,而丁则十
> 年次待。河、济以北,役于丁者多,而田则什不税一,此其大较也。

因为南方只重在田,以致丁多脱漏;北方所重在丁,以致田多欺隐。万
历时徐贞明《潞水客谈》云:

> 东南多漏役之民,西北罹重徭之苦,以南赋繁而役减,北赋省
> 而役重也。

崇祯间吴侃亦说道:

> 淮(河)以北,土无定亩,以一望为顷,欺隐田粮。(长)江以
> 南,户无实丁,以系(事?)产为户,脱漏户丁。[②]

---

① 明刻《帝乡纪略》卷五《政治志・户口・附审编丁则》。
② 《在是集》卷二之七。

按道理说,如果要真正地整顿赋役,在上述情形之下,在南方应先从整顿户籍下手,在北方应先从整理田籍入手。但一条鞭法只是一种因利乘便的办法,它本意并不在解决基本上的矛盾,因之它循着最低反抗力的路线来发展,只分别就原有的税基上加以调度或摊派,但求适应财政的目的便算罢了。原来编查丁田,各有各的困难。田地虽然是比较不容易隐藏的东西,然浮粮之累,吏胥飞洒之弊,必须首先清核,然后可得实际。至于审定丁则,则以人户之财资物力为据,其困难更甚于审订田则。福建泉州府属永春县志云:

> 今之徭役,西北出于丁,东南兼论田。西北之民,田愈多则累愈重,故役不可以论田而论丁。东南之民,以田为贫富之差,故兼丁田而论之。论丁必以资力,故分九则,其法常病于难均;论田惟蠲浮粮之累,禁吏胥之弊,则民受其利矣。然西北之民,一丁而岁几差,一差而岁几次,民或十岁成丁,七十不免。而东南有穷老不事事之民。南北生灵苦乐之异,又可不知之哉![1]

因之,不止南北的丁田负担的比重不同,两地的编役的方法也不一致。北方编差多以门、丁、事、产四种来作标准。"事"和"产"的分别,大概就是动产与不动产的分别,但前者并包有职业的划分的意义在内。合"丁"、"事"、"产"三者构成"门"的等第。"门"的意义,代表各户的一般财产状况以及它的社会上职业上的位置。因为北方土地价值不高,所以田地被包括入"产"的项内,不另独立地提出,自成一项。南方的情形不同,土地沃度较高,收获较丰,地价较高,故编役一向注重在田与粮。葛守礼《与郑葵山论中州(河南)地差》云:

---

[1] 正德《永春县志》卷四《版籍志下》。

北方民差,旧在人丁;地多者,令多出门银,此古租庸调之法,必不可易者。后因南方诸公,以本处之法行之,一切征诸地。……①

《与张吉山论豫郡田赋》亦谓:

大抵北方,田自有赋,役当在人。前有迁执先生,故以南方(条编)之法施之河南。……(卷一四)

浙江绍兴府属余姚县志说:

北方门、丁、事、产四者兼论,每以门银为上,产银最下,地土犹致抛荒。吾邑有职役者始登版籍,无职役者每多隐丁,故编役则专重田产。②

可知东南隐丁之户,多属于不须应役的豪强大户。编役专重田产的用意,无非使有田产的大户多少负担些赋役而已。关于北方徭役旧制,门丁事产四者兼论,万历《兖州府志》论云:

旧法编审均徭,有丁银、门银,而无地银,则以资本产业臛括并论也。今(条编法)去其门银,而以地银易之,则田家偏累;而贾贩之流,握千金之资,无陇亩之田者,征求不及焉,此农病而逐末者利也。上八则人户,旧有丁、门二银,今去其门银,而易以地银,未有加也。下下丁户,止有丁银,旧无门银,今丁银既无差等,而又益以地银,是下户病而中人以上利也,……古人制赋之法,以租庸调为善,而我(明)朝用之。所谓丁银者,即有身之庸也;所谓门银者,

----

① 《葛端肃公文集》卷一三。
② 万历《余姚县志》卷六《食货志》。

即有家之调也;所谓税粮者,即有田之租也。今田既有税粮,而益以地差;差出于门、丁,而反去其门银。是田不止于租,而家可无调也,非法古之意矣。又不但此,有户有口,自上古以来,未之有改;今去其门银,而但以丁起差,则按图而披,不知某为某门,是有口而无户也。……①

《寿光县志·户口》说:

> 国朝均徭,分为九则,审编则轻重因乎贫富,可谓尽制矣。法久弊滋,有司改弦调编("调"字通行本作"条"),盖有四利三害者焉。头役无包赔之苦,收头免侵牟之患,里甲免见年之费,均徭无诡寄之忧:此四利也。不论资本,则商贩漏网;门银易以地银,则贫户受病;包纳荒田,则里甲难支:此三害也。去害就利,莫若严明于审编,使丁无所漏,而富家大商无所欺匿,庶庸银益多;而富商时出调银以助征派缓急,编氓庶有瘳乎?所宜留神筹画者矣。②

前言南北编役的标准,各有不同。但自正德以后,北方各省已有照田土编役者,其事且在条鞭法正式成立之前。说者以为这是北方受了南方的影响。嘉靖初何瑭论河南省的均徭制度说:

> 或问近日有司审编均徭,以田土为主,其法如何?曰:此非祖宗之法也,盖流俗相传之误也。祖宗之法,……田土纳税粮,户口当差徭,其不相混也,明矣。今乃照田土当差,是岂祖宗之法哉?或曰:人户有上中下三等,盖以其贫富不同也,贫富难明,田土多者

---

① 万历《兖州府志》卷一四《田赋志》。又参于慎行:《谷山笔麈》卷一二《赋币》。
② 顾炎武:《天下郡国利病书》原编第16册《山东下》,第45页。

必富,少者必贫,则照田土编差,盖法外意也,似无不可。曰:户有
上中下三等,盖通较其田宅资畜而定之,非专指田土也。若专指田
土,则施于农民可矣,工商之家及放债居积者皆不及矣。……况差
役以人丁为主,以上中下三等较贫富,以为派差之重轻,此法意也。
今舍人丁而论田土,盖失其本矣。……此周文襄(忱)作俑之过也。
宣德年间,周文襄巡抚南畿(按《明史》卷一五三《周忱传》载宣德
五年九月巡抚江南),患民间起运税粮之不足也,乃令税粮正数之
外,多加耗米以足之;除办纳税粮外,有余剩者,谓之余米。……凡
民间户丁之差役,料物之科派,皆取之余米。……本传谓:小民虽多
出耗米,然耗米之外,再无差科之扰,深以为便。东南多遵用其法,
后又自税粮变为田亩。故东南有田差、粮差之说。南士仕西北者
渐推用其法。故西北近年亦有田土当差之说,此盖不考祖宗之法,
而惑于流俗之传者也。……或者曰:审如此,则寄庄人户不当差役
者皆幸免矣。曰:此有司不知守法之过也。使有司知守祖宗之法,
审定三等户则之时,不论士农工商,凡田土、资本、市宅、牲畜多者,
俱定作上等,派与重差,则寄庄人户,虽买别州县之田,而难逃本县
之差矣,何幸免之有?今惟不守祖宗之法,审编均徭,舍户丁而计
田土,故寄庄人户有躲差之弊,欲革其弊,盍求其本乎?……或者
曰:今之富家,或田连阡陌,或资累巨万,较之小民,岂止十百。若
止照三等户则,计丁当差,其丁多者出银固多,其丁少者出银甚少,
岂不为幸免乎?曰:古人为国,藏富于民,盖民之富者,官府之缓急
资焉,小民之贫困资焉,时岁之凶荒、兵戈之忽起资焉,盖所恃以立
国者也,平时使之应上户重差,法如是足矣。必不得已,则准北畿
事例,上户丁少者量出门银亦可也。岂必尽取所有,使之仅与小民

之贫者相若,然后为快乎? ……①

何柏斋此议,真正的用意在保全富户的利益了——从最后数语可以看出来。但从上文,可知照田编差之法先行于南方,后乃行之北地。南方起初是随粮派差,后又改为随田亩征派。田亩较之粮赋尚稍为容易核实,且比较不易隐匿,改变的理由,似即在此。然随田起差,则本县人民在他县的寄庄田地将无法征税,故或者以是为问,且恐寄庄人户有幸免差役的毛病。何理学先生遂以诡辩应付,说是只须审定户则,以田地资本多的列为上等,派与重差,便可解决一切困难。可惜的事实上真正的上户永远派不到上则! 不过,南北经济情形确有些差异:南方地土肥些,作物种类丰富些,农民的收益亦较高,且有乡村副业的补助收入,他们的经济状况,一句话,比北方的农民好些。并且,当时南方的商业化的程度及其货币经济的发展,均比北方略高。有了这些原因,南方便于雇役,北方仍以力役为便。《巩昌府志·徭役论》云:

> ……以余观于巩之徭役,而知新法条鞭之为北境累矣。何者? 盖南境气候既燠,物产复饶,有木绵粳稻之产,有蚕丝楮绸之业,又地僻力余,营植不碍,民间贫富不甚相悬,一切取齐条鞭,奚不可? 北境则不然,地寒凉,产瘠薄,即中路又苦冲烦,贫富相去,何啻倍蓰? 然条鞭未行之前,民何以供役不称困? 盖富者输资,银差无遗;贫者出身,力役可完。且一身既食于官,八口复帮于户。讵惟存贫? 兼亦资养。吏习民安,兹其效矣。自条鞭既行,一概征银。富者无论已,贫者有身无银,身又不得以抵银,簿书有约,催科

---

① 《何文定公文集》卷八《均徭私论》。

稍逼,有负釜盂走矣。征输不前,申解难缓,那借所不免也。……①

《府志·驿递论》又以为巩之驿站夫役,亦不宜用召募法,有云:

> 条鞭虽良法,而俗有弗宜,未有不反为害者。

上引《府志·徭役论》内所说的条鞭将力差改为银差,不便于巩昌的贫民,因为贫民一身以外更无长物,若不许他们亲身当差,只征差银,他们的差银从何出呢?况且贫民在服役时,就食于官,亦是养生之一道。如果定要追银,他们只好挈家逃亡了。你看他说得多惨!论中所云:南方地境较僻,不若北地交通的冲烦,似未尽然。至说道南方贫富不甚悬殊,尤非的论。但南方便于雇役,北方便于亲充,则为事实。万历《常山县志》卷八《赋役表》云:"秦、晋便差役;吴、蜀便雇役。"崇祯间吴侃《论徭役》一条亦说:

> 四方不同:吴、蜀之民,以雇役为便;秦、晋之民,以差役为便。……李常言:上户富安,下户空乏。富安,则以差为病;空乏,则出力为宜。②

好在贫民有的只是穷命一条,倒无所谓便与不便。究竟便不便之说是怎样来的呢?都是从士大夫一张嘴里说出来的。万历间唐鹤征《论武进县里徭》云:

> 万历初,兵道广平蔡公仿江右条编法,将行之,询于鹤征。鹤征笑曰:"差不便于士绅尔,齐民则诚便已。然以私计之,毋乃身为

---

①顾炎武:《天下郡国利病书》原编第119册《陕西下》,第25页。
②《在是集》卷二之七。

士绅之日寡,子孙为齐民之日久耶?毋乃士绅之不便轻,而子孙之
长便重耶?"蔡公笑曰:"请从其久者重者。"盖先是优免虽有制,京
朝官常得全免。即以入粟拜光禄、鸿胪者,田至一二百顷,率得免
焉。齐民一金重役,旦夕破家。诡寄冒免之弊,时方盛行,余故云
然。条编者,大略与岁编同。概一县之役,计银若干;科一县之田,
亩银若干。第不分银力,率附正赋而征之。既征银入官,官为之雇
募应役者也。一时民情翕然称便。既而有行之山东者,齐鲁之民,
群起哗焉。盖条编主田为算,而每丁折田二亩。江南地土渥饶,以
田为富,故赋役一出于田,赋重而役轻,以轻丽重,且捐妄费,安得
不利?齐鲁土瘠而寡产,其富在末,故赋主田而役主户,赋轻而役
重,以轻带重,田不足供,安得不困?……①

上文广平蔡公,即为兵道蔡国瑞,他行条编法于武进,乃奉巡抚朱大器
之檄为之,事在隆庆四年②,谓在万历初,实误。上文后半截详言南北
赋役状况的不同,所以摊派的方式亦异,可与前面参看。上半截将言不
便者的真相戳穿,了解他们的真正动机以后,真无怪连犹太人都会说出
"有钱人要进天国比骆驼穿过针眼还要困难"的至理名言了。关于说条
鞭不便的人们的阶级和立场,我们还可以多引几条记载作证明。万历
四年,(长沙府)攸县知县徐希明《平赋役序》云:

　　大抵此(条鞭)法,至公至平,但便于小民,而不便于贪墨之官
府;便于贫乏,而不便于作奸之富家;便于里递,而不便于造弊之吏
胥云。

---

① 万历《武进县志》卷三《里徭》,参看万历《常州府志》卷六《条鞭》。
② 参万历《常州府志》卷五《里徭》。

江西《吉安府志·徭役》,亦谓:

> 大都兹法之行,利于下,不利于上;利于编氓,不利于士夫;利于闾阎,不利于市胥。[①]

再就前节所引《曹州志》所云:"然无论缙绅,即父老百姓,愿行者十有七八,不愿行者亦有二三。"这不愿行的十之二三的老百姓究竟为什么缘故呢?因为一条鞭法并不是根本的改革,并且它有许多不适合环境令人不满意的地方。这些以后我们还要提到。

条鞭法到了万历初年发展得甚快。这件事与当时首相张居正锄抑豪强的政策实相配合。如果没有居正的极力支持,条鞭法恐怕不易推动。从这点说,我们认张氏是推行一条鞭法最有功的人亦未尝不可。今从张氏书牍中摘录数则,以证实吾说。《答楚按院向明台》云:

> ……一条编之法,近亦有称其不便者。然仆以为行法在人,又贵因地,此法在南方颇便,既与民宜,因之可也,但须得良有司行之矣。……[②]

《答总宪李渐庵言驿递条编任怨》云:

> ……条编之法,近旨已尽事理,其中言不便,十之一二耳。法当宜民,政以人举,民苟宜之,何分南北?白令访其在官,素有善政,故特旨留之,大疏为之辩雪,殊惬公论,惜公不倡言于朝廷,而独以私示于仆也。……仆今不难破家沉族,以徇公家之务,而一时士大夫乃不为之分谤任怨,以图共济,亦将奈之何哉?计独有力竭

---

①顾炎武:《天下郡国利病书》原编第23册《江西》,第57页。

②万历庚戌(卅八年)高以俭等校,唐国达刊:《张太岳文集》卷二八,第22页。

而死已矣。……①

按渐庵乃李世达字,时任山东巡抚。书中白令,指东阿知县白栋,万历五年正月,为给事中光懋所劾(见前第三节)。知非居正拟旨留任,白栋早已落职了。又,《答少宰杨二山言条编》云:

> 条编之法,有极言其便者,有极言其不便者,有言利害半者。仆思政以人举,法贵宜民,执此例彼,俱非通论。故近拟旨云:"果宜于此,任从其便,如有不便,不必强行。"朝廷之意,但欲爱养元元,使之省便耳,未尝为一切之政以困民也。若如公言,徒利于士大夫,而害于小民,是岂上所以恤下厚民者乎?公既灼知其不便,自宜告于抚按当事者,遵奉近旨罢之。仆之于天下事,则不敢有一毫成心,可否兴革,顺天下之公而已。②

按二山疑为吏部左侍郎山东武定府海丰杨巍之字。江陵拟旨事,亦见前第三节万历五年十一月甲寅条。书中可睹江陵愤懑之意。

　　同时,在各省推行条鞭法最著成绩的几个封疆大吏,都是江陵得意之人。如属于早期条鞭法创办人之一,且于万历初年又在江西省积极推动条编法的潘季驯,就是江陵提拔之人③。先在浙江,万历后又在福建等处,推动条鞭法最有名的庞尚鹏,当时亦为江陵起用与信任的人④。又如与条鞭法有密切关系的应天巡抚宋仪望,其擢用亦由于江陵⑤。庞、宋二人,虽后皆失江陵之意,以致移官,但那已是后话。

----

① 万历庚戌(卅八年)高以俭等校,唐国达刊:《张太岳文集》卷二九,第1页。
② 同上卷,第10页。
③ 《明史》卷二二三本传。
④ 《明史》卷二二七本传。
⑤ 《明史》卷二二七本传。

3.征收银两对于农民不便

这是一条鞭法很受攻击的一点。攻击者的理由已分别散见于第三节,与本节(2)。总括起来说:

第一,农民有的是五谷,但无银。征银,是舍其所有,责以所无。它的毛病,像顾炎武所说的一样,"夫树五谷而征银,是啬羊而求马也"。并且对于国家财政亦无好处,因为"倚银而富国,是倚酒而充饥也"①。同时黄宗羲也是抱这种见解②。

第二,农民必需在完税期限以内出卖谷子去换银纳税。无形之中,将谷价压低,银价抬高,受两重的损失。如果因为完了税,以后的粮食便不够吃的话,在青黄不接之时农民还要以高价买进粮食,他的损失又增加一层。

第三,北方的农民,多数是收入低微的,苦命一条还有,多余的银毫无。叫他们亲身力役,还可以借此机会混一两口衙门饭吃,只管吃的不饱。若是跟他们要银子,那就惨过要他们的命了。所以征银特别不适宜于北方。

在这里,我们要补充说明两点:第一,是一条鞭法征银的实际情形。第二,明代用银的历史。

用一条鞭法去征银,据我现在所知,似乎先在徭役方面,其后才扩充到田赋方面。徭役之中,又似以力差的折银为最早,然后才到里甲。原本就法令上的规定而言,田赋的折银并没有徭役折银那样的来得广泛和普遍,例如东南各省的漕粮,还有边卫的军粮,它们到了明末,仍规

①《亭林文集》卷一《钱粮论》。
②《明夷待访录·财计篇》。

定全部的或部分的征收本色。不过,田赋一经征银以后,只管常有税率上的增高,回到征收本色的事例却少见。至若徭役,虽经编折了银,往往仍不免有再征力役的法外苛求。所以就征银的实施程度而言,田赋方面较之徭役方面却来得彻底一些。

赋役征银,仅为整个财政制度的一般趋势,今先从货币制度说起。明代的货币制度,在普遍用银以前,大致可分为两个时期:第一,用钞的时期;第二,用钱的时期。明开国的前后,曾数次铸钱,令与历代古钱通用。但因民间沿元朝的旧习,多数喜欢用钞,并不欢迎使钱。于是在洪武八年(1375)明定钞法。是年三月造大明实钞,以桑皮及禾茎为币材。规定每钞一贯,准折铜钱一千文,或银四两;钞四贯,准黄金一两。民间得以金银易钞,但不得以金银买卖交易,违者治罪。钞法行后,不到数年,便已发生阻坏;还不到廿年的光景,钞价已跌落到不及原定法价的六分之一:时在洪武二十六年,两浙、江西、闽、广的人民,皆重钱轻钞,有以钱一百六十文折钞一贯的。二十七年,朝廷乃令军民商贾所有铜钱,有司收归入官,依数换钞,不许行使铜钱。洪武三十年及成祖永乐元年(1403),重申交易用金银之禁,但因朝廷出钞太多,收缩无法,以致物价不断腾贵。例如洪武十八年(1385)冬,诏天下有司官禄米皆给钞二贯五百文,准米一石,但到了宣宗宣德元年(1426),米一石须用钞五十贯,——四十年间米价涨了二十倍之多。先是民间往往用布帛米麦及金银交易,恢复实物交换的方式以求避免币值不稳定的损失。至宣德此时,乃弛用布帛米麦交易之禁,然以金银交易及囤积货物看涨的行为仍须受罚款的处分。此外,又利用各种税课征钞的方法,以吸收钞贯回笼。如老早已施行的"户口食盐法",令人民军官,计口纳钞领盐。继又令税粮、课程、赃罚、市肆门摊诸课,以至各种新旧杂税,无一不相继折钞。种种措施,不外想将宝钞回笼,但除了英宗正统(1436—1449)

年间因钞不足，钞价一度上涨以外，终竟无法挽回颓势。至宪宗成化（1465—1487）末年，钞一贯已不能值钱一文，——较之洪武八年的法定比率，降至千分之一以下。虽然在孝宗弘治元年（1488）仍令一小部分的税课全征钞贯，或钞钱兼支，但是每钞一贯仅折银三厘，恐怕比之纸价工本高不了多少，钞法至是已濒绝境，用银日益普遍。最后一次，世宗嘉靖四年（1525），令宣课分司收税，每钞一贯仍折银三厘。从此以后，政府收税用钞的事例便绝了迹。

关于钱法，它的历史并不见得比钞法的顺利得几多。明朝的钱制，是本朝铸钱与历代古钱并用。本朝诸帝屡有铸钱，各记年号，统名曰制钱。制钱与古钱之中，还有新钱、旧钱之分，与大钱、小钱，好钱、低钱种种的差别。除京师铸的钱外，尚有各省铸的钱，神宗万历间各王府皆铸造私钱。至于民间私铸的钱，势力亦甚雄厚，足与官钱相颉颃。以上形形式式的钱，品类固繁赜不堪，且成色、重量，以至民间对它们的爱恶程度都是不一致的。而政府往往任意规定比率，且常加以种种不合理的流通上的限制。初时政府为要推行钞法，屡下禁止行使铜钱的令——甚至连本朝自铸的铜钱亦在内，此事最令人民失去对钱的信心，尤为钱币畅通的甚大障碍。有了以上种种原因，更加以每次铸造数量过剩，其结果，使得任何一种的铜币，均不能稳定其价值，且只有日见降落的趋势。

如果政府真有决心去维持铜钱制度，它也不是毫无成功的希望的。但政府并无此决心，它的一切打算，尽在目前最大的财政收益，至如币值稳定的长期利益非所顾及。所以钱法屡次试行，均归失败；最后，唯有出于用银之一途。这一点我们只就政府征收商税杂课上的规定来检讨便可作充分的证明。关于税课的征收沿革，据《明史》卷八一《商税》说："凡诸课程，始收钞，间折收米，已而收钱钞半，后乃折收银。"《明史》

的说法，大体上是不错的。但如依较仔细的分析，我以为在收钞以前，应补上收实物，和钞钱兼收两个阶段；此外中间几个阶段，亦可以较精细地列举出来。它们的全体过程略如下所示：

实物→钱钞→钞→钞、钱、银、米等→钞、钱、银→钱→钱、银→银

自然上面所指的仅是大多数税课的共同的一般趋势；若就个别税课而论，可能有微异之处。如《明史》同卷所载："直省关税：成化以来，折收银；其后，复收钱、钞；（嘉靖）八年复征银，遂为定制。"这里应注意的是某一个阶段可以重覆的出现。然不论如何，各种税课到了后来几无不收银了。

如果我们要追问上开转变过程的理由，除了由实物的转为货币的征收一段另有理由不谈外，其余凡属于货币性质的转变的——例如由钞至钱至银，差不多全可以从政府的自私的立场去求得答案。第一，每一种转变都是代表前一种的货币在不断的跌价中且已到无法维持下去的时候——例如钞。第二，政府既明令允许新征另一种币以后——如铜钱，便不管民间市场的需要情形如何，总想办法极力增加这种币的数量，以致往往造成铸量过剩的现象，复蹈前一种币的覆辙。第三，政府总想在比价上套取便宜，它的办法有数种，但与我们的讨论最有关系的，便是下述一种办法。它有意无意地对某一种币过高定价（overvaluation），但在征收之时并不接受这种高估的货币，却限定只用另一种低估的币。此事我们需要作较详细的说明。在嘉靖初年，多种税课俱明定钱、银兼收的，当时法定的比价是每钱七文准折银一分，但按之实际，铜钱的市价远较官价为低，因为在当时市面上往往是银一分可换到铜钱三十至四十文——到了嘉靖末年甚至一分银可换七十文

钱。但终嘉靖一朝以至后来,政府始终维持这1:7的官价。政府所以要如此地作,因为它还有其他巧妙的补充办法去讨便宜,就是它规定一切税收只接受银而不接受钱,但一切的支出如官俸、兵俸多仍以七文钱准一分银计算。因此,在明代历朝之中,以嘉靖一朝推行钱法最为积极,铸造次数最多,但扰民最甚最惨。

钱法继钞法失败以后,何以必须用银?这因为民间对银最有信心。银的使用至迟自英宗正统(1436—1449)以来已甚普遍。银两是依重量计算价值的,它虽非铸币,但辨别容易,价值稳定,且不若钱的笨重,所以民间乐用,终竟取得钞银的地位而成为通货。《明史》卷八一《钱钞》云:

> 英宗即位,收赋有米麦折银之令,遂减诸纳钞者,而以米银钱当钞,弛用银之禁,朝野率皆用银,其小者乃用钱。唯折官俸用钞,钞壅不行。

上文乃指自正统元年行金花银后,除小额贸易仍用钱外,朝野皆已惯于用银。金花银的内容,系由朝廷指定南畿、浙江、江西、湖广、福建、广东、广西七处,各划出一部分税粮,总共米麦四百余万石,每石折银二钱五分,合计折钱一百余万两,输送京师内承运库,以备支放官俸之用。由此可知田赋折银,并不开始于一条鞭法——即在明初亦已有折银的事例,虽其范围与数量均远不及金花银。何以金花银行后,论者多说其便利,而一条鞭法征银,论者反说不便呢,此中一个主要原因就是如上所说的钱银的比率定得太不合理。我们有了这个认识,才能够明白当时人疏章内所说的真意。隆庆三年(1569)七月辛卯,总督蓟辽兵部左侍郎谭纶陈理财五事。其中之一"通钱法"云:

　　足国必先富民，欲富民必重布帛菽粟而贱银，欲贱银必制为钱法，增多其数，以济夫银之不及而后可。今之议钱法者，皆曰："铸钱之费，与银相当，朝廷何利焉？"臣以为岁铸钱一万金，则国家增一万金之钱流布海内，铸钱愈多则增银亦愈多，此藏富之术也。又曰："钱虽铸，民不可强。"夫钱者，泉也，谓其流行而不息也，今之钱惟欲布之于下，而不欲输之于上，故其权恒在市井而不在朝廷。又识以年号，亦不免有壅而不通之患。臣愚请朝廷岁出工本银一百二十万（两），分发两京工部及南北直隶各布政司，所在开局，设官专任其事。其所铸钱即以备次年官军俸粮，兼支折色之用，其后铸钱益多，则工本当益省。铸钱制以轻重适均，每钱十文直银一分；不足，则稍重其制钱，钱五文直银一分。其钱俱以大明通宝为识，期可行之万世，从前嘉靖等钱，及先代开元等钱，或行或否，悉听民便。新钱盛行，则旧钱当止。布钱之日，令民得以钱输官。如税银起运折色，则银六钱四；存留折色，及官军俸粮罪赎纸价，俱从中半收钱，如此，则百姓皆以行钱为便，虽欲强其用银而不可得矣。[1]

隆庆四年二月丙寅，山西巡抚靳学颜应诏上《理财疏》，其大意与谭疏相同，今节其大略如下：

　　臣见近世之言理财者曰："财无从生也，惟有节费而已。"臣愚以前代生财之法较之今日尚缺一大政焉。……而钱法是已。……今天下之民愁居慑处，不胜其束湿之惨，司计者日夜忧烦，皇皇以匮乏为虑者，岂布帛五谷不足之谓哉？谓银两不足耳。夫银者，寒之不可衣，饥之不可食，又非衣食之所自出也，不过贸迁以通衣食

———————————

[1]《穆宗实录》卷三五；《谭襄敏公奏议》卷六。

之用矣；而铜钱亦贸迁以通用，与银异质而同神者。……今奈何用银而废钱？惟时天下之用钱者曾不什一，而钱法一政，久矣其不举矣。钱益废，则银益独行；银独行，则豪右之藏益深，而银益贵；银贵，则货益贱，而折色之办益难。而豪右者又乘其贱而收之，时其贵而粜之，银之积在豪右者愈厚，而银之行于天下者愈少，再逾数年，臣不知其又何如也。……臣窃闻江南富室有积银至数十万两者。今皇上天府之积，亦不过百万两以上，若使银独行而钱遂废焉，是不过数十里富室之积足相拟矣。……今之为计者，谓钱法之难有二：一曰"利不酬本，所费多而所得鲜矣"。……其二曰"民不愿行，强之，恐物情之沸腾也"。臣愚以为历代无不用之，至称为钱神，我先朝又用之，只见其利，不闻其病。正德嘉靖以前犹盛行之，盖五六百（文）而直一两，今七八十岁人固多，尚可一召而讯也。独至于今，屡言而屡废，甫行而辄辍焉，何哉？臣窃详之，钱比钞异，于小民无不利也，独所不便者奸豪尔：一曰盗铸不便，一曰官为奸弊不便，一曰商贾持挟不便，一曰豪家盖藏不便，此数不便者与小民无异（应为"与"字之误）也。臣窃闻往时但一行钱法，则辄张告示，戒厂卫，非先之于卖菜之佣，则责之荷担之子，愚而相煽，既闭匿观望之不免；而奸豪右族依托城社者，又从旁簧鼓之，以济其不便之私。一日而下令，二日而闭匿，不三四日而中沮矣。……臣闻施恩泽者自无告始，行法令者自贵近始，岂惟贵近，自朝廷始可也。请自今以后，追纸赎者，除折谷外，而责之以纳钱；上事例者，除二分纳银外，而以一分纳钱；存留户口则兼收钱谷；商税课程则纯用收钱：此谓自朝廷始。又因而赐予之费、宗室之禄、百官之俸，则银钱兼支；又因而驿递应付，雇夫雇马，则惟钱是用；又因而军旅之饷，则分其主客，量其远近，或以代布花，或以充折色：此谓自贵

　　近始矣。此数者,有出有入,而民间无底滞之患,诚以上下交会,血
　　脉流通故也。……①

谭、靳两人,对于铸钱足以富国的过度乐观的看法,正足以说明政府屡
次滥铸的动机。当时破坏钱法的,除政府自身以外,是与盗窃的利益打
成一片的豪门和官僚商人阶级,一如靳氏所言。明末张溥《钱法日弊》
亦说:

　　　　诸解京贡赋之入,固必精良白金;即藩省禄给、存留盐税、薪俸
　　工食之类,又辄以钱不便行而不收。②

至于非收钱不可的只有卖菜和挑担的老百姓。

　　善夫明末徐光启《农政全书》序文所言:"金银钱币,所以衡财也,
而不可为财。方今之患,在于日求金钱而不勤五谷,宜其贫也益甚,此
不识本末之故也。"可惜朝廷却不懂这个道理。

4.年年应役,过于频繁

　　旧日里甲制度,十年之中,只有一年服役,其余九年皆空闲在家,
自行条鞭法后,徭役从丁、田两项起派,折成银两,每年起征。从此,往
日十甲轮差一劳九逸之制不复存在,人民每年都要出役银。换言之,即
将昔日十年内须出办一次的差役总额,分为十年输纳,每年各输十分之
一。关于这点,论者的意见不一。有以为新制较旧制利便的,已略见第
四节(3)。《吉安府志》综合正反双方面的理由,再加以批判,还是赞成
新法,今引其原文如下:

---

①《皇明经济文辑》卷六。
②《国朝经济录》。

旧于十甲之内，十年轮当一差，虽曰一劳九逸，顾其应直之年，数繁役重，力且不胜。况以民事官，入役之初，常例费已不赀，而责办于上，需求于下，有编银一两，而费至十倍百倍数百倍者，苦乐不均，于是豪民巧为规避。户之低昂，吏得私易之，而低者反昂，昂者反低，民之穷困，十户而九。隆庆间，始易为条编，分均徭、里甲、民兵、驿传，名曰四差。计四差之银，通融各为一则，摊分十年输纳。斗、库诸役，出自官募。夫一分为十则役轻，征价于官则民便，轻重通融，苦乐适均，则差平而吏不得持低昂之柄，是宜乎万口称便矣。然议者或谓旦旦而号之，农商无终岁之乐，户户而比之，县官有敲朴之烦，则不若征其价而仍复轮差为便。斯盖长吏自为计之说也。夫十而一之，孰与夫一而十之？矧齐民朝不谋夕，谁乃岁积其一以待十年之输也？今岁输十之一，役轻易办，一输之外，民可闭户而卧，孰谓其无终岁之乐耶？其视轮差之岁，苦于弊多费重，以致鬻儿破产者，万万相悬矣。……[1]

《汶上县志·条鞭法议》以为条鞭法的税基比较广泛一些，说道：

惟是以一县之力，供一县之役，则众而易举也；以一年之输，分十年之限，则轻而易办也。[2]

但万历《常山县志》与上正持相反的意见，它以为常山县原日的编役颇为得法，可以每隔一年休息一年；条编行后，反为催科逼迫。且人民服役过频，适足以防碍他们谋生之计。其说如下：

---

[1] 顾炎武：《天下郡国利病书》原编第23册《江西·徭役》，第57页。
[2] 顾炎武：《天下郡国利病书》原编第15册《山东上》，第172页。

按条鞭之法,使民无偏重之累,多则之扰,甚盛德也。顾物情不一,难以概齐,固有便于江西、越东,而于吾衢不便者,如秦晋便差役,吴蜀便雇役之类是也。且原国初立法,……其意谓劳逸相间,则服役不勤。故自税粮之外,一年里甲,一年粮长,一年丁田(按粮长、丁田皆役名),一年均徭,一年造册(属于银差之一种),十年之中五作而五休之,少得喘息,以并力于供应也。今行条编之法,则官府日日催征,百姓时时输纳。盖有一当排年,则终岁奔走钱粮,日不暇给,凡耕读事畜之业尽废矣。予尝与宁绍一士夫论条编不便于军门徐部院之前。其人曰:"譬如人日行百里则艰;若分作十日,日行十里则安舒,不亦善哉?"谨应之曰:"日行十里,是日日行路也。使人尽废百事,而为行路之计,问馆舍,箧枕簟,持粮粮,亦曰可矣,他将不暇为生乎?"曾因董获至三村,见壁间有无名氏题诗曰:"此村不是石礦村,夜夜尝闻吏打门。半亩庭荒无鸟雀,一年岁晚少鸡豚。新丝欲卖谋诸妇,旧谷难偿累及孙。何日条鞭闻报罢,相公功德满乾坤!"则人情可睹矣……"[1]

5.总一征收,过于促迫

《常山县志》又攻击本县条编法曾一度行之不得其当,致有各项齐征,过于逼迫的情形,说道:

况彼时既经条编,则当条征条解可也。而该房各摘其所需,称为紧急,一时各项齐征,不及半年,殆将完满,大非用一缓二之道。自今知县傅良言至,限为朔望,每两追银五分,分侪缓急起解,民始

---

①《常山县志》卷八《赋役表》。

少苏。……①

湖广《辰州府志》亦说：

> 且他时编派，分正、杂。正、杂之完纳，又分本、折。故追征期宽。自条鞭法行，天下受其画一，而辰迫驿骚。盖巨猾缘而作奸，更立压征、预征、实征诸名，遂征无虚日。今年之谷才登，来年之赋已迫。……②

以上所说的，是两地一条鞭法施行后的流弊实况，并非各地一般的情形。平心而论，条鞭法所规定的征收期限，较之以前稍为画一。有一年分为三限征收的，见霍韬《渭厓文集》卷九《吏部公行·应诏陈言以裨圣政以回天变疏》。有分四限征收的，见万历《广平县志》卷二及万历《邯郸县志》卷四。有分六限的，见前引章潢《图书编》卷九一所记江西的条鞭法。有分七限征收的，见万历《大田县志》卷九及万历《龙游县志》卷四。亦有分十限的，见崇祯《邓川州志》卷五《官师志》。分三限征收的方法，行之于山西忻州及榆次县的，是"春（征）三分，夏三分，秋四分"③。但武进县由三限改为十限，最后定为五限，见万历《武进县志》卷四《征输》。

6.混一征收，且又混一支用，易于侵吞

旧日赋役各项皆各立名目，按款按项征收，且亦按款按项开支起解。立法本意，初非不善。但因头绪过于纷繁，且征收解运人员过于庞

①万历《常山县志》卷八。
②万历《辰州府志》卷三《田赋》。
③见万历《忻州志》第1册及万历《榆次县志》。

杂,往往因缘为奸,自行条鞭法后,原来各项赋役名目仍予保留,官府于开征前照例将本年内本地方所有应收应支的款项及其银两总数,以及各花户应分摊的细数,一一公布出来,到了征收的时候,便向各户按照公布的数字征收一个总数——这一个总数是各该户所应交的各项赋役的合计的总数目。换言之,在征收时并不须分别开所征的银两,其中有多少属于某款某项,又另有多少是属于他款他项,而只是将一个总数统一地收回来。及遇有支用时,即于已收存在官库的款银内拨给。这种收支的方法,当时人叫它作"总收分解"法。所谓总收,即统一征收,所谓分解,即分项支拨。有些人以为这种的收支制度,往往发生侵吞埋没的弊端,已略见第三节引葛守礼奏疏中。万历六年(1578)江西南昌府新建县知县张栋《上刘峨山抚院书》论及该县行条鞭法后的情形,说道:

> 再照四差银两,虽有里甲、均徭、民兵、驿传之殊名,而百姓之输纳,本县之征收,初未尝分开何者为里甲,何者为均徭,又何者为民兵、驿传也。既混一而收之,又混一而用之,随收随放,漫无分别,而县官又公务缤纷,不能一一稽察,侵欺冒破,何能以保其终无哉?①

上函内所言"混一而用",乃指一切支款统从"漫无分别"的总收入内支付而言,与上面所说的"分解"一词,包含起解到另一个地方,意义微有差别。

---

① 《可庵书牍》卷一《新建书牍》。

7.不分仓口，不分石数，易于舞弊

旧日税粮的输送，分为远近仓口。输于远仓的税粮，费力较大，折耗亦较多，所以实际的负担当亦较重，故多派之于富户。输于近仓的税粮，用力稍省，折耗稍低，实际的负担亦较轻，故多派之贫户。远仓名曰重仓口，近仓名曰轻仓口。用仓口的远近来调剂贫富户的负担，使之比较接近公平，这是当时规定的本意。嘉靖初年，何瑭著《均粮私论》论河南的田赋说道：

> 国初定粮，失于分别，一概定作每亩粮八升五合。后官府以下田人户办纳不前也，乃议令起运重粮，多派于上田里分；存留轻粮，多派于下田里分。盖亦哀多益寡，称物平施之意也。虽未尽得其宜，而民病亦少苏矣。近年上司患里书挪移作弊也，乃令不分起运、存留，俱总定一价，则上田、下田无所分别，虽曰可以绝里书之弊，而下田民户固已不胜其害矣。①

上言原定的上田与下田的人户所享受的差别待遇，因里书挪移作弊，以致改为一则起科，使贫户的负担增加，当系实情。自行条鞭法后，起运与存留合一，仓口亦不分远近，昔日调剂人户贫富或土地肥瘠的功用，随之消失，自遭受人们的批评。隆庆元年葛守礼《宽农民以重根本疏》中有云：

> 国初……分定各项仓口，仓口由重而轻，人户自上而下，明白开派某人某仓口粮若干，给与由帖（按，即一种收税通知单），便其

---

① 《何文定公文集》卷八。

执照,各赴该仓收粮大户处投纳,……其法简易,可以百世通行无弊。近年不知何故,乃变为一条鞭派,不论贫富,一切同摊,既不显仓口,又不开石数,只开每亩该银若干,致使书手任意增减,漫无底定。虽小民黠慧者,亦莫知端倪;而况蠢愚,只应凭其口说,从其愚弄也。不惟小民莫知,虽官府亦岂能于分厘毫忽之间算无遗失乎?

又《与刘安峰论赋法》亦谓:

> 山东均徭征输旧规,称为最善,近多变更。小民莫知端倪。如派粮本有原坐仓口,轻重等差,一视户则,虽妇人稚子,莫之或欺。不知何故,变为一条鞭,使书手得以因缘作弊。后又谓一条鞭难为贫者与富人同科,乃又变为三等银则,弊愈不可穷矣。夫照各仓口分派,令人查纳斗斤若干,价钱几何,晓然人知,何等简易! 今乃不显仓口,冒然谓某某该银几何,小民听然输之,无复可以查算,是与书手以神术弄愚民,且又涂民之耳目,装之囊中,任其舞弄也。[1]

按,以前分别轻重仓口之时,是征收本色的,且由民收民解;自行条鞭法后,改征银两,且由官收官解,故办法当不能与旧日一致。

8.合丁徭杂项于土地,启加赋之先声

说者谓徭役杂敛合并于田粮之中,虽得一时苟安,但其后遇有紧急需要之时,后人仍不免重蹈覆辙,遂开田赋加派之渐。且历时稍远,后人或忘记本源,复于田赋上毫无顾忌地附加,更不易防阻。这种见解,明末黄宗羲发挥得淋漓尽致,他从历代的赋税史上作了一番检讨,认为

---

[1]《葛端肃公文集》卷一三。参同书同卷《与鲍思庵论徭役》。

自三代以至明朝都有同一的趋势,关于明代,他说:

> 　　有明两税,丁口而外,有力差,有银差, ……嘉靖末行一条鞭
> 法, ……是银力二差又并入于两税也。未几,而里甲之值年者,杂
> 役仍复纷然,其后又安之,谓:"条鞭,两税也;杂役,值年之差也。"
> 岂知其为重出之差乎? 使银差力差之名不去,何至是耶(一本"至
> 是"下多"杂役"两字)? 故条鞭之利于一时者少,而害于后世者大
> 矣。万历间,旧饷五百万(两),其末年加新饷九百万;崇祯间又增
> 练饷七百三十万。倪元璐为户部,合三饷为一,是新饷、练饷又并
> 入于两税也。至今日以为两税固然,岂知其所以亡天下者之在斯
> 乎? 使练饷、新饷之名不改,或者顾名而思义,未可知也。此又元
> 璐不学无术之过也。[1]

梨洲这番说话,确是普遍存在的事实。如湖南《宝庆府志》所说,足资
证明:

> 　　自一条鞭法行,地租与丁银故未合也,其时增辽饷,所谓九
> 厘饷,是辽饷与条编相并而行,故世谓之条辽,又谓之条饷。自丁
> 银摊入地租,而麂皮班匠优免皆从同,于是粮户又谓之摊,而凡诸
> 租赋皆合于一,则一条鞭法后之又一条鞭也。诸州县盖各有科
> 则云……[2]

今再多举数例,以实黄说。万历十一年御史张贞观请定徐州里甲夫差,
上疏云:

---

① 《明夷待访录·田制三》,中华书局《四部备要》本。
② 清道光《宝庆府志》卷八四《书·户二》。

自民间苦里甲,而后有条鞭之法,是条鞭之行,所以苏里甲之困也。然里甲之累有一分未除,则便是条鞭之行有一分未尽。但据所知,则固有已征鞭银,而复役里甲者,亦有限年头役名色,依然照旧金派私贴无算者。业以(已)征其银而复役其身,是民昔之所苦者一,而今之所苦者二也。且头役私帮出自现年,偏累犹昔,何称鞭法?臣尝备员山东,见鞭法之行较若画一,民间大称苏息,何江北辄不同也?臣谓较若画一,既已改行鞭法,即当悉去现年。其间有重差,如提锁甲首、走递马匹之类,私帮之数,视正额固多,俱应明鞭,不应暗贴;俱应派之合境,不应帮之里甲。至于官府一应供应之数,宁从其优,无过于减。仍严为申禁,必不使里甲复至私用,庶里胥之科扰可杜,而灾地之累苦亦尚可少舒矣。……①

又如河南汝宁府信阳州罗山县亦有类此的情形,县志云:

会银,昔未有也。以里甲供亿。不才官费之不赀,乃酌一年应费之数,定银有额,入一条鞭内征收,在官用之,名之曰会银。会银设,而费有限矣,此节爱之良法也。何近时又令十甲里长轮流支使,岂免包赔,而里长又焉得不派之各人户哉!抑且指一科十矣!是既有会银,复用里甲也。为小民之困,不滋甚乎?②

在南方,这种重税的现象亦甚普遍,万历间南直隶应天府上元县自行条编后,除征收工食银两以外,差使仍令入直亲供。知县程三省《条议上无县事宜四款》,其第四款"免重差"云:

---

①《敷陈里甲条鞭审派疏》。参清乾隆《江南通志》卷七六《食货志·徭役》。
②顾炎武:《天下郡国利病书》原编第13册《河南》。

照得上（元）、江（宁）二县，条编银两已奉明文一则均派矣。每年仍有各衙门库斗诸役工食取之条编，差使则令亲役，每一入直，则有常例，有买办，有守候，无名之费，诸难枚举。……奈何正赋之外，复有重赋如此哉！①

凤阳府亦有同样的情形，《凤书》云：

凤之……最苦者，役于官与役于官府营缮者，如宋顾（雇）役之法，一切取办于编银。虽云嘉（靖）隆（庆）前徭里甲法不均，其时口粮长、马头、库子等色，坊里之长操权横甚，户民一不当意，指名定役，富民立破产，小民糜碎。然自条鞭法行，而此属肆其大害，未尝减也。名曰一条，而四差依然存也。②

总之，种种苛索的名目，横征暴敛的状况，自条鞭行后，仍不减于以前，万历初工科给事中张栋（昆山人，万历进士，知新建县）言之最详。《张给谏集》内《国计民生交绌敬伸末议以仰裨万一疏》云：

四曰审徭役。臣按条鞭之法，虽概行于东南，而行之称善者则莫过于江右。臣先任新建县知县，已亲行之，而亲见其宜民者也。乃若浙、直地方，民非不行，实未尝行。何以证之？夫条鞭之称善，正以其征银在官，凡百费用，皆取于官银。民间自本户粮差之外，别无徭役；自完本户粮差之外，另无差使。吏胥无所用其苛求，而民相安于无扰耳。今既云行此法矣，胡复有均徭之审耶？解户、收头、修衙、修舡、下程酒席，其害不可枚举。请言其详：盖钱粮既征

①万历《上元县志》卷一二《艺文志》。
②《天启凤书》卷四《赋役篇第二》。

在官，则以官收，亦以官解，宜也。何为而又佥大户？一领一纳，库吏皆得上下其手；解户甘心赔折而不敢言。甚至有发与空批，先令完纳，而后听其索补于小民者，此解户之所以称累也。征收钱粮，除用柜头，其害不待言矣。即如派定各区，每名收银千两，则收完其责亦完，宜也。何故必责之以管解？所收之银未经解尽，收头之责终于未完。库吏因而为奸，受贿多者首先发解，否则有候至十年而不得完者，此收头之所以称累也。修衙、修舡，既有征银在官矣，即当责之工房吏书管理可也。今乃仍点大户，官银不足，倾家赔偿，而该吏人等犹且从之索贿；不得，则以冒破禀官究责，以致浮费之数，反倍于赔补之数，夫焉得不称累？下程酒席，亦既额有官银矣，即当责之礼房吏书买办可也。今乃仍用里甲，赔费不赀，荡产从事，而该吏人等亦且因之为利；不得，则以苟简禀官罚治，以致官用其一，而吏反用其二，又焉得不称累？抑且有奉上取资赎锾，无以应其求，而亦派办于徭户矣。其间贫不能胜此役者，每名量田数多寡，又派空役银入官公用，不知原编公用银两作何支销？大都皆为吏书所干没，有司者未必能一一而查之耳。此徭役之当议者也。[1]

上疏言条鞭征银以后，复编审均徭。其中解户、收头、修衙、修舡、下程酒席诸役，旧病一点未除，而另以新的姿态出现，如解户复佥大户；收头又责以管解；修衙、修舡，仍点大户；下程酒席仍用里甲。种种积弊，张氏以为皆由于衙门中如吏胥书手等属于下级的职员勒索干没的行为所致，至于州县中的高级官吏则亦"未必能一一而查之"。其实，州县首领官所

负的责任并不低于吏书,前者的贪污程度恐怕有过后者而无不及。今引稍后的奏疏来作证明。万历中吏部赵南星《朝觐合行事宜疏》云:

> 今士人一为有司,往往不期月而致富。问其所以,率由条鞭法行,钱粮经有司之手,重收而取羡余,加派在其中矣。而数年来又以军兴加派,则加重收而取羡余,是加派无已矣。有司之贪如此,民安得不为盗?小盗起而大盗随之,皆有司为之竿也。①

大约高级的官吏总爱将害民的责任推诿到低级的胥吏的身上。思宗崇祯三年(1630)河南巡抚范景文上《革大户行召募疏》,亦以为盗贼水旱皆不足为百姓的大患,百姓的大患皆由"官患苦之而莫可解免",且"莫如差役"。且他所指的官为民患,并非指真正的官,乃指"胥徒"人等为患百姓而言。范氏建议,改革河南的差役制度,应参照他万历末年在山东东昌县任推官期内所行的条鞭法,实行官收官解,废除佥派民户的办法,以免胥徒从中作梗。今节录疏文如下:

> ……如钱粮之收有收户,解有解户,驿递有马户,供应有行户,皆佥有力之家充之,名曰大户,……而所佥实非真大户,何也?大户之钱能通神,力能使鬼,不难幸免;而兔脱雉罹,大半中人耳。中人之产,气脉几何?役一著肩,家便立倾;一家倾而一家继,一家继而一家又倾。辗转数年,邑无完家矣。即彼所谓能通神能使鬼以免一时者,亦渐日朘月削,免与不免同归于尽。此不水旱而荒,不盗贼而懵者也,岂不痛哉!往时建议者心痛(一作隐)之,变为条鞭法,以阖境之力役均于阖境之丁粮,此其苦宜少苏矣。而试观

---

① 《赵忠毅公文集》卷一四。参《明史》卷二四三本传。

民间,有不经年累月奔命于公家者为谁? 有不卖妻鬻子罄资于津赔者为谁? 是条鞭之行者自行,而大户之革者未革也。总之,役在民则官便,役在官则民便,此不两利者也。便在民,则民欲革;便在官,则官不欲革。此不两立者也,夫官民之不相胜也久矣,有司官即不无念及民瘼者,无如胥徒之中为格何! 盖盒派一行,则手得高下,口得低昂,日市其重(役)于民间,而民奔走以奉之。嗟嗟民间,天子藏富之地,而反为彼外帑,以致官日富而民日贫,在官之人日富而民日贫。臣剜心蒿目,议下有司,实行条鞭之法,一切差役,俱归之官。钱粮官雇人收,为议廪饩;官差人解,为议盘费。仓漕为之议脚价,官委人置(一作买)。驿递为之议刍豆,官募人养。供应以市值平买,不立官价名色。凡夫倾销、添搭、帮赔之费,彻底蠲除。百年患苦,一旦洒然,不亦快乎? 是非移民之害于官也,官任之而害自减耳。……在民免于害,而官亦并受其利,所虑失利(一作"所不科者")者,独胥徒耳。……①

大约一些少数的清廉之官,像张栋及范氏等,或亦"不无念及民瘼",但他们只是绝对少数;大多数都是贪婪之官,所以"士人一为有司,往往不期月而致富",——一如赵南星之言。况且出身于士人之官,虽或主观上念及民瘼,但都客观上脱离民众,岂能洞悉民隐? 所以官若与胥斗法,永远是官失败。根据范疏,我们知道当时国家与官吏,官吏与人民,彼此间的利害的冲突,已经很可以;并且官与胥吏,大户与中户、小户,彼此之间的利害更是充满着尖锐的矛盾。

　　范疏中主要的建议,是停止编盒民户当差,一切徭役皆折征银两入

---

① 《范文忠公文集》卷二,参《明史》卷二六五本传。

官,由官召募,——换言之,严格地执行原有一条鞭法的真髓。相同的意见,在崇祯十年八月二十日户科给事中丁允元题奏内亦可看到。丁氏题请朝廷整顿故乡山东日照县的条鞭法云:

> 照民之逃于赋者十之四五,逃于役者亦复十之三四。盖条鞭一法,原合仓库、马夫、收头诸役公费俱在其中,而迩来州县官应查盘,则以条鞭册应,其实则一年一编佥也。夫编佥之害,在民间则佥一以扰十,在衙蠹则诬贫而卖富。究不至富者贫、贫者徙而转沟壑,其势不已。……①

总之,自行条鞭法后,各地加派、暗编的事件仍是层出不穷。如万历间王圻所说的"小条鞭"②,天启、崇祯间艾南英所谓"条鞭之外,更有条鞭"③,万元吉所说"条外有条,鞭外有鞭"④,都是指重征叠税而言。

9.预算不易编定

条鞭法设立的初意,原本以为各项赋役一经编定以后便可成为定额,希望后来不再有增加。所以各地自行条鞭后,莫不纷纷勒石为碑,或刊刻书册,俱明载编定额数,冀垂之久远。但这个希望是不容易达到的。原本,能编入条鞭银的款目,大半都只限于有经常性与固定性的;其余凡属于临时或意外的款目自不便编入鞭银以内,——这点我们在

---

① 清乾隆《庚寅重刻丁右海先生疏稿》,第9—10页。参《天下郡国利病书》原编第15册《山东上·里甲论》,第141—142页。
②《神宗实录》卷四一六,万历三十三年十二月乙卯,颁诞育元孙诏中语;及《天下郡国利病书》原编第15册《山东上·曹县志》。
③ 见《天佣子集》卷六《书六·与郑三尊论(江西)南城马役书》。
④ 见《墨山草堂初集》卷一《收支疏》。

前面已说过。可是,想制成一个定额还易,想这个定额在一个长的时期内仍能维持便难了。这就是当时人的"预算"问题所在。如果定得太严的,则后来有意外不时之需,便无法去应付;如定得太宽,又怕引起经理人员的浪费以至挪借或侵吞的弊端。万历《安丘县志》把这番道理说得最具体而清楚:

> 四差合征,则力难毕完;输银在官,势且轻用;以难完当轻用,则折阅必多。一旦有意外水旱灾伤之蠲,部派军兴诸卒然之务,将于何取给之? 若欲预为之羡,以备蠲减,如宋曾布所言,则浚民者将濡首焉,是先病之也。……①

事实上也证明编额无法过于低减,因为裁削太过,则支出不敷,且有因此引起民变兵变的。万历十一年八月癸丑,户部覆浙江抚按张佳胤、张文熙各疏言:"浙省徭役条鞭之法,刻成(两浙)均平录,经久可行。近编经制书,裁削太过,以致酿变兵民。自万历十一年为始,每年派银四十四万九千五百三十一两零,以均平录为准,永为遵守。"从之②。关于两浙均平录,余另有题跋,不久即将发表。

因减削工食几致酿成兵变的事例,在河南亦发生过。万历二十年四月丙申,河南巡抚吴自新奏:"陈州卫军以新行条鞭,工食未给,适本营署印同知赵贞明阅兵,法行纠众鼓噪,拥至教场,给给数千金始散。"兵科给事中王德完谓:"条鞭利贫不利富,利军不利官,故武弁百计阻挠之。创制在法,行法在人。闻陈州指挥青若水善抚士,能定变,宜委任以责成功;又别选才干县正履亩清查,使条鞭必行,则帝泽流而军心萃

---

①万历《安丘县志》卷八《赋役考第七》。

②《神宗实录》卷一四〇。

矣。"疏下所司①。为什么条鞭利军不利官呢？因为饷额一定，长官任意克扣的机会难些。

万历初江西新建县知县张栋《上刘峨山抚院书》亦说明原额不宜定得太紧：

> 兹奉道府转奉牌行另议条编规则，……案照隆庆六年奉两院案行粮储道，议定各衙门一应公费款册，颁发下县，……皆分有定款，派有定数，每年每月每日计其所用若干，编银若干，刊定规则，一毫不可增减矣。但当时之立法者，既先限以一成之额；而日逐之所用者，未必能如原定之数。有原编十两而用至二十两者，有原编十两而用至三十两者，又有原未编而续奉举行因而取用者。一时奉票，县官敢抗拒而不即送用乎？此原数之不足，不可不为酌议者也。②

末数语说出上级机关与下级机关在财政上的矛盾。

因此，后来张栋上疏主张议定条鞭银两时，应留有余地，以备不时之需，而免加派包赔之弊；地方长官，不可贪一时之虚名，贸然裁减原定的额数。他的《陈蠲免裁减纷更三事疏》内说道：

> 二曰裁减无实利。何也？节省，美名也。皇上躬行俭德，中外臣工，夫谁不曰节省？顾省所可省者，斯足为民利；省其所不可省者，未必为民利，而适足为民害，此无庸枚举为也。即如条鞭一事，其初议也，未始不因地方之繁简，而定公费之盈缩也。一岁所用，取足于一岁所输，民未见其为病也。有司者欲投时好、博高名，则

---

①《神宗实录》卷二四七。
②《可庵书牍》卷一，又《明史》卷二三三《李献可传附》。

取于原定之数,而日请缩焉。然不能缩于用也,遂令所入无以支所出矣,而包赔加派之弊滋矣。……则又何如因其旧而不必减,使众易供之为愈也?[1]

欲博高名投时好的长官,一方面作毫无实利的裁减,一方面压低雇役的工价,与购买物料的市价,以致工商皆受其害。这种两重人格的官一定天生来有两副的面孔。老百姓见了他们,啼好还是笑好?万历间徐渭著《会稽县志》,其《徭赋论》云:

> 余闻诸长老云:"徭赋之法,盖莫善于今之一条鞭矣,第虑其不终耳。"其意大略谓:均平之始行也,下诸县长吏自为议,县长吏以上方从俭,奈何令己独冒奢之嫌?乃忍取其疑于奢者,一切裁罢以报。而今者每一举动,或承上片檄,则往往顾橐匦而局脊,掌橐之吏与铺肆之人,且愁见及矣。至于顾(雇)役之繁且苦,若仓传者,亦往往直(值)不称劳,莫肯应募。……[2]

所以《吉安府志》以为如真想将条鞭能够长期维持下去,必应注意两事:一、编定预算额应当稍宽;二、发给雇役的工价应当稍厚:

> 必欲维之而使不变,其说有二:夫议法者始乎宽,则其将毕也不弊。盖始事亦尝从宽议矣,后乃一二沽名者减其数以悦上,上之人从而悦之,于是数核而用不舒。夫千金之子,尚交而市义,犹且见大而捐其细眇,况乃主一郡一邑,顾使之秤薪而数粒,束缚之若湿薪然,岂可久之计哉?又兹法之行,本以恤民,而官所募之人,若

---

①《张可庵先生奏议》卷二。按此疏亦见《张给谏集》,原题为《琐拾民情乞赐采纳以隆治安疏》,末二语,奏议不载,今据《给谏集》补入,亦载《西园闻见录》卷三三《节省》。

②《徐文长集》卷一八。

库役、斗级、禁子、扛夫之类，此岂独非民也？不损其直而使之微有利焉，斯皆所以永条编之法者，……倘舍此而复轮差，则何异夺衽席而涂炭之？……①

按，当时沈鲤《典礼疏》，载《亦玉堂稿》卷四，徐桓《乞加休养以保元气以永治安疏》，载《皇明经世弘辞续集》（日本宫内省图书寮藏本）卷一五，大意亦如此，今不录。

六　结语

在上面两节，我们已将正反双方面的理由择要列举出来。今再征引调和之论数起以结束本文，并略附己见于末。《天下郡国利病书》原编第15册《山东上·户役论》（第151—154页）云：

或问条编照地之法，昉于江南，近日府境州邑，有行之称便者，他邑争效焉。而稽之舆论，亦有以为不便，如葛大司徒之疏（原注："户部尚书葛守礼隆庆三年疏"），何其相戾也？曰：法固有便有不便也，而其所以便，又不系乎照地与否也。盖国朝赋役之制，本唐人租庸调之法，以夏秋税粮，征之地亩；银力二差，派之门丁。犹惧其不均也，复准则壤成赋之遗，立为三等九则之目，因其消长登下，而轻重其役焉，法至善也。积习既久，弊端渐生，于是一二有司，更为条编之法，以为画一之制，见谓改弦另器，耳目一新，而其中有便不便者焉。请言其故。旧时力役之法，每夫一名，该银若

---

① 顾炎武：《天下郡国利病书》原编第23册《江西》，第57页。

干,即审有力一人,佥充头役,而以花户贴之,代当之人,止向头役打讨,而所谓贴户者,人数众多,住居窎远,所贴银数,又或不满锱铢,头役不能遍讨,甘于包赔者有之。自条编法行,差银上柜,召募代当,按季给银。代当者领银于官,无准折之滥;应差者纳银于官,无包赔之苦,此不坐头役之便也。旧时征派税粮,即选殷实之家,佥充大户,分定廒口,使之坐收,钱银入手,不免妄费。及期亲解,势必赔偿,甚有鬻产质田,尽室流徙者。自条编法行,粮银上柜,但以柜头守之,不得侵牟,亦无赔补之累,此不佥大户之便也。旧时里甲,十年一轮,谓之见年,一切买办支应,俱出其手,九年之息不足以当一年之费,今将里甲银数,并入差银,上柜收支,官为代办,而轮当支应之苦,皆得免焉,此不应里甲之便也。旧时门丁均徭,三年一审,鬻产多者,则自下升上;置产多者,则自上擦下,故里书造册,有诡寄之弊;士夫居间,有请托之弊;里老供报,有贿买之弊。自条编法行,均徭不审,产有更易,田无增减,而此弊尽除矣,此不审均徭之便也。盖其所谓便者如此。而有不便者何也?旧法编审均徭,有丁银门银,而无地银,则以资本产业臚括并论也,今去其门银而以地银易之,则田家偏累;而贾贩之流,握千金之资、无陇亩之田者,征求不及焉,此农病而逐末者利也。上八则人户,旧有丁门二银,今去其门银,而易以地银,未有加也;下下丁户,止有丁银,旧无门银,今丁银既无差等,而又益以地银,是下户病而中人以上利也。究之属城,固有平皋垦壤、地利尽辟者,以地科差,可矣。至如东南沂、费、郯、滕,皆荒弃不耕之地,西南曹、单、金城,皆濒河被水之区,当其受灾,一望无际,颗粒不收,秋夏税粮犹累里排包纳,若更加地差,则里排亦不能支矣,是成垦之田利,而荒弃之田病也。盖其谓不便者如此。而要之所以称便,在四事之得法,不为其照地与否也。诚使府属州邑，皆能仿此四法，而又得良长吏行之，即不必照地科差，而条编之法，亦可通行无弊矣。何也？条编者一切之名，而非一定之名也。粮不分廒口，总收类解，亦谓之条编；差不分上下，以丁地为准，亦谓之条编；粮差合而为一，亦谓之条编，其目夥矣。天下有治人，无治法，顾行之者何如，岂必胶柱而谈哉？然犹有说焉，物惟不齐而思以齐之，分惟不均而思以均之。我朝成法所以分三等九则者，正以齐其不齐而使之均也。今不分三等九则，而概以丁田之数，比而一之。第无论丁之贫富，田之厚薄，或相倍蓰，或相千万，而于祖宗之旧制，亦少更矣。不但如此，古人制赋之法，以租庸调为善，而我朝用之。所谓丁银者，即其身之庸也。所谓门银者，即有家之调也。所谓税粮者，即有田之租也。今田既有税粮，而益之以地差；差出于门丁，而反去其门银，是田不止于租，而家可无调也，非法古之意矣。又不但此，有户有口，自上古以来，未之有改，今去其门银而但以丁起差，则按图而披，不知某为某门，是有口而无户也。夫政先正名，事必师古，为治之大经大法在焉，较计利害，又其末矣，此葛公之指也。

总括上说，条编之"便"者有四：一、不坐头役；二、不佥大户；三、不应里甲；四、不审均徭。但亦有"不利"者三：一、纵商则农不利；二、宽容中上户而下户不利；三、宽容垦田而荒地不利。且丁不论贫富，田不论厚薄，皆以一则起科，即有不均之患。田已有税粮，复令其出差役；差本出于门丁，今去其门银而但以丁起差，亦非事理之平。其结果，是田不止于出租，而户可无调，驯至有"有口而无户"之失。然条编之四便，皆属于征收方面，与照地编派与否无关。问题的关键，仍在用人得法。故曰："诚使府属州邑，皆能仿此四法，而又得良长吏行之，即不必照地

科差,而条编之法,亦可通行无弊矣。"万历中刘永澄《答赵念莪书》中最能将此意表达出来:

> 征输以条鞭为正,而设法所以济其穷。况设法之害,甚于加赋,尤不得不袭前人之陋,所谓知其非义则速已者也。然条鞭、设法,二者犹是虚位,顾行之之人何如耳。天下无必可行之法,亦无必不可行之法。苟心乎利民,无论条鞭,即设法亦仁术也;苟心乎自利,无论设法,即条鞭亦贪泉也。数千里外,风土各殊。弟焉知大名人情何似,俗尚何似,利害何似?又焉能借箸为兄画刻舟求剑之策?是在兄而已,是在兄而已。[①]

这种"有治人,无治法"的唯心的信念,充满了过去中国的政治历史!

《南阳府志·田赋》论曰:

> 占田于民,则入赋于君,制也。三代以上,赋民之法最善,远莫寻矣。降而唐世,有租庸调法,犹为近古,我国朝多用之者。有田则有租,有户则有调,今之税粮是已;有身则有庸,今之均徭是已。祖宗二百年来率用,未闻不便,近因均徭告困,更以一条鞭征焉。夫役之一年、休之九年,成法于民甚佚,民犹至困,岂诚困在分年甲哉?弊在甲分有贫富,丁产有厚薄,优免有重复,人户有规避,而后财力有诎尔。里必十甲,甲必十户,其初贫富岂大悬者?惟优免为数则有不齐,又有射利之徒,各家占籍以重免,由是无免之家,其役始重,役重而力不支,产必入于巨室,巨室得之复免,而小民之役愈重,中稍豪猾更择轻所转投之,而存者遂大困矣。建议者

---

①《刘练江先生集》卷六,第5页。

不谓役之不均由前四弊,而谓不均在分年甲,乃类计而年征之,弊非不稍革,役非不稍均,特无甲无徭,无年无输,几若昔人所云"一年强半在城中"也。即有司尽无扰,里正尽无需,乡间之民裹粮走州邑,伺输纳,身亦有费,况费不止乃身哉?是以均年之法,殆不若均甲之当也。税粮之科起于地亩,则犹守之成法,而近又多告不均矣。南阳郡中,南召(县)为甚,成赋率以则壤,南召虽硗瘠,困何此极?其至此极,则岂尽其坟埴步武间也?豪右兼并而寄之外邦,或假之屯籴,甚有与地贫民,不收其直,而令代纳赔粮,身则艺无粮地,名曰佃粮。贫民不能给,则必弃捐,鞠为茂草。富民或转鬻,则转承袭,终为闲原。荒愈久愈不可耕,闲愈久愈不可考,而国之额粮不可少,斯追胥旁及取盈焉,且相率驱之捐瘠矣。计无所出,乃以丈地均之,意岂不善?顾主其事者势不能履亩而核,必有托之于人。其人或怠于事,或泪于利,鲜一一肯以实告,由是地虽丈而粮终不均,民且起嚣然讼,上之人见其讼,则为更丈,丈至再三。版籍日繁,稽察日难,而奸蠹日广,且每每为公私扰,淹起征期。今南召税粮不得派者垂二年矣,与其徒劳若此,孰与明为要束,严为赏罚,使有土者各首其实,而后官为覆核,逸且有成哉?呜呼,均年之法,时论方尚之也;均甲之事,畏而莫行者也;丈地之举,知不易而不得不为,为之且难其人者也。然则祖宗画一之规,易简之政,果真不可复哉?果真不可复哉?[1]

　　上文谓均徭告困,乃由于甲分有贫富,丁产有厚薄,优免有重复,人户有规避,四大毛病,四病交乘的结果,使田产尽归巨室,巨室尽得优免,

----

[1] 顾炎武:《天下郡国利病书》原编第13册《河南》,第95—96页。

而小民之徭役愈重。所以徭役之不均,由于十年轮甲或每年征差的影响反居次要。欲求徭役之均,则均年之法不若均甲,均甲又必须认真核实田地,使地与粮真正适合,而不致有不均之患。然丈地一事,亦因种种原因,特别是豪强的阻挠,与委任之难得其人,而无法得其实际。于是丈地虽至再至三,徒使民间诉讼嚣然,官府税粮之起征仍然延滞如故。嘉靖末年唐顺之与苏州知府王仪讨论均徭的通讯中与府志表示相同的意见:

> 大抵论诡寄、贿买(户胥)两弊,则系乎(守)令之强察与否,不系乎轮年与不轮年也。论花分、移甲两弊,则系乎册籍之精核与否,不系乎轮年与不轮年也。[①]

总括言之,一条鞭法仅为一种不彻底的改革。如果它有些优点,那是纯属于征收便利方面,公平的原则一点也谈不上。如万历《安丘县志》论曰:

> 余观条鞭法,非即宋免役雇役者哉? 行之有十利焉:通轻重苦乐于一邑十甲之中,则丁粮均而徭户不苦难,一也。法当优免者,不得割他户以私荫,二也。钱输于官而需索不行,三也。又折阅不赔累,四也。合银力二差,并公私诸费,则一人无丛役,五也。去正副二户,则贫富平,六也。且承稟有制,而侵渔无所穴,七也。官给银于募人,而募人不得反复抑勒,八也。富者得弛担,而贫者无加额,九也。银有定例,则册籍清而诡寄无所容,十也。所谓此法终不可罢者邪? ……[②]

---

① 《唐荆川文集》卷九《答王北厓郡守论均徭》。
② 万历《安丘县志》卷八《赋役考第七》。亦载《天下郡国利病书》原编第16册《山东下》,第25页。

以上列举之十利,除第一、第二、第六三点还勉强扯得上与公平有些小关系以外,其余各点皆就征收利便而言。即就上三点说,亦只侧重在实征实收以求负担达到比较公平的地步,它们本身并不足代表真正的公平的办法,所以具有积极作用的关于公平原则性的规定在一条鞭法中并找不出来。当时的社会,充满着种种矛盾。破坏赋役公平的主要的恶势力,是豪强大户。一条鞭法并不敢正面地向他们挑战,只令有田的人多少增加一点徭役的负担。然而光是这一点小小的改革,已引起许多豪门大地主的反对。他们利用种种借口,去攻击一条鞭法。他们的观点与立场,纯粹站在本人阶级的利益,尽管他们在表面上说得怎样的冠冕堂皇。一条鞭法各种的改革当中,最能具体地说明这一点的,莫过于将征收解运的权力由一向委托人民办理收归官厅自己直接办理一事。这一改革,多少意味着企图行政权的集中,所以它的发展与张居正的整顿吏治的时期约略同时。可是政府并没有勇气向豪门大户开刀,它所能做到的,只是将乡村中的里甲长的人户的权力削弱一点。这班里甲长户,是以中农或富农的成份居多,职役是仍所不免的。若真正大户,皆享有优免的特权,是无须应役的了。一条鞭法由民收民解制改为官收官解制以后,对于平均贫富户的租税负担,是不发生作用的,可是因此引起问题的重心转移到官与吏胥的斗争上面来。因为中国历史上的官,皆由读书人出身,他们对于民众是一向脱节的,他们离开了书办粮房,一切政令的推动,好比"老鼠拉龟,无从下手"。结果,是里甲长的势力,虽已削弱;吏胥的作弊,仍然一点无法防止。所以,一条鞭法行了不久,便又百弊丛生。贫农的负担,一点也不能减轻,豪强大户,仍然逍遥赋役以外。

　　然而,就制度本身而言,一条鞭法究竟亦与以前的两税法有不同之处。今分为赋、役两方面来说:在役法方面,一条鞭法以"丁"为编审徭役的根据,与旧日以"户"为根据的办法不同;在赋法方面,自行条鞭法后,田赋的内涵,因为掺进了许多与田赋性质原本漠不相关的附加杂项进去以后,使得田赋的性质,田赋的款目,日趋复杂与膨胀。

原来在一条鞭法以前,旧日的役法,以里甲为主干,均徭等项杂役皆以里甲为根据而编定的。而里甲的制度,又以审编户则为先行的条件。编户成甲,积甲成里。按照户的等则,以定各种徭役的轻重多寡,这是里甲的制度如此。户则的高低,定于两个重要的因子:一为人丁,一为资产。——这是最简单的说法,在北方有些地方分为门、丁、事、产四项,已见前。但人丁与资产两个因子所占的比重,随南北而不同。在北方以人丁为重,在南方以田产为重。一般地说来,在编定户则时,资产比人丁所占的分量应当重些。比如丁少产多的户,例皆编为上则;但丁多产少的户,似可编入下则。可见单独丁数本身,不能决定户则,它必须与资产联系起来才能决定户则的高下。所以丁多的户并不一定是上户;但上户的丁必为上丁,——如丁亦分等则的话。这是以前审户的方法。但因里甲十年一编,时间太长,往往与实际社会经济情形的变动无法切合,除此内在的缺点,再加以外存的种种的恶势力,如豪强与官府的勾结,里甲长与胥役的串通,以致户则的编审,完全不切实际。一条鞭法为避免编审上的弊端,故索性不编户则,只以丁田两项来定差役。因为这两项比较难以隐匿。从此"丁"取得"户"的地位而代之。户反居于不重要的地位了。

再就资产一项去分析。旧日资产,并不只限于田地一项。凡户内的一般财产,如房屋、资本、牲畜、车船,一切不动产与动产都计算在内。自行条鞭法,各处多以田地为唯一的资产。役的轻重,自此多半以田为根据,田多的出役愈多,田少的出役较少,无田的甚至可以无役。田地的负担无问题的增加了。尚不且此,以前的赋役制度,所注重的是审户,田是随户的,赋役的多寡,均按户而定。自行条鞭法后,所注重的是查田,依田问丁,赋役皆随田起派。从这点分析,田赋已从对人的税(personaltax)转变为对物的税(realtax)。但从另一方面来看,往日的制度,从赋订役,凡出赋多的则其出役亦多,然赋与役各有独立的范围,彼此之间仅发生一种间接的连系。自行条鞭法后,以役定赋,将一州县内的役额摊之于田亩之中,田赋的高低大小,再也不能不受所承担的役额的多寡的影响。自此以后,田赋已丧失其单纯的与独立的性质,因为它必然地包括差徭的成份在内。

总结以上所言,一条鞭法在田赋史上的重要意义有二:一、摊丁入地的办法,初时使得无田的人对于徭役的负担愈来愈轻;以后变成没有田地的人,便不须负担徭役。这一种发展,至迟到了清代中年,已经全国完成,并且演至丁税完全取消,人民对于国家更不须负担徭役的义务或人头税的缴纳,此种情形直到今日仍然。这是最关重要的一点。二、自摊丁入地的办法盛行以后,一切苛捐杂税,凡可以由田赋负担的莫不尽量摊入田赋以内,大开田赋附加的方便大门,给明清以迄民国的财政史上写下最黑暗的纪录和一笔烂胡涂账。

（原载《社会经济研究》1951年第1期）

明代一条鞭法年表

（初稿）

关于明代一条鞭法,我曾经发表过四篇长文:1.《一条鞭法》(1936),2.《明代江西一条鞭法推行之经过》(1941),3.《释一条鞭法》(1944),4.《明代一条鞭法的论战》(1951)。以上几篇论文,多半侧重在制度方面的分析和阐述;至于历史方面,除在第二篇及第四篇的一部分外,都无暇多说。本表之制作,企图变通纲目之例于旁行斜上的格式之中,将明代一条鞭法在全国各地推行的历史钩玄提要地排比出来,以收一目了然之效。论到它的体裁和性质,可以说是与长编相近。然而这种工作的艰巨,比起我平日论述还吃力好几倍。

我国过去的公私典籍和著作,对于这个占有近代财政经济史一页重要位置的一条鞭法,不论在制度或历史方面,向来缺乏系统的介绍。如《明实录》、《明会典》、《明史稿》、《明史》诸书,皆语焉不详。只有顾亭林编的《天下郡国利病书》保存的资料比较丰赡,然卷帙繁重,记载散漫零星,不便查阅。且顾氏当日所据的原料,本表已得其十之七八,无烦再转引顾氏书;但本表所载,十之八九为顾书所未载的。日本人对于本问题的研究,甚为积极。他们的动机与目的何在,是首先值得我们检讨和警惕的。据我所知,他们已发表的专文不下廿篇,执笔的亦有七八人之多,其中以清水泰次教授用力最深,成绩较丰。可是因为都未能正确地掌握了辩证唯物论的方法,所以他们所写出来的历史,有许多非科学和缺乏马列主义的方法的地方。如何运用正确的立场、观点和方法来处理这个历史问题,以求达到更高一步的历史科学的水平,这是我国工作同志的一种重要任务。我以为1934年5月16日苏联人民委员会和联共(布)中央关于苏联各学校教授本国历史问题的决议,很可以供我们参考。决议首先批判当时苏联的教科书及教授本身,都不免带着抽象的和公式的性质,只提供给学生们一些社会经济形态的抽象定义,它认为这样的作法作得不能满意,它指出应:

> 按照历史年代的次序讲述历史事件,且使学生必须牢固地记忆着一些重要的历史现象、历史人物和年代月日等,这是学生们能够切实领悟历史课程之决定的条件。只有这样的历史教程,才能保证学生们所必需的历史教材之易于理解性、明确性和具体性。只有在这样的基础上,正确的分析和正确的总结历史事件(这都是使学生对历史走向马克思主义的认识)才有可能。

上面所指示的,固然是针对当时苏联本国历史教学的情况而言,但对于我们今日这个问题的处理上说的正确方法,自然是可以同样适用的。本表的初步任务,只希望能够先解答上开头两三点一部分的需要,至于分析和总结的工作,除在表后略为提到以外,其详细的结果拟付之不久的将来发表,希望能够作到比较正确的地步。

现订凡例如下:

(一)本表每一条各分五栏,头四栏结合时、地、人、事四项,来说明明代一条鞭法的历史及其内容。最后一栏,注明出处,间附考证。

（二）时间以纪年为原则，有月日可稽的，兼记月日。如原书未记明年份——如只泛云"万历间"或"近日"之类，则依下列方法，系之于其疑近之年：1.从当事人的生平履历去推定；2.从已经施行一条鞭法的邻近区域来推定，即以年份无法确定的县，系之于已确知其年份的同省、同府、同州或其邻县之后；3.根据原书之编纂刊刻的年代去推定。所纪之年，原以奏议或施行的年份为准，但如无法确定，则将奏议推行人的任期的起讫年月查明填入，或径系之于初到任之年。各条排列的先后，纯粹依据年份的先后为次序。但如年份不甚清楚时且又为了与上下条参考对照便利起见，则亦偶有前后倒置一两年的参差之处。

（三）省、府、州、县的分并及其隶属关系，一依《明史·地理志》所记明中叶以后的情况为准。

（四）"人"的一栏，备载职位、姓名，有时兼载别号、籍贯、科甲、经历等项，以备查考。原书有不记职位的，今为查明补入；原书有用古名的，如云"左司空"、"绣衣直指"等，皆易以明代通行的官名，前者改作工部左侍郎，后者作巡按御史；又有仅记姓不记名的，亦有记字不记名的，如原云侯某姓，令某字，今亦多方查明，改书知县某（姓）某（名），以昭一律。

（五）纪事一栏，除过于艰涩古奥的文字外，尽可能撮录原文，以存真相。此栏每条字数，普通皆在三十字以内，最多不过百字左右（仅两三条），少则三四个字不等，以求简洁。至于各条之间，详略互见，去取相资，既可避免重复，尤便于总结与比照。尚有应说明的如下：

甲、纪事一项，多以一地一事为一条，且仅以有关兴革废止的重大事件为限，然有时为史实的贯串方便起见，每于最初见的事例一条中附载其后来的沿革，不再另立多条；又有时数府、州、县合纪一条。至如止为泛言利害得失的议论而无重大实迹可稽者，或比较不关重要的人物，今概从略。读者可参阅拙著其他论文。

乙、一条鞭的异名与别字甚多:有简称为"条鞭"、"一鞭"、"一条法"、"鞭法"或"条法"的;亦有详称之为"赋役一条鞭"、"条鞭均徭"、"均徭需鞭"、"均地条鞭"的;此外又有"明编"、"类编"、"通编"、"总编"、"总赋"、"十段条鞭"种种名称。又如今日通用之"鞭"字,其本字原为"编"字,但初时亦有写作"边"字的;"条"字偶有写作"调"字的。所有以上的别名及其别写,均照原文录入。至如"均徭"、"均粮"、"均平"、"永平"、"均摊"、"牵耗"、"余米"、"牵摊"、"纲银"、"八分法"、"十段锦"、"一串铃"、"提编"、"丁鞭法"、"粮鞭法"等,虽皆与一条鞭法的主要内容相近,但亦不无稍异之处,且既已各有专称,实不宜相混,概不羼入。

丙、同上的理由,有虽具有条鞭的实质但尚无条鞭的名称的赋役制度,此表不载。然亦有施行时尚未通称作条鞭至事后明朝人追记之为条鞭者,得载本表。如嘉靖中苏州知府王仪所行的制度,当时普称之为"征一法",然至万历间亦有人叫它作条鞭法的,今亦录载表中。

(六) 附注一栏,首列参考书籍,次序以重要性的高下为先后;重要性相同,则以成书年月的先后为序。后出的史料虽或完全抄自前出的史料者,但如为通行本,则亦记之,而冠以一"或"字,以便读者易查。凡原书误笔错字,皆随时校正,不复一一标出;但记载讹谬可疑之处,以及他栏所未便载的,辄附记本栏之末。

本表根据的材料,初时原以明修方志为主。一条鞭的盛行实始于明代中叶以后,当时所修的方志每因时间过于接近,来不及有此等记载,且现存的明代方志又往往卷页残阙不全,故不能不采及清、民国以来所修的方志。此外,取材于明代公私著述的亦颇多, ——如政书、奏议、文集、笔记、类书之类。统计作此表时参考过的书籍,已逾千种,其中多罕见版本,庋藏之处主要的为以下各机关或私人:北京图书馆,中国科学院社会研究所,及历史语言研究所,清华大学,北京大学,燕京大学,南京图书馆,江苏省立国学图书馆,金陵大学,南京大学,上海徐家汇天主堂藏书楼,浙江省立图书馆,山东省立图书馆,河南省立图书馆,河北省立图书馆,福建省立图书馆(函托友人谷霁光教授摘抄数条),陕西省立图书馆,云南省修志馆,广州岭南大学,中山大学,及顺德李氏。日本:宫内省图书寮,帝国图书馆,东洋文库,静嘉堂文库,东京及京都帝国大学,东京及京都东方文化学院,尊经阁,仁恭山庄。美国:国会图书馆,哈佛大学中日图书馆。所用书除抄本外,不再分别记明收藏处所。再者,我利用以上图书设备的时间,除了有四五处图书馆以外,绝大多数都是在抗日战争以前,许多馆名近年已有更易,但一时无法周知,所以其中亦有暂仍旧称的。

　　本表由草创以至达到现成的形式,历时将近廿年,中间时作时辍,经过屡次修改和补订,当然不免有体例不甚一致的地方;至如考核不精审之处,更所难免。统求读者惠予教正,一字之赐,皆为吾师。

明代一条鞭法年表

年　代	施行地域	奏议及推行人	纪　事	附　注
嘉靖十年(1531)三月己酉		御史傅汉臣	奏言:"顷行一条编法,……通将一省丁粮均派一省徭役,无不均之叹。"	《世宗实录》卷一二三。清乾隆《续通考》卷一六《职役考》系此事于十年正月,误

年　代	施行地域	奏议及推行人	纪　事	附　注
嘉靖十年	南赣	提督都御史陶谐（会稽人，弘治九年进士）	以赣名邑，而徭役重，其杂差之故耳。乃奏行条鞭法，概算于田，总括众役，每夏税秋粮计田一亩，纳银止于二分、三分，民自乐于征输，而官不劳于督理，编审之时，更无分外诛求，官民两获其利	张萱《西园闻见录》第16册卷三二《赋役前》第26页引吴登瑞语。《明史》卷二〇三，《明史稿》卷一八七，《献征录》卷四〇，《明名臣言行录》卷四七，《昭代明良录》卷一〇，《国朝列卿记》卷五二、一〇四、一〇七，《名人小传》卷二，《分省人物考》卷五〇，《明诗综》卷二七
嘉靖十三年（1534）	南直隶宁国府旌德县	知县甘澧（蕲州人，嘉靖十年举人）	时条编未行，澧裁省厨传，宽减里甲诸费	乾隆《江南通志》卷一一六《职官志·名宦五·安庆府》引旧《桐城县志》。民国《湖北通志》卷一三六《人物志十四·列传四》引《江南通志》
嘉靖十三年闰二月至十四年	广东	吏部左侍郎霍韬（南海人），巡按广东监察御史戴璟（奉化人，嘉靖五年进士）	先是浙江省呈送改议军民赋役文册到吏部，前项民册俱系均平赋役革除奸弊事理。嘉靖十三年韬令将浙省民册格式，转发江西等省，及南、北直隶顺天、应天等府，凡各该府州县额征、岁派、坐派、起存税粮，编审均徭银差、力差，俱照降去格式，斟酌损益，逐款详定，仍刻刊成书，使人皆通晓。务使粮有定额，	霍韬《霍文敏公全集》卷九上《吏部公行·通行各省将军民赋役册速行造报由》；同卷《咨广东巡按再将赋役册详议并查催广西民册由》；卷六下《与陶南川（谐）都宪书》；卷七上《与戴巡按（璟）书》；卷一〇下《两广事宜》（按以上诸文，亦载《渭厓文集》，唯卷次与标题皆异）。叶春及《石洞集》卷一〇

年　代	施行地域	奏议及推行人	纪　事	附　注
			科有定式,差有定役,费有定准,夫有定丁,役有定则,以收条款划一之效。限期从速造报。至嘉靖十四年,巡按广东监察御史戴璟,已将广东省赋役文册查议造报到部。册内事例,驿递、民壮等役,俱随秋粮带征,革去贪官赃弊	《条鞭论》。万历《顺德县志》卷三《赋役志第三》。《郡国利病书》原编第27册《广东上·肇庆府·赋役志》。何出光等《兰台法鉴录》卷一五《戴璟传》。《石洞集》及县志诸书,谓此为"一条编法之权舆"
嘉靖十六年(1537)	南直隶应天十府	大学士顾鼎臣(昆山人)	至吴中田赋利弊,与中丞石岗欧公(按即欧阳铎,泰和正德进士)、刺史肃庵王公(按即王仪),往复订定条鞭均徭,请旨允行(原注:详《国朝经济录》)	顾鼎臣《顾文康公文草》卷末,曾孙顾咸建跋。参看《郡国利病书》(通行本)卷二○《江南八·嘉定县·田赋》。《明史》卷一九三本传
嘉靖十七年(1538)	南直隶苏州府	知府王仪(北直隶文安人,嘉靖进士)	请立法编签粮解,照田多寡为轻重,凡大小差役,总计其均徭数目,一条鞭征,充费雇办,役累悉除	清乾隆《江南通志》卷七六《食货志·徭役》。乾隆《娄县志》卷七《民赋志·徭役》。参《明史》卷二○三本传;或民国《吴县志》卷四九《田赋六·户口》;同书卷七《职官表六》。民国《太仓州志》卷一二《名宦台司》本传;卷一四《兵防中》,第6页下。光绪《华亭县志》卷八《田赋下》。霍韬《渭厓文集》卷七上《与知府王仪书》

年　代	施行地域	奏议及推行人	纪　事	附　注
嘉靖二十年 (1541)	山东		始变赋为一条鞭。因南方诸公,以本处之法行之(北方)	葛守礼《葛端肃公文集》卷一三《与刘安峰论赋法》;卷一四《与姜蒙泉(廷颐?)中丞论田赋书》;同卷《与梁鸣泉(梦龙?)中丞论赋役》。按姜廷颐,巴陵进士,隆庆元年八月至四年二月巡按山东;梁梦龙,真定府定兴县进士,隆庆四年二月至五年十一月巡抚山东
嘉靖二十二年以前	湖广长沙府安化县		秋粮一条边分派	嘉靖二十二年纂修《安化县志》卷二《田赋》
嘉靖二十七年 (1548)	山西平阳、太原二府,泽、沁、汾三州。	户部	题准上二府三州远年停征地内,查出堪种有人承佃地土,减半起科,以抵冲塌抛荒之数,余剩银米自本年为始,佥拨大户,一条鞭征收;银两解布政司收贮,听补五府禄米灾免不敷之用	《万历会典》卷二九《户部一六·征收》。按此为以一条鞭法整理停征地亩,以奖励开垦
嘉靖二十九年 (1550)	河南		大抵北方,田自有赋,役当在人。前有迁执先生,故以南方(条编)之法施之河南	葛守礼《葛端肃公文集》卷一三《与张吉山论豫郡田赋》;同卷《与郑葵山论中州地差》。参看张四维撰《端肃公墓志铭》;申时行撰墓表

续表

年　代	施行地域	奏议及推行人	纪　事	附　注
嘉靖三十三年以前	南直隶淮阳府	兵备副使姜廷颐（字以正，湖广岳州府巴陵县人，嘉靖二十三年进士）	是时江北取民无制，廷颐行一条鞭法，遂为善政	雷礼《国朝列卿记》卷一四五本传。《嘉庆一统志》卷三五九《岳州府二·人物》，光绪《湖广通志》卷一七〇《人物一一·明六·岳州府》本传
嘉靖三十四年以前	山东济南府历城、长清二县	知府项守礼	递年俱用一条边分派，惟章丘等廿六州县俱用三等分派，新泰、莱芜二县俱用四等派征	隆庆《山东经会录》卷五。参看崇祯（济南府）《商河县志·徭役》
嘉靖三十五年(1556)	江西省	巡按蔡克廉（晋江进士）	倡议为一条边法，民翕然以为便，然王府称不便，遂革不施行	嘉靖王宗沐《江西省大志》卷一《赋书》。《明名人传》（明稿本，撰者未详）卷二八有蔡克廉传。按嘉靖宗沐任江西提学副使时亦议行条鞭，但亦不果行
嘉靖三十八年(1559)	广东（琼州府感恩县）	巡按御史潘季驯（乌程进士）	乃定永平录行之，(今)合并厢里，入一条鞭	《潘司空奏疏》（四库文津阁本）卷一《上广东均平里甲议》，《明史》卷二二三本传。《学庵类稿》谓此议已发条鞭法之端，然止行于一方，未能遍也云云。本条纪事一栏乃录自民国《感恩县志》卷六《经政志·均平》。又据咸丰《琼山县志》卷八《经政志七·均平》，补入一"今"字，盖指万历中年以后事也

续表

年　代	施行地域	奏议及推行人	纪　事	附　注
嘉靖三十八年	广东潮州府	知府冯	嘉靖三十六年江西按察金事,改官潮州,行条鞭	冯梦祯《快雪堂集》卷一一《冯公墓志铭》
嘉靖三十九年以前			从今乃变为一条鞭,如上户银一两,下下户亦如之,差分九等,粮独不可九等,三等而乃一条鞭乎,名虽一条鞭,实则杀民一刀刀也	《李开先集》中册《闲居集》杂文
嘉靖四十年(1561)	广东广州府从化县等处	御史庞尚鹏	条鞭法行,益免更编之烦,遂为定例	雍正《从化县新志》卷二引明旧志《田赋论》中语。道光《广宁县志》卷六《赋役》载:"御史庞尚鹏上条鞭法,称为简便,嘉靖间数行数止,至万历九年乃尽行之。"参道光《阳春县志》卷四《经政·户役》。庞氏为粤人,故粤省方志多以条鞭法之创始人推之
嘉靖间	广东高州府	同知李渭(思南人)	行一条鞭法,剂量多寡,官为主办,悉放民归耕	《嘉庆一统志》卷四四九《高州府·名宦·明》
嘉靖间	广东琼州府临高县	给事中姜性	奏行条编,通估岁需,均派于粮,唐宋以来赋役至条编一变矣。今俗称条饷,即此项也。岁征之额,等于正供,自此天下不复知有力役之征,数百年来便之(参看万历十二年本府各县诸条)	光绪《临高县志》卷六《赋役类》第27页引续志

年　代	施行地域	奏议及推行人	纪　事	附　注
嘉靖四十年	南直隶松江府	巡按浙江御史庞尚鹏（字少南，南海人，嘉靖卅二年进士）	改作一条边法，但于平米止分本色米、折色银两项	陈继儒《白石樵真稿》卷一二《查一条鞭之故》。崇祯《松江府志》卷八《田赋》。或《郡国利病书》卷二一《江南九·松江府·田赋志》。乾隆《娄县志》卷七《民赋志》。《明史》卷二二七《庞尚鹏传》。张元忭撰祠碑（《张阳和集》）
嘉靖三十八年以后至四十年以前	浙江处州府	摄知府事推官张振之（字仲起，太仓人，嘉靖三十八年进士）	首举条鞭法，诘暴横，贵要敛手。秩满，会严嵩当国	民国《太仓州志》卷一九《人物三》，按振之撰有《全浙条编》及《江南七议》，见州志卷二五《艺文》，参《明史》卷一一〇《宰辅年表二·张振之》
嘉靖四十二年（1563）	江西赣州府兴国县	知县海瑞（琼州府琼山县，举人）	时吉安、南昌等府红站马船尽以一条鞭行之，瑞请南赣州、南安二府亦用此法，止征役银不编正户	《海瑞集》上册《兴国八议》
嘉靖三十八年以后	浙江嘉兴府平湖县	知县顾廷对（字子俞，南直泰州人，嘉靖三十八年进士）	创鞭均役法。先是校田多寡以力差役民，民以田为仇，而贱售之。廷对创条鞭均徭均平法。总计而年征之，贮于官，以贴役者，力均而不病，上官初弗之许，反覆陈利害十数条，始得如请。令下，民若更生。逾年，南海庞公尚鹏来按浙，以其法行各郡邑，所在称便。至今湖人田亩，皆曰顾公之惠也	《本朝分省人物考》卷三一《顾廷对》。雍正《浙江通志》卷一五〇《名官五》引嘉靖《嘉兴府图记》。光绪《平湖县志》卷一二《宦绩·文秩·顾廷对传》作"条鞭均徭法"。参看雍正《江西通志》卷四七《秩官》顾传。《嘉庆一统志》卷二二八《嘉兴府二·名宦·明》

年　代	施行地域	奏议及推行人	纪　事	附　注
嘉靖	浙江杭州府钱塘县	御史庞尚鹏	创条鞭法	万历《钱塘县志》第三册《纪制》第6页引《国朝纪略》;第36—37页张瀚《庞公祀记》万历十二年,只言定均平册事,未及条鞭,第一册《纪疆·田赋》第26页"自条编法行,制始划一"
嘉靖四十三年(1564)	浙江湖州府	巡按御史庞尚鹏	入境首按墨吏与势家横逆者置于法。上里甲均平疏,立条鞭之法,岁省费百万,民若更生,请诏通行各省,至今赖焉	钦依《两浙均平录》卷一。郭棐《粤大记》卷一七《献征类·部院风猷》。万历《南海县志》卷三《政事志》。清顺治《湖州府志》前编卷三《均平录及均平由帖》。傅维麟《明书》卷一三二《吕本传》,或道光《南海县志》卷三七《列传六·庞尚鹏传》,崔嘉祥《鸣吾纪事》(载《盐邑志林》第48册)越人丁士卿条。林之盛《皇明应谥名臣备考录》卷六《庞尚鹏》
嘉靖四十三年	广东广州府南海县		遂行一条鞭(原注:参《明会典》、《明史·食货志》、《九江乡志》参修)	道光《南海县志》卷一四《经政略·田赋》,原记云:"案郝通志云:三十九年(尚鹏)上条鞭法,当是据上疏时言,此乃据行及吾邑而言。"

年　代	施行地域	奏议 及推行人	纪　事	附　注
嘉靖四十四年 （1565）	广东广州府南海县	知县詹仰庇（泉州府安溪县人，嘉靖乙丑进士）	创条鞭法。后浙抚（按字之讹）庞公（尚鹏）以其法奏请通行	同治《晋江县志》卷九《人物志一》
嘉靖四十四年	浙江嘉兴府	巡按庞尚鹏	酌除诸弊，行均平需鞭法	万历《嘉兴府志》，参万历《温州府志》卷五《食货志·差役》。《嘉靖实录》四十四年十一月乙酉条
嘉靖四十四年	浙江嘉兴府嘉兴县及海盐县	巡按庞尚鹏	总核一县各办所费及各役工食之数，一切照亩分派，随秋粮带征。分其银为两款：一曰均平银，一曰均徭银，岁入之官，听官自为买办，自为雇役，而里甲之提牌轮办，与力差之承应在官者，尽罢革焉，此杂泛差役改为一条鞭之始	崇祯《嘉兴县志》卷一〇《食货志·赋役》。万历《海盐县图经》卷五《税粮》；或《郡国利病书》原编第12册《浙江下·海盐县志·泛差》。万历区庆云《定香楼全集·粤稿·庞尚鹏传》。庞尚鹏《百可亭摘稿》卷一《奏议》第26—37页《节冗费定法守以苏里甲事》，按所议为定均平银事
嘉靖四十四年	浙江嘉兴府平湖县	知县丁应宾（湖广龙阳人，嘉靖乙丑进士）	前知县顾廷对，立条鞭法，法行浙中各郡邑，廷对去，他邑或稍更张，弊复滋，应宾一遵约束，邑人赖之	光绪《平湖县志》卷一二《宦绩·文秩》

年　代	施行地域	奏议及推行人	纪　事	附　注
嘉靖四十四年	山东济南府武定州	知州 王鉴（字汝明，无锡进士）	以诸赋多名色，头绪综杂，苦于征解，乃设为条编法，每岁计受征者几何，缓若急者几何，类为籍上之，按籍以征，咸有资第	王弘诲《天池草》卷二《太仆卿继山王公神道碑》
嘉靖四十五年（1566）	浙江湖州府德清县	御史庞尚鹏	始行条鞭，一岁之里甲、丁徭、土贡、雇募合为一条，均课于一县之丁田	康熙《德清县志》卷四《食货志》
嘉靖四十五年	浙江绍兴府新昌县	巡按御史庞尚鹏	始立均徭之法，每岁通计概县丁田，约复士夫之家外，通融派银，定值雇役，今所称条鞭是也	万历《新昌县志》卷六《差徭》
嘉靖四十五年	浙江金华府永康县	御史庞尚鹏	按浙，加惠里甲，凡公用支应夫马等项，酌定其数，一例编银，征之于民，而用之于官也	《郡国利病书》原编第22册《浙江下》。《百可亭摘稿》卷一《奏议》第20—26页《闵时艰陈末议以垂法守事》，按所议为裁革库子斗级馆夫及铺行事
嘉靖四十五年至隆庆元年	浙江衢州府常山县	巡按庞尚鹏	庞院新法大便民，知县冯治格不行，后罢官，庞例因得行	康熙《常山县志》卷六《职官表》（抄本，日本宫内省图书寮藏）
嘉靖四十一年五月至四十四年五月	南直隶苏州府嘉定县	应天巡抚周如斗、知府蔡国熙	定条鞭法	光绪《嘉定县志》卷四《役法沿革》。焦竑《献征录》卷六二《周如斗传》。按《国榷》载：嘉靖四十四年五月甲午如斗右佥巡抚江西，参下江西条

年　代	施行地域	奏议及推行人	纪　事	附　注
	南直隶常州府武进县	知县谢师严	立征粮一条编法	万历《武进县志》卷四《征输》,或《郡国利病书》卷二三《武进县志·征输》
	南直隶扬州府通州海门县		行一条鞭法	光绪《海门厅图志》卷一一《赋役志》(原注:案通行于万历九年而实始于嘉靖)
嘉靖四十一年后	南直隶庐州府	知府张大忠(字国祯,平湖人)	创行一条鞭新法,士民祠之	光绪《平湖县志》卷一五《列传》。参看嘉庆《扬州府志》卷二〇《赋役志》
嘉靖末年(1560—1566)	南直隶安庆府桐城县	知府陈于阶(遵化人,嘉靖四十一年进士)	行一条鞭法,吏不扰民,当善事之。请檄行天下以为式	乾隆《江南通志》卷一一六《职官志·名宦五·安庆府三一》引《桐城县志》。道光《安徽通志》卷一〇五《职官志·名宦三》引《江南通志》。于阶,《兰台法鉴录》卷一八有传,作南充人,光绪《畿辅通志》卷二二四《列传三二·明九》,作宣化府遵化人,不可与《明史》卷二七五高倬附传明末死难之陈于阶相混
嘉靖末(?)	南直隶安庆府太湖县		近奉例行条编法,令民一户丁出银,不足,又计田准丁,悉输之官,以免役,而诸役尽官为召募	《郡国利病书》卷三一《江南一九·太湖县志》

年　代	施行地域	奏议及推行人	纪　事	附　注
嘉靖末	山东兖州府东平州汶上县	知县赵可怀（巴县进士）	始以丁权地,立明编法,民得据历以出役钱。其里甲供倍,计岁会之需,赋入地亩,征其直于官,而代之以吏,民不知扰	万历《汶上县志》卷五《宦绩志》;卷八《艺文志》,参隆庆《山东经会录》卷九《均徭附录》。《兰台法鉴录》卷一八
嘉靖四十四年五月至四十五年十月以前	江西省	巡抚周如斗（余姚进士）	据四阅月,而科条悉具,疾在褥,犹刺刺理条鞭事,盖以一条鞭殉也。刘公光济继之,然后大行	《两浙名贤录》卷一九《经济·明三》。万恭《洞阳子集·再续集》卷五《怀仁祠碑》。万历《南昌府志》卷一六《名宦》。或朱健《古今治平略·国朝户役》;清王原《学庵类稿·明食货志·赋役》
嘉靖四十四年以后	江西饶州府余干县	知县郑继之（襄阳人,嘉靖四十四年进士）	纳银令自封兑,批委供拟,不假胥役。……时条法新行,立则编派,轻重均适	雍正《江西通志》卷六三《名宦七·饶州府》。《明史》卷二二五本传
嘉靖四十五年闰十月十五日批行	湖广永州府		一条边审编	隆庆《永州府志》卷九
嘉靖中	湖广黄州府麻城县	知县陈子文（字在中,闽县进士）	征税粮,立条鞭法,民皆称便	雍正《湖广通志》卷四三《名宦志·黄州府》。民国《湖北通志》卷一二〇《职官志一四·宦绩传四》引《福建通志》

年　代	施行地域	奏议及推行人	纪　　事	附　　注
嘉靖末			行一条鞭法;通府州县中十岁中夏税秋粮存留起运之额,均徭里甲土贡雇募加银之例,一条总征之	黄宗羲《明夷待访录·田制三》
嘉靖间			行一条鞭之法,总括一州县之赋役,量地计丁,丁粮毕输于官。一岁之役,官为佥募,力差则计其工食之费,量为增减;银差则计其交纳之费,加以增耗。凡额办、派办、京库岁需与留存供亿诸费,以及土贡方物,悉并为一条,皆计亩征银,折办于官,故谓之一条鞭,立法颇为简便	《明史稿》卷六〇《食货志》。《明史》卷七八《食货二》谓:"嘉靖间,数行数止,至万历九年乃尽行之。"
隆庆元年(1567)	广东南雄府	知府周思文	遵用永平录,申准一条鞭,民便之	清道光《直隶南雄州志》卷一五《经政略·田赋》
隆庆初	河南光州息县	知县赵如宴(沙河人)	省里甲,行均输,刊定条边法	《嘉庆一统志》卷二二三《光州直隶州二·名宦·明》
隆庆初	云南	按察使徐栻(常熟进士)	创行条编,积弊遂革,民甚戴之	徐栻《滇台行稿》卷一。清师范《滇系》二之一《职官系》。康熙《云南府志》卷一一《官师志二》。《明史》卷二二〇《刘应节传附》。崇祯《滇志》卷一〇《官师志》第七之一《总部宦贤》

年　代	施行地域	奏议及推行人	纪　事	附　注
隆庆年间	浙江温州府	巡按庞尚鹏（按尚鹏嘉靖四十年至隆庆元年按浙）	改议十段锦名曰均平，改革库子、斗级、盐夫、粮长等项徭役，俱于一条鞭内征收。亦名均平需鞭法	万历《温州府志》卷五《食货志》。庞尚鹏《百可亭摘稿》卷一（第40—47页）；或陈子龙《皇明经世文编》卷三五七《庞中丞奏议·题为厘宿弊以均赋役疏》，按所议为十段锦编差之法。上引庞氏各疏尚未用"一条鞭"字样。霍与瑕《霍勉斋集》卷一八《鄞县申稿·兴革事宜上分守道》云："宁波等处自前庞察院行徭差均平画一之法，一洗里甲百年困苦。"按霍氏于隆庆元年至二年补鄞县知县，见卷首与瑕传
隆庆元年正月十九日	浙江绍兴府余姚县	知县邓材乔	始议行一条鞭法，至万历廿五年（1597）知县马从龙申饬条鞭，核丁照额	万历《绍兴府志》卷一五《田赋志二》及清康熙《余姚县志》卷六《食货志》。林乔，县志误作材乔，《兰台法鉴录》卷一八有传。马从龙传见清舒赫德《胜朝殉节诸臣录》卷五五
隆庆元年（一说在嘉靖四十四年）	浙江绍兴府山阴县	知县杨家相	取宋人鼠尾输折法，名一条□，逐岁标示（税数）令民守数以输纳	万历《山阴县志》卷三《民赋志·粮则》及张天复《撰记》

年　代	施行地域	奏议及推行人	纪　事	附　注
隆庆二年(1568)四月十四日	浙江绍兴府诸暨、会稽、山阴、萧山、上虞、新昌、嵊县等七县	会稽县第五都里长郦宜试、诸暨县庶民周恭等四十七人连名呈请	奉院批准依照余姚县立一条鞭法,右引庞氏疏续云"除通行各该守巡道酌议另行外,伏乞敕下部再加参酌……转行各该司府州县等衙门著为成法……伏乞通行南直隶江西湖广两广云贵诸省,照此类推,一体议行"	万历《会稽县志》卷七《户书三·徭赋下》。万历《绍兴府志》卷一五《田赋》同。唯万历《上虞县志》卷八《食货志·均徭》,作万历三年行条鞭法。《百可亭摘稿》卷一第49—59页《均徭役以杜偏累以纾民困事》:"查得余姚、(嘉兴府)平湖二县原著有均徭役一条鞭之法,节据湖杭等府士民人等咸谓愿……查照通融均平,……况绍兴所属,臣已督行一年,卓有明效……"
隆庆二年	浙江严州府遂安县	知县周恪	条编之法,自欧阳约庵(铎)公始议,庞公申明,于时有司玩习犹存,公锐意福民,其收贮以投柜法,里排催小民,民兑民封,以时总之,应贮应解各如制,无复粮长之难,且蠲革收头无所用	汪尚宁《少峰周公去思记》(乾隆《遂安县志》卷一〇《艺文·记》);同书卷四《官师·知县》第7页;《宦绩》第31页
隆庆二年	湖广常德府	知府樊垣(宜宾进士)	先是郡苦徭赋,公创画一之议,省旧制十之五,即今所通行条鞭法也	嘉庆《宜宾县志》卷四八《艺文志·尹伸撰樊垣传》;前书卷三八《人物志·樊垣》

年　代	施行地域	奏议及推行人	纪　事	附　注
隆庆二年至四年	江西省	巡抚刘光济,召抚州同知包大耀,南昌府理张守约,吉安府理郑恭,广信府理孙济远,新建令王以修,庐陵令俞一贯,临川令蒋梦龙校计之	二年春定徭役条鞭法,秋九月成,明年春坊甲鞭法成;是年秋禁约铺行法成。始行于南昌、新建二县,三四年乃遍行江西七十二县	万恭《洞阳子集·续集》卷一《仁政纪序》;卷四《仁政祠碑》;《三续集》卷一《杨封君墓志铭》。杨封君是灌城人杨汝瑞,他本人虽非仕宦"出身",但是他是"以子贵"的乡下老太爷。参拙著《明代江西一条鞭法推行之经过》附表。刘光济《差役疏》载《图书集成·经济汇编·食货典》卷一五二《赋役部·艺文》。光济传见康熙《江西通志》。光济抚赣自隆庆元年十月至四年六月。郑大郁《经国雄略·赋徭考》卷一《赋徭》第3页
隆庆二年十二月	江西省	巡抚刘光济(江阴进士)	继巡抚周如斗议上一条鞭法,奏可,行之最久	徐学聚《国朝典汇》卷九〇《赋役》。谭希思《明大政纂要》卷六一。万历《南昌府志》卷一六《名宦》;卷二四《纪事》。《古今治平略·国朝户役》。《学庵类稿·明食货志·赋役》。《皇明续纪》卷下《穆宗庄皇帝纪》:(隆庆二年十一月前)江右议行条编法,部覆允行之

年　代	施行地域	奏议及推行人	纪　事	附　注
隆庆二年			行一条鞭法,初抚臣庞尚鹏、刘光济以此行之江西,其后阁臣高新郑、张江陵,会户部议通行之,海内至今遵守(按尚鹏未尝抚赣)	黄汝良《野纪朦搜》卷一二。《明史》卷二一三《高拱、张居正》
隆庆二年	江西南昌府进贤县	知县汤聘尹(长洲进士)	奉行刘光济条鞭法,定章程,以风属邑七十	《洞阳子续集》卷一《棠阴纪序》。清雍正《江西通志》卷一三《田赋》;卷五八《名宦二》
隆庆二年	江西南安府		行条鞭法,征收里甲银在官	万历及康熙《南安府志》卷三《政事纪》
隆庆初	江西南安府南康县	知县余世儒(婺源人)	条鞭法初行,人情观望,世儒独尽力蠲革一切弊征,为岭北诸邑倡	雍正《江西通志》卷六五《名宦九》引府志
隆庆中	江西抚州府临川县	知县张汝济(字泽民,山东汶上人,隆庆二年进士)	(时)立计者初创条鞭法,从或疑骇,而(公)从容剂量务得其平,不数月令行如流水	李维桢《大泌山房全集·都御史张公墓碑》。雍正《湖广通志》卷一一三《艺文志·碑记·明》引此
隆庆中	江西抚州府金谿县	知县唐本尧(上海进士)	时条鞭法新行,他邑尚观望疑阻,本尧坚守之,分毫不扰	雍正《江西通志》卷六二《名宦二》
隆庆中	江西九江府	知府张应治(秀水人,嘉靖四十一年进士)	议条鞭。万历初,举卓异,寻升临清副使	万历《秀水县志》卷六《人物·贤达》

年　代	施行地域	奏议及推行人	纪　事	附　注
隆庆中	江西九江府德化县	知县俞汝为（华亭进士）	改里甲为条鞭，分限纳银，人便之	雍正《江西通志》卷六四《名宦八·九江府》引府志
隆庆中	江西瑞州府	知府邓之屏（巴县进士）	以民苦徭役，取回九江协济，请行条鞭法	前书卷六〇《名宦四·瑞州府》
隆庆中	江西临江府新淦县	知县李乐（乌程进士）	淦赋繁，申请条鞭画一，民便输纳	前书卷六一《名宦五·临江府》
隆庆中	江西吉安府	知县汪可受（黄州府黄梅人，万历八年进士）	始易为条鞭。万历间知县汪可受造条鞭法，定为例	万历《吉安府志》卷一《郡纪》；卷一三《户赋志》。《郡国利病书》卷八〇《江西二·吉安府》。雍正《江西通志》卷六一《名宦》。民国《湖北通志》卷一三六《人物志一四》汪传
隆庆中	江西饶州府安仁县	知县谢汝韶（长乐人）	行条鞭法，刻《锦江政略》，民为立碑祀之	雍正《江西通志》卷六三《名宦七·饶州府》引府志
隆庆三年（1569）	江西建昌府		奉行一条鞭法，赋根于粮，役根于赋，责民办银，一切力差悉听官之支贸	万历《建昌府志》卷二《田赋》
隆庆三年	江西赣州府	江西巡抚刘光济	改行郡县条鞭法	天启《赣州府志》卷一八《纪事志》
隆庆三年	南直隶应天府上元县	巡抚都御史海瑞	奏请清丈，官民田悉用扒平，粮差悉取一则，革现年之法为条编，维时一条鞭法已行于数省矣	顾起元《客座赘语》卷二。万历《上元县志》卷二《田赋》；或《郡国利病书》卷一四《江南二·上元县》

年　代	施行地域	奏议 及推行人	纪　事	附　注
隆庆三年	南直隶应天府江宁县	巡抚海瑞	奏行一条鞭,时江左已行之数年矣	《海刚峰文集》卷五《复淳安大尹郑应龄》。万历《江宁县志》卷三。《明史》卷二二六本传
隆庆三年	南直隶应天府江浦县	巡抚都御史海瑞	奏一条编法。又隆庆四年巡抚陈道基条鞭	《海瑞备忘录》(四库文津阁本)卷六《督抚条约》。万历及崇祯《江浦县志》卷六《田赋》;或《郡国利病书》卷一四《江南二·江浦县志》
隆庆三年	南直隶应天府溧水县		奏行一条鞭	万历《溧水县志》卷一《邑纪下》
隆庆三年	南直隶松江府华亭县	巡抚海瑞	申行一条鞭法,然我郡犹有力差,至万历五年巡抚胡执礼始尽改银差	光绪《华亭县志》卷八《田赋下》
隆庆年间	南直隶松江府	巡抚海瑞	将均徭均费等银,不分银力二差,俱以一条鞭征银在官,听候支解(原注:引《江南通志》)	嘉庆《松江府志》卷二七《田赋志·役法》
隆庆中	南直隶松江府上海县及清浦县	巡抚海瑞	行苏州知府王仪一条鞭法,不分银力二差,征银在官,听支雇办,于是赋法有均徭里甲银,民称便焉	同治《上海县志》卷七《田赋下·役法》。褚华《沪城备考》卷五。光绪《青浦县志》卷八《田赋下》

年　代	施行地域	奏议及推行人	纪　事	附　注
隆庆三年	南直隶徽州府歙县	巡抚海瑞	奏行一条编例,岁用分为四款,日岁办,额办,杂办,杂役	《郡国利病书》原编第9册《凤宁徽·歙县志·风土论》
隆庆三年	南直隶徽州府休宁县	巡抚海瑞	与上载略同。按条编役例,此时似与"均平"一名相通,故县志云:"其(均平)法自抚院海瑞奏行一条编例始"	万历《休宁县志》卷三《食货志·徭役》。参拙著《明代十段锦法》第127页。刘仕义《新知录·一条边》,载《纪录汇编》卷二一六,第29—30页
隆庆三年	南直隶徽州府祁门县	巡抚都御史海瑞	奏行一条鞭	万历《祁门县志》卷四《食货志·徭役·均平条目》
隆庆四年(1570)	南直隶徽州府绩溪县	巡抚都御史海瑞	均徭里甲,照十段丁粮轮编,又有条编书册	万历《绩溪县志》卷三《食货志》
隆庆(?)	南直隶宁国府		明兴二百余祀,税法凡四变焉……四日条编	《郡国利病书》原编第9册
隆庆四年	南直隶池州府青阳县	应天巡抚海瑞	是年题奏将均徭里甲银、力二差俱作条编支解。至万历九年(1581)又加清查	万历《青阳县志》卷三《原财编·徭役》
隆庆四年	南直隶池州府铜陵县	巡抚海瑞	会议条编,将田丁并为一则,编银当差,条鞭征解支给	万历《铜陵县志》卷三《食货志》
隆庆四年	南直隶常州府	巡抚朱大器及苏松兵备道蔡国瑞	先是江西各郡行条编法,人皆称便,至是国瑞广询而力行之	万历《常州府志》卷五《里徭》;卷六《征收》

年　代	施行地域	奏议及推行人	纪　事	附　注
隆庆四年	南直隶常州府武进县	巡抚朱大器及兵宪蔡国瑞(巡抚朱大器,进士)	邑人唐鹤征记万历初蔡国瑞将行条鞭,询于鹤征;又谓江右条鞭法,既而有行之山东者,齐鲁之民群起而哗焉。唐氏所记年代较县志略迟	万历《武进县志》卷三《里徭》。或《郡国利病书》卷二三《江南一一·武进县志·里徭》。参清道光《武进阳湖合志》卷一〇《赋役志·徭役》。《明史》卷二〇五《唐顺之附传》
	南直隶常州府无锡县		将均徭总作一条鞭法	万历《无锡县志》卷八《均徭》
隆庆四年	南直隶扬州府高邮州	巡抚王宗沐(按宗沐临海进士,其抚凤阳实自隆庆年始)	按宗沐所著《江西省大志》,其卷一、二为徭书、均书。论者谓其为条鞭法之始	隆庆《高邮州志》卷三《民赋志》。参看《郡国利病书》卷九三《福建三·漳州府·田赋》;同书卷四二《山东八·青州府·徭役》。《明史》卷二二三本传
隆庆四年	江西省府州县	户部	题准江西布政司所属府州县行一条鞭法	《万历会典》卷二〇《赋役》(清魏建中《福建通志》引此)。章潢《图书编》卷九〇《江西差役事宜》
隆庆四年八月丙午	山东	巡抚梁梦龙(真定进士)	合照抚院原行一条鞭之法,以慎纷更	隆庆《山东经会录》卷九《均徭附录》。《穆宗实录》卷四八。《明史》卷二二五本传。参看崇祯《商河县志·徭役》

年　代	施行地域	奏议及推行人	纪　事	附　注
隆庆中	浙江金华府	知府韩邦宪（高淳人）	立类编追征法,以杜混科烦催之弊	《嘉庆一统志》卷三〇一《衢州府·名宦·明》
隆庆四年	浙江金华府义乌县		其法通计每岁夏税秋粮存留起运额若干,里甲银力徭差诸费额若干,照数编次,开载各户由帖,立限征收,诸役钱皆官府自支拨	《郡国利病书》卷八七《浙江五·义乌县·田赋书》
隆庆五年（1571）	浙江严州府遂安县	知县吴拨谦（江西临川进士）	查飞诡以正籍,严条鞭以均惠。本县举人毛一瓒又增益条编款项,官使官无乏用,可经久远,有入条编与不入条编之别	詹理《吴侯去思记》（乾隆《遂安县志》卷一〇《艺文·记》）;卷四《官师·知县》第7页;《宦绩》第31页。参前书卷一〇姜习孔《阖邑崇建毛公仁贤祠记》;卷六《选举·举人》;卷一〇王在晋《毛公墓表》（第62页）。雍正《浙江通志》卷一五六《名宦一一·吴拨谦传》
隆庆五年	南直隶扬州府江都县	知县赵三聘	始行条编法,民甚便之,相与作歌谣词,号一条编,以咏歌其事	赵用光《苍云轩全集》卷一七《先考任斋府君行状》。焦竑《献征录》卷二九本传。或清嘉庆《扬州府志》卷三七《秩官》
隆庆五年	南直隶庐州府合肥县	知县胡时化	先是郡伯秀水张公（方仲按,即张大忠）已定此法	万历《合肥县志》卷上《食货志》,同书卷上《秩官表》

年　代	施行地域	奏议 及推行人	纪　事	附　注
隆庆五年	南直隶庐州府舒城县	知县徐成位	奉例议行一条鞭法	万历《舒城县志·户口》
隆庆五年	南直隶宁国府宣城县	府推官知县事王藻（真定人）	议以公用器皿约计费合若干，征银在公，咸备供应，秋毫不以扰民。坊人百年积弊一旦蠲洗	明梅守德《宣州厘革坊役记》（《图书集成·食货典》卷一五二《赋役部·艺文五》）
隆庆六年（1572）	南直隶宁国府	推官王藻	遵台檄立一条鞭法，知府古滕王嘉宾踵而行之	万历《宁国府志》卷八《食货志》。《郡国利病书》卷三二《江南二○》。《兰台法鉴录》卷一九。《汤昱集》二《诗文集》卷三四，王若堂文之七，一记
隆庆六年	南直隶凤阳府泗州	漕抚王宗沐	照依江南役法，赋役杂项合田地户口，通融均派银两，五年一审，谓之一条鞭法	《帝乡纪略》卷五。王宗沐《敬所先生集》卷三○《漕抚公移》。《郡国利病书》原编第9册《凤宁徽·泗州志》。参《郡国利病书》卷九三《福建三·漳州府·田赋》
隆庆六年	南直隶凤阳府泗州盱眙县	漕抚王宗沐	仿效江南役法，立条鞭规条	万历《盱眙县志》卷四《赋籍》
隆庆六年	南直隶凤阳府颍州太和县	巡抚王宗沐	调集各道及府州县正官议行条鞭之法	万历《太和县志》卷二

续表

年　代	施行地域	奏议及推行人	纪　事	附　注
隆庆六年(?)	南直隶凤阳府宿州		条鞭之行(未记年代,唯至迟亦在州志刊行以前)	万历二十四年刊《宿州志》卷七。万历《淮安府志》卷七《贡赋志四》
隆庆六年	南直隶徽州府祁门县		赋役始归条鞭	万历《祁门县志》卷二《田赋》
隆庆六年	南直隶常州府武进县	知县茹宗舜	议行一条鞭法	清道光《武进阳湖合志》卷一六《官师志·名宦·县令》
隆庆六年	南直隶徐州沛县	知县徐	始行条鞭	万历《沛县志》卷一《邑纪》
隆庆中	河南	通判左思明(陕西耀州人,嘉靖二十八年举人)	主国赋,时征派纷杂,思明倡为一条鞭,各省效之	清乾隆《耀州志》卷六《人物志·廉能》
隆庆中年以后	河南南阳府	知府姚体信	议行类编法,类计而年征之(按即一条鞭)	万历《南阳府志》凡例;卷五《田赋》;卷六《职官表上》
隆庆五年至万历四年	北直隶永平府昌黎县	知县孟秋(字子成,隆庆五年进士)	均田,行条鞭法,垦治荒田,给民牛种	清乾隆《山东通志》卷二八《人物三·明代》;同书卷三五《艺文二〇·墓碑·姚思仁〈尚宝司丞孟秋墓碑〉》。《明史》卷二八三《儒林二·孟化鲤传附》

年　代	施行地域	奏议及推行人	纪　事	附　注
隆庆六年	浙江温州府永嘉县	知县伍士望	奉文行议将一应均平等项钱粮均为十段条鞭,派各里甲逐年出办	万历《温州府志》卷五《食货志·贡赋》
万历元年(1573)	浙江温州府瑞安县乐清县平阳县泰顺县	瑞安知县周悠、乐清知县胡用宾等	先于隆庆末年清查"岁征"款项,至万历元年始行条鞭	万历《温州府志》卷五《食货志·贡赋》。参拙著《明代十段锦法》
万历元年	浙江湖州府乌程县	巡按御史庞尚鹏	准渔户额征课程归入民户,纂入条鞭银,随粮带征	崇祯《乌程县志》卷三《课程》
万历初年	浙江台州府黄岩县	御史谢廷杰	议行一条鞭法,先是隆庆初庞御史已行均徭法	万历七年刊《黄岩县志》卷三《食货志》。何出光《兰台法鉴录》卷一八本传
万历元年	南直隶凤阳府寿州霍丘县	抚院王(宗沐)	始议定一条编法,至二十二年知县杨其善又推行之	万历《霍丘县志》第四册《食货》
万历元年	南直隶徐州	知州刘顺之遵奉巡抚王宗沐之命	行条鞭法	万历《徐州志》卷三《赋役》。参看万历《沛县志》卷八《赋役志》
万历元年	南直隶扬州府高邮州兴化县		奉行一条鞭事例	万历《兴化县志》卷三《人事之纪中》
万历	南直隶滁州		厂夫银编入条鞭	万历四十二年刊《滁阳志》卷六《邮传》
万历	南直隶滁州来安县		一应赋役俱以一条鞭例,照田丁均徭银解给	万历四十六年刊《来安县志》卷三《赋役》

年　代	施行地域	奏议及推行人	纪　事	附　注
万历元年	南直隶和州	知州康诰	奉院王公（宗沐）赋役成规，改行一条鞭法	万历《和州志》卷二《田赋志·赋役》（康诰著有《均田议略》）
万历初年	南直隶和州含山县	知县袁伯钥	田亩户口详请一条编法，积弊以清	清道光《安徽通志》卷一一三《职官志·名宦一一》引《江南通志》
万历初年	南直隶池州府东流县	御史言官	迩者圣主御极，台臣建议力役之征，遂行条鞭之法	万历三年刊《东流县志》卷三《田赋纪》
万历	南直隶池州府		所属各县，照折丁田起派条编各不同	万历四十年刊《池州府志》卷三《食货》
万历元年	河南南阳府邓州新野县		均徭银力二差以丁一粮三，四分一条编通融均派	清乾隆《新野县志》卷六《赋役》（原注：按康熙旧志载）
万历元年（或早在隆庆六年）	河南汝宁府信阳州罗山县	知县应存初	往岁钱粮逐次派征，民苦之，始立一条鞭，遂著为令，至今便之	万历《罗山县志》卷一《田赋》；卷二《宦绩传》。或《郡国利病书》卷五三《河南四·罗山县》
万历元年	河南汝宁府汝阳县		税粮、课贡、银差、力役，一条编派	万历《汝南志》卷四《食货志》
万历三年以前	河南汝宁府新蔡县		近年多派一条鞭征银	万历三年刊《新蔡县志》卷三《田赋》
万历	河南汝州		条鞭行，设立会银，官自募役	万历二十四年刊《汝州志》卷二《田赋》

年　代	施行地域	奏议 及推行人	纪　事	附　注
隆庆六年 (至万历二 年)	广西梧州 府藤县	知县苏湖 (云南人)	清欺隐,复行条编各款	清同治《梧州府志》卷 一五《名宦志·宦绩 下》。光绪《藤县志》 卷一二《名宦志》。按 苏湖隆庆六年知县事, 万历二年去职,今姑系 于此年,以便与下三条 合看
万历元年	广西梧州 府容县		始行一条鞭法	光绪《容县志》卷二六 《旧闻志·前事上》(原 注:引旧志)
万历二年 (1574)	广西梧州 府苍梧县		行一条鞭法	同治《苍梧县志》卷一 八《外传纪事下》(原注: 见《明史·食货志》)。 方仲按,《明史·食货 志》实未记今年本县行 此法,盖县志引《明史》 以释此制耳
万历二年	广西梧州 府怀集县		行一条编法,四差夫役 及一切公费,每岁应银 3,500两,每米一石,派 银七钱,一概归入地丁	同治《怀集县志》卷八 《县事志》;卷三《赋税 志》
万历初 (?)	广西太平 府养利州	知县庞一 夔(一夔举 嘉靖甲子乡 荐,初授苍 梧县令六 年。丁外艰 去,起复,补 归化令,甫 七月,晋知 养利州)	州由土改流,民以村 次更番供应。一夔痛 革陋规,创举条编法, 粮差经(轻?)十之七。 六载,迁永昌同知	道光《广东通志》卷二 八〇《列传一三·广州 一三》

年　代	施行地域	奏议及推行人	纪　事	附　注
万历三年 (1575)	山东兖州府东平州东阿县	知县白栋（字子隆，米脂县人，隆庆五年进士）	定条鞭之法，贫富皆以地科差，邑中一切倚办，不烦里甲，夏税秋粮带征确有定额，里胥无由飞洒，奸豪无从规避，民始苏息。九年，邑令朱应毂又钩校条鞭	康熙《东阿县志》卷四《赋役志》；卷八《纪事志》。宣统《山东通志》卷七一《职官志第四》。《郡国利病书》卷三七《山东三·东阿县志·里甲》。康熙《延绥镇志》卷四之二《人物下》。雍正《陕西通志》卷六〇《人物六》引绥志。道光《榆林府志》卷三〇《人物志》
万历间	山东兖州府东平州寿张县	知县马时叙（北直通州人）	创行条鞭之法，赋役称为至公	乾隆《山东通志》卷二七《宦绩志》。或宣统《山东通志》卷七二《职官志第四》所引
万历中	山东兖州府东平州平阴县	知县姚宗道（南直旌德选贡）	创行条鞭法，百姓称便	乾隆《山东通志》卷三五《艺文一九·记下·于慎行〈平阴姚令役法记〉》。宣统《山东通志》卷七一《职官志第四》引泰安旧志作魏宗道，误
万历	山东兖州府及鱼台县		鱼台县棉花地，遵一条鞭法，均派于税粮地亩	万历二十四年刊《兖州府志》卷一四《田赋志》。又有万历元年刊残本藏天一阁，未见

年　代	施行地域	奏议及推行人	纪　事	附　注
万历三年	山东兖州府曹州曹县	知县王圻（字元翰，上海人，嘉靖四十四年进士）	订免役法为一条鞭，至翌年议始定。当时邑人胡汸多所赞成，胡著有《平赋规则》。至今七八十年，犹以圻法为准，不能更张也	《郡国利病书》卷三九《山东五·曹县·赋役》。《嘉庆一统志》卷一八二《曹州府二·名宦·明》。宣统《山东通志》卷八一《田赋志第五》；卷一〇《通纪八》，系此事于隆庆三年。按圻以万历四至五年任北直隶开州知州，亦行条鞭法，见下，参《通志》卷一三四《艺文》；卷七二《职官志·宦迹七·曹县王圻传》
万历三年	浙江衢州府常山县	知县郝孔昭	奉文先本府诸县行条鞭。至十一年诸县亦概行之	万历《常山县志》卷八《赋役表》。崇祯《衢州府志》卷一六《政事志》
万历三年	江西赣州府瑞金县		行一条鞭法	万历《瑞金县志》卷三
万历三年	湖广襄阳府	兵使杨一魁，参政李日强，知府万振孙。	遵新例为会通之法，总其所出之数而征收之，以酌解焉，名一条鞭云	万历《襄阳府志》卷一二《食货上》

年　代	施行地域	奏议 及推行人	纪　　事	附　注
万历（?）	湖广武昌府江夏县	知县莫扬（字子充,吉安人,嘉靖中进士）	时行丈田,虽穷山深谷（里老辈）无敢高下其手,又力行条鞭法,民皆便之	民国《湖北通志》卷一二〇《职官志一四·宦绩传一四》引《湖广通志》。按同书卷九二《艺文一六·外编二》:"《江夏县志》,邑人郭正域（万历十一年进士,《明史》卷二二六有传）撰,书已失传,旧志尚存,其《田赋志序》,历言条鞭兴废之利弊,非江夏一县之得失也。文长千余言。……"
万历	湖广汉阳府		惟我皇上丈量以清其源,条编以均其派	万历《汉阳府志》卷五《食货志》附《汉阳县条编略》
万历四年以前	湖广长沙府茶陵州		仿江西一条鞭法,凡本州一应钱粮均徭公费等项当输于官者,均派于概州丁粮,茶民称便	徐希明《平赋役序》,及刘应峰《核田碑记》。（《图书集成·经济汇编·食货典》卷一五一《赋役部·艺文四》）
万历四年（1576）五月	湖广长沙府攸县	知县徐希明（上虞人）	攸县民得茶陵所刊政规,亦请仿行条鞭法。乃于万历三年十一月始核田,凡七月事告竣,行条鞭法	同上。据刘氏碑记知徐氏于行条鞭法之前,先行核田,又谓茶陵州令高安人刘某亦曾核田茶陵,然近于苛刻,故粮额视昔翻益增焉
万历	湖广长沙府攸县	知县董志毅	丈量后,颁改派每粮五石,兼出一丁之银,邑人不肯奉行	光绪《湘潭县志》卷六《赋役》

年　代	施行地域	奏议及推行人	纪　事	附　注
万历初年	湖广荆州府归州		条鞭法行	万历《归州志》卷三《田赋志》。州志编纂年分待考
万历四年前	湖广荆州府江陵县	知县朱正式（南河人,万历二年进士）	力行条编法,一切赋税不便于民者尽蠲之	雍正《湖广通志》卷四四《名宦志·荆州府》。《嘉庆一统志》卷三四五《荆州府二·名宦·明》。光绪《畿辅通志》卷二二二《列传三〇·明七·顺德府》
万历四年	湖广荆州府公安县	知县杨云（临桂举人）	清丈田粮,单骑行乡,按亩著定税为条鞭法。虽一丝一缕,皆得以时价充赋。(公)庭置釜数十,村民入城输赋者,往往就炊焉	雍正《湖广通志》卷四四《名宦志·荆州府》。按嘉庆《广西通志》卷二五九《列传四·桂林四》及民国《湖北通志》卷一二〇《职官志一四·宦迹传四》,俱引雍正志,但文字有修改
万历四年	湖广承天府		改行条鞭	万历《承天府志》
万历初	湖广岳州府巴陵县	知县王夔龙（云南人）	力行一条鞭法,听民自输,未尝以符役勾摄,民皆争先输纳	《嘉庆一统志》卷三五九《岳州府二·名宦·明》。光绪《湖南通志》卷一〇一《名宦一〇·明五》引《一统志》
万历初	湖广郴州府兴宁县	知县喻思化（嵊县人）	行一条鞭法,心计精核,胥吏无措手	同上引旧志

年　代	施行地域	奏议及推行人	纪　　事	附　注
万历四年	北直隶顺天府永清县	知县刘希孔（长治举人）	行条鞭法	乾隆《永清县志·田赋》，光绪《畿辅通志》卷一八八《宦绩六》引雍正志
万历四年至五年	北直隶大名府开州	知州王圻	首变两税为四季条鞭，至冬季积前三季所余者为民输纳，省民税十分之一	光绪《开州志》卷四《职官·宦绩》，卷四《职官》文作嘉定人。或光绪《畿辅通志》卷一八八《官迹六》本传。《明史》卷二八六《陆深传附王圻》
万历四年	北直隶广平府威县	知县任弘业	奉行条鞭	万历《威县志》卷三《田赋志》
万历	北直隶保定府清苑县	里居户部尚书高耀（字子潜，号熙斋，嘉靖乙未进士，保定府人）	公里居，或以事咨，有关一邦利害，如……行条鞭，审马户，则侃侃尽言，利大溥于乡人	民国二十三年《清苑县志》卷四《人物上·名臣》。万斯同《明史》卷二九三。过庭训《本朝分省人物考》卷五
万历初年	北直隶广平府永年县	知县马翰如（陈留进士）	改条鞭，革种马大户，皆称惠政	《嘉庆一统志》卷三三《广平府二·名宦·明》。光绪《广平府志》卷四四《宦绩录中》引《大清一统志》
万历间	北直隶广平府鸡泽县	府吏齐宗闵（鸡泽人）	力赞郡守定条鞭法，及万历二十二年知县白起旦（华容举人），编好户口，每丁征银一钱，余尽摊入地亩，斗级用召募应役	光绪《广平府志》卷五〇《列传五》引《康应乾撰传》，卷四四《宦绩录中》引《鸡泽志稿》

年　代	施行地域	奏议及推行人	纪　事	附　注
万历四年	广西平乐府荔浦县		通行各州县,设例编四差,分里甲、均徭、兵款、驿传银两,荔浦县设条编银739两,钱265,万历十年巡抚广西郭应聘刻《粤西条编规则》成,颁有司行之	康熙《荔浦县志》卷二《赋役志序》(抄本,广西省图书馆藏)。《明史》卷二二一《郭应聘传》
万历	广西省		条编之法,行之两浙,诸藩多仿而行之,合一邑钱粮分为四差	万历二十七年刊《广西通志》卷一七《财赋志》。参看光绪《镇安府志》卷一六《经政志一·田赋》。民国《武鸣县志》卷七《政制考·田赋》。民国《上思县志》卷三《食货·县赋》
万历间	广西平乐府贺县		四差始于嘉靖之一条编,万历间通行	光绪《贺县志》卷三《户口·钱粮》
万历	广西平乐府昭平县		通行一条编,分里(甲)、均徭、兵款、驿传四差	民国《昭平县志》卷三《田赋部》
万历四年三月至五年十一月	江西省	巡抚潘季驯	将驿站银两编入条鞭	潘季驯《督抚江西奏疏》卷三《遵照条鞭站银疏》
万历四年冬	福建	巡抚庞尚鹏	先从属城闽、侯、怀(安)三县起,以次及于在外州县	《庞尚鹏审编事宜》(自藏明刊本)。《闽书》卷三九《版籍志》。《明史》卷二二七本传

年　代	施行地域	奏议 及推行人	纪　事	附　注
万历六年 以前	福建福州 府怀安县	致仕家居户 部尚书马森 (字孔养,嘉 靖十四年进 士)	里居,赞巡抚庞尚鹏行 一条鞭法	《明史》卷二一四本传。 按森以万历三年母老 乞终养,尚鹏以万历四 年冬巡抚福建,六年六 月辛丑回籍。《嘉庆一 统志》卷四一《宣化府 四·名宦》,及光绪《畿 辅通志》卷二二四《列 传三二·明》,均误作 宣化府怀安卫人。又 按《嘉庆一统志》卷四 二六《福州府二·人 物·明·马森传》亦作 侯宜人
万历五年 (1577)	南直隶镇 江府通州		编为(行一)条鞭之 法。于均徭、里甲、驿 传经费、民壮、匠班,皆 审定银两,即闰月银亦 摊审靡遗,而又预备杂 用之银,每年第征赋于 民,凡百皆官自料理	万历《通州志》卷四。 《南通州乘资》卷一 《徭役》
万历五年	南直隶广 德州	知州吴同春	奉文复议各项税粮,悉 入条鞭中征收。先是 隆庆末年州属各县已 有一条鞭之名	万历《广德州志》卷三 《食货志·徭里》
万历	广东省		银力二差,近始征银, 为一条编法	万历三十年刻《广东 通志》卷七《藩省志 七·徭役》

年　代	施行地域	奏议 及推行人	纪　事	附　注
万历	广东		自巡按御史苏恩议定随粮带征民壮,而亟去任,厥后卒无有能行之者,后庞惺庵疏一条编法,民壮随粮带征,雇募充役,洵良图哉	郭棐《粤大记》卷二八《政事类·营堡》
万历五年	广东省		始行条鞭法	崇祯《肇庆府志》卷一二、卷一三《赋役》;卷二《事纪》
万历五年	广东肇庆府恩平县	知县毛凤彩	凡粮、料、四差、盐钞,并归一条鞭派征	道光《恩平县志》卷七《田赋上》
万历五年	广东肇庆府高明县		行条鞭法。九年,清丈州县田地	光绪《高明县志》卷一五《前事志》;卷六《赋役志》
万历五年	广东肇庆府开平屯		粮、料照田粮起派。四差兼丁粮起派	民国《开平县志》卷一九《前事志》。按万历元年始析恩平县地置开平屯,《明史·地理志》谓明末改屯为县,县志则谓改县在清顺治初
万历五年	广东肇庆府四会县,潮州府程乡县		行一条鞭例,将军民匠等户该徭、壮,均平及粮、料、水夫,随丁粮多寡,编作一条,令民亲自秤纳,投柜封锁,毫厘不干里长胥吏之手	光绪《四会县志》编一〇《杂事志·前事》。光绪《嘉应州志》卷一三《食货·役法》
万历五年	广东惠州府兴宁县	都御史庞尚鹏	奏行条鞭则例,四差通县均派,不专出于现役	参祝光明修县志。崇祯《兴宁县志》卷二《政纪》。或咸丰《兴宁县志》卷五《赋役志》;卷一二《外志·事略》

年　代	施行地域	奏议 及推行人	纪　事	附　注
万历五年 至七年	广东惠州 府龙川县	知县林庭植 (福清人,隆 庆进士)	到任,均行条鞭之法, 征银贮库,该支者发 给,该充饷者解饷,民 甚便之	嘉庆《龙川县志》卷二 六《赋税志·驿传、民 壮,及徭役考》;卷三三 《宦绩志》
万历三年 六月至六 年十月	广西浔州 府贵县	署县事赖肖 泉	保甲催科,改条编,复 里甲,而民以为惟己之 便,实便之也	《海瑞集》下编《赠序 类·赠赖节推署贵县 序》
万历五年 六月	广西桂林 府灵川县	知县陈一洙 (字国璜,漳 浦进士)	上条编六事,允之。一 清飞诡、二革滥免、三省 协济、四定编额、五杜赔 累、六严征收。万历六 年二月通判樊芝奉两 院委改条编银。改定 每丁减银一分,粮石减 一分五厘;复编大龙驿 马,以递年里长应之	民国《灵川县志》卷一 四《前事》。按县志卷 八《经政志一·职官》, 陈一洙,万历六年任
	福建延平 府	知府陆相儒 (嘉兴人,嘉 靖进士)	首行条鞭法,为八闽 倡,闽人称便,永戴之	《两浙名贤录》卷二九 《吏治》。《明史》本传
万历五年	福建延平 府将乐县	巡抚庞尚鹏	题准四差,名曰条鞭	万历《将乐县志》卷六 《田赋志》
万历五年	福建延平 府尤溪县	巡抚庞尚鹏	有一条编之议,分其目 为纲、徭、机站、民兵, 照数纳银	崇祯《尤溪县志》卷三 《赋役·四差派则》。 或民国《尤溪县志》卷 二
万历五年	福建延平 府大田县		奉文条鞭。亦作十段均 徭法,或名通融里甲法	万历《大田县志》卷九 《舆地志》
万历初年	福建建宁 府	巡抚庞尚鹏	立条编法,去库保诸名 色,改用雇役	康熙《建宁府志》卷一 二《赋役志一》及卷一 四《赋役志三》(日本宫 内省图书寮藏,抄本)

年　代	施行地域	奏议 及推行人	纪　事	附　注
万历二年 以后	福建建宁 府瓯宁县	知县曾士彦	力行条编之法，尸祝不 独瓯邑民也	康熙《建宁府志》卷二 四《名宦志二》（日本 宫内省图书寮藏，抄 本）
万历间	福建建宁 府浦城县	知县曾士彦	条鞭法行	嘉庆《浦城县志》
万历五年	福建建宁 府政和县		立有比征单、条鞭则例	万历《政和县志》卷三 《田赋志》
万历五年	福建邵武 府	巡抚庞尚 鹏、按院商 为正	奏遵行条鞭事例	万历《邵武府志》卷一 八《赋役志二》，及卷二 〇《徭役志四》
万历六年 (1578)	福建福州 府	巡抚庞尚 鹏、巡按商 为正	协议行一条鞭法，徭役 以十年总编。纲银以 每岁经用多寡，籍其县 之丁米，岁一征之	《郡国利病书》卷九一 《福建一·福州府·纲 派、徭役及丁米料》。过 庭训《本朝分省人物考》 卷三二《商为正传》
万历六年	福建福州 府罗源县	巡抚庞尚鹏	或起解则给批，或存留 则分给，通为一条征收	康熙《罗源县志》卷四
万历六年	福建福州 府永福县	巡抚庞尚鹏	行霍文敏（韬）条鞭之 法	万历《永福县志》卷二 《政纪·赋役》
万历年间	福建福州 府古田县		行条鞭法	万历三十四年刊《古田 县志》卷四
万历初年	福建泉州 府	都御史庞尚 鹏	始议一条鞭之法，通为 一条，曰纲银，曰均徭 银，并库子驿站等役， 一概通融均派	万历四十年刊《泉州府 志》卷六。《郡国利病 书》原编第26册《福 建》。或乾隆《泉州府 志》卷二一
万历初年	福建泉州 府晋江县	都御史庞尚 鹏	始议一条鞭之法，民甚 以为便，盖赋役合而为 一矣	同治补刊《晋江县志》 卷三《版籍志》（按大 半根据《闽书》）

年　代	施行地域	奏议 及推行人	纪　事	附　注
万历初年	福建泉州府南安县	都御史庞尚鹏	始议一条鞭法	康熙《南安县志》卷六《田赋志》;卷一七《艺文·条鞭议》
万历初年	福建泉州府惠安县	都院庞惺庵（尚鹏字）	创为一条鞭之法,题请颁行,郡县遵奉惟谨	万历《惠安县志》卷一《田赋·条鞭》
万历六年	福建兴化府仙游县	巡抚庞尚鹏巡按商为正	倡其说于蔡克廉者也	乾隆《仙游县志》卷八
万历六年	福建汀州府宁化县	巡抚庞尚鹏	酌立条鞭,议行通省。通计府州县十岁中两税、土贡、里甲、均徭、驿传、民兵额几何,通为一条,总征均支,民间征派名色,一切省除	万历《宁化县志》卷三。康熙《宁化县志》卷五《赋役志上》谓本县赋役之法,五变而为条鞭,尚鹏始推广行之。尚鹏自嘉靖之季官都御史,已尝奏革天下库子矣云云
万历六年	福建福宁州	都御史庞尚鹏	奏行一条鞭之法。民但计其丁米当输几何,不必知其某赋几何,某役几何;至于现役之年,但存其名,而一切公事公费皆不与焉	万历《福宁州志》卷七。或《郡国利病书》卷九二《福建二·福宁州·纲役》
万历六年三月至十二月	浙江绍兴府山阴县	修撰张元忭	函请巡抚李世建继巡抚徐栻之后坚持条鞭法	张元忭《阳和集》卷一《复抚台李渐庵》。《明史》卷二八三《邓以赞传附张元忭》。《明史稿》卷二六五本传。《明儒学案》卷一五
万历六年	浙江台州府临海县	知县李应祥（无锡进士）	诸所经画,如定条鞭、除粮长、厘奸弊十四条,皆斟酌尽善	雍正《浙江通志》卷一五四《名宦九》引《台州府志》
万历六年	南直隶高邮州		行条鞭	万历《高邮州志》卷三《食货》

年　代	施行地域	奏议 及推行人	纪　事	附　注
万历六年	江西南昌府新建县	知县张栋	议请宽定条编则例,略留公款余额,以应临时衙门开销	《可庵书牍》卷一《上刘峨山抚院书》。《张可庵先生奏议》卷二《题为琐拾民情疏》。《明史》卷二三三《李献可传附》
万历六年	广东高州府		行条鞭法,各州县丁粮,通融派银	万历《高州府志》卷三《食货》
万历六年	广西桂林府全州	州城举人谭世美、周应璧怂恿知州萧奇态	加立条编新税商税等项,激成民变	光绪刊《西延(镇)轶志》(道光二十年程庆龄原编,光绪二十六年易振兴补订)卷三《田赋》
万历六年	北直隶真定府冀州		行条鞭法,将粮马尽卖,按亩派银	民国《冀县志》卷一四
万历六年	北直隶真定府灵寿县		马政用条鞭法	同治《灵寿县志》卷四《田亩上》(原注:引《保定府祁州志》)
万历六年	河南开封府杞县	知县秦懋德(临海人,万历三年举人)	始改为"均输"之法,即俗所谓一条鞭法也。民甚便之,每亩计征银三分七厘。其后法圮,至十二年知县苗朝阳又裁去冗费千余两,唯役差苦累无人应募至二十三年知县马应龙又稍为盈缩,于是尽为召募,而人情始安	乾隆《杞县志》卷七《田赋志》。卷九《职官志》:"而旁近县(已)多行均输之法。"卷二一《艺文志》邑人侯于赵撰《条鞭德政碑记》,载秦懋德撰有《条鞭录》
万历	河南开封府许州	知州范锡(定兴人,万历四年举人)	令征鞭银并收钱。南阳钱大贵,令人鬻之,获羡金千两,遂鸠材佣工,瓮城以砖,延袤几十里	光绪《畿辅通志》卷二一九《列传二七·明四·保定府》引《定兴县志》

年　代	施行地域	奏议及推行人	纪　事	附　注
万历七年	福建汀州府	抚台庞尚鹏	行一条边法。盖通府县一岁中税粮存运及纲、徭、机站通为一条,总征均支,民以为便	崇祯《汀州府志》卷九《版籍志》
万历七年(1579)	福建漳州府	都御史庞尚鹏	行一条鞭法	光绪《漳州府志》卷一四《赋役上·田赋考》。《郡国利病书》卷九三《福建三·漳州府·四差》
万历七年	福建漳州府龙溪县	(都)御史庞尚鹏	始行一条鞭法	乾隆《龙溪县志》(光绪重刻增补本)
万历七年	福建漳州府宁洋县		始行一条鞭法,国朝(清)依万历四十八年旧例,差役尽归一条鞭内	光绪《宁洋县志》
万历七年	福建延平府	都御史庞尚鹏	始力行一条鞭法,通计岁用之数,照丁粮均派,岁科绅衿士庶一体,民则加派四差。后推行各省,为丁粮之科则	乾隆《延平府志》卷一五《田赋》。又,卷一四《户役》:"御史沈约议请行一条鞭法,合一年丁粮为一年供应。"实为八分法之误
万历七年	湖广常德府	知府钱顺德(字道元,常熟人,嘉靖四十四年进士)	定履亩之议,田以上下丰堉为差,而黠豪者不得避徭役,复条鞭之法,民赋尽输于官,官为雇役,而民不扰	钱谦益《牧斋初学集》卷七五《谱牒二·故叔父山东按察司副使春池府君行状》(按谦益此文,乃代其父作)
万历八年(1580)	福建兴化府莆田县	知县易仿之	始行一条鞭法	康熙《莆田县志》卷五
万历八年后	福建福宁府霞浦县		行一条鞭法	民国《霞浦县志》卷一〇《赋税志》

年　代	施行地域	奏议及推行人	纪　事	附　注
万历八年	浙江衢州府江山县	知县黄道年（字延卿，合肥人，进士）	参酌条鞭之法，民甚便之	天启《江山县志》卷三《职官志》。《兰台法鉴录》卷一八《传》
万历八年	浙江严州府遂安县		旧条编投柜之法，各为柜而分投之，勾稽繁而比较数，公始至，即谕禁条编分投陋习，总一年之数为柜一，为限四，每限复分为三，俾缓办而易完	陆应龙《黄侯去思记》，乾隆《遂安县志》卷一〇《艺文·记》。雍正《浙江通志》卷一五六《名宦一一·黄道年传》引万历《严州府志》云："旧条鞭接摅之法，各据分报，民不胜扰，又复额外加征，如造船则照丁照亩加派，公悉罢之。其征收必总一年之数，户若干，亩若干，为柜者一，为限者四，而每限复分为三，俾缓办而易完，遇船差自为料理，不费民米一缯，在任三年，道不拾遗，齐颂之。"
万历八年后	南直隶凤阳府寿州	知府黄克瓒（晋江人）	申请编派等则，名曰一条编，至今赖之	乾隆《江南通志》卷一一七《职官志·名宦六·凤阳府》。《嘉庆一统志》卷一二六《凤阳府二·名宦》。道光《安徽通志》卷一一一《职官志·名宦九》。民国《福建通志·列传二七》。按《明史》卷二五六有黄克缵传，实即为一人，唯未记其条编政绩

年　代	施行地域	奏议及推行人	纪　事	附　注
万历九年前	江西南昌府南昌县	知县顾冲吾（常熟人）	定军伍鞭役法	万恭《洞阳子再续集》卷五《送顾冲吾序》
万历九年（1581）			（天下）乃尽行	《明史》卷七八《食货志》，或《续通考》卷二
万历九年	广东肇庆府广宁县		（初）御史庞尚鹏上条鞭法，称为简便，嘉靖间数行数止，至万历九年乃尽行之	道光《广宁县志》卷六《赋役》
万历九年	广东肇庆府阳江县		自一条鞭法行，里甲均徭始与两税为一。四差、盐钞，皆计丁折银。至天启崇祯规则尽紊，迨清顺治初乃诏行之	民国《阳江县志·食货志一至二》，按本县初行条鞭法似应在万历五年，今记或误
万历九年	山西平阳府洪洞县	知县乔因羽	奉例清丈，官民不分，条鞭为率，民免包赔（因官田先年征粮则例，比民田倍征，后岁久湮灭，原纳人户埋没无存，累小民包赔，受害不浅）	万历《洪洞县志》卷二《田赋志》
万历十年（1582）	广东韶州府乐昌县	知县张祖炳知县李良衢	先后议移条鞭水手银三十两，暨他项银两，以抵补罢征鱼课米；又议船票银查收在库	同治《乐昌县志》卷四《赋役志》
万历间	山东济南府	知府宋应昌（浙江仁和进士，以给事中出守）	均地亩，行条鞭，民享乐利者四十年	崇祯《历城县志》卷六《职官志》。宣统《山东通志》卷七一《职官志·宦迹六》引《济南志》。王鸿绪《明史稿》卷二一二。《献征录》卷五七
万历七年以后	山东济南府泰安州新泰县		派入条鞭	天启《新泰县志》卷四《食货志》

年　代	施行地域	奏议及推行人	纪　事	附　注
万历九年	山东济南府泰安州东阿县	知县朱应穀（河南濬县进士）	遇财赋素繁重，而盗贼复不靖，因为钩校条鞭清厘保甲，夏秋税以限上，毋事敲扑	宣统《山东通志》卷七一《职官志·宦迹六》引《泰安志》。《郡国利病书》卷三七《山东三·东阿县·河道》
万历九年以后	山东济南府淄川县	本县进士韩萃善、韩取善	倡行条鞭之议，法竟行，而民便画一。崇祯七年（1634）知县韩承宣（字长卿，山西蒲州人）复条鞭法，淄人便之。天启二年进士孙之獬力赞之	万历三十年刊《淄川县志》卷一五《税粮》。乾隆《淄川县志》卷四《秩官》；卷六《人物志·孙之獬传》；卷七上《艺文志·韩侯力复条鞭序》及卷五《选举志》。宣统《山东通志》卷七一《职官志·宦迹六》。毕自严《石隐园稿》卷二《韩长卿邑侯力复条鞭序》。《明史》卷二五六《毕自严传》；卷二九一《韩承宣传》
万历十一年至十七年	山东济南府章丘县	知县茅国缙（浙江归安人，万历甲戌进士）；后又有知县张企程（陕西洋县人）	始行条鞭，详具其所著便民十议中。革一切富户，里甲归之召募。数年之后，闾阎殷富，地价腾踊，百姓德之。张企程，陕西洋县人，继国缙条鞭之后，与民休息	万历《章丘县志》卷一二《条鞭志》；卷二一《名宦》；卷一八《艺文四》。《郡国利病书》卷三七《山东三·章丘县》。《嘉庆一统志》卷一六三《济南府二·名宦·明》。宣统《山东通志》卷七一《职官志·宦迹六》。《献征录》卷五一《明人小传三》，《兰台法鉴录》卷二〇，《本朝分省人物考》卷四六，《明诗综》卷五四，皆有茅传

年　代	施行地域	奏议及推行人	纪　事	附　注
万历十一年 (1583)	山东青州府	益都县人钟羽正	上疏请行条鞭,益都知县张贞观意与之合,亦申文请行	万历《青州府志》卷五《户口·徭役》。参看《万历实录》卷一七三十四年四月戊辰条。《明史》卷二四一《钟羽正传》
万历十一年	山东青州府益都县	知县张贞观(沛县人)	履勘田亩肥瘠,应役者计亩出税银雇役	张贞观《敷陈里甲条鞭审派疏》(《图书集成·食货典》卷一五二《赋役部·艺文五》)。清咸丰《青州府志》卷三六《名宦传三》。宣统《山东通志》卷七三《职官志·宦迹八》。《明史》卷二三三本传。按万历二十年本县鞭法似又有改订,见下
万历十一年	陕西西安府同州朝邑县	知县赵炳(北直隆平进士)	议罢条鞭。条鞭者,变一切里役诸法,而尽以银征,其弊利官而病民,炳详为议上之,独不奉行,民受其庇。后条鞭法苛,大为民害,人益以服其远识矣	康熙《朝邑县后志》卷四《官师·循吏》;同书卷四《补历代职官表》;卷八《艺文·雷士桢代议》
万历十七年六月至二十年四月	山东省	巡按宋应昌	先是以给事中出守济南,后为宪长,复又为中丞,三仕于此,皆有仁政,及为中丞,均地,行条鞭,民享乐利者四十年	《崇祯历乘》(即《历城县志》)卷一六《人物列传·列宦》

年　代	施行地域	奏议及推行人	纪　事	附　注
万历十一年四月	浙江绍兴府上虞县	知县朱	钱粮一条鞭,岁费银数,分四限完纳	万历《上虞县志》卷八《食货志·均徭》
万历十一年	浙江衢州府江山县及开化县		自万历九年清丈后,官民田合为一则,将正赋徭役类为条鞭,后为定例,自万历十一年始	崇祯《开化县志》卷三《赋役志·条鞭》
万历十一年	南直隶徽州府祁门县		物料、徭费岁用,及岁役三大项,改行条鞭征派	万历《祁门县志》卷四《赋税》
万历十一年	湖广荆州府及府属归州巴东县		奉行一条鞭法,各项差徭丁粮兼派均摊,惟后四里不愿条编,亲当里甲	万历《荆州府志》卷五《食货》。万历《巴东县志》卷三《田赋》
万历	湖广荆州府夷陵州远安县	知县程典(字五江,四川江津举人)	邑赋初无成规,典行一条鞭法,弊窦一清,寻升沔阳州	民国《湖北通志》卷一二〇《职官志一四·宦绩传四》引《远安志》
万历中	湖广辰州府溆浦县	知县张瑚(沙县人)	创立一条鞭法,民费用省	光绪《湖南通志》卷一〇一《名宦一〇·明五》引旧志
万历	北直隶顺天府固安县		夏税麦,秋粮米,通融一条鞭派	
万历十二年(1584)	北直隶顺天府霸州文安县	知县官延泽	行条鞭以便征解	崇祯《文安县志》卷四《贡赋志》

年　代	施行地域	奏议及推行人	纪　事	附　注
万历	北直隶顺天府东安县		(驿传)嘉靖二十年以前,亲身下役,富者倾家,贫者死驿,后奏准三年一传,各家朋当,近又告准一条鞭追征钱粮,分解各驿,民虽有头驿之名,而无前日下驿之苦,此穷民渐得少苏者	天启《东安县志》卷三《邮传》
万历十二年	广东琼州府及琼山县		力差苦累,以(都)御史庞尚鹏奏,续改银差通行。后始入一条。	崇祯《琼州府志》卷五《赋役志》。咸丰《琼山县志》卷八《经政七》
万历十二年	广东琼州府崖州感恩县		均徭行一条鞭	民国《感恩县志》卷六《经政志一·均徭》
万历十二年	广东琼州府临高县		银力差始入一条鞭行之,又土贡物料俱随粮带征。先是嘉靖间给事中姜性奏行条编,通估岁需,均派于粮,今俗称条饷即此项也	光绪《临高县志》卷六《赋役类》引旧志
万历十二年	广东琼州府澄迈县		均徭均平行之三十余年,一切编银。后又岁编,以丁粮均派,著为定额,后又移条鞭入正供,而以杂役派之	嘉庆《澄迈县志》卷三《均徭(役匠附)》

年　代	施行地域	奏议 及推行人	纪　事	附　注
万历十二年	河南开封府中牟县	知县乔璧星（赵州临城县，万历八年进士）。其后知县陈幼学（无锡进士），知县赵可行	初行条鞭法，田分为上中下递列之，其输粮之数亦递减。至二十三年知县陈幼学申允派丁银入地亩银内，丁地一条鞭起征，不显人丁则例。璧星条鞭法行之二十年后，奸民变易而倒置之，以上为中，中为下，弊窦丛生。至三十四年，知县赵可行履亩丈量，悉行归正	天启《中牟县志》卷二《志政》；卷五《志文下》。清同治《中牟县志》卷七《名宦》，卷四《田赋》，作"万历十年知县乔璧星初行条鞭法。及十七年后，知县陈幼学复酌定条鞭"。光绪《畿辅通志》卷二二五《列传三三·明一〇·赵州·乔璧星传》引《临城县志》
万历（二十二年以前）	河南开封府原武县		近年变而为条鞭	万历《原武县志》卷上
万历	河南开封府睢宁县		明年变行一条鞭法，以境内之役均于境内之田，折办于官，然犹分征丁银。至国朝雍正六年，始以丁银均摊于地粮之内	道光《睢宁县志》卷五《籍赋志》
万历十二年	河南开封府扶沟县		合粮差一条鞭征收，谓之条鞭法。三十九年（1611）核实条鞭法	光绪《扶沟县志》卷六《赋役志》
万历十二年	河南彰德府磁州	知州张梦麟	奉例取徭役于条鞭银内	万历《磁州志》卷三《田赋志》
万历（?）	河南彰德府安阳县	知县张聚秀（山东进士）	尝刊一条编，有七大仁政。擢监察御史	嘉庆《安阳县志》卷一三《循政记》引《彰郡逸志》

年　代	施行地域	奏议及推行人	纪　事	附　注
万历十二年	河南河南府新安县	知县曾唯（四川富顺人，丁卯举人）	新安行条鞭法，自侯曾公始，侯自甲申来宰邑事，其征折也，两税等取诸粮石；均徭等取诸丁粮	孟化鲤《条鞭法记》（《图书集成·经济汇编·食货典》卷一五一《赋役部·艺文四》）
万历十二年	河南归德府宁陵县		夏税、秋粮、驿粮、里甲，尽摊地亩内	《吕坤答通学诸友论优免书》（《去伪斋文集》卷五《书启》）
万历年间	河南归德府睢州考城县	知县杜	正赋杂差，举行条鞭贰季上纳	康熙《考城县志》卷一《赋役》及卷四《职官》
万历十三年	南直隶扬州府江都县	知县徐梦桂	从巡抚王宗沐前议，改行一条鞭	万历《江都县志》卷三《食货志》
万历十四年至十六年	河南汝宁府	巡抚衷贞吉、知府祁鲸	文书往返数四，始议定条鞭。总税粮、课贡、银差、力役，而归于一	万历《汝南志》卷四《食货志》。雍正《河南通志》。徐开江《明名臣言行录》卷六九，过庭训《本朝分省人物考》卷五八，均有衷贞吉传
万历	河南汝宁府光州光山县	知县牛应元（陕西泾阳人，万历十一年进士）	创条鞭法，与民休息，三载政治民和	雍正《陕西通志》卷五七《人物三》引贾志。何出光《兰台法鉴录》卷二〇
万历十四年（1586）	山东济南府新城县	知县赵文炳	行条鞭法	宣统《山东通志》卷七一《职官志·宦迹六》
万历十四年	广东惠州府永安县		行条鞭（按隆庆三年〔1569〕始置县）	万历十四年刊《永安县志》卷二《赋役志第四》

续表

年　代	施行地域	奏议 及推行人	纪　事	附　注
万历	广东罗定州西宁县		幸有条鞭之法在	万历二十年刊《西宁县志》卷三
万历	广东廉州府钦州灵山县	知县焦瑞（南京人，隶籍旗手卫，为千夫长）	时一条编法已行十余年，而灵山有司以僻远，里甲之供如故，瑞至，首罢之，民庆更生	道光《广东通志》卷二五二《宦绩录二二·明一一》。《献征录》卷一○○引《上元志》。万斯同《明史》卷三九一，《本朝分省人物考》卷一三，各有传
万历十五年（1587）	浙江金华府汤溪县		万历十年清丈造册扒平，至十五年定为一条编之法	万历《汤溪县志》卷三《食货志》
万历十五年	贵州思南府	知府陆从平（华亭人，隆庆二年进士）	立条编，贻利无穷，士民德之	乾隆《贵州通志》卷二○《秩官·名秩分部》
万历十五年	云南腾越州	知州余懋学（贵州兴隆举人）	创立条编之法，以苏里困	光绪重刻《乾隆腾越州志》卷七《职官·文官》
万历间	云南大理府邓川州		里甲均徭改为条鞭	崇祯《云南邓川州志》卷八《赋役志》
万历间	云南蒙化府	刘祚沛（马平人，举人，以提举署本府事）	变里甲为条编，民便之，有去思碑	《崇祯滇志》卷一一《官师志第七之二·郡县宦迹》。《嘉庆一统志》卷四九六《蒙化厅·名宦·明》
万历十?年	四川成都府新都县	知县刘文征（字懋学，昆明人，万历十一年进士）	抚院司道明例通行条编法，文征力行之，里甲悉令归农，躬历阡陌清丈	万历四十七年刊《四川总志》卷二一《经略志一》。道光《昆明县志》卷六上《黎献志第一一·上之上宦绩》

年　代	施行地域	奏议及推行人	纪　事	附　注
万历中	四川成都府彭县	知县张文曜(临洮选贡)	清丈田亩,明察无欺隐,徭役条鞭,裁定画一,诸郡邑皆仿行焉	天启《成都府志》卷一二《名宦列传·国朝》。嘉庆《四川通志》卷一一二《职官一四·政绩四》引《彭县志》
万历	四川成都府崇庆州新津县	知县王曰然(景陵人)	议行条鞭,清除灶籍	天启《成都府志》卷一二《名宦列传·国朝》
万历十五年	四川夔州府	知府朱让(南海人,万历二年进士)	请巡按行一条鞭法。瘁心赞画,官氓帖帖,不侈张而事集	清潘楳元《广州先贤传》卷四。道光《南海县志》卷二七《列传六》。宣统《南海县志》卷一三《金石略》。朱次琦《朱九江先生集》卷九《明夔州府知府朱公神道碑》
万历十五年	山东青州府安丘县	知县熊元(字子贞,河南光州进士,万历十二年任本县知县)	此法本创于江南蔡克廉,议之久矣,而旁邑多沮格不行,独熊侯区画精当,力请于抚按行之	万历《安丘县志》卷一《总记下》;卷八《赋役考第七》;卷一四《历代秩官表第三》
万历十五年	山东东昌府		条鞭法行,便多于不便	万历《东昌府志》卷一二《户役志》。或《郡国利病书》卷四一《山东七·东昌府志·户役志》
万历十五年	山东东昌府冠县		牧养马奉行编入条编	万历《冠县志》卷四

年　代	施行地域	奏议 及推行人	纪　事	附　注
万历十六 年以前	山东济南 府滨州沽 化县		条鞭则例	万历四十七年刊《沽化 县志》卷三《食货志》
万历	山东济南 府青城县		起存米麦等类,总作条 鞭征收支解	万历四十年刊《青城县 志》卷一《税粮》
万历十六 年(1588)	江西省南 昌卫	巡抚陈有年 (字登之,余 姚人,嘉靖 进士)	南昌卫军余丁差每苦 虐,奏请行条鞭法,征 银雇募如州县,积困始 苏	雍正《江西通志》卷五 八《名宦二·统辖二》 引《豫章书》。按此以 条鞭法整理军差。《明 史》卷二二四本传
万历十六 年闰六月 乙未	山西省	巡抚沈子木 (归安进士)	奏准行一条鞭法,将每 岁额征税粮马草,酌定 银数,分限征收。大约 十分为率,前四限纳三 分,后四限纳七分	沈子木《督抚三晋疏 钞》卷五《题为酌议 征收夏秋税粮马草定 规以便遵守以厘凤弊 事》。《神宗实录》卷二 〇〇。《明史稿》卷二 三三本传
万历十七 年(1589)	山东济南 府齐东县	知县王上闻 (河南祥符 举人)	始行条鞭法,罢里牌 甲、户头之役,粮赋不 待催迫而如期自办	《嘉庆一统志》卷一 六三《济南府二·名 宦·明》。宣统《山东通 志》卷七一《职官志·宦 迹六》
万历十七 年以前	北直隶广 平府广平 县		迩者条鞭法行	万历三十六年刻《广平 县志》卷二《人民志》
万历十七 年	北直隶广 平府邯郸 县		议行条鞭法	万历《邯郸县志》卷四 《田赋志》

年　代	施行地域	奏议及推行人	纪　事	附　注
万历十七年正月癸亥	甘肃(二州卫)	巡按徐大化	条陈一条鞭法,各省直遵行已久,今议秦陇之间通行,从之	《神宗实录》卷二〇七。《明史》卷三〇六《阉党·霍维华传附》。《明史稿》卷二二五,《兰台法鉴录》卷二〇,亦有传
万历十七年二月乙酉	陕西	巡按徐大化	条上立条鞭,以征站银,如议行	《神宗实录》卷二〇八
万历十七年	陕西西安府商州	商洛兵备道陕西参议苏濬(字君禹,号紫溪,晋江人,万历五年进士)	秦中苦役,白抚按用条鞭法。问民疾苦,厘蠹清冤,节省万计	雍正《陕西通志》卷五二《名宦三》引《商州志》。民国《福建通志·列传二七·明一一》。《本朝分省人物考》卷七一《福建泉州府》,《明人小传》卷三,《明诗综》卷五四,皆有传。参《万历会典》卷一二八《兵部一一·镇戍三·督抚兵备》
万历十八年(1590)	河南怀庆府修武县	知县邵炯(号白斋,北直安州人,举人)	清地粮,实户口,行一条鞭法,士民便之	道光《修武县志》卷七《秩官考》
万历十八年	河南怀庆府河内县	知县侯加采(山西解州进士)	始创为条鞭法,(征税)各项汇折亩若干粮,当事以闻,畿内、山东、晋、秦、豫、悉准此法	顺治《河南通志》卷二三《名宦中·怀庆府》第25页上。雍正《河南通志》(民三重印本)卷五五《名宦中》

年　代	施行地域	奏议及推行人	纪　事	附　注
万历十八年后	河南怀庆府济源县	知县罗彬（山东莱州府人）	济赋有米麦桑枣等款,绪繁滋弊,徒资奸胥中饱,公始行条鞭法,民称便	顺治《河南通志》卷二三《名宦中·怀庆府》第25页下
万历十八年后	河南怀庆府济源县	知县石应嵩（云南人）	济邑丁分九则,大有力者率贿奸胥得中下则,嵩立条鞭法,每丁止征银五分,余银均入地亩,贫富无累	同上书卷页
万历十八年	北直隶河间府交河县	巡抚保定宋仕	十七年议行条鞭,十八年复议,乃行	万历《交河县志》卷三《赋役志》。按宋仕,字汝学,《兰台法鉴录》卷一九有传
万历十八年	北直隶真定府赵州临城县		奉行条鞭	万历《临城县志》卷三《贡赋志》
万历十九年（1591）	北直隶河间府	巡抚宋纁（?）	仿两浙一条鞭之法行之	万历《河间府志》卷五《财赋志》。《明史》卷二二四本传,按宋纁第一次巡抚保定在隆庆四年十一月至万历元年正月,于万历十一年正月至十一月再任。宋纁当为宋仕之误,参吴廷燮《明督抚年表》卷一
万历	北直隶河间府景州故城县		有"不入条鞭钱粮"	万历二十二年刊《故城县志》卷一,及万历四十二年刊《故城县志》卷一

年　代	施行地域	奏议及推行人	纪　事	附　注
万历	北直隶顺德府广宗县		条鞭信为良法	万历二十六年刊《广宗县志》卷四《田赋志》
万历十九年后	浙江宁波府定海县	知县黎民表（南昌人，举人）	万历初条鞭之法虽下，而郡县不尽遵行，定邑民病杂役里甲（原误作里字），弊于催符，民表以条鞭为程，凡所征解皆官自任之，百姓惟计亩输钱而已，后令遵其法	雍正《浙江通志》卷一五二《名宦七》。雍正《江西通志》卷五五《选举》
万历	江西袁州府	推官王德隆（乌程进士）与建昌推官陆键	条议量加四差钱粮，官解金点，不许假借私派里甲，以当时条鞭之外复有值柜收银故也	雍正《江西通志》卷六〇《名宦四》引《袁州府志》。过庭训《本朝分省人物考》卷四五《陆键》
万历十九年	江西建昌府新城县	知县章宗礼（新会人）	时行四差法，而复有八差之议，宗礼悉罢之	雍正《江西通志》卷六二《名宦六·建昌府》引《新城志》
万历二十年（1592）	广东南雄府始兴县	知县蒋希禹（全州举人）申详粮储道马	定丁粮一条鞭式，准于民粮每一石通融带派丁银二钱六分余，贫富均乐其平	道光《直隶南雄州志》卷六《名宦》。民国《始兴县志》卷一一《名宦录》；卷四《舆地略·户口》
万历二十年	北直隶真定府深州		清顺治十四年（1657）命户部侍郎王宏祚撰《赋役全书》，一准万历二十年条鞭法	光绪《深州风土记》第三下《赋役下》

年　代	施行地域	奏议及推行人	纪　事	附　注
万历二十年	山东青州府益都县		自二十年条鞭之法行,户不分则,均之田亩,每丁例编银一钱七分,后因加派兵饷(又)增至二钱七厘	《郡国利病书》卷四二《山东八·青州府·益都县》。参上揭万历十一年益都知县张贞观审派里甲条鞭条
万历二十年	陕西西安府华州华阴县	知县王直行	地粮绢布折银,其来久矣……二十年奉两院檄,始总里甲银力各项一切通派,输银在官	万历《华阴县志》卷四《食货》
万历	陕西西安府华州蒲城县		议行一条鞭即宋王安石雇役法,差役诸费分为正支、备支两项	康熙《蒲城志》卷一《赋役志·条鞭》
万历二十一年(1593)	陕西西安府商州洛南县	知县洪其道(商城进士)	行一条鞭法,总银力粮站而一条编派,酌量缓急,按季征收。令王三让(云阳举人)先已编派,洪令(其道)始总赋之,法详于左……	乾隆《洛南县志》卷四《食货志·赋役》,同书卷三《秩官表》,同卷《循卓列传·秩官下》
万历二十一年	陕西西安府同州澄城县	知县高一夔(河南陈留县举人)	申请条鞭,徭役始均。一切税租,时其赢绌,酌多寡,立淹数之限。民赴之如市……前此未之有也	顺治《澄城县志》卷一《官师志》。雍正《陕西通志》卷五三《名宦四》引此
万历	陕西西安府同州澄城县	知县南邦化(山西解州安邑进士)	始立条鞭,大便里甲,后人被德不衰	雍正《陕西通志》卷五三《名宦四》引贾志。《通志》按语云:"按二传俱云立条鞭法。岂高令发其端,而南令成其事乎? 合传之,以见其终始云。"

年　代	施行地域	奏议及推行人	纪　事	附　注
万历	陕西西安府同州白水县		条鞭派银（乾隆志作："隆庆间从御史庞尚鹏请行条鞭法"，想系转录他处史料得来，非指本县言之也）	万历三十七年刊《白水县志》卷二《赋役》。及乾隆《白水县志》卷三《食货》
万历（？）	陕西凤翔府凤翔县	知县 王 敬（河南归德府鹿邑县人）	与知府沈自彰同心任事，创条鞭	雍正《陕西通志》卷五三《名宦四》引《凤翔府志》
万历中	陕西汉中府洋县	知县李用中（河南杞县进士）	力行均地条鞭法，洋人永利，立祠祀之	雍正《陕西通志》卷五三《名宦四》引《洋县志》
万历二十一年以后	山东青州府莒州	知府谷文魁	条鞭法行，以丁地兼编	万历《青州府志》卷五《徭役》
万历二十一年	南直隶应天府句容县	知 县 陈 某（嘉禾人）	改民解为官解法，其后应天府诸县咸仿行为例	乾隆《句容县志》卷五《赋志·均徭》
万历二十一年	湖广宝庆府新宁县		里长每里岁役一名，癸巳起编入条银，里甲归田	万历《新宁县志》卷五《人事考·役法》
万历二十一年	山西太原府榆次县	知县卢传元（河南扶沟县进士）	奉例条鞭	万历《榆次县志》卷三《赋役志》。或《郡国利病书》卷四六《山西二·榆次县·赋役》
万历	山西太原府太谷县		夏税麦八千四百余石，秋税米一万九千五百余石，俱作一条鞭派征	万历二十四年刊《忻州志》第一册《户赋》
万历中	山西大同府怀仁县	知县张信民（渑池人）	行条鞭法	《嘉庆一统志》卷一四六《大同府·名宦·明》

年　代	施行地域	奏议及推行人	纪　事	附　注
万历	山西大同府应州		近日举十岁者编之,而通为一,名条鞭	万历二十七年刊《应州志》卷三《食货志》
万历	山西大同府浑源州		一条鞭通共夏秋马草脚价伞菜俸廪银募马头共征银若干两	万历三十九年刊《浑源州志》卷一《食货志·田赋》
万历	山西平阳府霍州		明(代)……自行一条鞭法,民困稍苏,而大户之弊犹未革	道光《霍州志》卷一二《赋役》
万历	山西泽州及沁水县		条鞭法行,而无艺之争息,里胥之穴室	万历三十五年刊《泽州志》卷七《籍赋志》
万历	陕西西安府同州	知州郑璧(四川内江进士)	时议行条鞭,璧奏记极言不便,而尤不便于同,谓同民贫且力农,利用布粟,不便输金也,遂不果行。后数年,其言果验,民感服	雍正《陕西通志》卷五二《名宦四》引《同州志》。《嘉庆一统志》卷二四四《同州府二·名宦·明》。《明名人传》卷二八
万历二十二年(1594)	陕西西安府同州		奉令条鞭,总计一州粮税差役之数,而约百姓丁产以赋之	天启《同州志》卷五《食货》
万历二十四年(1596)	山西绛州稷山县	知县王豫立(泾阳人)	会大吏檄用条鞭法起征,士民皆不便,乃力为申请,得不行	《嘉庆一统志》卷一五六《绛州二·名宦·明》
万历二十四年	南直隶苏州府吴县	知县袁宏道(字中郎,号石公,公安人,万历二十年进士)	立法催征,条鞭折银,以上五甲累经催,下五甲会里长,免十排年,皆赴县听比	崇祯《吴县志》卷九《役法》。《郡国利病书》卷一九《江南七·吴县志·役法》。《明史》卷二八八《文苑四》本传。袁中道《珂雪斋集》卷七《石公先生行状》

年　代	施行地域	奏议 及推行人	纪　事	附　注
万历二十四年	山东兖州府沂州	知府宗大训	申准条编	万历三十六年刊《沂州志》卷二《户口》
万历二十四年四月丁未	山西大同	巡抚梅如桢	定编徭行条鞭法	《国榷》卷七七
万历	山东兖州府沂州郯城县	知县陈黉生	奉文审编户口奉正条鞭	万历三十六年刊《沂州志》卷三《户口》
万历间	山东兖州府沂州费县	知县刘延安（山西宁乡人）	清审户口,改九则为条鞭,丁地一例摊派,人皆便之	宣统《山东通志》卷七二《职官志·宦迹七》引《沂州志》
万历	山东兖州府东平州汶上县		条鞭之法,舍资产而括丁地,自此法行而民始苏	万历（三十六年）《汶上县志》卷四《政纪志·赋役》。《郡国利病书》卷三八《山东四·汶上县·条鞭法议》
万历二十六年 (1598)	陕西平阳府绛州稷山县		始行条鞭	同治《稷山县志》卷二《田赋》
万历二十七年 (1599)	陕西西安府同州同官县		奉文条鞭	万历《同官县志》卷三《徭役》
万历二十七年三月至三十五年七月	贵州	巡抚郭子章（字相奎,江西泰和进士）	所著《黔记》六十卷内《贡赋志》中,有《条编志》	《大司马郭公青螺遗书》卷首《年谱》。王兆云《皇明词林人物考》卷二本传
万历	贵州铜仁府		概经费,核丁粮,粹以输官,总而名之,曰一条鞭	万历《铜仁府志》卷三《食货》

年　代	施行地域	奏议及推行人	纪　事	附　注
万历二十八年(1600)后	浙江嘉兴府平湖县	知县朱钦相(江西临川人,进士)	修城之费,旧设里甲,钦相请派入条鞭	雍正《浙江通志》卷一五〇《名宦五》。雍正《江西通志》卷五五《选举》;同书卷八二《人物一七·抚州府》
万历二十九年(1601)	山东济南府德州德平县	知县王霖(河南祥县人)	改行条鞭法	宣统《山东通志》卷七一《职官志·宦迹六》引《济南志》
万历二十九年	河南开封府封丘县	知县崔爀	不拘里甲,合县审大户一百余名,条鞭民赋一体并行	顺治《封丘县志》卷三《民土》
万历二十九年春	广东	巡按都御史李时华	革五弊:一曰饬条鞭,以苏里甲	民国十一年《东莞县志》卷三一《前事略三·明》引《南雄志》
万历三十年四月	湖广承天府京山县		始于条鞭中征收	万历《承天府志》
万历间	广东韶州府英德县	知县严遵试(广西贺县举人)	时税珰横行,县境内尧山之锡矿,后以开采无获,遵试因议县补其税,编入条鞭,民得不扰	光绪《韶州府志》卷二八《宦绩录·明》引旧志;卷四《职官表·文职·明》。《嘉庆一统志》卷四四四《韶州府·名宦·明》
万历三十年(1602)	广东雷州府徐闻县	知县张日曜(福清人,举人)	追征条鞭,听民货物准折。捐除耗余,阖邑称便。两当入觐,士民苦留	嘉庆《雷州府志》卷一〇《名宦》。道光《广东通志》卷二五二《宦绩录二二·明一一》引雍正志。宣统《徐闻县志》卷八《名宦》

年　代	施行地域	奏议及推行人	纪　事	附　注
万历三十一年(1603)	广东雷州府遂溪县		诏内监李敬采珠,加条鞭饷	道光《遂溪县志》卷二《纪事志》
万历三十年至三十二年	北直隶真定府冀州	知州梅守极	改徭役为每丁止用银一钱,谓之一条编,按名下地头。至张巡抚又题官收吏解,愈更而愈繁重	民国《冀县志》卷一四及卷一三。按张巡抚疑为张凤翔(天启二至三年任)
万历三十一年	北直隶河间府沧州		本州已刻畿南条鞭赋役册,"条鞭类经久可遵"	万历《沧州志》卷三《田赋志》
万历三十二年(1604)	北直隶顺天府昌平州怀柔县		近日条鞭不便	万历《怀柔县志》卷二《财赋志》
万历三十三年(1605)	湖广黄州府黄冈县	知县茅瑞征	条上两院议云:"查得各项钱粮一条编起征,临时酌量缓急支解,法至善也。本县……相沿有摘征之陋规……请……不许仍踵摘征,变乱条编遗法……"	万历《黄冈县志》卷三《里甲》
万历	湖广汉阳府汉川县	知县陈伯龙(字震东,萧山人,万历三十二年进士)	(县)民有潞(府)粮委官差校之害,无名赋盈三千余两。伯龙条陈六事:定区头,杜波及,酌火耗,一准条鞭递输之法,民赖以苏,上官以其式颁行列郡	民国《萧山县志稿》卷一五《人物·列传二》

年　代	施行地域	奏议及推行人	纪　事	附　注
万历三十五年(1607)	山东登州府蓬莱县	知县邢琦(北直开州举人)	清条鞭,严编审	宣统《山东通志》卷七三《职官志·宦迹八》引《登州志》
万历三十五年	山东曹州府曹州及曹县	知州周燝(莆田人)、孟习孔(武昌人)	县自王圻平赋以后,民与里书又阴为奸,习孔尽得其情,更立一串铃法,以救条鞭之病;时曹州之尤累者有俵马、兑军、收头三役,知州周燝一一区画,亦请用一串铃法	《嘉庆一统志》卷一八二《曹州府二·名宦·明》孟周二传。《郡国利病书》卷三九《山东五·曹县·赋役》。宣统《山东通志》卷八一《田赋后叙》
万历三十六年(1608)	南直隶	南京右佥都御史兼操江提督丁宾(字礼原,嘉善人,隆庆进士)	立条鞭以顾(雇)役	陈继儒《白石樵真稿》卷四《都御史丁公去思碑记》。《明史》卷二二一本传
万历三十八年(1610)	广东琼州府登迈县	知县曾拱璧(莆田举人)	行条鞭法,里甲无供役之苦	嘉庆《澄迈县志》卷五《秩官志·官师及宦迹》
万历	浙江嘉兴府平湖县	知县朱钦相(字如容,临川人,万历三十八年进士)	修城之费,旧役里甲,吏缘为奸,钦相请派入条鞭,并革柜收区总县总等役	雍正《浙江通志》卷一五〇《名宦五》引旧《浙江通志》。光绪《平湖县志》卷一二《宦绩·文秩》据府刘志参朱志修。《明史》卷二四六《侯震旸传附》,《明史稿》卷二三〇,万斯同《明史》卷三五三

续表

年　代	施行地域	奏议及推行人	纪　事	附　注
万历三十九年(1611)	北直隶顺天府安东县	知县戴之二	条鞭立而民无觭苦之差,驿传亦告准一条鞭,追征钱粮分解	天启《东安县志》卷六《人物志·名宦》;卷三《官政志·知县》
万历四十年(1612)	浙江杭州府昌化县	知县康万有(字文凤,福建人)	力复条鞭,亟除里甲	民国《杭州府志》卷一二〇《名宦五》;卷一〇六《职官八》,作镇海人
万历四十三年(1615)	山东东昌府博平县	知县马绍芳(北直东光人)	邑素患审编,金派收解,不堪其累,至是乃改为条鞭法,民便之	乾隆《山东通志》卷二七《宦迹》。宣统《山东通志》卷七二《职官志·宦迹八》引《东昌志》
万历四十三年	湖广承天府沔阳县	知州郭侨(字公孙,渭南人,举人)	征条银,定以日限,吏干没库镪,悉清核出。革里役供什物陋规	民国《湖北通志》卷一二〇《职官一四·宦绩传》引《沔阳志》
万历四十四年以后	北直隶河间景州吴桥县	知县王先(罗田万历四十四年进士)	改行条鞭雇役法,签役一切报罢,自邑达郊,欢声雷动	《范文忠公文集》卷七《吴桥县条鞭役法议记》
天启二年(1622)	浙江衢州府及江山县	兵道张邦翼	每条鞭银一两,加征贴解费四厘八毫	天启《衢州府志》卷八《国计志·官解》。天启《江山县志》卷三《籍赋志·新规》
天启二年	广东南雄府	推官沈世明	摘出升科米、民米各若干石,照条编则编银,以抵虚粮	道光《南雄州志》卷一五《经政略·田赋》
天启间	广西柳州府融县	知县朱光祖(南海举人)	改两条鞭,申请为一条编户七十里,轻徭减赋,民怀其惠	乾隆初修道光续修《融县志》(广西省图蓝色之油印本)卷七《名宦》

续表

年　代	施行地域	奏议及推行人	纪　事	附　注
崇祯元年（1628）	南直隶苏、松二府	巡按御史王道直	时苏、松被水,疏请停织造,及减折色条编十之五,悉见嘉纳	民国《湖北通志》卷一三五《人物志一三·列传三》引《一统志》、《汉川志》诸书
崇祯元年	南直隶常州府江阴县	知县吴鼎泰（高州府人,崇祯元年进士）	定条鞭,公役米,革官户,严寄庄,禁脚马绳耗羡	道光《高州府志》卷一〇《列传》
崇祯三年（1630）	河南省	巡抚范景文（字梦章,吴桥人,万历四十一年进士）	奏请革去大户,实行条鞭法,一切差役,俱归之官府召募;钱、漕、驿递、供应,统归官收、官解、官置、官买	《范文忠公文集》卷二《革大户行召募疏》（按疏中谓:"向臣司理东昌,曾行此法,岁所省以数万计,(今)欲……试之两河。"《明史》卷二六五本传。光绪《畿辅通志》卷二二〇《列传二八·明五·河间府》本传
崇祯四年（1631）	江西吉安府永新县	知县管正传	设汇封,定官造,归条鞭,至今犹守之云	雍正《江西通志》卷六一《名宦二·吉安府》引安志
崇祯六年（1633）正月		御史祁彪佳（字弘吉,山阴人,天启进士）	疏陈里甲之苦,言自条鞭行后,仍金里甲解银等差,请推行河南巡按李日宣官收官解之法于天下	《祁忠惠公遗集》卷一《陈民间十四大害疏》。沈梅史撰《祁公世培传》（载《远山堂明曲品剧品校录》中）。《明史》卷二七五《祁彪佳传》。《明史》卷二五四《李日宣传》

年　代	施行地域	奏议及推行人	纪　事	附　注
崇祯九年（1636）	广东惠州府归善县	知县陆自岳	以盐饷派入条编，永除饷累	乾隆《归善县志》卷一《邑事纪上》
崇祯十年（1637）	南直隶应天府六合县	巡抚史可法	六合民困于养马。公慨然曰："条鞭法天下皆然，而六（合）仍点差归于官，而里民佐其费，勒石垂久，至今六人赖焉。"	史可法《忠正公集》附录张斯善撰《功德记》
崇祯十年八月二十日	山东青州府日照县	里人户科给事中丁允元	题迩来州县官应查盘，则以条鞭册应，其实则一年一编佥也。乞善为处理，旧通从缓	《丁右海先生疏稿·条鞭疏》（第9—10页）

后　记

上表所著录的共为287条，但实际的条数应在三百以上，因为有些条是同年一条之中兼载数地的事迹，亦有些同地一条之中附载多年沿革的①。还有四十多条的材料，因留在南京书箧中，未及整理，好在它们暂时缺去对于下面写的结论，大体上不至发生动摇，这些空缺条数无妨等待将来再为补入。

表中287条在时间上的分配：属于嘉靖一朝的计有36条，隆庆朝55条，万历朝187条，天启朝2条，崇祯朝7条。各朝纪载次数的多寡正与史实的发展趋势相符合。它们告诉我们：一条鞭法开始施行于嘉靖初年，至嘉靖末年转趋积极，等到隆庆、万历，乃盛行于各地。在万历一朝中，由万历元年到二十年共计有纪录152条，但自二十一年至四十三年

---

① 编者按：原稿如此，经过修订，今为366条。

仅有35条,这说明了一条鞭法在万历二十年以前已经全国通行了。万历二十年以后的纪载,多数是关于各地将原有办法推广其范围,或为加强、改订与补苴的工作,而非关于创置此法的记录,这是要请读者注意的。

如表中第一条所示,早在嘉靖十年御史傅汉臣已上疏议论此法的得失,其后还有几条纪载,都是说明一条鞭在当时仅为一时、一地所施行的制度,它既未成为定制,更不是全国普遍实施的。一条鞭法的盛行,实始于嘉靖四十年的前后。它的施行区域,先从南方开始,然后推行到北方。此中最值得注意的,就是江西省、浙江省、南直隶、两广与福建省的经验,因为以上各地创制较先,制度订得最完备,历史最为典型。

江西于嘉靖三十五年蔡克廉为巡按时始倡议为一条鞭法,其后不久又由提学副使王宗沐建议,皆因贵族、官绅与地主阶级的反对,没有实行。至嘉靖四十五年巡抚周如斗又苦心筹划,条例才完备,但周氏因病卒官。隆庆二年十二月巡抚刘光济上疏请行,得到批准。隆庆三、四年间遂通行全省。刘氏的定议是经过博访周询的,他采取了人民一部分意见,计划颇为周详,对于后来各地的影响亦大。

在浙江施行一条鞭法最有成绩的是巡按御史庞尚鹏,他自嘉靖四十年至隆庆元年按浙,在这七年当中他屡次改革赋役制度,初时行里甲均平法,后又行十段锦法,最后才行一条鞭法。其后,他在万历四年冬至六年六月福建巡抚任内又力行条鞭法,遂成为闽省定制。庞氏的影响,同时又回到他的故乡——广东。广东和广西两省大约从万历五年至十二年间多数地区都已盛行一条鞭法了。

在南直隶执行一条鞭法的是海瑞,他在隆庆三年至四年应天巡抚任内推动甚力。张元忭撰《庞尚鹏祠碑》,记尚鹏按浙时,

　　……是时行甲首钱、均徭二法,吏胥因缘加派,贫富皆不聊生。
尚鹏乃会计一邑需费及诸顾(雇)役若干,核民间丁、土若干,刻
单,人给一帖,使民知岁输一有定额(按此即易知由单)。吏遂不
能为奸。后海瑞推广之,通行于江南,名一条鞭法。[①]

可知海瑞是受了尚鹏的影响,且一条鞭的得名是晚起的事。

　　由上得见赣、浙、南直隶三处一条鞭法的建立是约略同时的——从
嘉靖末年到隆庆中年,在八九年期内确立起来的。福建和两广又迟了
十来年左右。总之,一条鞭法的盛行,自从隆庆六年六月朱翊钧神宗即
位以后至万历十年间张居正执政时期中,有了长足的进展。当时河南、
山东、湖广、北直隶等处,亦都推行了一条鞭法,这种制度的建立是和张
居正的整顿吏治、锄抑豪强、编查户口、清丈田地的各种办法相配合的;
特别是最后一种办法(清丈田亩)与一条鞭法有最密切的关系。多数
的地方,都在清丈以后举办一条鞭,但亦有少数先举办一条鞭,然后举
行清丈的——如广东肇庆府高明县于万历五年已行条鞭,但到万历九
年才清丈田地。不论如何,对于一条鞭的建立,田亩的清查核实比起户
口的编查核实还重要得多。清初孙承泽《春明梦余录》卷三五记:"庞
尚鹏按浙时乃奏行一条鞭法,……后江陵相当国,复下制申饬,海内通
行者将百年……"即指此而言。到了万历十五、六、七年,贵州、云南、四
川、山西、陕西等偏远省分,以至甘、肃二州卫都相继普行条鞭。至是,
全国南北两直隶、十三布政使司都实行一条鞭法了。

　　一条鞭法的施行,自南而北,因为南、北的社会经济背景不同,所以
一条鞭推行到北方时所遭遇的阻力较大,我在其他论文中已有详细的

---

①张阳和:《不二斋文选》卷三。

叙述。值得我们注意的,便是当时推行条鞭法最有功绩的几个重要人物都是来自国际贸易较盛有大量银元输入的南方沿海各省。如蔡克廉系福建晋江县人,潘季驯浙江乌程人,王宗沐浙江临海人,周如斗浙江余姚人,刘光济常州府江阴县人,庞尚鹏广东南海县人,海瑞琼州府琼山人。同时反对条鞭法的多数是北方人,今举原籍山东济南府德平县的葛守礼(参《明史》卷二一四本传)的议论作为代表。葛氏于嘉靖二十九年七月至三十年三月巡抚河南时,上过《宽农民以重根本疏》,说:

> ……后又有巡抚河南者,以江南之法行之河南。……近北直隶乃又仿而行之,……闻之此法又将浸淫及于山东。……①

葛氏是反对条鞭法最出力的人,他于隆庆元年四月户部尚书任内又上过与上类似的奏章。他的《与郑葵山论中州地差》亦批评摊丁入地的办法不适宜于北方,说道:

> 北方民差,旧在人丁;地多者,令多出门银,此古租庸调之法,必不可易者。后因南方诸公,以本处之法行之,一切征诸地。②

又《与张吉山论豫郡田赋》说:

> 大抵北方,田自有赋,役当在人。前有迂执先生,故以南方之法施之河南。③

又《与刘安峰论赋法》说:

---

① 《葛端肃公文集》卷三。
② 《葛端肃公文集》卷一三。
③ 《葛端肃公文集》卷一三。

山东均徭征输,旧规称为最善,近多变更,……不知何故变为一条鞭!……①

北人的看法与南人的看法不同,并不真正因为籍贯不同的缘故,主要还是因为南、北的社会经济背景不同,更重要的是在争论的背后隐藏着农村各阶层的经济利益。

表中胪列了不少与一条鞭法有关的人物,我并无意作点将录或点鬼录一类的工作,我更无心编纂缙绅全书,所以特别注意到一般"小民"对于这个运动的参加的状况,可惜仅仅搜到隆庆二年绍兴府庶民周恭等一条记载,就是周恭等恐怕多半也属于中农、富农的阶级。由此可以知道议事和推广人们的出身成份百分之九十九以上是官吏份子。最主要的是地方官,有时为地方绅士。同时对于往日的所谓"名宦"、"循吏",以至他们所发生的功用,或者可以增加一些理解。一条鞭法在当时可以说是一种利民新政,所以举办稍有成绩的人,都各有专传。《明史》卷二二七《列传一一五·庞尚鹏传》记:

> 改按浙江,民苦徭役,为举行一条鞭法。按治乡官吕希周、严杰、茅坤、潘仲骖子弟僮奴,请夺希周等冠带,诏尽黜为民。尚鹏介直无所倚,所至搏击豪强,吏民震慑。……万历四年冬,始以故官抚福建,奏蠲逋饷银,推行一条鞭法。劾罢总兵官胡守仁,属吏咸奉职。……浙江、福建暨其乡广东,皆以徭轻故,德尚鹏,立祠祀。(按,传为汤斌撰。从此传和下引《海瑞传》看可知往往是同一个人在他历任地方官任内推行一条鞭法。)

①《葛端肃公文集》卷一三。

《明史》卷二二六《列传一一四·海瑞传》亦说出了一条鞭法对于防止豪强兼并所起的一定作用：

> （隆庆）三年夏，以右佥都御史巡抚应天十府。属吏惮其威，墨者多自免去。有势家朱丹其门，闻瑞至，黝之。中人监织造者，为减舆从。瑞锐意兴革，……民赖其利。素疾大户兼并，力摧豪强，抚穷弱。贫民田入于富室者率夺还之。徐阶罢相里居，按问其家无少贷。下令飚发凌厉，所司惴惴奉行。豪有力者至窜他郡以避。而奸民多乘机告讦，故家大姓时有被诬负屈者。又裁节邮传冗费，士大夫出其境率不得供顿，由是怨颇兴。……已而给事中戴凤翔劾瑞庇奸民，鱼肉搢绅，沽名乱政，遂改督南京粮储。瑞抚吴甫半载，小民闻当去，号泣载道，家绘像祀之。……（万历十三年）改南京吏部右侍郎，……疏言：“……治化不臻者，贪吏之刑轻也。诸臣……反借待士有礼之说，交口而文其非。夫待士有礼，而民则何辜哉？”因举太祖法剥皮囊草，及洪武三十年定律枉法八十贯论绞，谓今当用此惩贪。其他规切时政，语极剀切。……为南京右都御史……十五年，卒官。……小民罢市。丧出江上，白衣冠送者夹岸，酹而哭者百里不绝。……尝言：“欲天下治安，必行井田，不得已而限田，又不得已而均税，尚可有古人遗意。”故自为县（按，瑞于嘉靖中年为浙江严州府淳安知县。继擢嘉兴通判，又坐谪江西兴国州判官）以至巡抚，所至力行清丈，颁一条鞭法，意主于利民，而行事不能无偏云。……

自然，上举庞、海两人是最特出的人物，他们都是传诵一时的反贪污的"清官"，所以列入国史传中。至于比较次的人物，只要他们与一条鞭法多少发生一点因缘，亦就有资格名登地方志的名宦传内。本表所罗列的大半都属于这些自郐以下的人物。所以只管有如许多佳传来充塞篇幅，一条鞭法的实行并未给明代农民带来一个稍长时期的实际幸福，经过了短则四五长则廿卅年的光景，农民仍然要肩负起如改制前一样、甚或比改制前还加重的赋役重担。这证明了在农民阶级尚未得到一种新的政权的正确领导之前，在阶级觉悟尚未大力发动起来之前，在阶级斗争尚未成为系统化与极尖锐化之前，一切少数问"良心"的廉吏、良吏所作的包办代替的工作对于农民的痛苦，是不可能有基本解除的。

从纪事一栏检阅，可知一条鞭法在各地的办法是殊不一致的：论其范围，有广狭大小的不同；论其规制与实施程度，有精粗深浅的分别，然而在这些小差异中，它们有几点共同一致的办法，是不管在哪一地方施行时，定必多少包括在内的：1.摊力役于田赋；2.赋、役皆折纳银两；3.赋役的催征、收纳与解运，一向责成人民助理的，今改由政府统筹自办；4.明初订定的里甲十年一役的轮充制度，今改为每年一役，——即每年出役银代役。以上四点，都是各地施行一条鞭法时所要作的事情。它可能四点都完全作到了，但也可能只做到一两点。自然，以上各点彼此是有密切的相互关系的。因为力役不复以丁为对象，可以出之于田赋，自无妨折银。折了银后，便与往日征收本色的情况不同，所以征收解运事宜可以由政府自办，而不再一定需要人民代办。因为用银可以雇募工役，所以又不必须维持旧日十年一役的里甲亲役制度。又因为里甲亲役制度被取销了，所以力役无妨由田地去负担，于是政府的任务缩小到只是筹取银子来解决一切问题。以上各种办法，以及各办法底下的不同方式，和彼此间的相互关系，我在其他几篇论文中已有详细的分析，这里不必再说。以上只限于探讨一条鞭法所蕴涵的社会经济的意义。一般学者对于一条鞭法，多数只看到它在摊丁入地那一方面的重要意义，而忽略了其他各点，故多皮相之谈。只有两位作家，有较深入的意见。值得介绍的,第一是梁任公先生的见解,他以为清代摊丁入地一运动的完成是中国奴隶制度消灭的基本原因之一,他在《中国奴隶制度》(《清华学报》第2卷第2期,民国十四年十二月出版)一文里说:

> 就事实上论,女婢至今依然变相的存在,男奴则自清中叶以来早已渐次绝迹。此并非由法律强制之力使然,其原因实在生计状况之变动,与赋役制度之改良。……所谓赋役制度改良者,秦汉以来,行口算之赋(即人头税),又有兵役、力役,皆按丁籍征收、征发,而贵近、豪强,常享免赋、免役之特权。民之苦赋役者,则相率逃亡;逃亡无所得衣食,则自鬻或被诱略为奴。……自宋王安石雇役法行,民之苦役者稍苏,而赋则如故。元代……奴之特多,在史迹上为例外。明承元敝,苟简无所革正。中叶后,权珰恣虐,民不堪荼毒,惟自鬻于达官豪宗以求治,所谓"投靠"是也,甚至有"带地投靠"者。投靠既多,丁籍益虐(虚?),财政收入益窘,则以原额摊派于未投靠之人,未投靠者益苦,则终久亦出于投靠而已。明代江南宦族最多,而蓄奴之风亦最盛,弊实由此。清康熙五十一年定"丁随地起"之制,屡颁"滋生人丁永不加赋"之谕,此在我国财政立法上实开一新纪元,其目的并不在禁奴,然而投靠不劝自绝,逃亡败(贩?)鬻,亦清其源,事有责效在此而收效在彼者,此类是也。……

叶蠖生先生在所编的《初级中学中国历史课本》(1951年8月上海再版,第126—127页)论清代摊丁入亩的影响,说:

> 这个改革的完成,起着两种作用:第一,是富农和小地主不怕差役负担,尽量向大地主方向发展。土地多的大地主常拿出一部

分金钱,向政府买得高级官衔,便成为统治集团中的有力分子;或者培植子弟读书应考,能中名"秀才"、"举人",便也有升入统治集团的资格。因此把地主阶级扩大,和封建贵族共同参加统治,使封建统治更深入和巩固。其次,是丁税摊入地亩,使无地农民免去一种负担,减少杀死婴儿,使人口发展速度比从前加快。

像梁、叶两先生从一个单纯财政问题去探求它的社会经济意义,确已将这一问题的位置提高了一步。底下,我想将明代在施行一条鞭法前、后的社会经济的变动情况择要指出几点,说明如下:

自从八世纪末叶,唐代改租庸调为两税法以后,大规模的授田制度已沦于没落,土地私有制度日趋发展,造成了田地无限度集中于私人手里的现象,而尤以南宋时代东南地区为最甚。在这种土地制度之下,作为直接生产者的农民比较早期封建制度底下的农奴在名义上似已获得若干新的权利。例如对于土地的租佃和买卖,他们已享有相当限制的自由(且有转租、分租地底权与地面权的情形发生);法律也不绝对禁止他们离开土地和转业。比起早期封建社会下的农奴,必须被固着在土地上面,且对于耕种的土地只有使用权而无所有权的情况,他们似乎是好得多了。然而实际上,他们仍然受着地主与政府的封建剥削。地主利用早期封建制度流传下来的风俗、习惯作根据,通过超经济的强制方法,和封建地租的方式,来实现他们对于农民的剩余劳动的榨取。同样的情形,政府对于农民一点也不放松甚至加紧它的封建剥削,但以赋役的方式出之。赋的对象原本只限于有土地的农民和地主,役则不管有田无田但凡在法定年龄以内的男子皆须负担——对女子的口课,负担较轻,并不甚重要。封建的政权,是掌握在地主阶级手里的,地主阶级与政府狼狈为奸,使得赋役的重担实际上只落在田少、无田的贫农、雇农的身上,直接生产者的农民竟成了剥削的共同对象,所以此时农民的实际生活并没有也不可能改善多少。元朝统治中国以后,对于旧日的经济结构,仍多予以保留;对于金、宋地主阶级的特权,依然充分保护。农民所受的剥削程度不但丝毫未有降低,且有日益严重的趋向。因之,元末各处农民纷纷大起义,将元室推翻。朱元璋建立了明朝以后,虽然有鉴于元朝灭亡的原因,也作了几件锄抑豪强的事,但不久,便完全背叛了自己出身的阶级立场,企图加强封建的统治。配合着分封诸王的封建政治制度①,他在经济方面也有同样的措施。他将全国的户口分为三大类:1.民户,2.军户,3.匠户。在每一大类之下又分为几个小类,如民户以下又分为儒、医、阴阳等户;军户以下又分为校尉、力士、弓兵、铺兵等户;匠户以下又分为厨役、裁缝、马户、船户等。此外,还有盐灶、僧、道等户。户籍的编制是以职业划分的,所谓"毕以其业著籍"。同时他又编定供应赋役的里甲制度:以一百一十户为一里,选择丁多田多家产殷富的十户为里长,其余一百户分作十甲,每甲十户。每年由里长一人率领一甲十户去供应官厅的差遣与徭役。十年为一周,一周之中,每一个里长与每一甲皆须依编定次序轮流应役一年。十年满后,又轮流应役如故。关于上述的户籍制度与里甲制度,我要特别指出几个特点如下:1."人户以籍为断",户籍既编定以后,除有重大特殊的理由,不准轻易更改。换言之,人户皆世其业,编入军户的人丁照例是世世代代皆为军丁;余亦仿此。2.在每一地区内,各类户籍的划分,大致以满足当地最简单的经济生活的需要为依据,造成了全国各地无数分散的自给自足的小单位。3.人民的移动、迁徙,是受限制的。从一个地方到另一个地方的行动,都要得到政府发给的"路引"(即通行证)。4.对于

---

①这种封建政治制度与早期的自稍有不同,但本质上仍然大致相同的。

赋役的负担,采取连带责任制。如一甲十户之中,有三四户已逃亡或死绝时,所遗留下来的田赋与徭役的负担,由剩下的六七户分摊,务须补足原额,不许亏欠。全甲逃亡死绝时,便由一里中剩下的九甲人户分摊。5.主持一里赋役的里长,和管理一粮区(多数辖有数里)的粮长,例以大户充之。他们对农民建立了一种直接统治和隶属的关系。所有上开一系列的办法,它们的共同目标无非想巩固封建政权的统治①。明末洪懋德《丁粮或问》一文把它们理想化起来,说是:

> 古者之取民,一取之丁以为准,唐之租庸调犹是也。自杨炎变制(为两税法),而乃有丁外之粮,民始转徙,而田始荒莱。本朝岐丁、粮而二之,既以粮赋天下之田,而必以丁定赋役之则,犹存古意于什一焉。……国初之制,以人丁之多少而制为里甲,粮因从之,于是而有版籍之丁,则系以口分、世业之田,田有定而丁有登降,田虽易主而丁不能改其籍;民知无田而丁(则)自若,则益保守其世业之田,深耕广垦,益相劝进于勤俭。而籍外之人,虽豪有力,不能横入其里而鱼肉之。征输之事,世习其科条,而不疑邑宰,不畏胥吏,故逃亡少而田无荒芜。考之《周礼》:"宅不毛者有里布,无执事者征夫家",非以重困民也,乃以困游惰,限迁徙,而裕农也。……②

当时的丁税,并不真正等于现代所说的人头税。它不是按丁科以同一的税率的税,而是按各丁所属之户的财产的大小来订等级的税。它的性质,兼人头税与财产税而为一。所以我们将洪文的理想成分剥

---

① 请参拙著《明代的户帖》(1943),《明代黄册考》(1950),《明代粮长制度》(1946)。
② 王夫之《读通鉴论》卷二〇,亦有类似的论调。

去,便知它的主要内容不外是田可卖去而丁则必须仍旧保留,不能过割给新业户。政府企图利用这种赋役政策来束缚农民固定在田地上面;对农民说来,岂不明明是农奴身份、地位的重被确定起来吗?

我们如果用列宁所说的封建生产方式的四个特征来衡量当时的社会生产方式,可以说是没有一条是不相符合的。

　　……第一,自然经济占统治地位。农奴领地应是自给自足的,闭关自守的,跟世界其他部分的联系是非常薄弱的……第二,对这种经济来说,必须是直接生产者分有一般的生产资料,特别是土地;此外,他又是被束缚在土地上,否则,地主就不能保证有足够的人手……第三,这种经济制度的条件,是农民在人身上依附地主。要是地主没有直接支配农民的人身,他就不能强迫这个分得土地和经营自己经济的人为他劳作。因此必须要有"超经济的强制"……最后,第四,技术低劣和墨守陈规的状况是上述经济制度的条件和后果,因为从事经营的是那些为贫困所累的、和由于人身不自由与愚昧无知而受压抑的小农。①

然而一个专制君主的一切违反时代的设施,并不能将时轮倒转,中国社会至迟到了南宋时早已跨过了早期封建社会时期了。所以在明立国后的五六十年中,生产力终竟在封建的生产关系底下恢复和发展起来。此后更因为东南、西北水利的讲求、修建,各种田制(如圃田、围田、架田、柜田、梯田、涂田、沙田等)的建立和试验,经济农作物的推广,外国种子(如占城米、番薯、花生、棉子、蔬菜、果树等)的输入与试种,牛的繁殖与牛耕的推广,与若干种农具(如用人力推动的管键,特别是为灌

---

①《列宁全集》俄文版,第三卷,第140—141页。

溉和磨碾用的筒车、翻车等）的改善,种种因子,都使农业的发展向前迈进了一步。在手工业方面,特别值得称道的是家庭棉纺织业在政府课税政策之下被强制地大力推广起来,奠定了这一业的初基。主要为支应皇室需索而设的各种"供奉工业",如丝织、针工、染造、官窑陶瓷①、营造,以及采木等业,不仅表现在技术水平的提高上,而且表现在产量的增加和分工的日趋精细。所有这些发展的趋向,在造船、火器、矿冶、铜、玉、竹、石、扇（特别是折扇）、漆（制漆法由日本再流回中国）、雕刻、印刷、玩好,以及饮食制造加工等各部门,都可以观察出来。这一系列的事实说明了手工业与农业的分工逐渐明确和扩大了（所以明代有不少历史著名的精工）。随着社会分工的扩大,商业亦有相当的发展,它明显地表现在市场的扩大上。市场的扩大,可分为国内市场与国外市场。国内市场的扩大的征象最具体地表现在帮商（如广商、泉商、徽商等）的众多,牙行（如万历间广东三十六行兼管海舶贸易）、工行的增设,驿路的伸延,西南各边省的开发与汉化,城市数目与城市人口的增加,城市地区的扩大,修筑城垣事件的大量增添,几点事实上面。国外市场的扩大,最显著地表露于航海事业的发达上。自从明初,我国与南海诸国的朝聘、交通、贸易,已有空前频仍的盛况。其后自十六世纪初年,葡萄牙、西班牙、英吉利诸西欧国的半军半商人也先后断续地来到中国从事于探险式和剽掠性的买卖,但大宗交易多半还是以南洋各地为跳板。当时西欧重商主义盛行,墨西哥、秘鲁等地银矿相继发现,西班牙及各国所铸的各式各样的银圆,因亦间接地从菲律宾等地大量转运来中国。到了明末,闽、浙、粤沿海各省市场上最受欢迎的交换媒介

---

① 按明时江西景德镇官窑凡十余处。御器厂分二十三作,各有专司。正德嘉靖间官匠三百余人,画工另募。又有民窑二三百区,工匠人夫不下数十万。

就是外国银圆了。外国银货的大量流入的趋势,一直到了十九世纪初年,普通说是到了1827（清道光七年）为止。可是说到十六、十七两世纪一期内的白银内流,它的内容、性质和范围等,都是不宜于与十八以至十九世纪初年一期内的合为一谈。它们彼此之间是有相当距离和差异的①。不论如何,国内全国各地自1596（万历二十四年）起,在皇帝强迫之下,也掀起了开采的热潮,绵历将近廿年的光景,其结果不但没有增加国库里多少金银,反给人民带来以无穷尽的巨大祸害,这就是史家所常说的"矿税之弊"。不过此中也可以透出一点消息来,这就是说当时一定是对于各种矿物有了日益增加的需求,——特别是对于作为通货用的银子更是有了日益增加的需求,否则官民双方各自纷纷挖洞是不可理解的事。再者,由于新设立的对生产或交易行为而课征的苛捐杂税纷然百出,及旧税的税率一律提高两点来看,也可以知道一定是社会分工已日趋精细了。以上各点,都不过证明了以买贱卖贵为目的而交换及以出售为目的而生产的简单商品经济已经相当发达,往日自给自足的自然经济已逐渐丧失固有的地盘。

因此作为城市剥削农村经济手段的商业资本与高利贷的利率也膨胀高大起来。明初的巨富如金陵沈富（字仲荣,时人多呼为沈万三秀）,虽为朱元璋所嫉忌,罪谪辽阳,但其子孙仍甚富绰。据万历间谢肇淛的记载,当时颇多以"货殖"致富至百万金的人。他说:

> 富室之称雄者,江南则推新安（徽州府歙、祁门等县）,江北则

---

① 因此我对于孙毓棠先生《明清时代的白银内流与封建社会》一文（载上海《大公报》"史学周刊"第34期,1951年1月26日、2月2日出版）有若干不能同意的看法。请参拙著《明代银矿考》(1939)、《明代国际贸易与银的输出入》(1939) 两文。本文列举了拙著多篇,它们多数是十几年前所写的,每一篇百分之九十以上都须重新写过的了,但多少有些参考资料仍是值得注意的。

推山右（山西）。新安大贾，鱼盐为业，藏镪有至百万（两）者，其他二三十万，则中贾耳。山右或盐，或丝，或转贩，或窖粟，其富甚于新安。新安奢而山右俭也。然新安人衣食亦甚菲啬，薄糜盐韲，欣然一饱矣。惟娶妾、宿妓、争讼，则挥金如土。余友人汪宗姬家巨万，与人争数尺地，捐万金；娶一狭邪，如之。鲜车怒马，不避监司前驱，监司捕之，立捐数万金。不十年间萧然矣。……①

后半段将一个商人由起家以至破产的全部生活史简单地告诉我们，须注意的是商业资本如何被利用到土地兼并上面，还有封建社会秩序是如何滑稽，商人必须让路给官府的开路人！

至于高利贷的利率，更是高到惊人的程度。在嘉靖年间，保定府容城县，借银一两的，每年须付利息六钱。在崇祯初年，西安府借银九两的，每年须付息银八两。这样高的利率，明初法律是不允许的。

当时商人热爱购买土地的动机，为的是抬高自己社会地位，而并不是为了扩充营业，因之商业资本的累积大为削弱。从手工业方面，资本的累积也没有多大可能，因为当时手工业的发展，主要是由于要满足生活日益奢侈的宫廷需要，对于民间工业的影响不大。况且政府横征暴敛，往往为了取钱便不惜将摇钱树斫倒，实例如下：

> 正德中，州人织藤器，细者曰织工，白经黑纬，凡人物山水花卉之类，各如式；次者曰穿工，粗经细纬，凡盘盂器皿之类，各如式。总兵派索无厌，一黎女以急织不成，过限，其父被谪，遂愤缢死。此技遂绝，戒不复习矣。②

---

① 《五杂俎》卷四《地部二》，参卷五《人部一》。
② 道光《万州志》卷七《前事略》。按万州当时属琼州府，即今万宁县。

上面就是政府摧残民间工业的一个例证,此事还逼到两个兄弟民族黎人一死一谪。像在这种情况之下,手工业更进一步的发展当然无从谈起的了。其实明代手工业的一般情形,大约到了十五世纪中叶,已经发达到不止超过前代;且有好些部门,在生产技术水平上,也超越同时西欧诸国,像宣德炉、景泰蓝[①]、成化窑、苏织、顾绣……等,都不愧为世界上首屈一指的。就拿造船业和建筑学(专指理论与技术水平,而不包括营造材料与施工实情)来说,在十六世纪以前,中国的水平似乎也不在各国之下。更就整个封建文化来作比较,中国的发展高度也是各国所未达到的。中国生产力的落后是在十八世纪以后才开始显著的,主要就是因为封建制度的桎梏在中国仍未能打破。到了鸦片战争以后,又先后增加了国际资本主义与帝国主义的锁镣,我国经济发展从此便更相形见绌了。这一落伍过程从发生之日计起,直到全国解放为止,最多不过是在二百二三十年间内陆续形成的,急起直追,并非难事。

总之商业资本的发展,只是增加了封建社会的内在矛盾。它只标志着封建主义的解体过程,它本身并不可能就产生资本主义的生产方式。一条鞭法就是为了适应这变动环境而设的赋役制度:

第一,摊丁入地的办法,对于无田与田少的贫雇农确有相当利益。可是它的更大的社会意义还不在于赋役负担减轻了或加重了,而在于它将已成的社会事实整齐划一起来,并加之以承认。朱元璋手订的"画地为牢"的封建秩序——具体化于经济自给自足和职业分工世袭的里甲制度,经过不到几十年间,便已破绽百出。首先表现在人口大量的逃亡转徙;跟着,户籍与田亩册也就完全失去了实际了。正统中以叶宗留为首的浙闽矿工的大起义,和其后各地常载拥众逾万的矿工起义,都说

[①] 据说珐琅制法从阿拉伯人传入,但制作的精巧佳丽,没问题的是中国第一。

明了矿业已成为维持失掉土地的农民的生活的重要生产部门之一。至于商人之冒籍他乡者尤众。谢肇淛记:"山东临清,十九皆徽商占籍,商亦籍也。……"①正统年间与叶宗留相响应的,有邓茂七所领导的农民大起义。其后又有成化初年郧阳流民大集团的起义,数目在百万人以上,经过八年长期的残忍屠杀才被镇压下去。以后流民起义,史不绝书。一条鞭法的设立,只是企图将这个正在解体过程中的原有封建社会结构加以适当的调整。为了解决财政经济上的困难,政府不得不承认既成的社会事实,它只好将作为地方自给自足经济的基础的职业世袭制度扬弃了。例如根据《嘉应州志》(明代为程乡县,即今广东梅县)的记载,该县在嘉靖以前的户籍,分为:民户、军户、各色匠户、捕鱼户、捕鱼船户、渡蜑户、酒醋户、僧户、官吏生员户、水站递运防夫户、弓兵皂隶拘驿铺兵户等户,——其后到了崇祯年间又增立了:医生户、阴阳户、外县寄庄附籍户、捕猎户等项。但自万历初摊派徭役于田粮以后,此等户别皆空有其名,并非编定赋役时的实际的根据了,《州志》记此事说:

> 以上官吏、水站、弓兵等户条,明初以本等名色占籍,今籍名虽存,但官吏生员已非旧,而水站、弓兵等役,亦随时于均徭(银)内编签,不复以此为限。②

但在一条鞭法施行以前,各色人户最初是依据它们的户别派定了不同的职务,稍后是派以不同的科则,不论如何转换职业,是绝对禁止的。

第二,赋役的缴纳,一律折收银两,说明了力役方式和实物方式已为货币方式所代替,这是与封建制度的发展的段落相适应的。但有几

---

①《五杂俎》卷一四《事部二》
②光绪《嘉应州志》卷一三《食货・户口》。原注:引顺治《葛志》。

点值得我们更深入一层的探讨:1.田赋折银早在一条鞭法施行以前已相当普遍;且凡由公家出租的如皇庄、官田、牧马地等,它们的地租多半在条鞭法行前亦早已折银;然而私有土地的地租,直到现在大部分仍停留在实物地租的阶段,这些差别的主要原因,大约是由于征收实物办法对于政府有种种管理与监督上的困难,而征收银两有集中流动购买力的好处,并不是由于政府有意将它的剥削的封建成份降低。2.田赋的征收银两,表示已有粮食市场之存在。同样的理由,公家徭役的折收银两,亦必以雇佣劳动市场之业已存在为其先行条件;换言之,政府雇役是发生在民间雇工以后的。这一点,倒可以证明政府对于劳动力的榨取一直想坚持着早期封建力役方式。自然,这也是可以领悟得到的,因为政府具有较大的强制执行力。在当时这种雇佣劳动市场中,虽则劳动力是可以出卖的了,劳动者由劳动得来的工银也可以归本人私有了,然而作为购买劳动力的工银(当时名曰工食银两)制度是与资本主义的工资制度有颇大的区别的:前者的决定,多半由于风俗、习惯与前例,它只是一种惯例工资,尚未达到资本主义方式底下所谓契约工资的地步。它的发生是偶然的,而非经常性的。它只是维持劳动者生活的补助收入,而非主要收入。它的支付方式,初时多半是混合性的,即实物与货币各占若干成,其后实物成数逐渐减少,最后才转为纯粹的货币工资。再则它的范围,只限于狭隘的少数角落,而非广泛流行的现象。就雇方与被雇方的关系来说,彼此多数是熟识的,私人的主从隶属关系仍然或多或少的存在。有了上述的情形,所以无论政府或私人雇主对于被雇者仍可享受他们一向所享受的封建特权。一般地说,政府所支付的工食价银,比之市价还要低些。3.在封建早期内,田赋与地租都由封建领主占有,两者是不可分的。自土地私有制度成立以后,田赋才专归政府,地租则归于地主。按道理说,政府与地主平分春色,各有千秋,应该是像井水与河水互不侵犯的了,可是在实际上满没有那回事,因为政府与地主所仰赖的不过就是同一的源头——农民剩余劳动所产生的肥水。从地主方面说来,他除向农民榨取地租以外,还勒索各种无偿的劳动与各种依然可能得到的封建遗规(如年节礼等),所以在地租里面仍然保留着封建制度的赋役成份。若从明政府方面来说,初时所定的等级丁税,原非纯粹对丁所课之税,因为它也以田来作课税的标准的,我们可以说它是役中有赋;及行一条鞭以后,田赋也就不再是纯粹对田所科之赋,因为必须承受役的负担,所以是赋中有役。这种役中有赋、赋中有役的背景,微妙地将一部明代封建制度发展史的场面烘托出来,我们切不可像欧美唯心论派的中古崇拜者,很天真幼稚地把此中的关系错拟作诗、画关系,抱着死灰迷恋,妄想它有复燃的一天。4.银子的普遍使用,固然是货币经济抬头的表征,但是银子的使用方法,随着阶级基础的不同而有所不同。尤其是明政府更有它独特巧妙的方法。当时的流行通货至少有两种:一种是铜钱,一种是银子。——还有纸钞,因不甚流通,故不提。根据政府的规定,一切税收,在行一条鞭法之前,已经多数是只许收银子,而不收铜钱的了;同时,在支出方面,如军饷、官俸等等各项都分为十成,于十成中支付本色米、绢及纸钞各若干成,仅搭支最小成数的折色银。大致官品愈高的,所支的本色成数愈低,官品愈低的,所支的本色成数愈高。在这种情形之下,银子自然是集中到少数的高级官吏手中。于是银子便变成了皇室与达官、富商的专用品,它的用途多数是限于大宗的购买上面,民间日常交易普通用的只是铜钱。所以在货币的流通范围内,俨然亦分成两个世界。住在银塔里面的仅是极少数的剥削阶级,已经饱受铜臭袭击的绝大多数人民只站在塔外奋臂怒目而视。万历二十七、八年,冯琦《东省防倭议》所条陈的济急用之策中便附带痛论到这种不合理的征收办法是如何沉重的压迫农民，他说：

> ……其次，当令沿海地方民间得以本色上纳钱粮。民以粮易钱，以钱易银；由县输郡，郡输省，省输京师，轮输之费已三矣。一旦有事，又从藩司发银到府到县籴买，无论徒劳牛马，徒费民力；收之纳粮之时，价省而得粮多；收之籴粮之时，价费而得粮少，又往返费时日，则何若即收本色而贮之仓？夫纳本色，民所甚便也；若充军饷，亦以本色、折色相兼支给，军亦称便。则民不必贸粟纳粮，官不必发银籴谷，上下往返，所省必多。……①

他的说法未尝没有部分的理由，可是实际的情形自隆庆中以后，朝野皆皇皇然以银之匮乏为忧虑（隆庆四年山西巡抚靳学颜上疏语）。老百姓对于银子，还不见得有特别的偏好，因为什么样的钱都是一样的花法，他们的忧虑不足，止因为无法交纳粮银（当时人叫作"钱粮"，这一个名称是与实际不符的）。这种情形是政府造成的。倒是孤家寡人却都不免有溺好货财的毛病，像朱翊钧（明神宗）那样偏爱银子的皇帝比起他的只好金子的希腊兄弟埋打死（即迈得斯）王，前一人的趣味还要低级。

第三，赋役之由民收民解改为官收官解制度，自然要感谢折征银子的好处，因为验收与运输的工作比较好解决得多了。但这一改变实际意味着中央集权与官僚政治的加强，更明显的表现便在官与胥吏、胥吏与富民、富民与贫民的各种矛盾上面，所以一条鞭法在张居正的整饬吏治期内得到了迅速长足的进展。

第四，里甲制度由十年亲役一次改为每年缴代役银一次，明人普遍的解释以为明初政府事务清简，里甲财产分配平均，是十年轮役制度成

---

①《冯宗伯琢庵文集》卷四。参《明史》卷二一六本传。按此为致蓟辽总督邢玠的条议。

功的重要理由。其后开销日繁，税吏从中作弊，故不得不改订制度。《天下郡国利病书》卷三六《山东二·里甲论》，即代表上述意见：

> 按国初事简里均，闾阎殷富，便于十甲轮支，其后事烦费冗，里胥因而为奸，里甲凋敝，而轮支始称苦矣。近议有十里朋当（即合充之意）者，有照旧十年轮充者，有论丁不论地者，有丁地兼派者，言人人殊。大较酌量州县冲僻，共计岁费几何，立为常则，敛之于官，而为之雇募支销，是为上策。盖在官则费止于一，在民则乘机科派，上下交征，无名之费，且有难显言者矣。……

上论所说明初"闾阎殷富"，正与事实相反，其他各点均与事实相去不远。事实上告诉我们的，就是随着社会经济的发达，财富日渐集中于少数人的手里，社会分工日趋精细，原日自给自足的里甲编制日趋解体，所以赋役制度亦不得不变。但在亲役制度之下，轮充是唯一的办法，否则必至影响农民正常的生产工作，因为政府的差遣有许多种都是非经常性的。再则，赋役折银以后，轮充制度之被扬弃，又早在事前已成定局，因为大多数人决不会预储十年的款项以备一年的开支的。且自改制以后，人民和政府的关系亦不能不起了相当的变化。明代讴歌十年轮充制的论者以为十年之内只须应役一年，应役完后，便可以闭门高枕而卧，不至受年年催科的烦苦。据他们所说，似乎是在十年轮充制下，人民比较自由轻松一些。可是我们不要忘记，此时人民是要亲身供役的，他们和政府间的人的关系无疑地是比较后来密切一些。及改为折银以后，人的关系被冲淡了，起而代之的制度是通过货币方式来联系的，这又不过说明了货币经济势力日益抬头罢了①。

---

① 但自政府雇役制盛行以后，又产生了一批专吃衙门饭的差人及其把头，他日另有文专论。

最后,我要综合说明两点:第一,一条鞭法的实行多少减轻了无田的雇农与少田的贫农的力役负担,使得他们有较多时间去从事农业,此一举对于生产力的解放不无相当作用。可是这种制度不能不同时要求田多的地主与富农多少增加一点赋役上的负担,这一着便引起了全国不分南北所有地主的共同反对,一条鞭法只是一种"改良主义"的财政改革,它无意也无力将社会改革的任务负担起来——更无从说到社会革命的任务了。因之,洪武型的封建生产关系并没有多大的改动。一条鞭法最多只能暂时缓和旧制度解体的危机,却不能解决社会根本矛盾。第二,主张实行一条鞭法的人们,尽管他们有了主观愿望,希望减轻一点贫民的负担,但他们的最后目标还在维持封建社会秩序,他们只是想造成另一种封建式,分配较为平均的小农经营制度,多数没有照顾到对于工商业的鼓励及其发展的政策。他们从来没有过将商业或工业利益放在农业利益之前,更没有将个人的社会地位及私有财产权神圣化起来,像西欧资本主义发展过程中所产生的论调一样。由此亦可窥见当时明社会内最主要的根本的矛盾是大地主阶级与贫雇农对立的矛盾,工商业利益尚未达到与农业利益分庭抗礼的时候,尽管前者有时偶亦威胁到后者。然而一条鞭法对于原始资本积累,在客观上多少亦发生了一点有利的作用,如万历二十二年李腾芳的《征丁议》内所说的:

> ……有积镪堆囷,权子母而出之,而其家无田,不名一差;有操艇江湖,转盐积帑,而其家无田,不名一差;有专卖屯种,肥膏至数千亩,而家无民田,不名一差(按,明代屯田不应民徭);有四方逋逃,作过犯科,而第宅连云,舆马豪侈,借资冠盖,出入荣宠,其家无田,不名一差。……(《李文庄公全集》卷五)

其实徭役负担的增加对于富人负担能力说来,究竟是微末不足道的;它对于财产的集中自然不会发挥大的限制功效。农民依旧在地主与政府的共同鞭挞下讨生活。这一条鞭的沉重打击日益加重加速地鞭到农民身上,鞭得农民体无完肤,燃起农民仇恨的烈火,爆发为火山血焰,卒之将明室烧得一干二净。经过二百多年,在鸦片战争之后,又爆发了一次规模更伟大的农民革命——太平天国,就是因为人民受不了"两条鞭"、"鞭上加鞭"、"条鞭之外,又有条鞭"的痛苦,那时中国社会已逐渐形成为半封建半殖民地的社会了。

　　　　　　一九五二年二月廿五日写完于岭大之独病室

　　记后:此记写成后送请钟一均先生教正,承他指出错误两点,我斟酌他的意见已经作过文字上应有的修饰。我在本记中提出的问题很多,应该是大家讨论才有结果的,我很大胆地发表了这篇见解不成熟的文章,热烈地希望读者指教!

(原载《岭南学报》第12卷第1期,1952.12)

一條鞭法
THE SINGLE–WHIP METHOD
OF
TAXATION IN CHINA

LIANG FANG-CHUNG

HARVARD

THE SINGLE-WHIP METHOD

(I-t'iao-pien fa　一條鞭法)

OF TAXATION IN CHINA

by

Liang Fang-chung　梁方仲

translated from the Chinese

by

Wang Yü-ch'uan　王毓銓

Issued by

Chinese Economic and Political Studies

Harvard University

Distributed by

Harvard University Press

Cambridge, Mass.

1956

CHINESE ECONOMIC AND POLITICAL STUDIES

This research program at Harvard University seeks to contribute to an understanding of the factors shaping economic and political development in contemporary China. The approach is both historical and interdisciplinary, designed to link contemporary China with its past, particularly the last century of foreign contact, and to pool the skills of history, economics and political science. The economic studies are assisted by five-year grant from the Ford Foundation and the political studies by an allocation at Harvard of part of an eight-year grant from the Carnegie Corporation for general internationl stydies; bith grants date from the summer of 1955.

<u>Special Series</u>
Harold C. Hinton, <u>The Grain Tribute System of China (1845-1911.)</u>
Liang Fang-chung, <u>The Single-Whip Method of Taxation in China.</u>

CONTENTS

Foreword

In developing our program of Chinese Economic and Political Studies, which eventually will produce a series of research monographs, we have found it necessary to make use of certain studies or translations in this field which have not hitherto been published. In a comparatively new and rapidly developing area such as this one, a new level of research may be achieved in the process of producing even a doctoral dissertation; such research may break new ground and attain important results, even though still embodied in the form of a thesis. Yet formal publication may be impeded not only by high costs but also by the fact that pioneer work sometimes seems less finished or permanent than work in older and more thoroughly explored fields of study. The best, even indeed the magistral, account of a subject may thus remain available for years only in thesis form. It may be borrowed and perused by a whole generation of students, who are conscientiously obliged thereafter to acknowledge an indeterminable debt to an invisible source.

In other cases we have found great usefulness in certain English translations of Chinese or Japanese researches, publication of which we believe would also contribute to Western studies of China.

Liang Fang-chung's monograph, "The Single-Whip Method (or System)," I-t'iao-pien fa, was first published in Studies in Modern Economic History of China (Chung-kuo chin-tai ching-chi-shin yen-shiu chi-k'an), 4: 1-65 (1936), the journal of the Institute of Social Research headed by Dr. L. K. Tao (T'ao Meng-ho) at Peiping. It was translated into Japanese and published in Japan, and about a decade ago an English translation was made by Mr. Wang Yü-ch'uan at the request of Mr. William L. Holland of the Institute of Pacific Relations. Since it did not bear upon the contemporary scene, however, the latter agency could not give it high priority, and duplication of Mr. Wang's translation was not completed. Subsequently, the text was checked over by professor Lien-sheng Yang and by some of his graduate students at Harvard in the course of their researches for Harvard doctorates, and it has now been further edited by Mrs. E. M. Matheson in this office. Thus its merits stand to the credit of all the persons above-mentioned, to whom we are much indebted (not least to the Institute of Pacific Relations for Mr. Wang's draft translation) —none of whom, however, should be held responsible for its remaining imperfections.

As the most thorough study yet available of the systematic commutation of taxes-in-kind and labor-service into silver payments in the late Ming period, this monograph has an important background value for any study of the growth of money economy in modern China. It is an exceedingly careful investigation of the tax reform that took place in China during the sixteenth century. In Western works and even in most Chinese surveys of economic history, this reform receives but scant mention. Mr.

Liang has begun to place it in its proper light by gathering his material almost entirely from local gazetteers. On the basis of specific references to the reform as it came about in many different hsien, north and south, the shows the gathering force and the developmental nature of this complex process of tax revision. Incidental references indicate some of the connections between the reform and the growing use of silver under the Ming.

In a supplemental article in Vol. 7, No. 1 (1994) of the same journal, Mr. Liang characterized the Single-whip Reform under four headings:

1. Land taxes and Labor service were unified into one charge on the land.

2. Decennial reassignments of service under the local system of mutual responsibility (li-chia) were changed to annual reassignments.

3. Revenue transportation became no longer a duty of the taxpayers themselves but a government function.

4. Both land and labor taxes became payable in silver.

The present article gives the detailed background for these generalizations and in its wealth of detail suggests many lines worth investigating.

The present translation is only a "working draft" but will be of distinct assistance both to researchers confronted with the fiscal terminology of the time and to those who want a general idea of the reform. In several instances in the latter half of the translation, certain repetitious passages and purely illustrative examples have been omitted.

John K. Fairbank

Chinese Economic and Political Studies

16 Dunster Street

Cambridge 38, Massachusetts

July 1956

Introduction

In the sixteenth century, between the periods of Chia-ching (1522-1566) and Wan-li (1573-1619), the Single-whip method of taxation was put into practice. This constituted an extremely important turning point in the history of the land tax system in China, for its establishment meant the beginning of the modern land tax system. After the Single-whip Method was put into operation, payment in silver became the basic form of land tax payment; it replaced payment in kind, which had been practiced for two to three thousand years. The event is significant not only as it concerns the land tax system itself; it also reflects various aspects of the general social and economic conditions from the Ch'eng-t'e period (1506-1521) of the Ming dynasty, i. e. the beginning of the 16th century. There were no very important changes in methods of production in agriculture and industry, or in the consequences of production, but due to such historical happenings as the progress in navigation in Europe, the trade between China and foreign countries began to flourish; and in the internal social and economic conditions of China the period of natural economy gradually developed into a period of money economy. Payment in silver as stipulated in the Single-whip method was but a branch stream of the great current of that time. Apart from the point of payment in silver, which deserves our attention, the Single-whip Method produced other changes in the systems of land tax and labor service. These [Changes] formed the main structural elements of the modern, or contemporary, system of and tax.

However, the Single-whip Method is in fact only a general term. It signifies a process of development [rather than a preconceived plan for collecting land tax and labor service]. Because the date of its adoption varied from place to place, its content varied in refinement and depth. The aim of this paper is to explore the basic meaning of the Single-whip Method and to explain the causes which led to its establishment. On the history of the operation of the Single-whip Method in various places, I shall prepare another essay for publication.

1

I. The Land Tax and Corvée Systems of the Ming Dynasty before the Adoption of the Single—Whip Method

The so-called fu (land tax) was a tax on land, and the i (labor service) was a tax on the individual or the household. The land tax system of the Ming dynasty before the introduction of the Single-whip Method followed the old Two-tax System of the T'ang (618-905) and the Sung (960-1279) dynasties. The two taxes of the Ming dynasty were the hsia-shui (summer tax) and the ch'iu-liang (autumn grain). The levies collected in the summer were called the Summer Tax, and those collected in the autumn were called the Autumn Grain. Each place had its specified dates for collecting the summer and autumn taxes, and any delay was punished. The standard according to which the two taxes were assessed was the acreage and the grade of the land. Besides classification according to the nature of the land— "paddy land," "dry fields," "Mountain" and "lakes" —land was usually classified according to ownership, and was divided into two large categories: government land and private land. Government land was that owned by the government, and its main source was the land that had been confiscated by the government at the time of the Sung and the Yuan (1280-1367) dynasties. Later there appeared the "land returned to the government" (i. e., land which had been granted to the dukes, marquises and imperial relatives, and now returned to the government for one reason or another), "confiscated land" (land confiscated from criminals, whether common people, dukes, marquises, or imperial relatives), "land adjudicated to the government" (land returned to the government because of disputed ownership or because of the extinction of a certain household), "garrison fields," "imperia estates," "granted estated" [granted to the nobles and temples], "pasture land," and "office land." There was a great variety items. Since all of them belonged to the government, they were called the government land. The extent of the garrison fields and the granted estates was very great, and they belonged to a special category of government land. Their management and the way of taxing them differed from the ordinary government land. The latter was land which directly belonged to the government and was leased to the people for cultivation. Private land was land privately owned by the people, which could be freely sold and purchased.

2

Speaking in a general way, the rate of taxation on government land was higher than that on private land. Both government and private land were classified according to fertility into many grades, such as the "five classes", the "nine classes," and the "three classes with nine sub-classes." The rate of tax also varied according to fertility. Sometimes the number of tax rates on the land in one county came to over a hundred. As to the medium of tax payment, wheat predominated in the Summer Tax and rice in the Autumn Grain. Both rice and wheat were called pen-sé (original kind). For "original kind" could be substituted silk, chüan [an ordinary silk fabric], cash, paper money, or silver. The substitute was called the chê-sê (commutation). Both the "original kind" and the "commutation" had great variety. For example, the item of rice included "white unglutinous rice," "white glutinous rice," "rice of the original kind," etc. Under chüan there was "chüan commuted from the silk levy for not planting mulberry trees," "chüan commuted from silk and silk floss," "chüan commuted from levy in silk," "chüan commuted from silk levy on the male adult," and "chüan of the original kind." The item of cloth encompassed linen, cotton cloth, broad and white cotton cloth, etc. Before the Single-whip Method prevailed, rice and wheat were the standard media of payment. If other media were used, their amount was fixed according to the value of the rice or wheat. Under the Single-whip Method, silver gradually replaced rice and wheat and became the principal means of payment. This is not to say that silver was never used before the adoption of the Single-whip Method. As a matter of fact, rice and wheat were not infrequently commuted into silver for payment; but the commutation was limited to a certain time and to certain places, and did not become a general phenomenon.

The regular land tax was transported [to the capital or some other pre-determined place] together with the miscellaneous collections [extorted along with the regular items]. The places to which these taxes were to be transported were specified beforehand. As a rule their uses were also specified. During the Ming dynasty granaries were established throughout the Northern and Southern Regions under Direct Control [Pei Chih-li and Nan Chin-li, i. e., the regions centered around Peiping and Nanking today], the thirteen pu-cheng-shih-ssu (i. e., the present "province"), the wei (garrisons) and the so (military stations) on the frontier. Which tax was to be transported to which granary was fixed beforehand. Of the granaries there were two kinds: the "heavy granary" and the "light granary." The taxes transported to the "light granary" were from places close by, and on this account the actual tax payment (regular charge plus wastage) was lessened. The taxes transported to the "heavy granary" were from far distant places; hence the actual payment was heavier. The order of transportation was arranged according to the urgency of the taxes, those which were needed most urgently being transported first. The whole process from collection to transportation was undertaken by the people. The liang-chang (collector of land tax) and the li-chang (village head) were the persons in charge of this matter.

What has been discussed above is the main outline of the system of land tax. While discussing the land tax system, we should not neglect the system of labor service.

The labor service which was demanded from the individual and the household may be divided into three groups: (1) the li-chia [i. e., service as the li-chang, or village chief, and as chia-shou, or section head of ten households_]; (2) the chün-yao (equal corvée); (3) miscellaneous services. The households of the Ming dynasty were classified according to their occupations and grouped into three categories: the common people household, the soldier household, and the artisan household. The soldier household furnished military service; the artisan household furnished manufacturing service. These were special services. The ordinary service, which was the li-chia and the chün-yao, was provided mainly by the households of the common people. In general the households were divided into the "three grades" (upper, middle, and lower), or the "nine divisions" (upper-upper, upper-middle, upper-lower; middle-upper, middle-middle, middle-lower; lower-upper, lower-middle, lower-lower). There was also the classification of the "three divisions" and "five divisions." The amount of labor service to be demanded was fixed according to the grade of the household concerned. Males (ting) were classified into two groups. On birth the male was entered into the Register of Households and Individuals and called a pu-ch'êng-ting (immature male). At sixteen he was called a ch'eng-ting (male adult). Labor service was exacted from the male adult. Exemption was granted to him on reaching the age of sixty. The classification of the individual accorded with that of the household. For instance, the male adult from a household of the "upper-upper" division was classified as "upper-upper." From the point of view of the one who performed the service: service where the household was the unit was called li-chia; where the male adult was the unit it was called chün-yao. Other services which were demanded by the government at irregular times were all designated as tsa-fan (miscellaneous) or tsa-i (miscellaneous services).

The so-called li-chia was a semi-official organization for local self-government by the people and was also the unit for paying land tax and labor service. It was the main trunk of the whole labor service system. One hundred and ten neighboring households made up li (village). In the li the ten households with the largest number of male adults and the largest amount of wealth (symbolized by the amount of land tax paid) were elected li-chang (village chiefs). The remaining one hundred households were divided into ten chia (sections), each composed of ten households. For every ten households there was a head, called the chia-shou (section head). Every year one li-chang and one chia-shou led one chia to supply the labor service. Thus, once every ten years each chia would be responsible for supplying labor service. Those currently due for service were called hsien-i; those whose turns had been served were called p'ai-nien. After a round of ten years, the number of male adults and the wealth of the households in the li were rechecked, and the li-chia were rearranged. The households would again rotate in supplying labor service, in an order determined by the number of male adults and the amount of wealth. This was what was said: "Ten years constitute one round; when one round comes to an end it starts all over again."

The labor service of the li-chang and the chia-shou was to supervise and manage the business of the li; for example, urging the people to pay taxes, and doing public works. (Later on, the expenses entailed for official gatherings, official banquets, grants to the wise and virtuous men, and support of fatherless children were all met by the li.) The people and households of the li were all entered into the Yellow Book of land tax and labor service, one book for each li. When need for labor service arose, those who were to supply the service were chosen according to the book. Old widowers and widows, orphans, the elderly without issue, and those who had no land and were not subject to labor service were excluded from the 110 households, and their names were attached at the end of the book. They were called "odds and ends." This shows that the service of the li-chang and the chia-shou was not purely a service demanded from the household, because those who had no land and were not subject to labor service were not required to serve as li-chang and chia-shou.

The chün-yao (equal service) was a general term for the various regular labor services at the government offices. Services to be performed at the government offices, other than regular service as li-chang (village chief) or liang-chang (collector of land tax), were all called chün-yao. For example, service as a runner in the offices, from those at the capital down to those in the country, and other miscellaneous services or their substitutes— all were supplied under the item of chün-yao. The chün-yao may be divided into two main categories: the li-ch'ai (service to be performed in person), and the yin-ch'ai (service to be commuted into silver). If a person performed the service himself this was called li-ch'ai (but later on people were also permitted themselves to hire substitutes). If a person paid a certain amount of silver to the government and the government hired another person to perform his service, this was called yin-ch'ai. The li-ch'ai was usually performed in a nearby place, while the yin-ch'ai was usually delivered to a distant place.

There were a great many items under both the li-ch'ai and the yin-ch'ai. Their names varied from place to place. The most usual items of the li-ch'ai were: the tsao-li (runners), yü-tsu (prison guards), shu-shou (rural scribes), k'u-tzu (storehouse watchmen), men-tzu (doormen), tou-chi (measurers of grain tax), ch'ang-fu (long-term coolies), yin-shih (the rich), chih-hou (attendants), ma-fu (grooms), hsün-lan (patrols), p'u-ssu-ping (messenger-soldiers), i-kuan-fu (attendants of postal stations). These services were all performed by persons themselves who were subject to this labor service. The items frequently listed under the yin-ch'ai were: the p'ai-fang (public monuments), sui-kung (annual tributes), p'an-ch'an (expenses of the officials), ma-p'i (horses), ts'ao-liao (forage), kung-shih (food for workers), fu-hu (wealthy families), ch'ai-hsin (fuel), piao-chien (stationery), jih-li and fu-hu (calendar and wealthy families), chai-fu (school servants), and shan-fu (cooks). For these public services silver was paid to the government. The li-ch'ai and the yin-ch'ai were apportioned according to categories which had been worked out in fine detail, as a result of which abuses later grew and became a great grievance to the people. 6

The burden of the various items under li-ch'ai and yin-ch'ai was not equal. In general li-ch'ai was heavier than yin-ch'ai. And under li-ch'ai, service as granary watchman or grain tax measurer was fairly heavy, while that as patrol or prison guard was comparatively light.

The apportioning of the chün-yao (equal service) was based on the number of male adults and the amount of land owned by the common-people family. Probably the alloting was done in a loose way according to the rating of the households, which was fixed in the system of the li-chia (village and section). If the grade of the household was high, heavier service would be demanded of it; if low, lighter service would be required. Consequently most of the li-ch'ai was assigned to the rich households, while most of the yin-ch'ai was assigned to the poorer ones. For instance, the li-ch'ai services of granary watchman and grain-tax measurer concerned tax-grain[or grain tax, i. e., land tax paid in grain]. These posts were usually filled by people from the wealthier households, because such an arrangement would guarantee the making up of any shortage which might occur in the process of collection[it was easier for the government to compel the wealthier households to make up the shortage]. It was not so necessary to have the yin-ch'ai[which was paid at a fixed amount of silver and which could not so easily fall short]performed by the wealthy households.

The date for the meting out of the chün-yao varied from place to place. In some places, such as Chekiang and Fukien, rearrangement was made once every ten years, as in the case of the li-chia[i. e., choosing of the li-chang (village chief) and the chia-shou (section head)]. In any ten-year period every household must serve once for the chün-yao. But the households serving as li-chang and chia-shou were not required to perform this service until five years after their regular service (as li-chang or chia-shou), in order to give the people some respite. There were also a great many cases where rearrangement was made every year, every two years, every three years, or at indefinite periods.

All the remaining irregular services not included in the chün-yao were called "miscellaneous." These services were meted out temporarily, and increased or decreased according to need. In both need and importance they were far below the li-chia and the chü-yao. "Cutting wood," "fuel," "transporting fuel," "repairing rivers," "repairing granaries," "transporting material," "relay," "attendance at post stations," and the like were items in this category.

In addition to the three general classes of labor service demanded from the household or individual, there were still two other kinds of labor service which must be discussed here. They were the i-chuan and the min-chuang. The duties of the i-chuan were to provide the post stations with boats, carriages, horses and attendants, which were to be used exclusively in transmitting important military and other official documents. It was the work of the i-chuan also to transport, serve and provide food and lodging for the official envoys and their retinues. During the Ming dynasty such post stations were set up from the capital to the borders. The one in the capital was called the hui-t'ung-kuan (office of convergence); those outside the capital were called the shui-i (water post), ma-i (horse post), and ti-yün-so (relay stations). At the horse post a varying number of horses or donkeys was kept, in charge of the horse post attendant. At the water post were boats, kept and supervised by the water post attendant. At the relay stations the water post attendants and the service-men (jen-fu) were responsible for boats or carriages. These were all for the convenience of officials travelling on government business. In important military affairs, tallies or other credentials were given to the officials concerned, in order to prevent fraud. To avoid delay in transmitting official documents, the p'ushe (post offices) were established. The arranging and apportioning of the post service varied slightly in different places, but the service was always assigned to the households with the largest number of male adults and the largest land tax. Originally, in some places, this service was collected simultaneously with the land tax. For example, the households which paid one hundred or more shih (Chungking bushel) of grain for land tax were chosen as the ma-hu (households for horses) and were ordered to supply service as horse men. In some places the horses, carriages, and boats which were needed for the post service were demanded from the households according to the amount of land they owned. For example, a household which possessed forty or more ch'ing of land was ordered to provide a horse.

Under the military system of the Ming dynasty, in each chou and hsien[the chou was a superior administrative unit of the hsien, or county] there was set up the min-chuang (the strong of the people), who were also called the min-ping (people-soldiers, local militia). The number of the local militia, which was used to supplement the regular troops at the wei (garrisons) and the so (guard posts), was fixed. The soldiers of the local militia were all people from the rural communities. At first, during the Hung-wu period (1368-1398), they were chosen by the government. Later, during the period of Cheng-t'ung (1436-1449), they were hired. During the period of Hung-chih (1488-1505), they were selected according to the li (village). The number of militia men to be provided by a village varied in direct proportion with the number of li in a county; the more li in a county, the more men that county had to provide. Rearrangement was made every ten years. As a rule the militia soldiers were selected from the households with the largest number of male adults and the greatest wealth.

The li-chia (service as village chief or section head), chün-yao (equal service), i-chuan (postal service), and min-chuang (local militia) together were known as the "four services." The li-chia was regarded as regular service; the other three were called miscellaneous services.

The point to be kept in mind is that the basis for alloting labor service was the wealth and the number of male adults in the household; only very rarely was labor service assigned on the basis of the household or the individual. However, in the agricultural society of that time land was the most important part of a household's property. Therefore, each form of labor service included a part which was actually land tax.

The foregoing discussion shows us that the Ming dynasty system of land tax and labor service was both very complicated and very burdensome to the people. Its practice was dependent upon a detailed and correct record. Fortunately, this requirement was completely satisfied during the Ming dynasty.

No account of the system of land tax and labor service can fail to mention the famous Yellow Book and the Fish-scale Illustrated Book. The Yellow Book was also called the Book of Land Tax and Labor Service. This was the most important register, incorporating the permanent addresses of the people, and the government used it to allot land tax and labor service. In compiling the book the unit was the li (village); there was one book for every li, which was made of 110 households. The number of male adults, of females, the old and young, and the total amount of property (such as

9

fields, mountains, ponds, houses, carriages, boats, cattle, etc.) of each household in the li was recorded in detail. For each household, the rating and the assessment in relation to land tax and labor service were recorded beneath its entry for population and property. Because service as li-chia followed a ten-year cycle, a complete revision of the Yellow Book was undertaken every ten years. The officials concerned revised grades of the households according to any changes in property or population during the past ten years, and compiled a new record. Five copies were made. One was presented to the Hu Pu (Ministry of Finance); one was kept by the provincial government; one by the fu government, one by the chou, or county; and one, called the li-ts'e (village book), was left in the li.

The Fish-scale Illustrated Book was a register of land. The shapes of the plots (whether square or round) were all recorded and illustrated in the book, as was also the size of the land, its boundaries, the name of the owner (whether government or private), its classification (whether mountainous, marshy, plain, fertile, sandy or alkaline).

The main item in the Yellow Book was the household; population was treated as the warp, land as the woof, and the household was recorded under the name of its owner. Changes in the numbers of the household and the separation of the family were all recorded there. When land tax and labor service were to be collected, the book was used for reference. In short, the Yellow Book was centered around the population.

The main item in the Fish-scale Illustrated Book was the land; here land was treated as the warp, population as the woof. All land was recorded according to district (the tu and the pi [terms for rural districts] were taken as the units for the district). The shapes of the many parcels of land within the district were sketched and they were compiled into a book, in order of location. When there was dispute over a certain piece of land, the book was used for reference. The Fish-scale Illustrated Book, unlike the Yellow Book, was not centered around the population.

These two registers were compiled at the beginning of the Ming dynasty with great effort and care. The system was complete and specific, and the land tax system of the Ming dynasty was more refined than that of any previous dynasty.

10

II. Breakdown of the Systems of Land Tax and Labor Service

For various reasons, in particular the combined abusive activities of the li-chang (village chief), chia-shou (section head), and liang-chang (land-tax collector), who together compiled the registers, and of the clerks who copied the registers, the accountants, and the county officials who supervised the compilation, unlawful eliminations and changes later appeared in the Yellow Book and in the Fish-scale Illustrated Book. There was also purposeful destruction of these records. On this account, what was recorded in the books did not at all correspond with the actual situation, and many abuses ensued. On some occasions the compilers registered the land of one person under the name of another, in order to help the owner to evade the land tax; sometimes they concealed the number of individuals in a person's family, in order to free him from labor service; or they changed the household register and rearranged the order of performance of labor service; at times they demanded bribes from the persons for whose land they changed the nominal ownership. Under these circumstances the

Yellow Book became just something on paper. The officials who collected taxes and apportioned labor service frequently compiled a book for their own use, which was called the pai-ts'e (white book). ⌈When things had reached this stage⌉ the situation of the land tax and the labor service could no longer be investigated.

The alteration and confusion of the registers by the village chiefs, the section heads and petty officials resulted principally from bribery and requests for favor by the families of officials and by the magnates. The means employed by the powerful families to exploit the peasants were to encroach upon and seize their land, and directly to exploit their labor, by compelling peasants to work for them. They could also manage to shift their share of land tax and labor service onto the shoulders of these peasants. They bribed the rural petty officials into reducing or completely eliminating their land tax and labor service; and such reduction was compensated by increasing the tax and service of the poor people and the lower households. In addition, they frequently abused such of their privileges as the exemption from land tax and labor service⌈officials were granted exemption or partial exemption from both⌉, thus destroying the wholesomeness of the entire tax system. As a result, the old dual system of taxation deteriorated into irretrievable ruin. In short, it was the tyranny and plotting of the powerful families, added to the greed and venality of the village chiefs, section heads, and petty officials, which directly caused the destruction of the old tax system. The combination of these two vicious powers accelerated the process of dissolution. More distant causes for the adoption of the Single-whip Method were the social and economic changes which rendered impossible the decennial arrangement of the li-chia system, the development of international trade, and corruption in the political administration, which led to the economic bankruptcy of the people and increased their financial burdens.

Let me first discuss the disintegration of the system of land tax. The differentiation between government land and private land, originally very specific and clear, became obscured. This was due to the encroachment upon and seizure of people's land by the imperial relatives, nobles, high ministers, palace officials, soldiers, and powerful families, and also to the transfer of land ownership (nobles who did not like to manage the cultivation of their land, and soldiers who were too poor to cultivate it voluntarily transferred it to the people; while some land owned by the people was sold to the families of officials and soldiers). A further cause was the altered and confused registers resulting from the joint abusive activities of the village chiefs, section heads, clerks, accountants and officials, as one group, and the powerful families and families of officials as another. The result was that some of the private land was accorded the treatment of government land (such as exemption from taxes and labor service), and some of the tenants of the government could mortgage and sell the land as if it were private.

Other abuses also became prevalent: the t'ou-hsien, hua-fen, kuei-chi and chi-chuang.[1] These practices rendered investigation of the ownership 12

---

[1] The t'ou-hsien (lit., to come to and offer). This practice grew out of the fact that during the Ming dynasty the officials (eventually even such lesser ones as the village chief and the section head) enjoyed the privilege of at least partial exemption from land tax and (转下页)

of land impossible, caused decrease in the recorded acreage of land, and brought about an unequal rate of taxation.

For example, the tax rate on government land was heavier than that on private land. But through the unlawful arrangement described above some government land was taxed at the lighter rate and some of the private land at the higher. The situation so deteriorated that on some land no tax was paid, while some people who had no land at all paid tax for it. As a result of this unequal distribution of the burden, the revenue from the land tax ran short, so short in fact that the financial conditions were incredible.

For another example, an transferring ownership on a certain piece of land, the seller, wanting a high price, frequently sold the land but retained the tax obligation, with the result that while the land went, the tax stayed

---

(接上页) labor service. The poor families therefore asked the families of officials to assume nominal ownership of their land, so that they might avoid part of their tax and service.

The hua-fen (lit., parcelling out). The practice of parcelling one's land into many small pieces which were then registered under the names of one's relatives, neighbors, tenants, or servants, in order to avoid heavy taxation and labor service.

The kuei-chi (lit., temporarily put something under someone else's name by fraud). The practice of registering one's land in the name of someone else. This differed from the t'ou-hsien in two respects: first, the t'ou-hsien was an action of a poor man toward a powerful man, while the kuei-chi was the opposite. Second, the t'ou-hsien required the knowledge of both the offerer and the receiver, while in the kuei-chi the person in whose name the land was registered usually was not aware of the plot. It is obvious that the perpetrator of the fraud wanted to evade taxation.

The chi-chuang (lit., to establish an estate in an alien district). The practice of owning land in one district while living in another. This was another means of evading obligation to the government.

(The above is a summary of the original note by the author—Transl.)

with him. The purchaser, who saw the advantage in not having to pay tax himself, was willing to pay the high price. Such practices caused further confusion in the rating of the land tax. Moreover, the tax rates in various parts of the country were numerous, sometimes more than a thousand in one county.

As further examples: When collecting taxes in the form of rice or wheat (the officials) demanded heavy exactions for future shortage incurred in handling them. When collecting tax in commutation by payment of silver, they raised the rate of commutation as they chose. For instance, ordinarily the rate of commutation from rice into silver was one tael (liang) of silver for 25 pecks (tou) of rice [one tou, or peck, was equal to 10.737 litres]. When the market price of rice rose it was decreed that the tax was to be collected in its original kind, with no commutation whatever. Yet, when collecting, the officials continued to demand commutation through payment in silver. [Thus the rise in the market price of rice did not benefit the taxpayer; it merely offered the tax collectors an opportunity to squeeze more.] In addition, the granary guards, the collector of land tax, the village chiefs, and the section heads, who were responsible for collecting and transporting the land tax, tricked the people, extorting extra gifts and additional fees for handling and transporting the tax.

The commutation also took extraordinarily numerous forms, sometimes numbering up to several items. The rates were so many and so complicated that even the petty officials (in charge of the matter) did not know them; yet they fixed upon whatever rate pleased them. The ordinary people were ignorant [or their dishonesty] and willingly acceded to their demands. The priority of certain parts of the land tax, and the location of the granary to which it was to be transported were specified in detail in the first years of the dynasty. But later, because of the joint plots of the powerful, wealthy families, the officials and the persons in charge of collecting the tax, both the nature of the tax (whether urgent or not) and the location of the granaries (whether distant or near) were altered. That part of the tax which was originally classified as urgent was delayed in transportation, and that part which was originally classified as not urgent was delivered first. Sometimes the poor people, who were originally to deliver their tax to a nearby granary (which meant a lighter burden), were now asked to deliver it to a distant granary (which meant a heavier burden). The wealthy people, absurdly, enjoyed the advantages of a granary close by, and a lighter burden, while the poor shouldered a heavier load than the rich. Sometimes different dates for collection were proclaimed simultaneously, and the ordinary people could never get a day of rest; or the collectors advanced or postponed the date. And sometimes they used the new tax to make up the old [arrears]. On occasion they practiced double collection by collecting arrears together with the current tax; and they created a new device (called "to borrow in advance") by collecting in this year the tax due next year. [1]

Therefore during the period of Chia-ching (1522-1566) there was not only inequality in the distribution of the land tax and abuse in its

---

[1] What has been discussed above are the abuses perpetrated by the government. Those directly attributable to the collectors of the land tax and the village chiefs will be discussed later.

collection; there was also a large amount in default each year. This deficit reached as much as several hundred thousand to a million, so that the government revenue was unequal to its expenses. The other aspect of the same problem was the misery of the peasants which resulted from the payment of land tax. If we just look at the number of the peasants who fled we will realize the situation.

The confusion in the system of labor service surpassed that in the land tax. In fact it was the necessity for reforming the system of labor service which directly caused the adoption of the Single-whip Method. And after the Single-whip Method was put into practice, it was the system of labor service, not of land tax, which underwent the greatest changes.

There were two factors which made the system of land tax less susceptible to confusion. First, the object of land tax was the land; and the location of the land was fixed, and the crops on the land could be checked. Therefore, in practicing abuses the petty officials had something to worry about. The amount of labor service to be demanded from a household, however, depended entirely upon the grade of the household. Although the grade of the household was determined according to the property in its possession, authority for rating the household lay completely with the government officials and their assistants in the village. The people themselves did not know whether the tax burden was equally distributed among them, which made it easier for [the officials and their assistants] to make unlawful arrangements. Secondly, since the amount of land tax in a county was fixed, and the tax rate could not be raised arbitrarily, the most that the officials and the petty officials of the village could do was to

15   extort extra charges, in the name of fees for handling and transporting the tax, and for possible shortage incurred in the process of shipping. But this had a limit, unlike the matter of the number of laborers and the amount of food for them, which could be increased or decreased. Furthermore, labor service was frequently apportioned among the people on temporary needs; hence the number of men required could be increased at any time. Since restrictions were difficult to impost, the opportunities for embezzling and exploiting proportionately expanded. For instance, as we have pointed out above, service as li-chia (village chief or section head) was arranged according to the Yellow Book. The rating of the household and its turn in the order of service were all determined by the number of its male adults and the amount of its property. But later on all kinds of unlawful practices occurred. Those who held positions as clerks and accountants in the compilation of the Yellow Book were mostly relatives of the village chief, the "wicked persons" and people from the powerful families. They conspired unlawfully with the officials and the village chief. Sometimes they concealed the number of male and female adults of certain households and helped them to evade the labor service. Sometimes they advanced or postponed the dates for certain households to serve as village chief or section head; sometimes they freed the big households and managed to make the poor households undertake the performance of their labor service; sometimes they even changed the records in the register, substituting A for B, listing the living as dead, transforming a household of soldiers into a household of common people, or vice versa.

The result was that the burden of the poor became ever heavier and that of the rich lighter. When the poor people could no longer bear it the whole family fled (in order to avoid the labor service). However, the total amount of labor service was fixed (so far as the regular labor service was concerned). After a poor family had fled, the chia (section) no longer had ten households. [The labor service demanded from the chia was not reduced because of the disappearance of one household. On the contrary] the amount of that household's labor service was distributed among the remaining households of the chia, or supplied in one way or another by the chia-shou (section head). The heavier the labor service, the harder it was for the people to bear it; then the whole section fled. After one section of the li (village) disappeared, the amount of labor service to be supplied by that section was equally distributed among the remaining nine chia (sections) of the village. When the remaining nine chia failed to bear it, they thereupon fled in concert. [One sentence here omitted because of ambiguity.] Finally, the whole li (village), the households of the ten chia (section) which composed it, together with the section heads and the village chief, all fled; which constituted a history of fleeing that was never heard of before.

16

Furthermore, the service of li-chia originated from the edict of the ancient people that "the common people go to perform service." Besides urging people to pay land tax and to perform labor service, and acting upon official business, those who performed the service of li-chia [i. e., the li-chang and chia-shou, or village chief and section head] had nothing else to do. Later on the government inconsiderately compelled the village chief to provide all that was needed for sacrifice to gods, official banquets, construction, gifts, men and horses, for both private and government business, and other kinds of tributes and annual offerings. Though he was sometimes compensated, the compensation scarcely covered one or two per cent of what he had furnished; and sometimes he was not given anything. The village chief portioned out what he had to provide to the section heads, and the section heads further shifted the burden to the shoulders of the households in their charge. On this account the village chief, the section head, and the households became so exhausted that they could no longer endure the demands. The sufferings of the households were further increased when, as sometimes happened, the village chief and the section heads who wanted to squeeze something for themselves extorted ten times as much as they had to provide.

Let us now look at the chün-yao (equal service). For this kind of compulsory service the government had made no regulations; it was left to the discretion of the local authorities to portion it out according to the old records. This furnished an opportunity for the officials to perpetrate malpractice. They passed over those people who should supply this service; or they inserted into the records the names of those people from whom this labor service should not be demanded. Therefore, as in the case of the yin-ch'ai (silver commutation) and the li-ch'ai (service actually performed), the commuting from labor into silver was sometimes so arranged that the silver collected was less than it should be; hence, a surcharge was imposed when the silver commutation for labor service was collected. Sometimes the sum of commutation in the form of silver was larger than the record showed, and the officials were given a free hand to squander the extra amount. Sometimes the same labor service was commuted into silver of different amounts. Sometimes for the same work various numbers of men were assigned. Sometimes unauthorized increases were made in the amount of the silver commutation. Sometimes the performers of the labor service were not the persons who should be doing it. Sometimes the demand for a particular item of labor service had been abolished, but the charge for the food for these servicemen still remained. Sometimes heavy service was changed into light service by changing the records. There was no way of checking the exploitation by the officials and their assistants in the village. The poor and distressed families which suffered from these abuses were unaware of them. Therefore, the system of equal service also deteriorated to a degree beyond toleration.

As to the tsa-fan (miscellaneous services), since these were services of a temporary nature there were no rules governing their exaction and no definite amount to be exacted. It was left entirely to the discretion of the local authorities to increase or decrease them. Needless to say, the loopholes for abuse were numerous.

With regard to abuses in the postal service and the local militia[I would like simply to say the following]: The postal service was originally established for transmitting orders on important military affairs, and for providing facilities for travelling envoys. But the Ministry of Military Affairs granted military tallies recklessly (which caused the postal service much unnecessary work). The gentry borrowed these credential papers and passed them on to one another, so that one paper was used four times. In addition, the attendants within the imperial palace were frequently and recklessly granted permission to use the postal men, who became so exhausted that they could bear no more.

The local militia was originally established for the purposes of pacification and garrisoning. But later on it had no connection whatsoever with defence. The men performing the service were employed in sending and welcoming notables, in carrying out official errands, and in transmitting official documents. The old and shrewd officials took advantage of the situation and made unlawful gains. Sometimes they used these servicemen to substitute for the salaried government functionaries. Sometimes they had one serviceman perform several different services. The sole idea was to embezzle government funds. They even pressed the soldier households, which had been entered in the register where their land was located, into the local militia. Thus these households were taxed with double military service: as soldiers and as militia men. In short, at the final stage of development both the postal and the local militia services had lost their original meanings, and the extortion of these services had become enormous. The people could bear no more.

III. Reforms in the Land Tax and Labor Service

The state of confusion in the dual system of taxation described above became more serious in the period of Chêng-tê (1506-1521), the middle of the Ming dynasty. The final fatal defects of the system were its excessive complexity and detail. Since the administrative personnel were not qualified, and, at the same time, the powers of supervision by the people who paid the taxes were exceedingly small, the more detailed the laws were the greater were the opportunities for abuse. Therefore, the statesmen who initiated the reforms started principally with the simplification of the system of land tax and labor service.

For instance, let us consider the classification of the land and the rate of tax imposed on it. In the beginning these pretty much corresponded with reality: the taxation on government land actually was heavier than that on private, and the tax rate on the upper-grade land was heavier than that on the lower grade. But after various deteriorations the original land classification and tax rate bore no relation to actuality: private land was levied at the rate for government land, and land of the upper grade was secretly reclassified as lower grade. To remedy these old abuses the best procedure would have been to make a thorough investigation: to remeasure the land, recompile the Book of Land Tax and Labor Service and the Fish-scale Illustrated Book. But this would have taken a long time and been very costly. Furthermore, discussion about remeasurement met with the opposition and obstruction of the powerful old families and individuals. When it came to the actual investigation and checking, and the illustrated books were compiled, the county magistrate himself was perforce unable to attend to the matter. Even if he undertook to do so, he was frequently tricked by the petty officials and the village scribes. In any discussion of the political administration of China in the past, we must not overlook two vicious forces: the powerful individuals in the rural district and the petty officials in the government. When these two powers combined, even a wise political administrator who wanted to carry out reforms could do little. Therefore, those who planned reforms were obliged to compromise with reality and to recognize the de facto situation. All the reforms before the Single-whip Method, and even the Single-whip Method itself, were produced under these circumstances. They were aimed not at a readjustment of the old inequalities in the system of land tax and labor service, but merely at a halting of the continued deterioration of the current situation. Their goal was the simplification of the system and the prevention of abusive practice.

The demand for simplification led to two movements which were common to all the reforms that appeared in various places. The first was the movement toward unifying the many items under the land tax and the labor service. The second was commutation by payment of silver for all these items.

Let me discuss first the trend toward unification of the land taxes. Firstly, there was a gradual combination and simplification of the different classifications of the land and its ratings. The best example of this was the movement of the chün-liang (equalization of land tax) or chün-tse (equal grading), which prevailed in different counties in the empire. What was meant by the so-called chün-liang was the simplification, or in other words the combination, of land classifications and ratings. In the past the land in one county was first classified into the categories of government, private, fertile, barren, etc. ; it was then classified in terms of its tax rate. [Under the practice of the chün-liang] these distinctions were either relaxed or altogether abolished; the number of rates was reduced from one hundred to two or three; or all classes of land were made one class, so that all rates of taxation became one, and land of the same acreage was taxed the same amount. the records of the register were thus made the sole basis upon which a certain amount of land tax was equally distributed among existing

land, in terms of its acreage. Thereafter, the inequalities resulting from   20
such abuses as the favoring of the rich and the oppressing of the poor, the
changing of government land to private land or of an upper grade to a lower
grade, the failure to record existing land, the reporting of more land than
actually existed, all decreased. A comparative equality was achieved. There
were also cases in which the chün-liang was put into practice only after
a remeasurement of the land. The method was more accurate and abuses
were fewer. The chün-liang movement prevailed in many places during the
Chêng-tê period. As late as the period of Wan-li it was still continuing to
make progress, developing simultaneously with the Single-whip Method.
In fact, wherever the Single-whip Method was adopted, the chün-liang had
already been in practice. The chün-liang was one of the bases of the Single-
whip Method. Lack of space prevents our describing its history in detail.

Secondly, there was a growing unification of the various items under
the land tax. In some places, originally, the Summer Tax was collected
simultaneously with the Autumn Grain. Later on the Summer Tax was
abolished altogether and there remained only the Autumn Grain. Some
other regular and miscellaneous levies were also incorporated into the land
tax. In various places these were: the silk for farming and mulberry tree,
silk floss, the chüan silk fabric, horse fodder, and the like—all taxation
items which were originally entirely independent of the land tax. In the
days of the Chéng-té and Chia-ching periods, most of these items were
apportioned according to the acreage of land or the amount of land tax
payable; they were incorporated into the Summer Tax and the Autumn
Grain, becoming part of the land tax and also being collected along with it.

There was a similar trend toward unification in the system of labor service, as, for instance, in the case of the li-chia (service as village chief or section head) and the chün-yao (equal service). Although in general both of these services were arranged and allocated on the basis of the number of male adults and the amount of wealth in a household, they differed in nature and in method of distribution. During the periods of Chia-ching and Wan-li the li-chia in many places was incorporated into the chün-yao. As another example: the tsa-i (miscellaneous services) differed from the chün-yao, but in later days it too was incorporated into the chün-yao. Under the chün-yao there were originally two large categories: the yin-ch'ai (commutation by payment of silver) and the li-ch'ai (service performed in person). The differences between the two, which resulted from different principles, have been pointed out above. For instance, the li-ch'ai was to be supplied by the large, rich households, which was not necessarily true of the yin-ch'ai. The li-ch'ai was service to be performed in the immediate locality or at a nearby place, while the yin-ch'ai was destined for a distant place. But after the period of Chia-ching the differences between the two gradually disappeared, as the various items under the li-ch'ai were successively incorporated into the yin-ch'ai. From this we see that the system of labor service was also in the process of simplification.

Furthermore, before the adoption of the Single-whip Method there was already a tendency toward unification of the labor service and the land tax. For instance, the postal service and the local militia were special demands on the people, but after the Chêng-tê and Chia-ching periods, in many places, they were collected along with the land tax. In some places the postal service was so fixed that out of every <u>shih</u> (bushel) paid as land tax 4. 5 <u>tou</u> (pecks) were taken out for the expenses at the postal stations. After the Chêng-tê and Chia-ching periods the service charge for local militia in most places was also incorporated into the land tax. This also happened to the <u>chün-yao</u> and the <u>tsa-i</u>.

Apart from this trend toward unification in the systems of land tax and labor service, we must point out the tendency to pay various items of land tax and labor service in the form of silver. We have discussed above the most difficult problems involved in commutation; the excessive variety of things to be commuted and constant fluctuation in the rates when commuting one thing to another. In later days, however, rates of commutation in silver were fixed for almost all the things to be paid as tax. Further, there was an officially fixed amount of silver payable for the object being commuted (i. e., one bolt of <u>chün</u> for farming and mulberry trees would be commuted by payment of one tael of silver). Therefore, the problems in commutation also became much simpler. Moreover, once the commutation price of silver was fixed by law there were few changes over a long period. After a sufficient length of time had passed, both the government and the taxpayers logically and easily forgot the original meaning of the commutation of taxes, and payment was effected entirely in terms of silver, at fixed rated. At this time the price of the silver (which was used in tax payment) might have no relation to its actual market price; the tax payer was paying in silver and not a commutation.

22

The same tendency toward payment in silver occurred in the rendering of labor service. I have mentioned above that the various items under the <u>li-</u>

ch'ai successively turned into the yin-ch'ai (commutation of labor service by payment in silver). After the Chia-ching period the other regular and miscellaneous services (the li-chia, postal service and local militia) were also gradually commuted to silver, so that labor was now rendered for the most part in the form of payment of money. Other taxes, such as the levies on salt, tea, fishing, and commerce, and general disbursements, such as for official salaries, military supplies, emoluments for the imperial relatives and the vassals, also began to be collected in silver from the periods of Hsüan-te (1426-1435) and Cheng-t'ung (1436-1449). In short, after the period of chêng-tê and Chia-ching, whether in government (finance) or in society, the use of silver became predominant.

The two tendencies mentioned above -- i. e., the combination of the various items under the land tax and the labor service respectively, and the commutation by payment of silver -- were both initiated by a desire for simplification and developed simultaneously. Almost all of the reforms in the systems of land tax and labor service before the Single-whip Method had in them these two tendencies; they differed only in degree. In some cases where the land tax and labor service had been combined, they had not yet become payable in silver. There were also cases in which the combination was only partially achieved. Although these reforms were not designated as the Single-whip Method, actually all of them were [component]measures of the Single-whip Method. We may say that the Single-whip Method was a comprehensive summation of all these tendencies, and caused them to become more thorough and more prevalent in operation.

The Single–Whip Method

Before discussing the Single-whip Method itself, we must examine the differences between it and the previous tax system. With regard to labor service, the most important point of difference is that the previous system used the household as the unit according to which labor service was apportioned; in the Single-whip Method the male adult became the unit. With regard to land tax, after the adoption of the Single-whip Method the content of the tax became more complicated, incorporating many alien factors which had not previously been related to it.

Originally, under the old system, the li-chia (service as village chief and section head) was the main form of labor service, on which was based the chün-yao (equal service) and other miscellaneous services. To establish the li-chia the household must first be rated. The households were arranged into chia (sections), and ten chia made up one li (village). The amount of labor service was apportioned to a household according to its grade. This was the li-chia system. The grade of a household was determined by two factors: the number of male adults, and the amount of wealth. (This is the simplest way of putting it. In the north, however, there were four factors:

the status of the household, the number of male adults, occupation, and property.) The importance of these two factors[i. e., males and wealth] was not equal. In the north the factor of male adults was more important, in the south that of wealth. On the whole, the factor of property weighed more than that of the male adult. For instance: the household which had a smaller number of male adults and a larger amount of property was, as a rule, rated as upper grade; but one that had a larger number of male adults and a smaller amount of property was usually rated as lower grade. From this we understand the relationship between the factors of male adults and property [in the determination of the grade of a household].

It was not the number of male adults alone, but its relation to the amount of property that determined the grade of a household. Therefore, the household with the largest number of male adults was not necessarily a household of upper grade. But the male adult of an upper-grade household must be a male adult of upper grade (if the male adult was also rated). However, since the arrangement of the li-chia was made only every ten years, it could by no means coincide with the actual social and economic situation. To this inherent defect were added external vicious influences: conspiracies between powerful individuals and the government, joint perpetration of fraud by the village chief and the petty officials, which also made it impossible for the household rating to coincide with reality. The various abuses have been fully explained above.

In order to avoid these abuses, the compilers of the records for the Single-whip Method for the most part dropped the rating of the household itself, apportioning labor service simply according to the number of male adults and the amount of land, for these elements were difficult to conceal. From that time on, the male adult replaced the household of the past, and the problem of the household thus became unimportant.

Let us now examine the problem of "property." "Property" in the past included not only land but all of the general wealth of household— valuables, capital, houses, cattle, carriages, boats, and the like. Hence, the families of the houses, cattle, carriages, boats, and the like. Hence, the families of the wealthy merchants, though without land, were also classified as households of the upper grade. Under the Single-whip Method, land was generally regarded as the sole property (to be taken into account) in various places, the amount of labor service in the majority of cases being determined by the amount of land. People who had no land were not subject to labor service. Therefore, in law the liability of land-owners to labor service was increased. In the past, the amount of land tax and labor service was determined mainly by [the grade of] a household, and the land was attached to the household. The Single-whip Method shifted the emphasis to the land, to which the number of male adults was attached, and this became the determining factor. From this point of view, the land tax seemed to change from a "personal tax" to a "real tax." But from another point of view, we find that in the old method the amount of land tax determined the amount of labor service; if the amount of land tax was large, that of labor service was also large. Between the land tax and the labor there was an indirect relationship. After the adoption of the Single-whip Method, the amount of labor service determined the amount of land tax. The fixed amount of labor service in a county was apportioned to the land tax, and consequently if the labor service was heavy the land tax became heavy. Labor service now assumed the positive and determining position. Thus, the land tax, in the past, was completely independent; after the adoption of the Single-whip Method it naturally included the various items of labor service, and its content therefore became much more complex.

We can now proceed to analyze the Single-whip Method. The term i-t'iao-pien (lit., one single whip) means to combine (pien) the various items of the land tax and labor service into one item (i-t'iao). The character pien (whip) was also frequently written as pien (to combine). I think the latter pien was the correct one, while the former pien (whip) was a vulgar form. Sometimes the character was also written as pien (border, edge), which also was undoubtedly a vulgar form. The people at that time frequently omitted the character i (one) and abbreviated the term to t'iao-pien. In the official documents the character pien was often omitted, and [the new method] called i-t'iao-fa (one-item method). There are also other appellations, such as tsung-pien (comprehensive arrangement), lei-pien (arrangement according to category), and ming-pien (clarified arrangement). There was also the term hsiao-t'iao-pien (one small whip), which indicated the extra collections beyond those demanded in the Single-whip Method. That is what is meant by: "Besides this t'iao-pien there is another t'iao-pien," or "Besides this t'iao there is another t'iao; besides this pien there is another pien." [There was also] the term liang-t'iao-pien (two whips), which denotes two different methods of arranging and apportioning [land tax and labor service]. And there were the terms chün-p'ing-hsü-pien and shih-tuan-t'iao-pien, which were methods similar to the Single-whip. In short, the Single-whip Method did not mean just to combine[the various items]into one item; the arranging of the various items into a small number of items was also called the Single-whip Method. Another point deserving our attention was that there were[devices]which resembled the Single-whip Method though not bearing such a name; and there were devices which were not called the Single-whip method at the time, but were so called in later days.

The Single-whip Method must imply the combination of the various items of the land tax or those of the labor service, or the combination of the land tax and labor service. As to the degree of combination, in some cases it was partial, in others it was complete. With regard to the scope of combination, there was the combination which affected only the method, that which affected only the rates[of taxation], that which affected only the procedure and dates of collection, and that which covered all the above-mentioned. The commutation of land tax labor service into silver was also called the Single-whip.

Now let us explain concretely and carefully the operation of the Single-whip Method in various places.

26

I. Combination in Arrangement and Apportionment

A. Combination of the Various Items of Labor Service

1. Method of combining and apportioning

We begin with a study of the combination of the labor services in the Single-whip Method, for the very term Single-whip Method originated from the reform of the li-chia and the chün-yao. First we shall discuss the method of combining and apportioning the labor services. "Arranging and apportioning in a single item" means to arrange and apportion according to the same principle and to the same object the labor service which had not previously been so arranged. For instance, the li-chia was originally a service demanded from the household, and chün-yao from the male adult. It the chün-yao, li-ch'ai (labor service personally performed), originally a demand for labor, was usually apportioned to the big households, while yin-ch'ai (silver commutation of labor service), performed by paying in silver and hence full of mercenary flavor, usually was apportioned to the households of low grade. Now⌈under the Single-whip Method⌉all these differences were eliminated, and they were collected by the same method.

Take Tung-ch'ang Fu of Shantung as an example. During the period of Wan-li (1573-1619) when the Single-whip Method was adopted, three changes occurred in the labor service system of Tung-ch'ang. First, li-chia was combined with the chün-yao. In the past li-chia service made a round in ten years. ⌈The one performing the service⌉was in charge of urging the people to pay land tax and of transmitting official documents. But in the Chia-ching period (1522-1566) all kind of demands were expected to be met by the li-chia. The people suffered from this. Later on, by an order, this service was commuted by payment of silver. After the Single-whip Method was put into practice, the system of rotating⌈service⌉in a ten-year cycle changed to a system of apportioning the service annually, and it was to be incorporated into the silver payment for chün-yao. Further, in the chün-yao, li-ch'ai was combined with yin-ch'ai. Before the chêng-tê period (1506-1521), in the territory under the prefecture's (Tung-ch'ang Fu) jurisdiction, service as post-station guard, sluice-man, lao-ch'ien, door guard, runner, or local militia-man was apportioned in the name of li-ch'ai. Certain households would be assigned to furnish certain items of these services. At the beginning of the Wan-li period, service as granary guard, prison guard, lantern man, escort, and wizard was apportioned in addition to the above. After the Single-whip Method was put into practice, all of these services were commuted by payment of silver, with which the government paid [the persons who performed them]. Thus, they became yin-ch'ai (silver commutation of labor service). Thirdly, from the method of collecting silver from the household, the yin-ch'ai began to be apportioned to the male adult and to the land. Before the T'ien-shun period (1457-1464), in the territory under this fu's jurisdiction there were collected and delivered to the ministry [Ministry of Finance] the following items under yin-ch'ai: "fodder price," "runners to serve in the capital," "fuel," "sacrificial material," "school attendants," and "cooks." In the periods of chêng-tê and Chia-ching there were further apportioned [also under the item of yin-ch'ai] the "expenses for the food for the people's soldiers of Su-chen" (?), "wages and food for the mounted soldiers and foot-soldiers on circuit inspectory trips," and "wages and food for the soldiers, servants, fast runners, the braves, and patrols of the offices of the fu government." In the twentieth year of the Wan-li period (1592) there was further apportioned the "expenses for food for the mounted soldiers and the foot-soldiers who guarded Lin-ch'ing [a county in Tung-ch'ang]." For every one of these items silver was collected from each household. After the Single-whip Method was put into practice, the household was no longer rated, and the collection was apportioned to the male adult and the land.

In the changes discussed above there are several points which deserve our attention: (1) the arrangement and apportionment of the li-chia service was now made annually instead of decennially; (2) the li-chia service was commuted to silver, as was the li-ch'ai, showing the preponderance of the use of silver; (3) the li-chia, which was originally demanded from the household, was now incorporated into the chün-yao, which was originally demanded from the male adult. In the chün-yao, the li-ch'ai, which was apportioned to the household, changed into the yin-ch'ai, which was not necessarily apportioned to the household. In the past the yin-ch'ai was collected in the form of silver from the household; now it was apportioned to the male adult and the land. All of these things show that in the arrangement and apportioning ⌊of various labor services⌋ the male adult replaced the household ⌊as a unit for supplying labor service⌋. On the first two points, I shall write another article for discussion. Now let me dwell a little more on the last point, the most important one from the point of view of the structure of the system of labor service.

We have said that under the Single-whip Method the rating of the household was dropped, and the labor service was arranged and apportioned to the male adult and the land, in order to avoid abuses in examining ⌊the grade of the household⌋ and arranging ⌊the performance of the labor service⌋. But to speak more accurately, the practice was not to fix ⌊the amount of labor service of a certain household or person⌋ according to the ⌊number of⌋ the male adults and ⌊the amount of⌋ land; it was to apportion a fixed amount of labor service to the recorded male adults and land. The method of apportioning labor service to the male adult and the

28

land is illustrated by the "Methods of a Complete Arrangement of the Li-chia and the Chün-yao," announced in the 16th year of the Chia-ching period (1537) by Ying-chia, the chih-fu of Ch'ang-chou, in Nan Chih-li. These are the details: The li-chia and chün-yao were treated as one in their arranging and apportioning. The number of the male adults recorded in the Yellow Book and the amount of land tax^① [of a household]which was actually collected in the 16th year of the Chia-ching period were taken as the basis. Except for the male adults, the land which had been granted exemption from the labor service, including the government land subject to a heavier rate of tax, and the sandy land yielding little profit (all of which were exempted from labor service), the number of male adults and the total amount of land in the county were calculated together and labor service was apportioned them in terms of silver. For example: if there were ten thousand male adults and ten thousand ch'ing of land in the county, and if the amount of silver to be presented as commutation for the li-chia and the chün-yao services was ten thousand taels, [these ten thousand taels of silver would be equally divided between the male adults and the land], with each male adult apportioned 0.05 tael as payment. Since the classifications of the land varied, the portions of the silver were not equal.

In the above example we must pay attention to two points: (1) the standard number of the male adults[in the county]was taken from the Yellow Book; (2) the male adults were not classified into different grades.

---

① Here the author is obviously taking the amount of land tax as an alternative expression for the amount of land, which he has been talking about. —Transl.

The first point was a measure of expediency. The second deserves our close attention, because the abandonment of classification of the male adults was also a device for preventing the abuse of unjust classification. This equal treatment of male adults also prevailed in many other places, as in chü Chou, Shantung, where, after the adoption of the Single-whip in the 21st and 22nd years of the Wan-li period (1593-1594), labor service was apportioned to male adults and land with the "nine classes" of the past abandoned and a single and uniform treatment adopted. In Chiao-ho County of Ho-chien Fu, Pei Chih-li, after the Single-whip Method was put into practice on an order of the 18th year of the Wan-li period (1590), all of the original male adults[in the county]were classified as male adults of the lower-lower grade, and each male adult was asked to pay a certain amount of silver[as commutation of his labor service]. This tendency to equalize all grades of male adults deserves our attention.

Regarding the method of combining the various items of labor service, we wish to mention as an example the Single-whip Method which was suggested in a memorial and approved by the throne in the 4th year of Lung-ch'ing (1570), and which was put into effect in Kiangsi Province. This method was to estimate the amount of each of the various items of li-ch'ai (service performed by the person) and yin-ch'ai (silver commutation of labor service). [First the li-ch'ai was changed into yin-ch'ai, and then] the expense for the wages and the food[for the person hired to perform the particular service]was increased or reduced by an amount based upon the degree of burdensomeness of the item in question. For the various items of yin-ch'ai, the expense of delivery of the silver for each item was estimated, and the amount increased or reduced according to the degree of difficulty of the item. The total amount of silver required for both the yin-ch'ai and the li-ch'ai in one year and the actual number of male adults and the amount of land (except for those exempted from the labor service) were calculated. The total amount of the silver was then apportioned equally to the male adults and the land. (The apportioning of silver commutation by means of male adult and land we will discuss below.)

30

After the combination of the yin-ch'ai and li-ch'ai, the original detailed names for various services were still kept in the official records of the government. But when the officials collected⌈the commutation of⌉ those items they no longer detailed the items but designated their collection simply as yin-ch'ai. ⌈A good example⌉is the Method of Completely Combining the Land Tax and the Labor Service, sanctioned on the 15th day of the intercalary 10th month of the 45th year of Chia-ching (1566) and put into practice in Yung-chou Fu of Hu-kuang Pu-cheng-ssu. According to this method, the original amount of the labor services⌈ten items mentioned by the author are here omitted for the sake of convenience⌉under the li-ch'ai was incorporated into the yin-ch'ai, and then both the amount of silver for the items⌈five are mentioned and here omitted⌉under the yin-ch'ai and that for the items under the incorporated li-ch'ai formed a total. The total was then apportioned to the male adults and the land of the counties in this fu. ⌈The li-ch'ai and the yin-ch'ai⌉were made into one item and both were collected in the form of silver. The old practice of compelling a particular household to perform a particular item of labor service was no longer permitted. "Since there are no longer the classification names to be depended on, any extra extortion even in hiring substitutes is made impossible."

The official in charge of the seal of the county made a comprehensive arrangement of the amounts of silver for the various items mentioned above and fixed the last date for their collection. After all had been fully collected, he then separated the collection, figured out the amount of commutation of a particular item of labor service that was due to a particular office, the amount of silver actually collected for that particular item, and distributed it in different sealed packages on which all of this was recorded. The part which must be transported to the capital was then transported, and the part which should be retained was held. The government hired people with wages to perform the various services. This was called the method of "collecting together and distributing separately."

We must note in passing that[not all of the items of land tax and labor service could be arranged and collected according to the Single-whip Method]. Which part of the land tax and labor service could be incorporated into the Single-whip Method was determined according to a certain principle. Only the permanent items of the land tax and labor service which were fixed in definite amounts and were not frequently changed could be incorporated by the Single-whip Method. Those of a different nature could not. For instance, in the first years of the Lung-ch'ing period (1567) in K'uai-chi County of Shao-hsing Fu, Chekiang Province, all items of the land tax were portioned according to the Single-whip Method; but the chün-p'ing (equal and even), the chün-ch'ai (equal labor service), and the ping-hsiang (military food supplies) were put aside as another group and were not so treated. This was because under chün-p'ing and chün-ch'ai there were exemptions granted to the officials and the students, which varied every year, and in the collection of the ping-hsiang there was an annual increase of decrease. Therefore they could not be apportioned and collected together with the other items of the land tax [and the labor service] which were of a permanent nature. From this we know that the items of the land tax and labor service which were arranged and collected according to the Single-whip Method were those which were of a permanent nature.

2. The extent of the combination

Because of differences in degree, the combination of [the various items of] the labor service was of two kinds: partial combination and complete combination. The incorporation of a part of the li-ch'ai of the chün-yao into the yin-ch'ai was a partial combination, as was also the incorporation of the various items of labor service into the yin-ch'ai, as practiced under the Method of Complete Combination of the Land-tax and Labor Service in Yung-chou Fu of Hu-kuang Pu-cheng-ssu described above. But [in this fu] the service of Peck Attendant at the Granaries was still kept as li-ch'ai [and was not commuted into payment of silver]. The service of the Peck Attendant at the Auxilliary Granary in Ku-ch'eng County of Ching Chou of Ho-chien Fu in Pei Chih-li, which was previously assigned to a household of the upper class (the household was thereupon exempted from the chün-yao), was also not incorporated into the Single-whip Method. In Ssu Chou of Feng-yang Fu in Nan Chih-li, the services of li-chia, chün-yao, the postal service and the local militia, which had previously been apportioned

32 equally among the male adults, were apportioned to the land tax after the Single-whip Method was put into practice in the 27th year of the Wan-li period (1599). But the items of service horse and the lantern man were not fixed, and therefore were not incorporated in the Single-whip Method. In the 3rd year of the Wan-li period (1575) in Chang-shan County of Chu-chou Fu in Chekiang by an imperial order, before any other county, in this fu the li-chia service was incorporated into the Single-whip Method, but the chün-yao service was not, until the 11th year of Wan-li (1583). In that year the incorporation of the chün-yao was also practiced in other counties. This shows that expansion of the scope of the Single-whip was proportionate to the length of time of its development.

An example of complete combination was found in Hua-yin county of Hua Chou of Hsi (Si)-an Fu, Shensi Province, where from the 20th year of the Wan-li period (1592) on, all of the li-chia, yin-ch'ai and li-ch'ai were apportioned and collected in silver. Another example was Ch'i-men County of Hui-chou Fu in Nan Chih-li, where in the 11th year of Wan-li (1583) the various items of the li-chia were arranged and apportioned by means of the Single-whip Method and divided into three classes: material, annual expenses for corvée, and annual service. All of these were complete combinations.

B. Combination of the Various Items of Land Tax

This problem may be discussed from two angles. The first is the simplification of the classification of the land, by means of which the amount of land tax was determined, and of the rates of taxation. The tax was then collected uniformly according to one standard. The second is the combination of the land taxes.

1. Combination of the various classes of land and of rates of taxation

The movement toward simplification of the rates in land tax was more general than that with regard to the tax on male adults. It also originated sooner. The simplification of the land-tax rates had already become prevalent before the adoption of the Single-whip Method. Simplification of the tax on male adults began to become popular only after the Single-whip Method was put into practice. Therefore, I shall devote one section of this article to a discussion of the simplification of the land-tax rates within the Single-whip Method.

Before the adoption of the Single-whip Method the land in K'uai-chi County of Shao-hsing Fu, Chekiang, was classified into 33 tu. The land from the first through the 20th tu and that which was situated on two corners of the city[of the county seat]was designated as shui-tu (water tu). That from the 21st through the 33rd tu was designated as either shan-tu (mountain tu), hai-tu (sea tu), or hsiang-tu (rural tu). In each tu the land was further divided into private land, calamity land (land suffering from disasters), and stove land (land belonging to the households which extracted salt in the salt-producing regions). Normally there was the same rate of tax on these different lands; but because of differences in the forms of payment (some in original kind and some by commutation) and in treatment (some were exempted from tax), the actual rate of taxation was not uniform. For instance, take the Autumn Grain. Originally in the collection of this tax no distinction was made between land belonging to mountain tu, sea tu, or rural tu; on all the land in the county the same rate was imposed: 1.179 pecks of rice per mou. But when the land tax was collected in the form of original kind or commuted kind, differences appeared in the degree of burden, depending upon the quality of the land. Because the land in the water tu was more fertile, the part of the land tax to be collected in original kind (i. e., rice), that "to be retained in the south," and that "to be commuted at a high rate" were always apportioned to the land in the water tu. The land belonging to the tu categories 7, 8, 12, 13, and 14 was mostly wasteland along the seashore; therefore on it was levied only a "commutation to be transported to the North Capital" at the rate of 0.2, 0.3, 0.4, 0.5, or 0.7 pecks per mou. The land in the mountain tu, sea tu, and rural tu was inferior in quality; therefore one mou of the land was taxed a commutation at the light rate of only 0. 979 pecks of rice to be transported to the Northern Capital, and a commutation of 0. 2 pecks of rice to be delivered to a military camp; no part of the land was taxed in the form of original kind. And the 24th tu, the calamity land of the people, 6600-odd mou in all, was universally exempted from collections of the shui-hsiang (water district), shui-fu (water men), and ma-chia (horse price).

In the above-mentioned regulations the basis for determining whether the land was taxed in the original kind or in commuted kind, and whether the commutation rate should be high or low, was the quality of the land; there was nothing to be criticized. But abuses occurred in the differentiated treatment of the stove land and the private land. In most of the counties of Shao-hsing Fu, for each bushel [of the rice of land tax] 0.7 tael of silver was levied for the item of the nan-pen (southern original kind) whether the land was private land or stove land. But in K'uai-chi County the Stove

Household was free from this collection, and its land was not subject to the extra charge. Inequality was more apparent in the granting of exemptions. The collection of the shui-hsiang-t'ang-chia (marsh price in water districts) was portioned only to the common people; the families of officials and the Stove Households were all free from it. Exemption from the collection of the shui-fu-kung-shih (expenses for food for the water men) and the i-chan-ma-chia (price of the horses at the postal stations) levies on land was granted originally, in proportion to their rank, only to officials and the like, who were of the imperial capital and the provincial government, and the tax had to be paid by the people, the Stove Households as well as the common households. But to the stove land in tu 7, 8, 13, 14, 17, 31, and 32 was extended an exemption of 0. 004 tael of silver per mou. This differed from the stove land of the other tu. On this account false registration of addresses, and registration of land in other people's names flourished. [As a result], stove land increased while private land decreased, day by day. At the beginning of the Lung-ch'ing period (1567-1572), the county magistrate proposed to adopt the Single-whip Method, and abolish the different treatment of the private land and the stove land, on which uniformly were now imposed, according to the acreage, the various items of the Summer Tax and the Autumn Grain. The old practice of assigning the collection of the original kind, that to be retained in the south (also in the form of rice), and that to be commuted and delivered to an army camp to the water tu, and of assigning the collection of the "commutation to be delivered to the Northern Capital" and the "commutation to be delivered to an army camp" to the mountain tu, sea tu, and rural tu, was preserved.

By this method the total amount of the land belonging to the mountain tu, sea tu, and rural tu was first ascertained, and on this was then imposed the original sum of the "collection of the commutation at a high rate to be delivered to the Northern Capital" and the "collection of commutation to be delivered to an army camp." The tax rate was derived by calculating these two totals; then the amount of silver on each mou of the t'ien (paddy field)

35 and that on each mou of the ti (dry field) were figured out. To the land of the water was assigned, as of old, the collection "in the original form of rice," the "collection to be retained in the south," and the "collection to be commuted and delivered to an army camp." In a like manner, the amounts of silver and of rice on each mou of the paddy and those on each mou of the dry land were figured out. In each case the total amount was always marked down. For the three items of water district, water men, and horse price, each mou of paddy was charged 0.007 tael, whether it belonged to the officials, the common people, or the Stove Households. In no ease was exemption granted. Then the total amount of silver for these three items was combined with the total of silver for the various items under the land tax. By calculating these two totals, the amount of silver due from each mou of paddy was derived. Both the amount of silver and that of rice were officially fixed. The silver was collected according to the Single-whip Method, and the rice was collected according to the old regulations and delivered to the assigned places.

The method described above eliminated only the difference between the private land of the people and the stove land; it still retained that between the land of the water tu and that of the mountain tu, sea tu, etc.

Thus it caused only a partial combination of the land. However, in other places there were many case in which the entire land was combined into one category. After the land was made uniform, the various names⌊for the land⌋in the past were often incorporated into one, or a part of them was lost. Previously in Kuang-p'ing County of Kuang-p'ing Fu in Pei Chih-li there had been such names as "government land," "private land," "horse land," "state land." There was also the difference in the measure of land, as expressed in the terms of "big land" and "small land" (several mou of the "small land" was equal to one mou of the "big land"). The dates for collecting the Summer Tax, the Autumn Grain and other charges varied. In the Wan-li period, all of these were arranged by means of the Single-whip Method. Then, no matter what the original category of the land— "big land" or "small land"; "government land" or "private land"; "horse land" or "state land"; "pasture" or "garrison field"—the levy of the Summer Tax, Autumn Grain, the horse fodder, postal service, and salt tax was made uniformly according to the mou. There was no longer any difference at all between the various kinds of land. ①

36

2. Combination in the arranging and apportioning of the taxes

The second⌊point I would like to discuss⌋is that the Single-whip Method combined the various items of the land tax into one or several items for apportioning. This⌊point⌋can be approached from two aspects. The first is the combination of the various items under one tax⌊such as the

---

① The author implies that all land was taxed not only according to the mou (Chinese acre) but also according to the same rate. —Transl.

Summer Tax, Autumn Grain, etc. _]_. Before the adoption of the Single-whip Method in Ku-an County of Shun-t'ien Fu of Pei Chih-li, the Summer Tax, the Autumn Grain, and the horse fodder were each divided into two parts: that to be transported elsewhere and that to be retained on the spot. The rates of commutation into silver for the two differed, the rate for the part to be transported away being the higher. But after the adoption of the Single-whip Method, there was no longer a difference between those two parts, which now were combined into one, apportioned according to the Single-whip Method: a definite amount of silver was fixed for every bushel of grain to be collected under any one of the three taxes.

The second is the combination of these taxes. Take now the case of Yü-yao County of Shao-hsing Fu in Chekiang as an example. Before the first year of the Lung-ch'ing period (1567) the system of the land tax tended toward confusion. There were no less than 30 to 40 items under the Summer Tax, the Autumn Grain, and the san-pan (the Three Supplies). The so-called Three Supplies were the materials to be furnished for the Ministry of Civil Affairs, the Ministry of Ceremonies, and the Ministry of Works, the grain and silver for the frontier defense, and the collections for relief to be distributed in other counties. The first was a supply of definite amount, collected annually in a fixed sum. The second was a sur-charge, added to the regular tax. The third was an irregular sur-charge. These three supplies were all provided by the li-chia (village chief and section head), who collected and delivered them together with the land tax. For each of the 30 to 40 items the government issued a notice, specifying that for such-and-such an item so much silver was to be levied on every bushel[of the

37

land tax payable_7_, and for such-and-such an item so much silver was to be levied on every mou of land. The names were of a great variety. The official might be able to copy and remember them, but there was no way for the common people in the rural countryside to understand them. Consequently the shrewd officials worked out schemes and tricks[to exploit the situation_7_. They made the small big, and the non-existent existent. They demanded extra exactions for every item. As soon as these extra charges entered their hands they spent them all. In the first year of the Lung-ch'ing period (1567) the county magistrate[of Yü-yao County_7_, Teng Ts'ai-ch'iao, began to suggest the adoption of the Single-whip Method, to combine all of the various items into one for taxation. The method of apportioning and collecting the tax was this: The Summer Tax, the Autumn Grain, the Salt and Rice Levies, and the like were all added together. Except for the part of the land tax to be collected in its original kind of rice or wheat (to be collected and transported to the capital as of old), a total amount of all the other items to be commuted into payment of silver was figured out. Then the total acreage of the land in the county was ascertained by examination and calculation; and to the land was apportioned the total amount of silver of commutation. From this, the tax rate for one mou of land was derived, and according to this rate the tax was collected. After the arrangement and apportionment were completed, to every household was issued a notice, stating the total amount of tax due and the date for its payment. The household paid the land tax by following what was stated in the notice.

The combination of the various items of the land tax was usually done in part. The silver for the Grain to be Granted to the Persons with Rank in Ku-ch'eng County of Ching Chou of Ho-chien Fu of Pei Chih-li was collected separately from the Government land for the Rank; the Grain for Pastures and the newly added Silver for the Grain for Pastures were separately collected from the pastures; the Silver for the River-bed was separately collected from the reclaimed land along the river; and the Silver for the Artisans was separately collected under the items of the various artisans. These were collections under the land tax and were not incorporated into the Single-whip Method.

38   After the various items of the land tax were agglomerated for collection, their old names were also gradually combined and unified. [Here a few examples of little importance are omitted, p. 32.]

From the examples cited above we know that there were many items of tax which were originally collected together with the Autumn Grain but which later on were incorporated into the latter for collection and even lost their original names.

C. Combination of Labor Service and Land Tax

1. An example of such combination

Regarding the combination in arrangement and apportionment of the land tax and the labor service, we wish to take the case of Shao-hsing Fu in Chekiang for an illustration. We have stated before that the method of combination of the various items of land tax adopted in Yü-yao county of Shao-hsing Fu in the 1st year of the Lung-ch'ing period (1567) was to combine the Summer Tax, the Autumn Grain, the Salt and Rice Levies and the like into one item. Except for the part to be paid in the original kind (of rice and wheat which were to be collected and transported to the capital as of old), the other items to be commuted into payment of silver were calculated together, and a total was derived, which was to be apportioned to the total amount of land in the entire county. Thus a tax rate on the mou was figured out, and the tax was collected according to the acreage. As to labor service[a similar arrangement operated]. The li-chia, the chün-yao, and the like were brought together. The amount of silver for each item, and then the total amount of silver for all the items was figured out. The amount of fields and mountainous land of the entire county was determined, and the number of male adults (except for those who had been granted exemption). Then the total amount[of silver]for the labor service was apportioned to the male adult and the land. Thus the amount of silver due from every mou of land and mountain[land], from every male adult, and from both the land and the male adult was put together. The two totals of the land tax and the labor service were then combined[and were apportioned to the male adults and the land]. Thus the amount of silver to be collected from every mou of land and mountain[land], and from every male adult was calculated. This method of apportioning[the land tax and the labor service]imposed the total amount of the land tax of the entire county onto the land of the entire county, and the total amount of labor service of the entire county onto the male adults and the land of the entire county. In short, every mou of land had its share of labor service to contribute. This method was adopted on the 19th day of the 1st month of the 1st year of the Lung-ch'ing period (1567) at the suggestion of Teng Ts'ai-ch'iao, magistrate of Yü-yao County. Because this method yielded successful results, later on the counties of

39

Chu-chi, K'uai-chi, Shan-yin, Hsiao-shan, Shang-yü, Hsin-ch'ang, and Sheng, seven in all, later successively requested permission to adopt the method, which was granted by the governor.

2. Method of combined apportionment

To incorporate[the collection of the silver commutation of]labor service into that of the land tax was tantamount to adding one more sur-collection on the land tax. The following were the methods of apportioning.

a) Apportionment of silver commutation for labor service according to acreage of land. This system apportioned a definite amount of labor service to a unit of land, and was the most popular method practiced in the empire. The unit[of land]in the apportionment was the mou, though sometimes the ch'ing[100 mou]was used, depending on the fertility of the land in a given county. If the land of a given county was fertile, the mou was taken as the unit; if the land was poor, the larger unit was more convenient. But sometimes the adoption of the larger unit had nothing to do with the fertility of the land. The measure was just a special financial policy. For instance, in the period of Wan-li, Chu Hung-mo, the hsün-fu of Ying-t'ien, seeing the inequality of labor service in Wu-chung and Su-chou Fu, ordered that labor service be apportioned according to the land, and that those who possessed less than one hundred mou be exempted from labor service. The aim of this measure was to extend favor to the poor people. This meant that the[minimum]unit for labor service was one ch'ing of land, and only those who possessed one ch'ing or more were subject to the demand of labor service. However, we do not know whether the odd number of mou over a ch'ing was liable to the demand. Later on, the hsün-fu of the province,

Hsü Min-shih, ruled that the people who possessed less than ten or twenty mou were not subject to labor service. Barren and newly reclaimed land was generally exempted from labor service. [Here one example of little importance omitted, p. 34.]

There were also the methods know as the che-mou and the i-ting-chun-t'ien. The method of che-mou was to rate a certain number of mou of the land of inferior quality as equal to one mou of the land of superior quality, and then to tax the land of inferior quality at the same rate for one mou. For example, in the 6th year of Wan-li (1578) in Ning-hua County of Ting-chou Fu, Fukien, a re-measurement of land was taken and the Single-whip Method was adopted. The difference between government land and private land in the three categories of land—paddy, dry fields and pond—was eliminated: both government land and private land were taxed at the same rate. But because there was a large excess of land over the original amount [after the re-measurement], each paddy, dry field and pond was classified as upper, middle or low, in order to make the total amount of the land coincide with the original total. For the paddy, 1 mou of the upper grade was regarded as one mou; 1.4 mou of middle grade, or 2.5 mou of the low grade was rated as 1 mou. For the dry fields, 1 mou took 2.1 mou of the upper grade, 6 mou of the middle grade, and 8 mou of the low grade. For the pond, 1 mou took 2.5 mou of the upper grade, 3.4 mou of the middle grade, and 6 mou of the low grade. Thus calculated, the total amount coincided with the original.

The method of i-ting-chun-t'ien was very popular after the Single-whip Method was put into practice. As an example: Previously in Ch'ihchou Fu in Nan Chih-li, there had been the two categories of government and private for paddy, dry field, mountain and pond land. But after the rules of the Single-whip Method were laid down by the hsün-fu of Ying-t'ien, Hai Jui, a re-measurement was taken in the 9th year of the Wan-li period (1581), and the male adult, the paddy, dry fields, mountains and ponds were incorporated into a single item. Every male adult of the original number of 30,120 was equated to 5 mou of the fields in apportioning the taxes. In the period of Wan-li, in Wu-chin County of Ch'ang-chou Fu one male adult was equated to 2 mou of the paddy fields. But there were also cases in which a certain number of mou of paddy field was equated to one male adult. This was the case in Ning-po Fu, Chekiang. The arrangement of converting male adults into fields or fields into male adults aimed at nothing but the avoidance of excessively minute rules and rates, and at convenience in calculation.

b) Apportionment of silver commutation for labor service according to the sum of land tax to be paid. This was also a popular method. In some places, to every bushel of grain for the land tax a certain sum[of the commutation silver]was apportioned. For instance, the new Single-whip Method adopted in the beginning of the Wan-li period in Ning-te County of Fu-ning Fu, Fuchien, portioned the total amount of the kang-yin[1] and[the commutation of] the chün-yao service collected annually to the male adults and the land tax. Every male adult was charged a certain sum of the kang

---

[1]The kang-yin was a silver levy on salt. The kang was a unit of the salt administration. It was derived from the term, yen-cheng-kang-fa (the kang method in salt administration) introduced in 1614. —Transl.

silver and a certain sum⌈of the commutation⌋of the chün-yao, and every bushel of⌈land-tax⌋rice was charged 0. 0555-odd taels of the kang silver, and 0. 1595-odd taels of chün-yao silver. In some places a certain sum of commutation silver was apportioned to a certain number of bushels of land tax in grain. For example, in Han-ch'eng County of T'ung Chou of Hsi-an Fu, Shensi, because the people complained that the commutation silver for labor service imposed a special burden on the male adults, the charges for labor service were imposed on the land-tax grain, in order to relieve the male adults. Every two bushels of land tax of the ordinary people was charged commutation silver for the labor service due from one male adult. Every three bushels of land tax of the soldier households was charged the same.

Which of the two methods—apportionment according to the amount of land tax or according to the amount of land—was more convenient was determined by two principles. (1) If the land in a given county was very fertile and the tax-paying capacity of the mou comparatively great, apportionment according to the mou was more convenient. If not, then apportionment according to the amount of land tax was more convenient. (2) If the register of the land of a given county was not clear, and an investigation of the number of the mou was impossible, then the apportionment according to the amount of land tax was more convenient.

We have previously noted the method of converting male adults into fields. Naturally there must also be a method of converting the male adults into land-tax rice. For instance, in Ch'ang-shan County of Ch'u-chou Fu, Chekiang, two male adults were equated to one bushel of the paddy-field rice. ⟦Presumably this term was the equivalent of land tax in this locality. ⟧ The Single-whip Method adopted at the suggestion of Lui Kuang-chi, the hsün-fu of Kiangsi, in the period of Lung-ch'ing, equated one male adult liable to li-chia service to one bushel of land-tax rice; three male adults liable to the chün-yao service and four male adults liable to the postal service or local militia service to one bushel of land-tax rice. To convert male adults into land-tax rice was of course very convenient for calculation, but this was feasible only after the labor service performed by the person had been changed to that performed by a hired substitute.

Apportioning the silver commutation for labor service to the land tax was also a measure that brought relief to the poor people. For instance, the magistrate of Yu County of Ch'ang-sha Fu, Hu-kuang Province, Tung Chih-i, suggested equating every five bushels of land tax to the sum of silver for labor service due from one male adult. Although, because of obstruction, this proposal was not put into effect, the collection of the silver for labor service due from the male adults of the county was abolished from that time on.

c) Silver commutation for labor service apportioned to the land tax in silver. Because in later days the greater part of the collection of the land tax was commuted into silver, it was most natural that the silver for labor service, formerly apportioned to the land tax in grain, should become apportioned to the land tax in silver. From a historical point of view, the apportionment to the land tax in grain preceded the apportionment to the land tax in silver. For instance, in the 18th year of the Wan-li period (1590), when I Fang-chih, the chih-fu of Ch'u-chou Fu, Chekiang, created the shih-tuan-ts'e method, the collection of the fees for transporting the land-tax train was imposed on the land tax in grain; every bushel of rice was charged a certain amount of silver[for these fees]. In the 2nd year of the T'ien-ch'i period (1622), Chang Pang-i, the ping-tao (supervisor of the army), changed this and apportioned it to the land tax in silver; every tael of silver in the Single-whip Method was charged a certain[extra]amount of silver. [Two examples which are irrelevant are here omitted, p. 37.]

One point to which we must pay attention is that sometimes it was very difficult to distinguish between the method of apportioning the silver   43 for labor service to the acreage of land, the method of apportioning it to the amount of land tax in grain, and that of apportioning it to the amount of land tax in silver. Take, for instance, the case of Hsi-ning County of Lo-ting Chou, Kuangtung. As we have pointed out before, in this county the fields were classified into three grades; upper, middle and lower. To every hundred mou was apportioned. [the labor service of]a certain number of male adults and certain amounts of land tax of various descriptions. But both the labor service and the land tax were collected in commutation silver. [The labor service of]one male adult was reckoned at an amount in silver, and one bushel[of land-tax grain]was reckoned at another amount of silver. Collected at the same time, the male-adult silver[for labor service]and the land-tax silver were reckoned to be some third figure to be collected for each bushel[of land-tax grain]. This example shows that in the principle of legislation, the male-adult silver[for labor service]was apportioned to the land in terms of its area; but in the form of payment it came to be apportioned to the amount of land-tax grain, in terms of the bushel.

3. Extent of the combination of apportionment

In considering the conditions under which⌊the charges for⌋labor service were apportioned to the land tax, we find two methods of combining which differ in extent. In one the charges for labor service were entirely combined with the land tax, and in the other they were distributed to the male adults and the fields—in other words, the charge for labor service was only partially combined with the land tax. We will discuss the second arrangement first.

a) Charges for labor service partially combined with land tax. Within this method, there are again two possible procedures. One is that, of the fixed amount of the charges for labor service, the male adults first shouldered a fixed amount; the rest was then assigned to the fields. The second is that both the male adult and the field were simultaneously apportioned the amounts of charges for labor service according to fixed rates. An illustration of the first procedure was the practice initiated by Po Ch'i-tan, magistrate of Chi-chai County of Pei Chih-li in the 22nd year of the Wan-li period (1594). In arranging the collection of the commutation of labor service, he levied only 0.1 tael of silver from each male adult and assigned the rest to the land. As a further instance, in the 1st year of the Wan-li period (1573) in Ho-ch'iu County in Nan Chih-li, the Four Services—the li-chia, chün-yao, postal service and local militia—were commuted into silver and combined by means of the Single-whip Method. In the 22nd year (1594) ⌊the commutation in silver of⌋the Summer Tax, Autumn Grain, horse fodder and horse cost were all combined through

44

the Single-whip Method. [The commutation of labor service and of the taxes] was brought together and proportionately assigned to the male adult and the fields. For both a total of 18,797-odd taels was fixed. The method of apportioning[the commutation of]the Four Services and[that of]the Summer and Autumn taxes, the horse fodder and the like was as follows: except for those who were granted exemptions, each of the male adults was apportioned 0. 05 taels. The total was 1,721. 2 taels. The rest of the 18, 797 taels (i. e., 17,075. 9 taels) was imposed on the people's land.

The second procedure in arranging the apportionment was to distribute the burden of labor service to the male adult and the fields at the same time. Because the distribution to the male adults and to the fields was fixed simultaneously, the original proportions between them can be found out. There were three different methods[of carrying out the distribution]. The first was to take the male adult aas the main object and the fields as the supplementary. The second was to take the fields as the main object, and the male adult as the supplementary. The third was to treat the male adult and the fields as equal in the distribution.

What is the standard in determining whether the male adult or the fields is to be taken as the main object?We should look at the question from three angles. The first standard is the rate of levy. If one male adult was levied at one rate and one <u>mou</u> of land at another, and if the amount of levy yielded by the male adult was larger, then the male adult became the main object. If the amount of levy yielded by the land was larger, then the land was the main object. But the highness or lowness of the rate of levy had no important relation to the total amount realized from the levy. For example, in a county where there were few male adults but where there was a large amount of land, although the rate payable per male might be higher than the rate payable per unit of land, still the total amount payed in by the adult males might sometimes be less than the total payed in for the land. The second standard is the amount of levy distributed. For instance, suppose the silver commutation for labor service was 10,000 taels for the entire county. If the male adults shared 6,000 taels and the land 4,000 taels, the yield from the male adults was larger, and therefore the male adult became the main object. This view considered only the amount of the levy. If the number of male adults in one county was larger than the acreage of the fields, it might be possible that the rate of levy on the male adult was lower than that on a unit of the fields. The third standard was the percentage carried by the male adult and the fields in each unit of the silver for labor service. [One unnecessary sentence omitted, p. 39.] The three approaches mentioned above differ from each other. Qualified by specific circumstances, the discussion below may concern any of the three. The reader is to distinguish for himself.

[A number of illustrations are here omitted, pp. 39-43.]

b) Entire amount of collection for labor service incorporated into land tax. Here we have to distinguish two practices. In one, the entire collection for a certain item of the labor service was imposed on the land tax. This system was comparatively popular. [Illustrations omitted, p. 43.] It was rather rare for the collection for the entire body of labor service to be imposed on the land tax, though we often meet with cases similar to this. We must discount the statement, "All of the labor service was assigned to the land," because after the Ming dynasty adopted the Single-whip Method, though the labor service of the empire was assigned to the land of the empire and was paid in commutation to the government, there was still the collection of the "male-adult silver." We can not say that the entire labor service was imposed on the land tax. However, later on, there were also cases in which the male-adult silver was imposed on the land tax, as in Huang-yen County of T'ai-chou Fu, Chekiang. [Illustration omitted, p. 44.]At the end of the Ming dynasty the male-adult silver and the "mouth rice" were further collected from the land. From then on, the levies on the male adult were also assigned to the land. This was completely identical with the Single-whip Method of the Ch'ing dynasty, in which the levies on the male adult were entirely incorporated into those on the land. [One unnecessary sentence here omitted, p. 44.]

46

We have discussed above the various ways of incorporating the collection for the labor service into that of the land tax, with reference to the extent of the incorporation. But there were various kinds of land, and the male adults also differed in households (the households of the common people, the households of the soldiers, etc.) and in grade. Therefore, in the places where the various kinds of land the different male adults respectively had not been combined[i. e., simplified], there were many cases where different items of labor service were apportioned to different male adults and land. [Illustrations omitted, pp. 44-45.]

4. Accounting system of the Single-whip Method

The various methods of apportionment—taking the male adult or the land as the unit or distributing the obligation equally to the male adult and the land; collecting the levies according to the mou or the amount of land tax to be paid; or collecting the levies by adding a certain sum to the original amount of land tax to be paid in silver—had one thing in common: in any one of them the aim was always to meet a definite amount of expense by imposing levies on the male adult and the land. These levies of fixed amount were collected and delivered to the government, which disbursed them to meet needs as they arose. Therefore the Single-whip Method was one by means of which the amount of the collections to be apportioned was determined by the amount of the expenses. As an accounting system, it was the same as the Two-tax Method of the T'ang dynasty under which "the expenses of all the works must be calculated before they are meted out in the form of taxes to the people," and whose function was "to decide the amount to be collected by estimating the expenses (liang ch'u chih ju)."

We must here give some explanation of the accounting system of the Single-whip Method. The so-called "accounting" was roughly equivalent to the modern term "budget." By the accounting system of the Single-whip Method, according to the Draft History of the Ming Dynasty by Wang Hung-hsü, the li had (in its accounts) the total amount of the male-adult silver and the land tax; the chou or the hsien (county) had (in its accounts) that of the li; the fu had that of the chou and the counties; and the pu-cheng-ssu (province) had that of the fu. The governor of the pu-cheng-ssu calculated the total amount of male-adult silver and land tax for the entire province. But as far as we can see, in forming the budget of the Single-whip Method, the county was taken as the basic unit. This was because the time of adoption of the Single-whip Method in the fu of one province and in the chou and counties of a fu varied. The statement of the Draft History of the Ming Dynasty that "the governor of the pu-cheng-ssu calculated the total amount of the male-adult silver and the land tax and made an equal apportionment" probably refers to a situation in which the Single-whip Method had been adopted in the chou and counties of the entire province.

The expenses of which year should be taken as the basis for the budget of the chou and the county? In some cases an amount was estimated. For instance, the amount of the collection of silver apportioned in one year was taken as the standard for the next year. In some places the average over a number of years was taken. For instance, in the Single-whip Method that was put into operation in Kiangsi in the 1st year of the Lung-ch'ing period at the suggestion of Liu Kuang-chi, the hsün-fu, the average of the six previous years was taken as the basis for the apportionment. In some places the average of a period of any consecutive ten years was taken as the standard. For reasons of practical convenience, the arrangement and apportionment were made annually, triennially, or every five years. The accounting method of the Single-whip Method posed a problem which was very hard to solve at the time. The future amounts of the Summer Tax and the Autumn Grain, which were the regular collections of the land tax, were not difficult to predict; but the amount of silver for the Four Services (the li-chia, chün-yao, postal service and local militia) and others varied every year and it was very difficult to fix a definite sum. If it was made too large, the officials very easily embezzled the fund, and the people suffered. If it was made too small, although the people got some relief, the government found it hard ot meet emergencies or to make up the shortage due to the grant of exemptions because of drought, flood, and other calamities. Most of the people at the time favored a large figure, since it would offer some room for flexibility.

II. Combination in Collectin

48   As practiced in most places the Single-whip Method comprised combination of the collection of taxes as well as the combination of their arrangement and apportionment. Moreover, the Single-whip Method sometimes meant only the combination of collections. The combination of collection had two aspects: combination of the dates of collection, and combination of the management for the collection. Why was there a combination of collection? Because when the dates for the collection and the management thereof were combined, the collection procedure was simplified, the responsibility more concentrated, and opportunity for abuses fewer. The more dates for collection, the easier it was to trick the people; the more collectors, the severer their exploitation of the tax payers. Therefore, the combination was right.

A. Combination of Dates for Collection

1. Combination of collection of labor service

Take the case of Lo-shan County of Hsin-yang Chou of Ju-ning Fu, Honan as an example. Before the Lung-ch'ing period, for the various items of the yin-ch'ai (labor service paid in silver) separate collections were made. The li-ch'ai (labor service performed by the person) was apportioned according to the grade of the household. At that time, on one day the people were urged to pay for some one item of the silver for labor service, and on the next they were urged to pay for another. The people who were going to perform the labor service demanded fees for wages and food, pressing and shouting without cessation. Furthermore, when anyone pressed and shouted, there was one more demand by him. Therefore, the distress of the small people was unbearable. Later on, Ying Ts'un-ch'u, the county magistrate, introduced the Single-whip Method, combining the various items of the yin-ch'ai and the fees for wages and food of the li-ch'ai, figuring out the total cost in silver, and then apportioning it separately according to the grade of the male adult and the amount of the land tax. A total amount of silver was collected by the government and the various items were no longer collected separately. After the collection was completed, the government would make separate disbursements, as the need arose. For the various items of the li-ch'ai and the yin-ch'ai the government hired workers. After paying the silver the people would have nothing more to worry about; therefore everyone praised the method as advantageous. 49

2. Combination of collection of land tax

Here we may take as an example the Single-whip Method in the Collection of Land Tax instituted by Hsieh Shih-yen, magistrate of Wu-chin County of Ch'ang-chou Fu, Nan Chih-li, in the 45th year of the Chia-ching period (1566). Before the Single-whip Method was put into practice there were a great many items apportioned on the Summer Tax and the Autumn Grain for collection. Besides the collection in the original kind there were collections in silver of the chin-hua (gold-patterned), the i-i (voluntary service), the ku-ts'ao (grain and forage), the kung-hou-feng-lu (stipend for the dukes and marquises), the pen che pu-p'i (cloth in its original kind and in silver commutation), the salt levy from Yang Chou, Huai-an Chou, Shou Chou, and Po Chou, and the ma-i (horse service). Later there were added collections for the lien-ping (training of troops), the ta-kung (major construction), and the t'ieh-i (supplementary labor service). The collectors of land tax were responsible for the collection and transportation of all these items. Before the Lung-ch'ing period (1567-1572), the percentage of each item in relation to the total amount to be collected was fixed and assigned to the collectors of land tax. Whatever the amount of a particular item to be collected, the collector must allocate the amount fixed by the percentage to that particular item. In the beginning, authority for assigning the percentage to the collectors of land tax lay with the county or chou official concerned. Later on, because of the great amount of the land tax, the hsien-tsung (county supervisor) was set up to take charge of the matter. But the different items varied in urgency and also in speed of transportation by the county authorities. The county supervisors secretly took advantage of these differences and perpetrated fraud with the collectors of land tax. To collectors of land tax who were shrewd and befriended him the supervisor frequently assigned more of the less-urgent collections and fewer, or none at all, of the urgent ones. To collectors who were honest and did not befriend him he assigned more of the urgent collections and fewer, if any, of the less-urgent. The collectors who were assigned only urgent collections frequently failed to gather the full quota and therefore had to make it up out of their own money. Those collectors who were assigned the less-urgent collections, or no urgent ones at all, did not have to ship out their collections at once and so could shift the money this way or that way   50

and embezzle part of it. Thus they could do what they pleased and on this

account the national revenue ran short. After Hsieh Shih-yen established

the Single-whip Method, the assignment of the land tax to the collectors

by the county supervisor was entirely abolished. Discarding the distinction

between urgent and less-urgent, he assigned them all as one category to

the collectors of land tax. He had the collections stored in the government

office. When need arose, he had them delivered to the court; if there was

no need, he had them kept in reserve. This method was called "to collect

indiscriminately and simultaneously."

3. Combination of collection of labor service and land tax

a) <u>Factors leading to combination, and examples</u>. Why did the land

tax and the labor service come to be combined for collection? We will

understand the reasons after we have examined the following cases. On the

reasons for adopting the Single-whip Method the Gazette of Sung-chiang

Fu states: "In the past, there were many names for levies: the Summer

Tax, the Autumn Grain, the Male Adult Silver, the Silver for the Army,

the Silver for labor Service, the Supplementary Silver for Labor Service,

etc. Some of them were collected at different dates, and some of them were

collected in different amounts. The Government could not withstand the

complexity of the numerous items and the people could not withstand the

pressure of pressing and shouting. In the fortieth year of Chia-ching (1561),

P'ang Shang-p'êng, an Attendance Imperial Secretary, investigated the

situation in Chekiang and worked out the Single-whip Method. It was most

simple, convenient and direct...." Here the reason for combining the land tax and labor service is pointed out. Now I present two other examples to explain it.

In the early years in Wên-an County of Pa Chou of Shun-t'ien Fu in Pei Chih-li, by government edict the various levies were collected in the following order: first, the levies on the land, then, in sequence, the chan-yin (silver for the maintenance of the stations?), Summer Tax, Autumn Grain, and horse fodder. Before one item had been paid, collection of the next item had started. With levies and urgings to pay (constantly coming) there was not a single day for rest. For this reason, the people spent more time in performing service at the government offices and less time in cultivating their fields. In the 12th year of the Wan li period (1584) the five above-mentioned items were combined, collected and transported to the court by means of the Single-whip Method. The rate on the mou, the amount of land a person possessed, and the amount of silver due were all calculated according to the Single-whip method. Payment was to be made in four instalments, and the end of the 10th month was fixed as the final date.

In the old days in Wu-chin County of Ch'ang-chou Fu, Nan Chih-li, there were different dates for the collection of land tax and [the commutation of] labor service. Collecting of land tax began in the 11th month of one year; collection for labor service began in the 2nd month of the next year. Before the 12th month set in, the wages and food for the various services were demanding funds. Before New Year's Day arrived, the demand for army supplies for the various camps was already pressing. Perforce it frequently happened that the silver for land tax was borrowed and disbursed to meet immediate needs. But when delivery of the silver for land tax became due, the shortage had to be made up by collecting the silver for labor service. Therefore when the time for the collection of the land tax came, pretext was often made that the tax had been advanced for the silver for labor service. When the time for collecting the silver for labor service came, pretext was made that the silver had been advanced as the silver of land tax. Not a single item of the collections was clear, abuses multiplied daily, and any making up of deficiencies was very difficult. At the suggestion of Sang Hsüeh-k'ui, the county magistrate, from the 21st year of the Wan-li period (1593) both the land tax and the labor service were calculated together and collected together at the same date.

b) Dates set for collection under the Single-whip Method. After the adoption of the Single-whip Method, the dates for the collection of the land tax and labor service varied from place to place. Some places, such as the Hsin-an county of Ho-nan Fu, Honan, had two dates in the year. Some places had three dates, such as Yü-tz'u County of T'ai-yüan Fu, Shansi, where the land tax and the labor service were collected together. The total amount was divided into tenths, with three-tenths paid in the spring, three-tenths in the summer, and four-tenths in the autumn. Some places had four dates, such as Chiao-ho County of Ho-chien Fu, Pei Chih-li, where, according to the Single-whip Method which was introduced in the 18th year of the Wan-li period (1590), the levies in silver for the regular tax and the miscellaneous collections were gathered by the seasons; two-tenths in the spring and in the summer, and three-tenths in the autumn and in the winter. In Han-tan County of the same fu the collection of the silver for both the male adult and the land was also divided according to the four

52

seasons : two-tenths due in the spring, summer, and winter, and four-tenths in the autumn. *[* One more example omitted, p. 50. *]*

From the above examples we gather that the amount of collection in a season was determined by the amount of income of the peasants. Because the peasants could get more income at the autumn harvest, they were also taxed more at that time. Because the various items of both the land tax and the labor service were collected in silver, the dates of their collection were comparatively unified. It was no longer true, as it was in the past, that the various items, due to differences in type, were collected at different dates.

There were also some places where the collection was made on six dates, and the land tax in Ta-t'ien County of Yen-p'ing Fu, Fukien, was collected at seven different dates. *[* Two examples here omitted, p. 51. *]*

Indeed the dates for collection often changed. For example, in Wu-chin County of Ch'ang-chou Fu, Nan Chih-li, where the Single-whip Method had been practiced since the Lung-ch'ing period, the collection of the male-adult silver and the land-tax rice was made at three dates before the 14th year of the Wan-li period (1586), but this was later changed to ten dates. In the 21st year (1593), at the suggestion of Sang Hsüeh-k'ui, the county magistrate, a change was again made : for the collection of the male-adult silver five dates were fixed, and for the land-tax rice three dates. Both began in the first ten days of the tenth month. The final date for the silver was the second month of the next year, and that for the rice the 12th month of the current year. *[* Another example omitted, p. 51. *]*

From the above example we can see that after the Single-whip Method was put into practice, the number of dates for the collections was not much reduced; but they were now more uniform.

B. Combination in Management of Collection

Besides combination of the dates for collection, there was also a tendency toward combination of the management of collection. For instance, in the old practice in Chia-ting County of Su-chou Fu, Nan Chih-li, the collector of land tax was in charge of the tax to be delivered to the treasury in the capital. Besides him a man called chê-po-shou-t'ou (head of commuting and collecting) was in charge of the collection, and the county supervisor of land tax was responsible for the over-all calculation. [In the matter of labor service] the li-chang (village chief) was in charge of the services of the chün-yao and the li-chia; the collector of the chün-yao was to collect it; and the county supervisor of the chün-yao was responsible for the over-all calculations. In addition, there was the "scribe of training troops," who was in charge of the supplies for the training of troops. All of these items—land tax to be delivered to the treasury in the capital, li-chia, chün-yao, and military supplies—were supplied by the people. Because of the great variety of names, the officials in charge could create many registers with the intention of perpetrating fraud. Moreover, since each official was responsible for his particular work, there was no concentration of responsibility, which encouraged the shifting of funds and embezzlement. After the Single-whip Method was put into practice, the various items of the land tax were fixed in definite amounts, which

53

were entered into the Book of Circulatory Arrangement (Hsün-huan pu) .①
The land tax was collected according to this book. The amounts collected
and the amounts paid out were listed, so that the two could be checked
against each other, and a person could understand it at the first glance.
The responsibility for both the collection and the keep was placed by the
officials on their own subordinates, and management was concentrated so
that there was no longer separate administration by the collectors of land
tax and the village chiefs. [One more illustration omitted, p. 52.]

C. Payment in Silver

Combination in apportionment and in collection were the main
features of the Single-whip Method. There were also two other points
worthy of our attention. The first is that silver became the primary medium
for paying land tax and labor service commutations; the second is that after
the Single-whip Method was adopted, the collection and transportation
of land tax and labor service commutations were, for the most part,
transmitted from the people's hands into those of the government, and the
hiring of substitutes to perform labor service was passed on completely to
the government.

The effects on the social and economic conditions of this shift to
payment in silver were very great. The causes of its origin, the process of
its development, and its advantages and disadvantages will be discussed

54

---

① In the Book of Circulatory Arrangement the levies enumerated in the Fu-i-ch'üan-shu
(Complete record of the land tax) were entered in order of urgency. The collection was made
in this same order. In one month the whole collection would go through a round, and in the
next month it started all over again. —Transl.

in another article. Here we will confine ourselves to describing the actual conditions of payment in silver and the changes it brought in the procedures and dates of collection and transportation. We must know first of all that although under the Single-whip Method payment was made in silver, the extent to which this form of payment was used varied from county to county. In some counties the Summer Tax, the Autumn Grain and the various items of the labor service were entirely commuted into silver. In some counties the collections to be transported (to the capital or some other place) were commuted into silver, but the part to be retained was collected in its original kind. There were cases where part of the collections to be retained was paid in silver, while the other part was paid in original kind. There were also cases where both silver and coins were permitted; the silver was to be transported (to the capital) while the coins were to be used by the local government. All of these practices varied in different places, but on the whole silver was the primary medium for payment.

What effects did the payment in silver have on the date of collection? We have previously stated that under the Single-whip Method, the method of "collect together and deliver separately" caused the various items of land tax and labor service which were originally collected at different dates to be collected at the same date (or dates). The collection was to be stored by the local government, and when needed was delivered separately. This method was rendered possible by the adoption of the use of silver. In the old days collections were made in original kind; "silk for farming and mulberry-tree plantation" for the Summer Tax, and rice for the Autumn Grain. Since these items were harvested at different times, they could not

55 be collected simultaneously. In the matter of labor service, some items were regular and some were temporary. Therefore they could not be demanded at the same time either. But after silver was used, these differences gradually became less important. What the government collected was silver, and what the people paid was also silver. The collection of land tax henceforth did not necessarily have a direct relationship with the harvest of crops. The old labor service was now paid in silver. The temporary services could be performed by hiring substitutes with the silver for labor service which had been collected and kept by the government. Therefore there was no longer any need to set up different dates for these services. *[*Three sentences here omitted, p. 54. *]*

D. Changes in Methods of Collection and Delivery

1. Method of collection

After the Single-whip Method was adopted, in many places collection and delivery by the people was changed to collection and delivery by the government. "Collection" included the work of urging the people to pay. "Delivery" denoted the transportation of the collections to the court or some other place. In the early years of the Hung-wu period (1368-1398), the unit in the collection of land tax was the li (village). [1] The land tax due from the households of the li was collected by the chia-shou (section head). The payer-households paid directly to the village chief, who was responsible for gathering the collections together and delivering them to the government.

---

[1]For the "unit" the author mentions the li (village) and the chia (section). Since a chia was only one-tenth of a village, the two could not be taken as one unit at the same time. In the translation I have dropped the chia, since the author really means the li. —Transl.

In many other places an area that was to yield about 10,000 bushels of land tax was taken as a district, and a collector of land tax (liang chang) collected and transported the land tax from the district. The number of these collectors of land tax was not definite. Some districts had only one; some others had a number of vice-collectors in addition to the chief collector. They were always elected from among the wealthy people. The amount of land tax collected and transported by the collector was larger than that of the village chief. Therefore wherever there was a collector of land tax, the procedure of collecting the land tax was as follows: the collector urged the village chiefs; the village chiefs urged the section heads; and the section heads urged the tax-payers. After the payers had all handed in their tax, the collector of land tax checked the amount and, leading the village chiefs and the persons in charge of transportation, transported it to the central government or the granaries in other places. To make a long story short, the land tax paid by the payer-households was collected by the section head, received and delivered to the government by the collector of land tax and the village chief. It was not paid directly to the government by the payer-households; therefore this was an indirect collection system. For this reason, when there were arrears, the government ordered the collector of land tax or the village chief to make up the shortage. Although the collector, the village chief and the section head were appointed by the government, they were all from among the people and served among the people. Therefore this period can be termed the period of "collection and transportation by the people." Those persons who transported the land tax generally bore special titles, such as "big household," "transportation

56

household," "transportation boss," and t'ou. They were sometimes the collectors of land tax and the village chiefs themselves, but sometimes they were persons specially assigned to the work. This was also a labor service demanded from the people.

The system of collection and transportation by the people led to many abuses in later days. On the one hand, demands by the government were too heavy, and the petty officials who took charge of the granaries made further demands on the slightest pretext. As a result the collector of land tax, the village chief and the section head were all forced to meet unbearable exactions for compensations, which caused some to go bankrupt and others to take flight. On the other hand, taking advantage of their superior positions, the collector of land tax and the village chief exploited the small people. We need only offer one example (to show the situation). During the 18th and 19th years of the period of Hung-wu (1385-6), thirteen or fourteen years after the establishment of the collector of land tax, we find many cases where criminal offenses were committed by the collectors in abusing authority to seek personal gains. Sometimes they apportioned the tax that they themselves should pay to other tax-paying households. Relying on their office and their power, when the other households did not cooperate they came to them and beat them. Sometimes they relied upon the government power, artificially created new items for collection, and further extorted the people. Chin Chung-fang, for example, a collector of land tax, usurped power and created eighteen collections. Sometimes they made false reports on floods and calamities, with the intention of securing reduction of the land tax. Sometimes they made waste land into cultivated land and cultivated land into waste land. We could hardly enumerate exhaustively the abuses in practice. In turn, the officials in the county government often made trouble for the collector of land tax. Sometimes they did not allow him to take charge of the tax-paying household of the tu to which he belonged, but shifted him elsewhere. Sometimes they delineated the district in such a way that it could not yield the 10,000 bushels of land tax (as required of a district that was to have a collector of land tax), in order to prevent the instituting of a collector. Therefore, the collector of land tax was frequently established and frequently removed. It was in the 4th year of the Hsüan-té period (1429) that the imperial government issued a decree to the authorities of the fu, the chou, and the counties south of the Yangtze River to supervise and check upon the activities of the collectors of land tax in the territories under their jurisdiction. Severe punishment was to be meted out to those who relied upon the wealthy and powerful individuals, befriended the officials, undertook the purchasing of military supplies, shifted and made use of the land tax, or demanded more from the people on the pretext that the land tax had been lost in transportation, due to storms. [Two more short illustrations omitted, p. 56.]

2. Establishment of collection and transportation by government

a) Direct payment by the people and collection by the government. To avoid exploitation by any intermediaries, the Single-whip Method practiced in most places stipulated that the land tax be paid in silver and that the indirect method of payment be changed to the direct method. Since, under the Single-whip Method, the greater part of the land tax was collected in silver, we will first discuss the arrangement for the collecting

of the silver. The usual way was to establish a "silver chest" (<u>yin</u> <u>kuei</u>),
or "land-tax chest" in front of the government office of the county or in
a public place. When the date for collection arrived, the government sent
58   supervisors and let the people themselves wrap up their silver, write on the
package their names and addresses and the weight of the silver, and drop
it into the chest. No longer did a village chief or section head pay the land
tax for them. After they dropped the silver into the chest, the government
gave them a receipt. This was called the system of "self seal and self hand
in." The act of payment by the people was at the same time collection by
the government. Therefore the direct payment method was the method of
collection by the government. The number of "land-tax chests" varied from
place to place. Some places had only one. Because of the difference in the
granaries (to which the land tax was to be transported) and the difference
between the various items, some places had two, even as many as ten. In
some cases separate holes were made on top of the chest for the village, the
<u>tu</u>, and the granary, and the payer would drop his silver into the appropriate
hole. This eliminated confusion. The supervisor of the collection was
generally called the "chest-head." Sometimes a scribe was appointed to
this position, and sometimes a collector of land tax, a village chief, or a
section head. Sometimes a scribe and a collector of land tax or a village
chief were appointed. Official weight was used in weighing the silver, and
the weighing done either by the supervisor or the payer himself. When the
collection was completed, the supervisor took the silver to the treasury of
the government. Therefore, even if a collector of land tax or a village chief
were appointed as supervisor, he could only assist in the collection ; this

was still a collection by the government. The advantage of the self-seal and self-delivery system was that it prevented the substitution of counterfeit for real silver, as well as the sur-charges, extortion and shifting of the funds by the petty officials, the village chief and the section head.

What has been said above applies to the method of making payment in silver. As to the payments in original kind, the method of direct delivery was also adopted in some places. But direct delivery in the original kind was not as prevalent as direct payment in silver. Therefore we know that direct payment by the people was closely related to the use of silver. [One sentence omitted. p. 57.]

b) Transportation by the government : its relation to the use of silver. The arrangement of transportation (of the land tax) by the government was comparatively popular. In the 6th year of the period of Chêng-té (1511), the Gentleman Attendant on the Right of the Ministry of Civil Affairs presented a memorial saying that in transporting the land tax and fodder in Shensi, the big households (i. e., collectors of land tax and village chiefs) embezzled them, and he requested that officials be ordered to escort the transportation. This indicates that the system of transportation directed by the collector of land tax and the village chief had already weakened. In the 28th year of the Wan-li period (1600), Han Chün, the magistrate of Chia-ting County of Suchou Fu, Nan Chih-li, practiced the method of transportation by the government. [Four illustrations of the same nature omitted, p. 58.]From the cases described above we know that an increasing number of counties practiced transportation by the government.

The status of the officials who took charge of the transportation was

59

proportionate to the amount of the silver involved. *[*Illustrations omitted, pp. 58-9. *]*There was also transportation undertaken partially by the government: a larger amount of silver was shipped by the government, and a smaller amount by the people. *[*Illustrations omitted, pp. 59-60. *]*

c) Procedure of collection and transportation by the government. We must make note of this fact: where the method of transportation by the government was practiced the collection was not necessarily made by the government: where the collection was made by the government, transportation was not necessarily undertaken by the government. *[*Illustrations omitted, p. 60. *]*For the counties where the collection and transportation were both done completely by the government we may mention Yü-yao and K'uai-chi of Shao-hsing Fu, Chekiang, in the early years of the Lung-ch'ing period. We may describe fully the regulations concerning the collection and transportation of the land tax in silver at the time when the Single-whip Method was introduced (in these two counties), and use them as an explanation of the procedure of collection and transportation generally practiced in other counties. In Yü-yao and K'uai-chi, after the total sum of the silver due from the male adults and the land had been figured out according to their grades and the rates, by means of the Single-whip Method, a detailed book was compiled, and a note of instruction to check it was issued (together with the book) to the local authorities concerned. If it contained no error, they sealed it and returned it to the capital. Then they publicized the instruction to have the people informed of the matter. At the same time They compiled the registers, filled out the "notice" for each household, sealed these, and ordered the village

60

chiefs and section heads (also called the village messengers) to distribute them to the households of the section, who were to pay their tax according to the stipulations in the "notice" and on the date fixed.

When the time for collection arrived, each county compiled and sealed a book of receipts, according to the "notices" issued. A large wooden chest was set up, in the top of which a hold was made in such a way that when silver was once dropped in it could not be taken out again. The number of the chests was determined by the size of the county and the number of its villages and tu; a small county had only one chest, while a larger one had two or more. For each chest a book of receipts was compiled. To each chest were assigned a dutiful official of the county government and a wealthy collector of land tax to take charge of the collection. They were given one hundred receipts and a personal wooden seal. The wooden chest was placed in the hall of the county government, and, led by the village messenger, the households in his charge went to it and personally paid their tax. The official and the collector of land tax first checked the amount of the tax commutation in silver stated in the "notice" for the household against the record in the register book, to see whether there was any error. Then they examined the quality and weight of the silver. They wrapped up the silver before the eyes of the payer and wrote on the package the amount of the silver paid and the household, section and village of the payer. They ordered the payer to fill in under his name in the register book the date and statement that he had fully paid his tax on that date, and to affirm the statement by writing the character hua. The official and the collector of land tax filled in and signed the receipt stating that the payment had been checked jointly by them on that date. They too affirmed their statement by writing the character hua. The silver was dropped into the chest by the payer himself and was not permitted to go through the hands of the official or the collector. If there was any demand to meet a larger measure of weight or any extortion on an artificial pretext, accusation was made, investigation conducted, and punishment meted out at once. Every ten days the county magistrate and the official in charge of land tax, together with the official and the collector of land tax who took charge of the collection, opened the chest and examined the collection. They checked the packages of silver against the records in the register book, and checked the quality and weight of the silver against the statement on the package. If there was no discrepancy, the silver would be weighed together, unwrapped and put together. Every hundred taels was wrapped in a separate package, temporarily stored in the official treasury and kept in another box, before smelting for delivery to the capital.

61

Another book was made to keep the records of each such examination. After each examination and checking another official and another collector of land tax were assigned to the chest to collect the land tax in silver. A further examination and checking was made in another ten days. When a certain part of the land tax was to be delivered, the silver that had temporarily been stored in the official treasury[①] was cast into "shoes" in the hall of the government office, wrapped and entrusted to the assistant official in charge, or a candidate for office, or the collector of land tax or the

---

①Here a phrase which I do not understand has been omitted, p. 62. —Transl.

village chief for its transportation. It was no longer permissible to demand the service of "collector head," "transportation household," etc. The fees for delivery were to be used by the persons in charge of the transportation. They transported the silver to the fu government, accompanying the silver with a letter presented to the pu-chêng-ssu. Within a fixed period they received acknowledgement of the receipt and returned to the county government to wind up the business.

As a consequence of the varied nature of the things collected, the method of collecting and transporting them also varied. For instance, in Chên-chiang Fu, Nan Chin-li, the part of the land tax paid in original kind was collected and transported by the people, while the part in commuted form was collected and transported by the government.

Now I must supplement the above description with an account of the practice in collection, transportation, storage and smelting of the silver. This will complete most of the picture of the land-tax collection then prevailing in the various counties.

62

According to the Gazette of Chên-chiang Fu, the land tax in its original kind and the various levies for the granaries at Nanking were collected and transported by the collector of land tax. This was collection and transportation by the people, and does not need any more explanation. The collection of the commuted kind and the silver for the various items of labor service were paid personally by the payers, who went to the hall of the county government and dropped their silver into a chest placed there for the purpose. These collections were not allowed to be collected by the collector of land tax and the village chief. The silver for the payment might be in small pieces and was not necessarily in the shape of the ting [a conventional shape in which silver was usually cast]. One chest was established in every district. For each chest there was a "collection head," who was also designated as the "manager," to collect the silver. In the evening the collection head summed up what had been collected in the day and reported it to the government. The day after the collection the collection head himself unwrapped the packages of silver. The silver which was destined for the ministry must be smelted at once and cast into ting without any delay. The silver that was for military supplies, military provisions, and local expenses was not smelted. Sometimes it was stored in the government treasury to be transported later. Different officially-fixed weights were used in collection and transportation. For smelting, the silver was weighed with the scales to weigh silver for delivery. The government was allowed only to examine weights for fraud and to expose the collection head's unauthorized extortions, and was not permitted to join the collection head in unwrapping the silver packages. During the collection of the various items of levies, the county government reported to the fu authorities every five days. The fu government thereupon appointed an official of transportation, who went to the county government, and together with the county magistrate and an assistant, took out the silver deposited by the collection head in the treasury and used the original weight to weigh the silver in the hall. Then he wrote down in a document the amount of each item of silver collection, the number of ting, and the weight of each ting. Together with the scales with which the silver to be dispatched had been weighed, the document was sealed and entrusted to an official.

Troops were sent to escort the transportation. The fu authorities (on the   63
arrival of the silver), with a fu assistant, weighed the silver with the scales
which had been sent together with the silver by the county government.
In case the silver was inferior in quality or short in weight, the fu officials
were permitted to send a letter to the county government requesting that
inferior silver be changed and the shortage made up; but they were not
permitted to arrest changed and the shortage made up; but they were not
permitted to arrest the collection head or take him to the fu. This was aimed
at prevention of other abuses. After the silver was sent to the Ministry
of Finance in the capital, it was weighed and examined as it had been in
the fu. The transportation, however, was the responsibility of the official
elected to the task, and was no longer undertaken by the collector of land
tax, the village chief or the collection head. If the officials chosen were too
few, a dutiful and honest subordinate clerk was also employed.

What has been described above is the system of transportation by the
government. Although the collection head was chosen from among the
people, he was serving in the government and was therefore a petty official
of the government. For this reason, the collection also may be regarded as
undertaken by the government.

E. The Various Notices, Receipts and Books Used in Collection

Finally, I would like to mention in passing that after the Single-whip
Method was adopted the various documents regarding the collection of
land tax and labor service became complete. This also was a tendency of
the time, worthy of our attention. The Yellow Book and the Fish-scale
Book compiled in the early days of the Ming dynasty were already very

complete. After the Single-whip Method was adopted, all of the collections under the land tax and the labor service tended to be made in fixed amounts. Then stone tablets were erected and books were compiled for the purpose of keeping a permanent record of the amounts of the collections, in order to prevent any future increase. In some places inscribed stone tablets were erected in the office of the county government, and in some places books were printed, as the so-called Book of Land Tax and Labor Service under the Single-whip of Ts'ang Chou of Pei Chih-li, and the Book of Single-whip of Chi-hsi County of Hui-chou Fu. Books of this kind had become very popular by the end of the Ming dynasty. ⌈One case here omitted, p. 64. ⌋The so-called Ch'ih-li were official records in which the payers of land tax entered the amounts they paid, and which were presented to the pu-chêng-ssu, where they were compiled into book form for reference. ⌈Three examples omitted, p. 64. ⌋

64

The Book of Land Tax and Labor Service under the Single-whip was also known as the Complete Book of Land Tax and Labor Service (Fu-i ch'üan-shu). The unit recorded in this book is the province, the fu, the chou or the county. First is entered the original number of male adults and the original amount of land. Then are recorded in sequence the number of male adults who had taken flight and the amount of the deserted land, the amounts (of land tax and labor service) actually collected, the part of the collection which had been transported and the part retained in the locality. For the part transported, the names of the ministry, the offices, and the granaries are noted, and the items retained are detailed fully. The male adults who were called forth and the fields which were newly reclaimed are added at the end of the book. The Complete Book of Land Tax and Labor Service was to be re-edited every ten years. The first edition was in about the 10th year of the Wan-li period (1582). [One sentence omitted, p. 65.] Generally speaking, the Complete Book prevailed in the regions south of the Yangtze River and not in the regions north of the Yangtze River. [One sentence omitted, p. 65.] The content of the Complete Book gradually became confused after the middle of Wan-li. At that time the Single-whip Method in various places was being gradually destroyed.

Records such as the Complete Book were kept in the government offices. There were also the various kinds of notice issued to the people at the time when land tax and labor service were collected. The most important of them all was the yu-t'ieh (notice), which was also known as the yu-p'iao, yu-tan, ch'ing-yu, i-chih-tan, or i-chih-yu-tan. It was also called by the names of t'iao-pien-yu-t'ieh and ho-t'ung-yu-p'iao. In making out the notice, the county was taken as the unit. In it are recorded the male adults and the land of the upper, middle and lower grades, the regular land tax in both original kind and commuted kind, the miscellaneous collections, and the various items to be transported and retained. At the end are noted the grades of the male adults and the land of the household to which this particular notice is issued, and the amount of levy to be paid. Before the collection of land tax, the notice was issued to the payer-household, so that it would pay its due amount and pay it on time. Before the Chêng-tê period (1506-1521), the notice was already in use, and it became more popular after the adoption of the Single-whip Method.

Besides the Complete Book of Land Tax and Labor Service and the

65

notices, which were the most important, there were also the ch'ang-tan, the hsün-hüan-p'u, and the k'uai-chi-ts'ê, etc. However, we can not discuss

66   them here in detail.

Appendix

Reign periods of the Ming dynasty:

Hung-wu	1368-1398
Chien-wên	1399-1402
Yung-lo	1403-1424
Hung-hsi	1425
Hsüan-tê	1426-1435
Chêng-t'ung	1436-1449
Ching-t'ai	1450-1456
T'ien-shun	1457-1464
Ch'eng-hua	1465-1487
Hung-chih	1488-1505
Chêng-tê	1506-1521
Chia-ching	1522-1566
Lung-ch'ing	1567-1572
Wan-li	1573-1619
T'ai-ch'ang	1620
T'ien-ch'i	1621-1627

Ch'ung-chên   1628-1643

Administrative units:

    Pu-chêng-shih-ssŭ (province)

    Fu (prefecture)

    Chou (department)

    Hsien (county)

    Li (village)

Regular items of land tax:

    Hsia-shui (Summer Tax)

    Ch'iu-liang (Autumn Grain)

Forms of payment:

    The pên-sê (original kind)

    The chê-sê (commuted kind)

Regular items of labor service:

    Li-chia (service as li-chang [village chief] and chia-shou
        [section head])

    Chün-yao (eequal service):

        Yin-ch'ai (labor service commuted into silver)

        Li-ch'ai (labor service performed in person)

    I-chuan (postal service)

67   Min-chuang (local militia)

Glossary–Index of Chinese Terms

Chai-fu 齋夫 (school servants), 6

Ch'ai-hsin 柴薪 (fuel), 6

Chan-yin 站銀 (silver for the maintenance of the stations), 51

Ch'ang-fu 長夫 (long-term coolies), 6

Ch'ang-tan 長單 (long invoice), 66

Chê-mou 折畝 (method of rating a certain number of mou of land of inferior quality as equal to one mou of land of superior quality), 41

Chê-po-shou-t'ou 折白收頭 (head of commuting and collecting), 54

Chê-sê 折色 (commutation), 3

Ch'êng-ting 成丁 (male adult), 4

Chi-chuang 寄莊 (lit. to establish an estate in an alien district), 12-13

Chia 甲 (section), 5, 16, 17, 24

Chia-shou 甲首 (section head), 5, 6, 7, 11, 16, 17, 56

Chih-hou 祇候 (attendants), 6

Ch'ih-li 赤曆 (official records in which the payers of land tax entered the amounts they paid), 65

Chin-hua 金花 (gold-patterned), 50

68